迎接数字大学：纵论远程、混合与在线学习
——翻译、解读与研究

韩锡斌　王玉萍　张铁道　程建钢　编

清华大学出版社
北京

内 容 简 介

本书包括上、下两篇,上篇是MOOC的最早提出者乔治·西门子教授在梅林达·盖茨基金会支持下,组织多国著名学者完成的《迎接数字大学:纵论远程、混合与在线学习》研究报告译文,包括远程教育、混合学习、在线学习、资格认证、MOOC研究和未来学习技术架构等。下篇是编者团队的研究成果,包括对译文的解读、MOOCs与在线教育的系统化研究、混合教育的研究与实践、开放教育资源促进教学变革、泛在学习与uMOOCS(泛在式大规模开放在线教育体系)研究等。uMOOCS是继加拿大 cMOOC 和美国 xMOOC 之后,融合 e-learning 和开放远程教育等长期成果,支持多理论、多模式、多层次、汇聚开放教学资源的泛在式在线教育系统。

本书适用于教育技术学与开放远程教育的研究者、管理者和实践者及在线教育企业员工。

本书封面贴有清华大学出版社防伪标签,无标签者不得销售。
版权所有,侵权必究。举报: 010-62782989, beiqinquan@tup.tsinghua.edu.cn。

图书在版编目(CIP)数据

迎接数字大学:纵论远程、混合与在线学习:翻译、解读与研究/韩锡斌等编. --北京:清华大学出版社,2016(2024.5重印)
ISBN 978-7-302-42003-3

Ⅰ. ①迎⋯ Ⅱ. ①韩⋯ Ⅲ. ①网络教学-研究 Ⅳ. ①G434

中国版本图书馆CIP数据核字(2016)第 075686 号

责任编辑:王剑乔
封面设计:王少飞
责任校对:李 梅
责任印制:沈 露

出版发行:清华大学出版社
网　　址: https://www.tup.com.cn, https://www.wqxuetang.com
地　　址: 北京清华大学学研大厦A座　邮　编: 100084
社 总 机: 010-83470000　邮　购: 010-62786544
投稿与读者服务: 010-62776969, c-service@tup.tsinghua.edu.cn
质量反馈: 010-62772015, zhiliang@tup.tsinghua.edu.cn
印 装 者: 涿州市般润文化传播有限公司
经　　销: 全国新华书店
开　　本: 170mm×240mm　印　张: 30.5　字　数: 503千字
版　　次: 2016年4月第1版　印　次: 2024年5月第2次印刷
定　　价: 79.00元

产品编号: 067635-02

序　言

本书包括上、下两篇，上篇是在比尔及梅林达·盖茨基金会资助下，由国际上关联主义学习理论和 cMOOC 的提出与实践者——乔治·西门子(George Siemens)教授主持，组织多国著名学者完成的《迎接数字大学：纵论远程、混合与在线学习》研究报告译文，包括远程教育、混合学习、在线学习、认证与评估、MOOC 研究和未来学习技术架构等。下篇是对译文的解读和编者团队的相关研究汇编，包括译文解读、MOOCs 与在线教育的系统化研究、混合教育的研究与实践、开放教育资源促进教学改革、泛在学习与 uMOOCS(泛在式大规模开放在线教育体系)研究共五部分。

近五年，在教育技术学学术研究和教育信息化实践领域中，不断涌现一些新名词和新事物，如 MOOCs、微课、翻转课堂、智慧学习、智慧教育、智慧校园和云端大学等，且往往为之伴随有行政介入、资本运作和运动式操作。对此，领域内研究者有无动于衷的、有狂热推崇的，有盲目否定的。总的来说，这方面的现有讨论大多是就事论事，主观分析居多，缺乏系统的、基于长期实证研究的理性分析。尤其是所谓的"慕课革命"，在我国轰轰烈烈演变成脱离数字校园原有网络教学系统、与一线教学改革难以融合、面向社会企图独树一帜去构建新的开放远程教育系统，致使成本高和见效慢。所以，如何科学理性、可持续性地进行技术促进教育变革的前瞻研究与创新实践，是国际相关机构和学术界高度关注的重要研究课题。

在本书上篇，乔治·西门子教授联合加拿大阿萨巴斯卡大学、美国德克萨斯大学阿灵顿分校、哈佛大学、英国爱丁堡大学和澳大利亚南澳大利亚大学等院校的七位著名学者团队，开展了"MOOC 研究计划"(MRI)，并于 2015 年发布了题为《迎接数字大学：纵论远程、混合与在线学习》的研究报告(以下简称《报告》)，全面论述了远程教育、混合学习、在线学习、认证与评估、MOOC 研究以及未来学习系统架构等六个方面的研究与实践成果,并对"慕课革命"在其《报告》的引言中直接给予否定,即"对于教育技术领域来说,2012 年被称为'MOOC 元年',尽管 MOOC 课程的数量在迅速增多,但是相关的研究却一直比较滞后。有关 MOOC 的讨论很多都是大众媒体在发声,大多关注于技术和大规模的注册学生,并大胆预言这种大规模注册学习将使教育受到颠覆性影响,进而引发系统性的变革。然而,从 2015 年的发展情况来看,这些观点似乎越来越被认为是错误的,因为 MOOCs 已经被证明仅仅是另外一种学习方式,而不是对高等教育本身的直接挑战。如果我们能够更多地关注有关学习科学、技术促进学习的相关研究文献,MOOCs 在早期发展和课程提供方面所遇到的许多问题就可以避免。"《报告》是一份及时且具有较高水平的研究成果。系统化的梳理了相关概念术语,分析并整合了技术促进教育教学的相关理论与实践探索,讨论了所涉及的问题与挑战,并初步预测了深化研究和实践创新的方向。尤其是尊重以往相关成果的研究态度,以及分析问题的历史观、全局观和前瞻性等都值得肯定。《报告》的局限性在于几乎没有借鉴我们国家在其报告六大方面所取得的成果,其提出的"数字大学"也仅仅在概念层面,还没有给出清晰的研究框架和实践方案。

在本书下篇,主要是由我负责的清华大学教育技术研究所研究团队在相关问题的阶段性研究工作汇编。针对《报告》的解读,试图从多维度对其核心价值和启示进行辨析和凝练,并以思维导图形式呈现相关结构与逻辑关系;针对 MOOCs 与在线教育的系统化研究,全文引用教育技术领域德高望重的何克抗先生 2015 年 7 月发表在《北京大学教育评论》上的文章"关于 MOOCs 的'热追捧'与'冷思考'"和《中国教育报》2013 年底对我的访谈全文"MOOCs 的辩证分析与在线教育发展",同时凝练介绍了我们团队公开发表的 11 篇 MOOC 研究论文,包括 MOOCs 概念、起源、兴起与原因分析、教育学分析、课程优化设计、与远程教育比较研究、MOOC 平台与典型网络教学平台比较研究,以及终极回归融合于开放远程教育系统的分析;针对混合教育研究和实践,介绍了从混合学习发展到混合教育的提出、课程混合教学模式与教学设计、混合教学改革的组织实施与推进策略、高校混合教育实践案例研究、混合教育数字化支撑环境研究与实践等五个方面的研究成果;针对开放教育资源(OERs)促进教学变革,较系统地介绍了联合国教科文组织长期推崇的开放教育资源相关成果,探讨和初步实践了基于开放教育资源的自主学习研究,以及"清华教育在线"资源中心十几年来的研发与应用;针对泛在学习与 uMOOCS 研究,提出了从人类学习方式变迁的视角重新审视泛在学习的概念与内涵、技术框架和创新应用模式,提出并研发了 uMOOCS(泛在式大规模开放在线教育体系),并先后在本科生与研究生课程教学中尝试应用,效果良好。对此何克抗教授在其上述文章中也给予了肯定和评价:"uMOOCS 既支持多种不同的学习理论,又支持多种不同的教学模式,还能适应泛在学习方式和多种不同的学习环境,并提供可重组、可扩展的开放式在线教育功能。总体功能已经远在以 Udacity、Coursera 和 edX 为代表的三大技术平台之上。"另外,我们团队还进一步研发了 uMOOCS 云平台和搭建了泛在学院门户(uSchool)。

值得特别指出的是,MOOCs 的最大价值体现在向全社会彰显了技术对教育具有巨大影响的潜能,各大学把自己独具特色的课程"共享"社会意义重大,这些优点不能否定,但是,它是在线教学的形式之一,是开放远程教育家族的成员之一,不是解决高等教育问题的灵丹妙药,更不是所谓的"革命",可视为推动教育与技术深度融合的催化剂,所以,研究与实践 MOOCs,应从整体上认识和把握在线教育的发展规律,将 MOOCs 回归到网络课程与在线教育的系统中,关注其最新发展,开展有针对的研究,即在课程教学层面,逐渐融入网络教学;在办学和管理层面,逐渐回归到开放远程教育体系;在教学改革层面,需要更加关注混合教学;在研究层面,推进具有"人人、事事、时时、处处"学习特点的泛在式在线教育的理论、技术、组织、应用、评价、保障等整个体系的创新。

总之,工业社会形成的现代学校教育体系是一个复杂的系统,遵循渐变规律,而信息技术促进教育变革同样是一项复杂的系统工程,具有"阴阳交合、百物升华、阴中有阳、阳中有阴、阴阳相合、相克相生、融合统一"的本质特征,其研究与实践路漫漫,不能追风逐云,要从理论体系研究、技术系统实现、组织实施保障三个维度,以课程教学设计、专业教学改革、学校教育变革三个层面为切入点,重构传统面授教育和融合创新数字化教学,构筑混合教育教学新常态,迈向泛在学习新生态。

最后,诚挚感谢乔治·西门子教授及其团队奉献的卓越研究成果,以及慷慨无偿授权我们研究所组织其《报告》中文版的翻译、解读和出版，感谢参加翻译工作小组成员程建钢、王玉萍、雷静、白晓晶、葛文双、程璐楠、韩赟儿和解读小组成员韩锡斌、王玉萍、张铁道、程建钢，更要感谢何克抗教授同意将其"关于MOOCs的'热追捧'与'冷思考'"一文编入本书下篇内容。同时，感谢参加下篇编写的同仁：韩锡斌、王玉萍、张铁道、程建钢（第七章）；韩锡斌、黄月、程建钢（第八章）；韩锡斌、王玉萍、周潜、杨娟、李斌锋（第九章）；邓国民、杨娟、韩锡斌（第十章）；程建钢、刘英群、杨娟、韩锡斌、董玉双、朱永海（第十一章）。最后，全书整体编写、翻译、审校、统稿和质量保障由韩锡斌、王玉萍、张铁道、黄月和程建钢负责完成，在此作为清华大学教育技术研究所研究团队的负责人，一并表示诚挚的感谢。

虽然与乔治·西门子教授团队不曾相识，但是东西方两个团队研究态度、思路和结果的高度吻合，使我略感兴奋而习作《临江仙·共鸣》一首：

教育攻坚林茂处，　　　　跨界学者文千篇，
又苏在线新枝。　　　　　犹欣默契相合。
网络促使新变革。　　　　教育革命待何时。
钻研接地气，　　　　　　艰辛临道远，
东西共时空。　　　　　　纵马任奔驰。

程建钢
2016年3月于清华园荷清苑

目 录

上篇 《迎接数字大学：纵论远程、混合与在线学习》译文

第一章 远程教育的历史与现状 …… 5
摘要 …… 6
第一节 引言 …… 6
第二节 研究方法 …… 11
第三节 远程教育研究概况 …… 14
第四节 远程教育文献现状 …… 21
第五节 远程教育模型 …… 29
第六节 总结 …… 31

第二章 混合学习的历史与现状 …… 39
摘要 …… 40
第一节 引言 …… 40
第二节 教育技术的兴起 …… 41
第三节 混合学习定义 …… 42
第四节 研究方法 …… 43
第五节 部分学术文章综述 …… 48
第六节 结论、研究与实践的意义 …… 59

第三章 在线学习的历史与现状 …… 67
摘要 …… 68
第一节 引言 …… 68
第二节 操作性定义：改变研究用语的现状 …… 70

  第三节 研究方法 ……………………………………………… 72
  第四节 所选研究文章的归纳总结 ……………………………… 80
  第五节 研究与实践带来的结论和启示：数字化学习模式
      的产生 …………………………………………………… 85

第四章 认证与评估的历史与现状 ………………………………………… 95
  摘要 ……………………………………………………………………… 96
  第一节 随着时代发展不断演变的认证 ………………………… 96
  第二节 认证的分类 …………………………………………… 101
  第三节 测量能力 ……………………………………………… 105
  第四节 未来 …………………………………………………… 110
  第五节 结论 …………………………………………………… 111

第五章 MOOC 研究将走向何方？——对 MOOC 研究计划的
    数据分析 ……………………………………………………… 116
  摘要 …………………………………………………………………… 117
  第一节 引言 …………………………………………………… 117
  第二节 研究方法 ……………………………………………… 120
  第三节 研究结果 ……………………………………………… 124
  第四节 讨论 …………………………………………………… 131
  第五节 结论和建议 …………………………………………… 135

第六章 未来学习系统架构 ……………………………………………… 144
  摘要 …………………………………………………………………… 145
  第一节 引言 …………………………………………………… 145
  第二节 系统级创新 …………………………………………… 151
  第三节 研究项目 ……………………………………………… 155
  第四节 结论 …………………………………………………… 167

下篇 网络教学、混合教育与泛在学习的研究

第七章 《迎接数字大学：纵观远程、混合与在线学习》解读 ………… 173

第八章　MOOCs 与在线教育的系统化研究 …………………………… 190
第一节　MOOCs 的辩证分析与在线教育发展 ……………………… 190
第二节　MOOCs 的"热追捧"与"冷思考" ………………………… 197
第三节　MOOCs 终极回归开放远程教育体系 ……………………… 220

第九章　混合教育的研究与实践 ………………………………………… 320
第一节　混合教育的概念及研究框架 ………………………………… 320
第二节　混合课程的教学模式和教学设计 …………………………… 325
第三节　混合教育改革的组织实施与推进策略 ……………………… 331
第四节　高校混合教育实践研究案例 ………………………………… 339
第五节　混合教育的数字化支撑环境研究与实践 …………………… 358

第十章　开放教育资源促进教学变革 …………………………………… 382
第一节　开放教育资源运动 …………………………………………… 382
第二节　自主学习视角下的开放教育资源研究现状 ………………… 386
第三节　清华教育在线开放教育资源中心的研究与实践 …………… 401

第十一章　泛在学习与 uMOOCS 研究 ………………………………… 423
第一节　泛在学习概念的重新认识与研究问题 ……………………… 423
第二节　泛在学习研究与实践框架 …………………………………… 434
第三节　支持多种协作学习模式的数字化环境研究 ………………… 449
第四节　uMOOCS 云平台——uSCHOOL 系统 ……………………… 457

上篇

《迎接数字大学：纵论远程、混合与在线学习》译文

作者：乔治·西门子（George Siemens）
　　　德拉甘·格萨维奇（Dragan Gašević）
　　　肖恩·道森（Shane Dawson）
　　　阿萨巴萨卡大学（Athabasca University）
　　　爱丁堡大学（University of Edinburgh）
　　　德克萨斯大学阿灵顿分校（University of Texas Arlington）
　　　南澳大利亚大学（University of South Australia）

翻译：程建钢、王玉萍、雷静、白晓晶、程璐楠、葛文双、韩贇儿
审校与解读：韩锡斌、王玉萍、张铁道、程建钢
　　　清华大学
　　　格里菲斯大学（Griffith University 澳大利亚）
　　　锡拉丘兹大学（Syracuse University 美国）
　　　北京开放大学

本研究得到比尔及梅林达·盖茨基金会（Bill & Melinda Gates Foundation）的部分资助，其中的研究发现和结论都出自作者，不反映基金会的立场和政策。阿萨巴萨卡大学是该基金项目的主持单位。

本研究的出版发行遵循知识共享（Creative Commons）协议，其版权在 Creative Commons Attribution-ShareAlike 4.0 International License 的许可内免费共享。

本研究的中文翻译出版得到报告原作者的正式授权，中文版本也在上述知识共享协议的许可下免费开放共享。

前　　言

对于教育技术领域来说,2012年被称为"慕课元年"(Massive Open Online Course,"MOOC")。尽管MOOC课程的数量在迅速增多,但是相关的研究却一直比较滞后。为了研究MOOCs对于教育的潜力,在比尔及梅林达·盖茨基金会资助下我们开展了MOOC研究计划(MRI)。阿萨巴斯卡大学——远程教育的先驱,被选为担任此项目的主持单位。

有关MOOC的讨论很多都是大众媒体在发声,大多关注于技术和大规模的注册学生,并大胆预言这种大规模注册学习将使教育受到破坏性影响,进而引发系统性的变革。然而,从2015年的发展情况来看,这些观点似乎越来越被认为是错误的,因为MOOCs已经被证明仅仅是另外一种学习方式,而不是对高等教育本身的直接挑战。如果我们能够更多地关注有关学习科学、技术促进学习的相关研究文献,MOOC在早期发展和课程提供方面遇到的许多问题就可以避免。此次报告是MRI项目基金支持研究成果的最终集成,包括研究报告[①]、会议[②]和一个《开放、分布式学习国际研究论述》(The International Review of Research in Open and Distributed Learning)特刊[③]。

本文中的文章涉及以下主题的研究文献:
- 远程教育
- 混合学习
- 在线学习
- 认证与评估

---

① http://www.moocresearch.com/reports.
② http://www.moocresearch.com/mooc-conference/program.
③ http://www.irrodl.org/index.php/irrodl/issue/view/64.

- MOOC 研究
- 未来的学习技术架构

我们想要借助这些报告,为学者、管理人员和学生介绍技术在教育领域中的丰富历史,并特别强调人文因素的重要性,即社会交互、精心设计的学习体验、参与式教学、支持性教学和使用技术支持学习的有效策略等。

世界正在迈向数字化时代,高等教育也没有免于这种转变。数字化发展趋势正在有条不紊地进行中。顶尖高校设置了专门机构和高级职位去探索学校的创新进程,似乎进一步加速了这种趋势。按常理我们认为,想要了解未来该如何设计和发展学习,就必须要首先了解已经知道的东西。任何只关注新技术,而忽视已有知识基础的科技企业,肯定不会是最佳企业,甚至可能还会失败。为了实现学校数字化学习的伟大前景,首先必须要评估我们所知道的和那些已经被很好研究过的知识和内容。

在完成这个报告的过程中,我们渐渐知道,必须要有一个社会或学术组织去促进数字化学习研究的发展和应用。需要探索的重要领域包括教师发展、组织变革、创新性实践与新制度模型、教与学活动的有效性、学生体验、提高所有学生的成功率以及国家州省的政策、战略和融资模式。为此,我们邀请众多感兴趣的学者、管理者、政府和行业与我们一起,讨论成立专门组织来倡导协作的工作方式与研究数字化学习的方法。

乔治·西门子(George Siemens)[1]
德拉甘·格萨维奇(Dragan Gašević)[2]
肖恩·道森(Shane Dawson)[3]
2015 年 2 月

---

[1] gsiemens@uta.edu, Twitter: gsiemens.
[2] dragan.gasevic@ed.ac.uk, Twitter: dgasevic.
[3] shane.dawson@unisa.edu.au, Twitter: shaned07.

第一章 远程教育的历史与现状

维托米尔·克安诺维奇(Vitomir Kovanović)
爱丁堡大学(University of Edinburgh)
斯拉克·焦克斯莫维奇(Srećko Joksimović)
爱丁堡大学(University of Edinburgh)
奥莱克塞德罗·斯科利平克(Oleksandra Skrypnyk)
南澳大利亚大学(University of South Australia)
德拉甘·格萨维奇(Dragan Gašević)
爱丁堡大学(University of Edinburgh)
肖恩·道森(Shane Dawson)
南澳大利亚大学(University of South Australia)
乔治·西门子(George Siemens)
阿萨巴萨卡大学(Athabasca University)
德克萨斯大学阿灵顿分校(University of Texas Arlington)

摘 要

本报告是描述远程教育(distance education)、在线学习(online learning)和混合学习(blended learning)的历史发展及现状的系列报告的一部分。为了给数字化学习(digital learning)这一新兴学科未来的研究和实践提供参考,本研究主要关注远程教育的历史与现状,并对二阶研究(即元分析和系统文献综述)展示的实践研究结果进行了梳理。我们对一些在线数字图书馆进行了电子检索,并对谷歌学术搜索(Google Scholar)和10个相关性最高的学术期刊进行了人工检索。由此挑选出远程教育、在线学习和混合学习领域的339项二阶研究,其中有关远程教育研究和实践的37项二阶研究符合筛选要求,最终被收录于我们的研究文献之中。对这些二阶研究资料分析后,形成了三个研究主题:①远程教育和传统课堂授课的比较;②远程教育传播重要因素的识别;③影响机构采用远程教育的因素。结果显示,当采用合理的安排和设计,并用适当的技术和教学方法支持时,远程教育的效果等于或在一定情景下优于传统的面对面课堂授课。这突出了教学设计的重要性,并彰显了教育机构在为教师和学生提供支持方面的积极作用。此外,报告也展望了未来研究和实践发展。

第一节 引 言

虽然远程教育研究范畴和定义在不断变化,但其大前提始终如一,即在大部分或全部教学过程中,学生和教师在空间、时间或者时空上处于分离的状态(Moore & Kearsley, 2004)。远程教育起源于19世纪中叶(Holmberg, 2005),然而,近五十年来持续面向基于知识工作的全球化转型过程,使得远程教育在今天展现出更为重要的价值(Hanna, 2003)。信息的快速传播、知识的快速过时以及现代社会的快节奏,都对人们不断学习和丰富自己的知识提出了更高的要求(Toffler,1991)。

随着教育技术各种新形势的发展,远程教育的定义和范围也发生改变(Moore,Dickson-Deane,Galyen,2011)。在诸多定义中,更为普遍和广泛使用的是 Moore 和 Kearsley(2004)的定义,即远程教育中教学和预期的学习发生在不同地方,必须借助技术媒介实现交流,并有专门的教学机构保障。鉴于远程教育存在跨越学生和教师之间物理距离的客观要求,导致其发展始终高度依赖于技术的发展水平(Anderson&Dron,2010)。数字化计算技术(digital computing technology)、互联网和万维网的发展又增强了远程教育,对教育领域产生了全方位的影响作用。各种各样教育软件系统的应用,极大地改变了校园中教学模式和远程教学模式的教育传播全过程,并且这种趋势将会持续下去。基于斯隆联盟最近发布的一份报告(Allen&Seaman,2011),在 2010 年秋季学期,有 610 万学生至少学习了一门在线课程,人数相比 2009 年秋季学期增长了 10%,远远大于同期高等教育整体人数增长的 1%。现在,大规模开放在线课程(MOOCs)的迅速进展也进一步强化了对终身学习、个性化和灵活性教育(flexible education)的需求(Kovanović,Joksimović,Gašević,Siemens,Hatala,2014)。

新型教育软件系统,如各种学习管理系统(LMSs,国内称为"网络教学平台"),已经不仅仅影响了远程教育的实践,也改变了传统大学校园的学习方式。这两种学习方式的结合,被称为"混合学习"(blended learning)(Lust,Juarez Collazo,Elen,Clareout,2012)。数字技术的应用已经产生了许多不同术语和缩写,如在线学习(online learning)、基于网络的学习(web-based learning)、混合学习(blended learning)、电子化学习(e-learning)、学习管理系统(LMS)、计算机辅助教学(CAI)、计算机支持的学习(CSI)、技术增强型学习(TEL)、基于互联网的培训(IBT)、虚拟学习环境(VLE)等。这些基本上都归属于远程教育这个更为广泛的定义(Moore & Kearsley,2004)。最新出现的术语是 MOOC(Daniel,2014,Siemens,2012)。尽管对于新技术不同特征应该有更加准确地描述,但事实上,实际中仍会使用没有准确公认的和权威的定义,并常常会描述成完全不同的事情(Moore et al,2011)。

教育技术日益普遍的应用,同样引发了争议,即教学和教学法与教育技术和媒体,哪个对于学习质量更加重要。远程教育的历史告诉我们,公众一般倾向认为单凭技术就能够改变教育(Blin & Munro,2008)。直到今天,这样的观点在一些涉及 MOOCs 及其技术带给学习"颠覆性变化"的报告中仍然存在(Covanovic et al,2014)。30 多年前,Clark(1983)就对此表示质疑,Clark(1983)坚持认为不同的教育技术和媒体仅仅是传输教学内容的载体,犹如运送食品的卡车没有改变食品的营养一样,不会影响学生学业成绩……运载工具的选择可能影响成本和传播的范围,但只有传送的内容才会影响学习成绩(本篇第三章第四节)。Anderson 和 Dron(2010)表达了类似的观点,承认技术和教学法对于远程教育的成功至关重要,又根据 Anderson 和 Dron 的研究(2010),技术恰如节拍和伴奏,而教学法则决定了舞蹈的动作。如今,当务之急是使教学法和新技术方法相互协同,共同发挥作用。

一、研究目的

国际学术界在过去四十年已开展了大量研究,有必要加以梳理,使之成为有助于认识现代远程教育发展的可用资源。远程教育已经走过的历程,能够为数字教育新兴领域的发展提供有益的经验和教训。对以前远程教育长期研究的回顾,在 MOOCs 兴起的热潮中显得尤为重要。尽管 MOOCs 已经被描述成教育的"革命"(Friedman,2012),但仍然可以看作是远程教育长期发展的一种延续(Daniel,2014)。此外,随着许多教育机构尝试进行教与学实践的创新(如翻转课堂、主动学习和课堂问题应答器),提供相关知识的准确总结,并指导这些创新过程显得尤为重要。照此,第一步就是验证在大量远程教育、在线学习和混合学习等领域的研究所取得的成果。

本研究提供了基于远程教育领域相关的元分析和系统文献分析的一份全面综述,与另外两份关于在线学习和混合学习领域的报告相呼应。针对远程教育不同形式,我们审视了一些从大量科学严谨研究报告中归纳出来的重要维度,本报告尤其聚焦在以下研究问题。

研究问题一:基于元分析和系统化文献评述,明确远程教育研究的现状是什么?

研究问题二:远程教育研究领域的核心命题是什么?

研究问题三：基于可获得的元分析和系统化文献评述，远程教育研究领域已经普遍发现了哪些问题？

鉴于许多社会科学研究难以提供足够的结论性依据，我们聚焦在元分析，它对于同一个主题，从统计上整合多方研究结果，因此为特定现象提供了较好的特征描述（Glass，1976；Grant & Booth，2009；Hedges，1982）。系统的文献综述是教育研究重要的组成部分（Andrews，2005；Mulrow，1994），包括相关的几类研究，如概况研究（scoping study）、文献普查与综述研究（literature mapping and review studies）（Rumril，Fitzgerald & Merchant，2010）以及快速综述和质性证据综合研究（rapid reviews and qualitative evidence synthesis studies）（Grant & Booth，2009）。

二、远程教育历史：从函授到电信会议

现代远程教育的起源可以追溯到18世纪初期。在1728年，有一位了不起的速记方法教师Bostonian Caleb Phillips，建议在不降低教学质量前提下把课程内容发送给生活在城外的人们，使他们能够参加学习项目（Holmberg，2005）。从那时起，研究者根据使用的技术或采用的教学方法，普遍认为远程教育经历了三代（Anderson & Dron，2010；Bates，2005；Keegan，1993）或者五代（Anderson，2008；Taylor，2001）。

通常认为作为第一代的最早的远程教育形式是函授学习（Anderson，2008；Bates，2005；Keegan，1993；Taylor，2001）。在这种形式中，学生借助邮政服务从教师那里获得自学的纸质学习材料，得到教师指导，返回完成的作业再获得评价、成绩和评语（Holmberg，2005）。这种教学模式主要缺点是师生交流间隔漫长而且是一对一交流，无法提供师生互动交流（Anderson，2003；Taylor，2001）。与仅依赖印刷媒体的函授教育不同，第二代远程教育广泛使用更丰富的媒介，也通过广播更便捷、更快地传播学习材料（Keegan，1993）。与函授学习相似，在交互水平上，机会还是非常有限的（Bates，2005；Garrison，1985）。60年代中期得到广泛使用的音频技术会议系统，实现了远程教育有限的生生交互（Anderson & Dron，2010）。然而视频会议主要因其高昂的设备成本没有获得广泛应用（Garrison，1985）。在视频技术使用的案例中，多数只是教师传递视频给

学生，而双向交流仅依赖音频会议系统来支持(Garrison,1985)。

依据教育学原理，各种形式的远程教育形式都可以被解读为行为主义和后来的认知主义学习模式，其核心要素主要是教师和教学设计师(Anderson & Dron,2010)，学生主要是独自学习。因为学员之间的交互仍然有限，无法贯穿到学习活动过程之中。那些教学模式被证明是非常成功的，甚至今天还在应用，特别是用于各种培训，因为针对这些目的易于制定严格的绩效标准(Anderson & Dron,2010)。由于两者主要特征都是用不同媒体有目的的交互，并应用相同的教学方法。有些学者(Bates,2005；Keegan,1993)认为广播和音频会议是相同形式的，属于第二代远程教育。

三、现代远程教育：在线学习、混合学习及其未来学习

在远程教育历史上，数字计算技术的发展是最重要的里程碑(Anderson & Dron,2010)。邮件的使用、依托网络的资源、学习管理系统、在线讨论区都是支持灵活交互的远程教育形式的主要技术(Harasim,2000)。我们强调，这是第一次真正实现学生间交互并由此打开了新的远程教育教学方法大门。基于社会建构主义理论学习观的新的教学方法得到发展(Jonassen,Davidson,Collins,Campbell,Haag,1995)，这些观点首先由Dewey(1987)、Piaget(1959)和Vygotsky(1978)等人提出，认为学习是学习者通过他们的社会交互行为，实现知识建构的过程，而并非向教师简单地获取事实性的信息。

除了远程教育以外，近来在线学习(online learning)和基于网络学习(web-based learning)的术语已经获得广泛使用。人们广泛认可了它们代表远程教育的特定形式(Clardy,2009；Harasim,2000；Mason,2000；Taylor,2001)，并且是21世纪最普遍的形式(Anderson,2009)。另一种已经获得高度关注的重要学习形式就是混合学习(blended learning)，一般定义为同时包含传统课堂和远程传授两种形式的学习(Bonk,Graham,Cross & Moore,2005；Spector,Merrill,van Merrienboer,Driscoll,2007)。值得注意的是，混合模式学习(mixed-mode learning)和混合式的学习(hybrid learning)是另外两个可与混合学习替换使用的术语。因为混合学习必须包括传统的课堂教学，所以不能将其归为远程教育的另外

一种形式。

尽管人们普遍接受了混合学习中两种教学类型都应该出现,但是没有对它们所占的相对比例达成一致认识,例如,Allen,Seaman 和 Garrett(2007)主张在线教学占到 30%～79% 的课程仍然应该是混合的。Bernard,Borokhovski,Schmid,Tamim 和 Abrami(2014)持异议者则认为传统教学应该占到至少 50% 才能认作是混合。进一步的观点认为,所有在线教学和传统教学的混合都属于混合学习,甚至使用学习管理系统实现课程交流的传统课程也属于混合学习(Bliuc,Goodyear & Ellis,2007)。无论哪种情况,考虑到混合学习必须包括传统课堂教学,因此本文认为它是自成一体的学习形式,源于远程教育和传统教育,并将两者的教学法进行深度融合。

第二节 研究方法

为了提供远程教育领域科学严谨的知识综述,我们对远程教育研究的出版文献进行了系统分析。基于 Means 等人的研究检索方法(2013),检索了 ERIC、PsychINFO、PubMed 和 ProQuest 数字图书馆中已发表的期刊文章、会议论文集、博士论文和机构报告。SCOPUS 数字图书馆由于全面涵盖了许多研究领域,也在我们的检索对象中。我们还采用人工方法搜索了谷歌学术(Google Scholar),向我们的数据集加入了另外一些报告。在时间跨度方面,没有在检索词条中加入任何限制。不论出版时间,所有研究都在考虑范围内。对以下期刊中发表的所有论文进行了类似 Means(2013)的手动检索:《美国远程教育杂志》(American Journal of Distance Education)、《远程教育杂志》(Journal of Distance Education)、《远程教育》(Distance Education)、《远程与开放教育研究国际评论》(International Review of Research in Distance and Open Education)、《异步学习网络杂志》(Journal of Asynchronous Learning Networks)、《技术与教师教育杂志》(Journal of Technology and Teacher Education)、《职业与技术教育研究》(Career and Technical Education Research)、《互联网与高等教育》(Internet and Higher Education)、《高等教育计算机应用杂志》(Journal of Computing in Higher Education)和《计算机与教育》(Computers and Education)。特别选取了这些期刊,是因为在对数字图书馆的检索中,这些期刊包含的结果最多。

为了筛选检索得到的论文是否可以收录在研究中,我们检查论文标题、关键词和摘要中是否含有必需的重要领域关键词(如远程教育(distance education)、在线学习(online learning)、基于网络的学习(web-based learning)、以传统课堂为主的混合学习(blended learning))和重要的学习类型关键词(如元分析(meta-analysis)、系统分析(systematic review)、第三手文献分析(tertiary study)、概况研究(scoping study))的组合。图1-1为我们研究中使用的SCOPUS检索式。实际检索语法取决于具体搜索平台,但都遵循上面提到的逻辑结构。我们也使用了关键词的几种不同措辞,使搜索标准更加灵活。

```
(   TITLE-ABS-KEY("metaanalysis")         OR
    TITLE-ABS-KEY("meta-analysis")        OR
    TITLE-ABS-KEY("meta analysis")        OR
    TITLE-ABS-KEY("metasynthesis")        OR
    TITLE-ABS-KEY("meta synthesis")       OR
    TITLE-ABS-KEY("meta-synthesis")       OR
    TITLE-ABS-KEY("scoping study")        OR
    TITLE-ABS-KEY("systematic review")    OR
    TITLE-ABS-KEY("tertiary study")
) AND (
    TITLE-ABS-KEY("distance learning")    OR
    TITLE-ABS-KEY("distance education")   OR
    TITLE-ABS-KEY("blended education")    OR
    TITLE-ABS-KEY("blended learning")     OR
    TITLE-ABS-KEY("hybrid education")     OR
    TITLE-ABS-KEY("hybrid learning")      OR
    TITLE-ABS-KEY("e-learning")           OR
    TITLE-ABS-KEY("online learning")      OR
    TITLE-ABS-KEY("online education")     OR
    TITLE-ABS-KEY("web-based learning")   OR
    TITLE-ABS-KEY("web-based education")  OR
    TITLE-ABS-KEY("web based learning")   OR
    TITLE-ABS-KEY("web based education")
)
```

图1-1 SCOPUS检索式的示例

完成上述搜索后,三位研究人员根据文章标题、摘要和关键词将远程教育、在线学习和混合学习的研究论文进行编码。当不能根据现有信息编码时,将参考文章全文。当几篇著作讨论的信息相同时(如论文和期刊文章),优先考虑期刊文章(根据Bernard等人2014年的研究,期刊文章的

方法和质量优于其他种类的出版物)。若要被收录在研究中,每份报告必须满足:

(1)发表在经过同行评审的科学期刊、会议论文集、博士论文或政府报告中;

(2)使用了系统的研究方法(比如系统文献分析或元分析);

(3)研究主题是远程教育;

(4)有对原始资料的筛选标准;

(5)研究主题是高等教育或成人教育;如果研究主题是中小学及学前教育,必须同时研究高等教育或成人教育。

图1-2展示了完整的文献检索过程。最初的检索得到了远程教育、在线学习和混合学习领域的306篇研究文献。使用Google Scholar检索到了19篇,在选定的学术期刊中人工检索得到了14篇。总共得到了符合检索条件的339篇研究文献。经过进一步筛选,选取了远程教育、在线学习和混合学习中的102篇以供分析。由于本报告只研究远程教育,在最后的数据集中收录了符合要求的37篇论文。

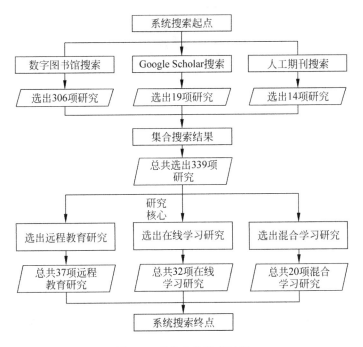

图1-2 系统文献搜索过程

第三节 远程教育研究概况

图 1-3 概括了本次研究使用的文献资料。表 1-1 完整列出了全部研究报告。总共选取了 37 项研究，其中 12 项为元分析（meta-analyses），25 项为系统性文献综述（systematic literature reviews）方法；期刊文章有 30 篇，数量最多，会议论文仅有 5 篇，博士论文仅有 2 篇（图 1-3）。研究的原始资料数量方面，多数研究为中等规模，包含 11～50 篇原始资料（图 1-4）。最大数量的 6 项研究（包含超过 300 篇原始资料）是专门的文献分析。由于进行元分析需要高度复杂的数据计算，以及对研究结果高质量的预期，这些研究占有的原始资料的规模是很大的（Hedges，1982）。

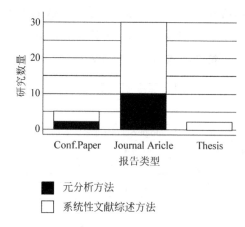

图 1-3 不同类型的使用元分析和系统性文献综述方法的文章数量

关于研究中包括的不同阶段教育（图 1-5），多数研究不仅仅关注某个具体阶段的教育，还分析所有可用的研究。元分析则更关注高等教育，或是高等教育和成人教育的结合。有趣的是，关注成人教育的研究全部为系统性文献综述分析，而没有元分析（图 1-5）。

全部 37 项研究都是在 1998—2014 年发表的。2004 发表的元分析研究最多（4 篇）（图 1-5）。2010 年发表的系统文献分析研究最多（5 篇）（图 1-6）。发表的研究数目自 2004 年以来有所下降，然而系统文献分析

表 1-1 研究涉及的一阶文献

	报告题目	报告类型	数量	年代	层次
1	Allen et al. (2002). Comparing student satisfaction with distance education to traditional classrooms in higher education: A meta-analysis. American Journal of Distance Education, 16(2), 83-97.	Meta-Analysis Journal	24	1989—1999	HE
2	Allen et al. (2004). Evaluating the effectiveness of distance learning: A comparison using meta-analysis. Journal of Communication, 54(3), 402-420.	Meta-Analysis Journal	39	Up to 2003	All
3	Bernard et al. (2004). A methodological morass? How we can improve quantitative research in distance education. Distance Education, 25(2), 175-198.	Meta-Analysis Journal	232	1985—2002	All
4	Bernard et al. (2009) A meta-analysis of three types of interaction treatments in distance education. Review of Educational Research, 79(3), 1243-1289.	Meta-Analysis Journal	74	1985—2006	All
5	Bernard et al. (2004). How does distance education compare with classroom instruction? A meta-analysis of the empirical literature. Review of Educational Research, 74(3), 379-439.	Meta-Analysis Journal	232	1985—2002	All
6	Bernard et al. (2004). The effects of synchronous and asynchronous distance education: A meta-analytical assessment of Simonson's "equivalency theory." 2004 Annual proceedings of selected research and development papers presented at the national convention of the Association for Educational Communications and Technology.	Meta-Analysis Conference	232	1985—2002	All
7	Borokhovski et al. (2012). Are contextual and designed student-student interaction treatments equally effective in distance education? Distance Education, 33(3), 311-329.	Meta-Analysis Journal	32	1985—2006	HE
8	Lou et al. (2006). Media and pedagogy in undergraduate distance education: A theory-based meta-analysis of empirical literature. Educational Technology Research and Development, 54(2), 141-176.	Meta-Analysis Journal	103	1985—2002	HE

续表

	报 告 题 目	报告类型	数量	年代	层次
9	Machtmes & Asher(2000). A meta-analysis of the effectiveness of telecourses in distance education. American Journal of Distance Education, 14(1),27-46.	Meta-Analysis Journal	19	1943—1997	HE, Adult
10	Shachar & Neumann (2003). Differences between traditional and distance education academic performances: A meta-analytic approach. The International Review of Research in Open and Distance Learning,4(2).	Meta-Analysis Journal	86	1990—2002	All
11	Storrings(2006). Attrition in distance education: A meta-analysis. Annual Proceedings of Selected Research and Development Papers Presented at the National Convention of the Association for Educational Communications and Technology.	Meta-Analysis Conference	30	1984—2004	HE, Adult
12	Williams(2006). The effectiveness of distance education in allied health science programs: A meta-analysis of outcomes. American Journal of Distance Education,20(3),127-141.	Meta-Analysis Journal	25	1990—2003	HE, Adult
13	Booth et al. (2009). Applying findings from a systematic review of workplace-based e-learning: Implications for health information professionals. Health Information & Libraries Journal, 26(1),4-21.	Sys. Lit. Rev. Journal	29	1992—2009	Adult
14	Borokhovski et al. (2011). An extended systematic review of Canadian policy documents on e-learning: What we're doing and not doing. Canadian Journal of Learning and Technology, 37(3).	Sys. Lit. Rev. Journal	138	2000—2010	All
15	Childs et al. (2005). Effective e-learning for health professionals and students: Barriers and their solutions. A systematic review of the literature: Findings from the HeXL project. Health Information & Libraries Journal,22,20-32	Sys. Lit. Rev. Journal	57	1997—2004	Adult
16	Chipps et al. (2012). Videoconference-based education for psychiatry registrars at the University of KwaZulu-Natal, South Africa. African Journal of Psychiatry,15(4).	Sys. Lit. Rev. Journal	7	1998—2009	Adult

续表

	报告题目	报告类型	数量	年代	层次
17	Chipps et al. (2012). A systematic review of the effectiveness of videoconferencebased tele-education for medical and nursing education. Worldviews on Evidence-Based Nursing, 9(2), 78-87.	Sys. Lit. Rev. Journal	5	1990—2011	Adult
18	De Freitas (2007). Post-16 e-learning content production: A synthesis of the literature. British Journal of Educational Technology, 38(2), 349-364.	Sys. Lit. Rev. Journal	NR	Up to 2006	HE, Adult
19	Hauser(2013). Qualitative research in distance education: An analysis of journal literature 2005-2012. American Journal of Distance Education, 27(3), 155-164.	Sys. Lit. Rev. Journal	382	2005—2012	All
20	Hrastinski & Keller(2007). Computer-mediated communication ineducation: A review of recent research. Educational Media International, 44(1), 61-77.	Sys. Lit. Rev. Journal	117	2000—2004	All
21	Lee & McElroy(2012). Telepractice is a new method for providing services to children with Autism Spectrum Disorder(ASD): This scoping review summarizes existing research and identifies research gaps. Evidence-Based Communication Assessment and Intervention, 6(4), 177-180.	Sys. Lit. Rev. Journal	9	Up to 2011	Adult
22	Lee et al. (2004). The past, present, and future of research in distance education: Results of a content analysis. American Journal of Distance Education, 18(4), 225-241.	Sys. Lit. Rev. Journal	383	1997—2002	All
23	Ludlow & Brannan(1999). Distance education programs preparing personnel for rural areas: Current practices, emerging trends, and future directions. Rural Special Education Quarterly, 18(3), 4-15.	Sys. Lit. Rev. Journal	32	1985—1999	Adult
24	Mehlenbacher et al. (2010). Reviewing the research on distance education and e-learning. Proceedings of the 28th ACM International Conference on Design of Communication, 237-242.	Sys. Lit. Rev. Conference	NR	Up to 2009	All

续表

	报告题目	报告类型	数量	年代	层次
25	Neto & Santos(2010). Analysis of the methods and research topics in a sample of the Brazilian distance education publications, 1992 to 2007. American Journal of Distance Education, 24(3), 119-134.	Sys. Lit. Rev. Journal	983	1987—2007	All
26	Ritzhaupt et al. (2010). An investigation of distance education in North American research literature using co-word analysis. The International Review of Research in Open and Distance Learning, 11(1), 37-60.	Sys. Lit. Rev. Journal	517	1987—2005	All
27	Simpson(2003). Distance delivery of pre-service teacher education: Lessons for good practice from twenty-one international programs. Doctoral Dissertation.	Sys. Lit. Rev. Thesis	NR	Up to 2003	HE
28	Singh & Hardaker(2014). Barriers and enablers to adoption and diffusion of e-learning. Education+Training, 56(2/3), 105-121.	Sys. Lit. Rev. Journal	340	2001—2013	HE
29	Stall-Meadows(1998). Grounded meta-analysis of qualitative case study dissertations in distance education pedagogy. Doctoral Dissertation.	Sys. Lit. Rev. Thesis	4	NR	All
30	Stewart(2010). What's missing? The next step towards universal distance education. Proceedings of 26th Annual Conference on Distance Teaching & Learning.	Sys. Lit. Rev. Conference	59	2004—2009	All
31	Tomlinson et al. (2013). How does tele-learning compare with other forms of education delivery? A systematic review of tele-learning educational outcomes for health professionals. New South Wales Public Health Bulletin, 24(2), 70-75.	Sys. Lit. Rev. Journal	13	2000—2012	Adult
32	Tuquero(2011). A meta-ethnographic synthesis of support services in distance learning programs. Journal of Information Technology Education, 10.	Sys. Lit. Rev. Journal	5	2000—2008	Adult
33	Uzuner(2009). Questions of culture in distance learning: A research review. The International Review of Research in Open and Distance Learning, 10(3).	Sys. Lit. Rev. Journal	27	Up to 2008	All

续表

	报告题目	报告类型	数量	年代	层次
34	Waight et al. (2002). Recurrent themes in e-learning: A meta-analysis of major e-learning reports. Proceedings AHRD 2002 Conference.	Sys. Lit. Rev. Conference	15	1999—2001	All
35	Wang & Lockee(2010). Virtual worlds in distance education: A content analysis study. Quarterly Review of Distance Education, 11(3), 183-186.	Sys. Lit. Rev. Journal	4	2003—2009	All
36	Wutoh et al. (2004). eLearning: A review of Internet-based continuing medical education. Journal of Continuing Education in the Health Professions, 24(1), 20-30.	Sys. Lit. Rev. Journal	16	1966—2003	Adult
37	Zawacki-Richter et al. (2009). Review of distance education research(2000 to 2008): Analysis of research areas, methods, and authorship patterns. The International Review of Research in Open and Distance Learning, 10(6), 21-50.	Sys. Lit. Rev. Journal	695	2000—2008	All

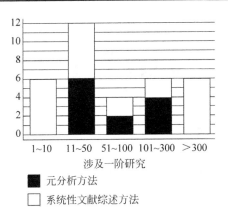

图 1-4 涵盖了一定量一阶文献来源的元分析和系统性文献综述方法文章数量

的研究数目则有所上升。最近,系统文献分析也由于其定性研究的特质,成为处理远程教育领域知识的首选方法。

在收录的原始资料数目方面,最大规模的二阶研究几乎只存在于期刊著作之中(图1-7)。同样,最大规模的二阶研究倾向于涵盖所有阶段的教育,或主要关注高等教育领域(图1-8)。主题是成人教育的研究倾向于包含少于50篇的原始文献,这可能是由于这个关于具体学习形式的研究数量较少。

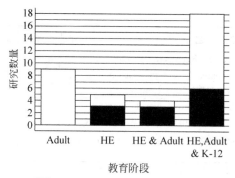

图 1-5 研究不同教育阶段的元分析和系统性文献综述方法的文章数量

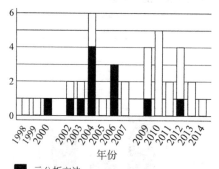

图 1-6 元分析和系统性文献综述方法文章的年份分布

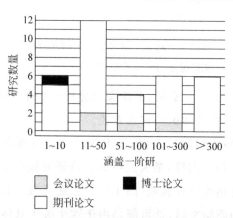

图 1-7 不同类型文章对一阶文献来源的涵盖量分布

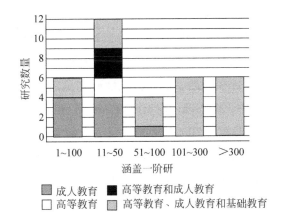

图 1-8　研究不同教育层次的文章对一阶文献来源的涵盖量分布

第四节　远程教育文献现状

从远程教育领域发表的二阶研究来看,我们能够确立几个远程教育研究聚焦的主题。系统化文献综述的主题包括:①发表文献主题分析;②远程教育研究方法现状;③远程教育的有效性;④远程教育成功因素。有几项研究涉及多个主题,或聚焦特定命题开展了深入细致的研究。

我们明确了研究中元分析的四个主题:①远程教育与传统面授教育的比较;②不同远程教育传授模式的比较;③远程教育成功的因素;④发表的远程教育文献的方法学质量。在下面几节中,我们将介绍系统化评述中的最重要结论。

一、发表文献的题目分析

许多系统的文献综述都分析了已经发表的远程教育文献中的重要主题,其最为全面的是 Lee、Driscoll 和 Nelson 在 2004 年所做的分析,他们预设六个重要的主题来对每项研究进行归类,即①设计类;②开发类;③管理类;④评估类;⑤(教学)与运行类;⑥理论与研究类。Lee 等在 2004 年发现:远程教育研究主要聚焦其中两大主题,即①设计类主题,如课程开发、组织和教学策略（占27%）；②理论与研究类，如文献综述论文、理论建构研究和研究方法（占30%）。Ritzhaupt、Stewart、Smith和Barron在2010年的研究给出了类似的结论，发现在网络时代以前研究多数聚焦在理论发展，旨在为进一步的实践性研究奠定基础。同样，在近期的一项文献分析中，Zawacki-Richter、Baecker和Vogt在2009年对2000—2008年间发表的近700篇论文进行了分析，确立了教与学的研究主题中的重点，如学习者特征、教学设计、交互以及交流。

在职场学习这一更为具体的领域中，Booth、Carroll、Papaioannou、Sutton和Wong在2009年分析了29项研究，确立了5个新出现的主题：①灵活性；②点对点交流；③支持；④学科认证；⑤课程呈现与设计。虽然灵活性要求是远程教育领域持续不断的老话题，但是仍在以不同形式日益凸显其重要性，如灵活的学习进度、灵活的课程内容轨迹、特殊环境的适应性，以及个性化学习需求（Booth et al, 2009）。对灵活的学习进度的要求与异步的同伴交流和协作的需求密切相关，与共同学习的体验恰恰相反（Booth et al, 2009）。无论是机构的支持，同伴的支持，还是教学上的支持，都被认为是成功教育实践的前提之一。通过针对特定学习者需求的各种评价方法，机构支持在保证学科认证方面发挥着重要作用（Booth et al, 2009）。

由于远程教育使用了各种各样的技术和媒介，实现了不同模式和水平的交互，有必要研究远程教育研究群体更加关注哪类技术和媒介。在分析了2000—2004年间的117项研究后，Hrastinski和Keller在2007年发现研究者们首要关注异步讨论，而混合的和完全同步的交互模式很少引起关注。同样，针对Moore于1989年提出的三种类型的交互（学生与学生、学生与内容、学生与教师），则更多集中在了学生与学生之间的交互，其他形式的交互则较少受到关注。2000—2004这段特定时期的特征是学习管理系统被广泛使用。Hrastinski和Keller在2007年的研究证实，这段时间的研究重点是学习管理系统的使用，而非这些系统的开发。这同样导致了大量研究聚焦在学习管理系统在传统课堂环境的教学应用，以及更多地关注混合式而不是单纯的远程授课模式。这些结论与Ritzhaupt等人在2010年对1987—2005年间发表的517项研究的分析结论一致，显示了对于电信会议兴趣的降低和对基于计算机远程教育的更多关注。随着时间的推移,交互成为研究的重心,范围也从教学交互扩展到了协作学习交互。

除了对研究文献进行主题分析外,Waight、Willging 和 Wentling 在 2002 年以及 Borokhovski 等人在 2011 年,也分别对政府和企业发布的报告进行了有趣的主题分析。在分析加拿大各省政府的报告后,Borokhovski 等人在 2011 年发现最普遍讨论的话题是远程教育技术的效益,其次是远程教育实施中的支持服务,以及远程教育实践中协调工作的重要性。Waight 等 2002 年的研究得出了类似结论,同样证实了政府、企业和社团的报告聚焦在技术的效益上。

二、远程教育的有效性：与传统课堂教学的比较

随着远程教育更为广泛的被接受,教育研究人员提出了远程教育的有效性问题,以及与传统课堂教学的比较问题。研究人员开展了大量的实践性研究,旨在给这些重要问题提供佐证,同时进行了大量的系统化文献综述和元分析来整合这些实践证据。

根据本综述中收录的众多元分析结果,得出与传统课堂教学相比,远程教育更为有效,或者至少不逊色的结论。由 Machtmes 和 Asher 在 2000 年进行的元分析,分析了 19 个实验性或准实验性研究,结果表明参与实验的 1426 名学生的学业成绩无显著差异。同样,Bernard 等 2004 年的元分析分析了涉及超过 57 000 名学生的 232 项研究,发现学生的学业成绩没有显著差异。Lou、Bernard 和 Abrami(2006)分析了针对 25 320 名本科生远程教育的 103 项研究,同样发现学业成绩没有显著差异。然而,有几项元分析研究结果表明远程教育略有优势。由 Shachar 和 Neumann 在 2003 年分析了超过 15 000 名学生的 86 项研究(Cohen 检验全局规模效应系数 $d=0.366$(Cohen,1988))。由 Allen 等在 2004 年开展的基于 71 731 名学生 39 项原始资源的元分析认为远程教育的学生课业成绩更好(average $r=0.048$)。最后,在健康教育领域,Williams 在 2006 年的研究中涉及 2702 名学生 25 项实验研究的元分析,支持远程教育作为传播模式,小的全局规模效应 Cohen 检验系数 $d=0.15$。

在农村地区的特殊培训教育和服务职业领域,Ludlow 和 Brannan 在 1999 年的研究表明远程教育始终拥有潜力。同样,根据对视频会议、电信会

议以及远程实践的高水平研究成果分析,几项研究(Chipps,Ramlall&Mars,2012;Brysiewicz&Mars,2012)表明,远程教育项目与传统面授项目可以媲美。基于对5个随机对照实验的分析,Chipps,Ramlall和Mars在2012年研究了医生和护士教育视频会议的有效性,获得足够的依据支持了在远程教育中视频会议的使用。Tomlinson等人2013年也发布了类似的研究结论,根据对13项研究的分析,他发现远程学习可与那些传统面授教学项目媲美。与此类似,Chipps、Brysiewicz和Mars在2012年对关于南非精神病学教育的视频会议应用的七项发布的研究进行了系统评述,结果支持精神病学教育中的视频会议应用。报告同时也指出,在发展中世界的许多教育项目中,视频会议仍然遥不可及。Wutoh、Boren和Balas在2004年对16个基础文献的系统评述得出,基于互联网的远程教育项目可与传统面授教学模式比拟。最后,Lee和McElroy在2012年基于6个实验研究和2个非实验研究的系统评述,得出医生应用电信会议指导服务特殊需求儿童方面前景光明。

尽管上述研究显示远程教育与传统模式教育的有效性相似,但必须指出,事实上传统模式的教学满意度略高,这一点在Chipps、Brysiewicz和Mars2012年的系统评述、Romlinson等人2013年的系统评述以及Allen、Bourhis、Burrell和Mabry在2002年的元分析研究中都有介绍。基于对涉及4702名学生的24项研究的元分析,Allen等人2002年发现相对于远程教育,传统进行模式的满意度略高(在剔除奇异数据后的平均$r=0.031$)。Bernard、Abrami、Wade、Borokhovski和Lou在2004年的元分析得出类似结果,即对于课堂教学的满意度比同步远程教育模式的满意度略高一些(共83项研究,Hedges'$g=-0.185$),而与异步远程教育模式的满意度相比无明显差异(共71项研究,Hedges'$g=0.003$)。

三、机构对远程教育的采用

第四组重要的文献评述和元分析聚焦在机构对远程教育的采用以及促成或妨碍机构成功实施远程教育的各种因素。研究表明,有关组织的、宏观层面的因素,以及个体的、微观层面的因素对机构成功实施远程教育具有重要作用(Singh & Hardaker,2014)。

在许多宏观因素中,技术基础设施被认为是机构应用远程教育的重要前提(Childs,Blenkinsopp,Hall & Walton,2005；Singh & Hardaker,2014)。由于新技术的引入需要机构的创新与改革(Childs et al,2005；Simpson,2003；Stewart,2010)，以及用于项目落实的充足资源保障(Childs et al,2005；Singh & Hardaker,2014)，教育教学管理的作用十分重要。参与远程教育项目实行的各方协调合作也十分必要(Ludlow & Brannan,1999；Simpson,2003)。最后，对教学人员的支持被认为对远程教育的应用具有重要影响，尤其与课程实施的技术方面密切相关。

理解影响远程教育成功的个体因素同样重要。Singh 和 Hardaker 指出(2014)，现有的教学实践适合技术素养更高的教学人员。这引起了对员工发展(Childs et al,2005；Simpson,2003；Singh & Hardaker,2014；Stewart,2010)和用于学习新技术的时间分配(Childs et al,2010)相关问题的关注。当教学人员对远程教育持积极看法时，最明显的益处是他们可以远距离地为学生服务(Stall-Meadows,1998)。另一方面，对新技术的消极态度是远程教育的主要限制因素，研究发现这和教学人员的年龄有密切关联(Singh & Hardaker,2014)。同时，远程教育课程的准备需要更多的时间(Childs et al,2005；Singh & Hardaker,2014；Stall-Meadows,1998)，让使学生保持学习动力、坚持参与学习也充满挑战(Stall-Meadows,1998)。教师经常借助信息技术进行互动交流来克服这些困难(Stall-Meadows,1998)，有时甚至上门看望身处偏远地区的学生，这将改善师生关系，并让教师对远程教育持有更加积极的观点(Stall-Meadows,1998)。

虽然大多数情况下，对新技术(如互联网)的使用被认为是远程教育成功的主要前提，但许多研究指出远程教育还需要高质量的学习材料。正如 Moore 和 Kearsley 在 2004 年指出的，"比互联网获取更为重要的是借助技术传递的多媒体学习材料的质量"。鉴于此，Simpson 在 2003 年和 De Freitas 在 2007 年针对学习内容的制作分析了远程教育的现状。Simpson 在 2003 年的研究表明，高质量学习内容的制作，不仅会获得学生的高度评价，同样也会被教学人员所关注。因为它能实现对课程结构更细致的检验和改进，同时能够帮助保持教学质量。学习内容的传统媒介是纸质，但很多情况下也采用可交互的形式(Simpson,2003)。在职场学习和成人学习中，从业者制作内容是目前最为普遍的模式，但新的学习者制作内容的模式也开始流行(De Freitas,2007)。学习者制作内容的模式尤为有趣,因为它提供了一些新的可能性,尤其是在适应学生需求方面(De Freitas,2007)。为了让学习者制作内容的模式充分发挥其潜力,依然需要进一步的研究,尤其是需要研究在传统教育环境中采用学习者制作内容的这一新模式带来的挑战(De Freitas,2007)。

四、远程教育中影响教学的因素

大量研究针对远程教育的各种模式进行实践比较研究。这些研究致力于了解哪些因素影响了远程教育课程中学生的成功。Machtmes 和 Asher 在 2000 年分析了一些二阶研究,发现远程教育的有效性随着时间增强。20 世纪 60 年代,支持远程教育的效应量(以标准差表示)为 -0.09,然而到 90 年代,支持远程教育的效应量为 0.23。可能的原因是远程教育领域整体的成熟和远程教育方法及教学模式的成熟,以及引入了更新、更灵活的通信技术。

(一)领域相关的因素

在影响远程教育成功的各种因素中,特定领域独有的特点有重大影响。Wiiliams 在 2006 年的元分析以共 2702 名学生参与的 25 项研究为样本,发现除整体而言更有效外,远程教育对成人职业学生比对研究生和本科生更为有效。Wiiliams 在 2006 年指出,成人职业学生的学术成就明显好于传统课堂的学生(总效应量 Cohen's d=0.74)。这与 Machtmes 和 Asher 在 2000 年的研究结果相互支持,它们表明远程教育最显著和积极的影响在职场学习领域(标准差为 0.53)。

同样,Allen 等人 2004 年的研究显示远程教育的有效性取决于课程内容,尽管不同的研究结论略有冲突。对于军事相关的课程,远程教育的效果逊于传统模式,尽管三项研究涉及 120 名学生的样本太小,不能得出任何普适性结论。在自然科学方面,Allen 等人 2004 年的研究没有发现传统模式和远程教育模式有任何显著区别(三项研究的样本总量为 680 名学生)。而对于社会科学课程,效应量较小(平均 r=-0.021,共 13 项研究,1828 名学生)。外语课程中远程教育的优势最为明显(平均 r=0.218,共三项研究 2238 名学生),主要原因是在远程教育模式中,学生能够定期与该语言的母语使用者交流,这使他们总体能够取得更好的成果。然而,Bernard、Abrami 和 Lou 等人 2004 年的一项研究得到了不同的结论。根据该研究，远程教育在商科、军事和计算课程取得的结果最好，而数学、科学和工程课程则从面对面课堂授课中受益更多。这些二阶研究产生分歧的可能原因是总体而言效应量太小，尤其在略有不同的研究背景和操作的影响下，难以用少量研究可靠地做出预测。

（二）教学模式的因素

二阶研究中一个重要的、被广泛分析的方面是通信技术在远程教育课程的成功中起到的作用。Machtmes 和 Asher 在 2000 年的二阶研究表明不同通信技术的使用没有造成明显的不同。这个结果应得到重视，因为在研究分析的时期中，技术产生了极大变化。Allen 等人 2004 年得到了类似的结论。他们采用了 39 项研究共 71731 名学生为样本，发现书面和声音交流并没有统计上的差别。这与 Bernard、Abrami 和 Wade 等人的 2004 年的研究相互印证，他们发现：使用教学方法远比使用技术在远程教育的有效性方面更具决定性。

理解不同课程的教学模式（即异步授课、同步授课或课堂授课）对学生整体表现起到什么作用同样重要。结果仍不能盖棺定论，然而人们倾向于认为异步授课优于传统课堂授课，而传统课堂授课又优于同步远程授课。根据一个包含 318 项研究共 57775 名学生的样本，Bernard、Abrami 和 Lou 等人 2004 年发现同步远程教学的结果有明显劣势（Hedges'$g=-0.10$，共 92 项研究，8677 名学生），而异步远程教学的结果则有明显优势（Hedges'$g=.053$，共 174 项研究，36531 名学生）。Lou 等人（2006）得到了类似的结论。他们分析了包括 58 项同步远程授课研究的样本，结果更倾向于传统课堂授课（Hedges'$g=-0.023$），而包括 122 项异步授课研究的样本则显示，结果支持远程授课（Hedges'$g=-0.058$）。Allen 等人 2004 年研究显示的异步和同步模式的远程教育的效应量虽然微小，但比其他研究明显更大（异步模式平均 $r=0.074$，共 10 项研究，1319 名学生；同步模式平均 $r=0.066$，共 27 项研究，6847 名学生），其中异步模式的效应量更大一些。与之相反，根据一个包含 18 项同步研究和 12 项异步研究的样本，Williams 在 2006 年发现同步远程教育有积极作用（Cohen's $d=0.24$），而异步远程教育则显示出消极作用（Cohen's $d=0.06$）。

根据目前的证据，同步和异步远程教育似乎都有潜力和传统课堂授课同样有效（或比它更加有效）。然而，真实的远程教育实践可能并非如此。为了改善这种状况,Bernard、Abrami 和 Wade 等人在 2006 年建议师生之间开展更多的个性化交流,来使同步远程教育的授课与面授教育应用的授课方式更为接近。另一方面,对于远程教育的异步模式,依据问题的学习方式的运用对成绩和态度的结果均显示出积极影响(Bernard,Abrami,Wade et al,2004)。Lou 等人 2006 年的元分析结果同样显示,对于异步远程教育,能实现学生间合作学习的媒体使用最为有效(Hedges'g=0.11),而只支持独立学习(如学生-内容)的媒体与课堂授课的差别并不明显。

对不同远程教育授课模式的研究进行的同时,关于不同交互方式(即学生-学生、学生-内容、学生-教师)和支持这些不同媒体交互作用的研究也在展开。等效理论指出,只要教师有足够的空间,来根据特定情况或学生的需要组织教学方法,三种交互方式的不同组合在达到学习成果方面是同样有效的(Miyazoe & Anderson,2010)。Bernard 等人 2009 年的元分析发现,三种交互方式全部对学术表现有积极影响,其中学生-学生和学生-内容交互的影响大于学生-教师交互(学生-学生 Hedges'g=0.49,共 10 项研究;学生-内容 Hedges'g=0.46,共 20 项研究;学生-教师 Hedges'g=0.32,共 44 项研究)。

为了促进学生间的互动,对教学设计和教学干预计划的作用的分析十分必要。这一点上,Wiiliams 在 2006 年的研究显示,在交互设计中包括三种或以上要素的课程(如互动、整合、创新、反思)有更大的积极影响(Cohen's d=0.25,共 22 项研究)。相反,包含三种以下要素的课程有消极的影响(Cohen's d=-0.09,共 19 项研究),这说明了恰当的教学设计对于远程教育课程有效性的重要性。与此类似,Borokhovski、Tamim、Bernard、Abrami 和 Sokolovskaya 在 2012 年对 32 项研究的元分析显示,对交互的计划同样重要,经过设计和计划的交互(Hedges'g=0.50,共 14 项研究)比情境中的交互(Hedges'g=0.22,共 22 项研究)更能带来优秀的学术表现。

同样,适当的教学支持被认为对学生的学业成功有重要影响;然而,这种支持常常仅限于资金上和技术上(Tuquero,2011)。为了提供充足的教学支持,了解股东的需求与理解学生的流失一样,是主要前提(Tuquero,2011)。Storring 在 2006 年的一项元分析,基于包含 9769 名学生的 30 项原始资料,发现没有明显特征表明远程教育的学生流失。与传统课堂的课程相比，Bernard、Abrami 和 Wade 等人 2004 年指出异步远程课程的学生流失率明显更高（Hedges'g=0.093，共 53 项研究），而同步课程与传统课堂的差异并不显著（Hedges'g=0.009，共 17 项研究）。最后，对远程教育新技术的应用，如 3D 虚拟世界，经过研究显示出光明的前景，但还需更多的实践研究（Wang & Lockee,2010）。

五、局限性

本研究具有一些局限性。首先，选中的研究有可能不能代表远程教育领域的整个实践研究主体。我们对本领域内主要的数字图书馆进行了检索，并依照系统文献回顾和元分析的传统，根据收录标准检查这些研究。然而依然有可能遗漏一些重要的、与本报告结果相反的研究。第二个困难来自远程教育、数字化学习和在线学习的实行，因为它们的区别并不清晰。同样，本报告中收录的二阶研究可能无法提供足够的细节，来把每份论文完全确切地归类。我们使用了研究文献中常用的定义，然而并不能完全避免这个问题。最后，由于任何三阶研究都会被二阶研究中的数据质量所局限，本研究取决于这些二阶资料的方法学质量。总体而言，这些研究的质量多数很高，质量明显较低的研究只有极少数。

第五节 远程教育模型

本文对现有研究成果分析综合后提出了远程教育的简明概念模型（如图 1-9 所示）。远程教育位于图中心，当其获得适当地组织和支持时，可降低教育成本，提高学生保持率和教学有效性。远程教育的基本要素是学习者、内容和教师。学习体验主要通过学习者与内容、与其他学习者和与教师之间的交互形成。为了成功参与交互，学习者必须具备高水平的数字化素养，还必须具有主动学习的积极性，以有效地参与学习活动。同样，教师对技术使用的态度和数字化素养水平在形成整个学习体验的过程中发挥着重要作用。很多研究结果表明，在远程教育中课程的上述三种交互要比基于语境化的交互重要得多，因此教师要特别注意规划和设计上述三种交互。学习内容的质量也十分重要，在学习质量的标准尤为重要的正式教育环境中更是如此。

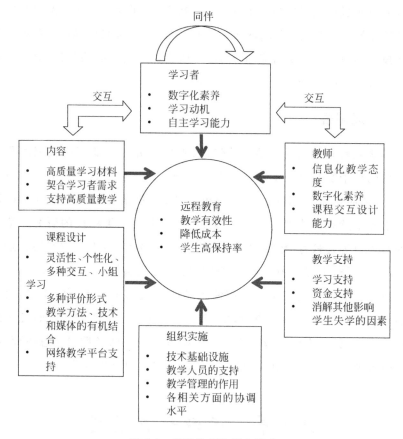

图 1-9 远程教育的概念模型

除了学生、教师和内容外,我们的研究结果表明其他因素也在最终的学习体验和学业成绩中都发挥着重要支持作用,例如教学支持、机构对远程教育的组织实施和课程设计。形成学习体验的重要课程设计特征包括灵活性、个性化、评价形式、小组学习和经过设计的交互的应用,以及多种教学方法、技术和媒体混合运用的有效性。同样,影响机构对远程教育应用水平的因素包括技术基础设施的质量、教学人员的支持、教学管理的作用、各相关方面的协调水平,以及政府支持和政策制定。最后,对学生的学业支持(包括技术和资金支持),对于那些未达到知识能力要求和自我管理要求的学生尤为重要,也对理解学生失学的根本原因十分重要。

第六节 总　　结

为了呈现远程教育研究现状的概况，本报告聚焦系统化文献综述和元分析。本综述的主要目的是通报数字化学习的发展和实践，并视其为描述教育领域当代发展的一个新框架。综述表明如下事实。

（1）与同步或混合模式的远程教育相比，异步形式的远程教育获得了更多的关注。

（2）研究的重点是探索性的，并广泛应用了各种形式的研究设计（即定量、定性和混合）。在具体研究方法上，案例研究和基于调查的研究使用更为普遍。

（3）一些研究指出远程教育同传统形式的教育相比，具有相同或者更好的效果。这强有力地证明了远程教育的有效性。

（4）早期文献在初始阶段有助于我们对远程教育和传统课堂教学进行比较，如今已被更积极的对远程教育各种因素的分析所取代。

（5）学生对于远程教育课程的满意度主要取决于目标学生群体。职业教育和成人教育的学习者通常对远程教育更为满意，而本科生和研究生对于传统的面对面学习更有好感。

（6）学生流失情况在两种教学模式中具有可比性，同步远程教育比传统的面对面教育流失较少，而异步远程教育比传统的面对面教育流失略多。

（7）机构对远程教育的成功实施依赖于诸多宏观和微观层面的因素。在不同宏观层面因素中，最普遍的因素包括：①技术基础设施；②教学管理的作用；③教学方面和组织方面的支持。微观层面的重要因素包括：①对远程教育技术使用的态度；②教学人员的计算机应用能力；③教学人员相关技术培训的时间分配和远程教育课程开发；④学习材料的质量。

（8）单门远程教育课程的成功与许多领域和教学因素有关，例如：①课程专业领域；②目标学生人群（如职业、成人、研究生、本科生）；③选择的教学方法及其支持技术的协调性；④授课模式（如同步与异步）；⑤支持交互的类型（学生与学生、学生与老师、学生与内容）；⑥教学设计与规划。

（9）已有远程教育文献在方法和质量上，仍然有很大提升空间。已发表的报告中很多信息残缺不全，致使整合研究成果变得更复杂也更具挑战性。

随着用于当代教育的技术形式的多样化，本研究综述呈现了数字化学习作为21世纪技术应用于教育的一个概括性术语的发展情况。虽然远程教育已经成为最广泛使用的术语，但教育项目的多样化，学习的个性化，评价方式的多元化，都需要一个更加综合、统一的概念框架的发展。我们将直面的挑战包括一个成功应用教育技术的框架的开发，新型教育项目的开发，对于不同学习场景成功教育实践的辨识，在教育中进一步应用相关技术的准备，以及教育研究与实践更好结合的发展。随着各种各样学习形式的兴起（如MOOCs或混合学习项目），关于数字化学习及其特征的研究能够成功地推进教育的发展，也是适应未来挑战的必然要求。

参 考 文 献

[1] Allen, I. E., & Seaman, J. (2011). Going the distance: Online education in the United States, 2011 (Survey Report). Babson Survey Research Group. Retrieved from http://www.onlinelearningsurvey.com/reports/going the distance.pdf.

[2] Allen, I. E., Seaman, J., Garrett, R. (2007). Blending in: The extent and promise of blended education in the United States. Sloan Consortium. Retrieved from http://eric.ed.gov/? id=ED529930.

[3] Allen, M., Bourhis, J., Burrell, N., Mabry, E. (2002). Comparing student satisfaction with distance education to traditional classrooms in higher education: A metaanalysis. American Journal of Distance Education, 16(2), 83-97.

[4] Allen, M., Mabry, E., Mattrey, M., Bourhis, J., Titsworth, S., & Burrell, N. (2004). Evaluating the effectiveness of distance learning: A comparison using meta-analysis. Journal of Communication, 54(3), 402-420.

[5] Anderson, T. (2003). Modes of interaction in distance education: Recent developments and research questions. In M. G. Moore & W. G. Anderson (Eds.), Handbook of Distance Education (2nd revised edition, pp. 129-144). Mahwah, NJ: Routledge.

[6] Anderson, T. (2008). The theory and practice of online learning. Athabasca, AB,

Canada: Athabasca University Press.

[7] Anderson, T. (2009). A rose by any other name: Still distance education-A response to D. R. Garrison implications of online and blended learning for the conceptual development and practice of distance education. International Journal of e-learning & Distance Education, 23(3), 111-116. Retrieved from http://ijede.ca/index.php/jde/article/view/653/981.

[8] Anderson, T., & Dron, J. (2010). Three generations of distance education pedagogy. The International Review of Research in Open and Distance Learning, 12(3). 80-97. Retrieved from http://www.irrodl.org/index.php/irrodl/article/view/890/1663.

[9] Andrews, R. (2005). The place of systematic reviews in education research. British Journal of Educational Studies, 53(4), 399-416.

[10] Bates, A. W. (2005). Technology, e-learning and distance education (2nd edition). London; New York: Routledge.

[11] Bernard, R., Borokhovski, E., Schmid, R., Tamim, R., Abrami, P. (2014). A meta-analysis of blended learning and technology use in higher education: From the general to the applied. Journal of Computing in Higher Education, 26(1), 87-122.

[12] Bernard, R. M., Abrami, P. C., Borokhovski, E., Wade, C. A., Tamim, R. M., Surkes, M. A., & Bethel, E. C. (2009). A meta-analysis of three types of interaction treatmentsin distance education. Review of Educational Research, 79(3), 1243-1289. Retrieved from http://www.jstor.org/stable/40469094.

[13] Bernard, R. M., Abrami, P. C., Lou, Y., Borokhovsk, E., Wade, A., Wozney, L., … Huang, B. (2004). How does distance education compare with classroom instruction? Ameta-analysis of the empirical literature. Review of Educational Research, 74(3), 379-439.

[14] Bernard, R. M., Abrami, P. C., Wade, A., Borokhovski, E., & Lou, Y. (2004). The effects of synchronous and asynchronous distance education: A meta-analytical assessment of Simonson's "equivalency theory." Annual proceedings of selected research and development papers presented at the national convention of the Association for Educational Communications and Technology. Chicago, IL: Association for Educational Communications and Technology. Retrieved from http://eric.ed.gov/?id=ED485078.

[15] Blin, F., Munro, M. (2008). Why hasn't technology disrupted academics' teachingpractices? Understanding resistance to change through the lens of activitytheory. Computers & Education, 50(2), 475-490.

[16] Bliuc, A.-M., Goodyear, P., Ellis, R. A. (2007). Research focus and methodological choices in studies into students' experiences of blended learning in higher education. The Internet and Higher Education, 10(4), 231-244. doi: 10.1016/j.iheduc.2007.08.001.

[17] Bonk, C. J., Graham, C. R., Cross, J., Moore, M. G. (2005). The handbook of

blended learning: Global perspectives, local designs (1st edition). San Francisco: Pfeiffer.

[18] Booth, A., Carroll, C., Papaioannou, D., Sutton, A., Wong, R. (2009). Applying findings from a systematic review of workplace-based e-learning: Implications for health information professionals. Health Information & Libraries Journal, 26(1): 4-21.

[19] Borokhovski, E., Bernard, R., Mills, E., Abrami, P. C., Wade, C. A., Tamim, R., Surkes, M. A. (2011). An extended systematic review of Canadian policy documentson e-learning: What we're doing and not doing. Canadian Journal of Learningand Technology, 37(3). Retrieved from http://www.cjlt.ca/index.php/cjlt/article/view/589.

[20] Borokhovski, E., Tamim, R., Bernard, R. M., Abrami, P. C., Sokolovskaya, A. (2012). Are contextual and designed student-student interaction treatments equally effective in distance education? Distance Education, 33(3), 311-329.

[21] Childs, S., Blenkinsopp, E., Hall, A., Walton, G. (2005). Effective e-learning for health professionals and students: Barriers and their solutions. A systematic review of the literature: Findings from the HeXL project. Health Information & Libraries Journal, 22, 20-32.

[22] Chipps, J., Brysiewicz, P., Mars, M. (2012). A Systematic review of the effectiveness of video conference-based tele-education for medical and nursing education. World views on Evidence-Based Nursing, 9(2), 78-87.

[23] Chipps, J., Ramlall, S., Mars, M. (2012). Video conference-based education forpsychiatry registrars at the University of KwaZulu-Natal, South Africa. African Journal of Psychiatry, 15(4).

[24] Clardy, A. (2009). Distant, on-line education: Effects, principles and practices. ERIC Document ED506182. Retrieved from http://eric.ed.gov/?id=ED506182Clark, R. E. (1983). Reconsidering research on learning from media. Review of Educational Research, 53(4), 445-459.

[25] Cohen, J. (1988). The analysis of variance. Statistical power analysis for the behavioral sciences (pp. 273-406). Hillsdale, NJ: L. Erlbaum Associates.

[26] Daniel, J. (2014). Foreword to the special section on massive open online courses MOOCs: Evolution or revolution? Journal of Online Learning and Teaching, 10(1), i-iv. http://jolt.merlot.org/vol10no1/daniel_foreword_0314.pdf.

[27] De Freitas, S. (2007). Post-16 e-learning content production: A synthesis of the literature. British Journal of Educational Technology, 38(2), 349-364.

[28] Dewey, J. (1897). My pedagogical creed. School Journal, 54(3), 77-80. Retrieved from http://dewey.pragmatism.org/creed.htm.

[29] Friedman, T. L. (2012, May 15). Come the revolution. The New York Times. Retrieved from http://www.nytimes.com/2012/05/16/opinion/friedman-come-the-revolution.html.

[30] Garrison, D. R. (1985). Three generations of technological innovations in

distanceeducation. Distance Education,6(2),235-241.

[31] Gašević,D.,Kovanović,V.,Joksimović,S.,Siemens,G. (2014). Where is research onmassive open online courses headed? A data analysis of the MOOC research initiative. The International Review of Research in Open and Distance Learning, 15(5), 134-176. Retrieved from http://www.irrodl.org/index.php/irrodl/article/view/1954.

[32] Glass, G. V. (1976). Primary, secondary, and meta-analysis of research. Educational Researcher,5(10),3-8.

[33] Grant,M. J.,Booth,A. (2009). A typology of reviews: An analysis of 14 review typesand associated methodologies. Health Information and Libraries Journal,26(2),91-108.

[34] Hanna,D. E. (2003). Organizational models in higher education, past and future. In M. G. Moore & W. G. Anderson (Eds.), Handbook of Distance Education (2nd revisededition). Mahwah,NJ: Routledge.

[35] Harasim, L. (2000). Shift happens: Online education as a new paradigm in learning. The Internet and Higher Education,3(1-2),41-61.

[36] Hedges,L. V. (1982). Statistical methodology in meta-analysis. Retrieved from http://eric.ed.gov/?id=ED227133.

[37] Holmberg,B. (2005). The evolution, principles and practices of distance education [D]. Oldenburg: Bibliotheks and Informationssystem der Univ.

[38] Hrastinski, S., Keller, C. (2007). Computer-mediated communication in education: A review of recent research. Educational Media International,44(1),61-77.

[39] Jonassen,D., Davidson, M., Collins, M., Campbell, J., Haag, B. B. (1995). Constructivism and computer-mediated communication in distance education. American Journal of Distance Education,9(2),7-26.

[40] Keegan,D. (Ed.). (1993). Theoretical principles of distance education (1st edition). London; New York: Routledge.

[41] Kovanović,V., Joksimović, S., Gašević, D., Siemens, G., Hatala, M. (2014). What publicmedia reveals about MOOCs: A systematic analysis of news reports. British Journal of Educational Technology,in press.

[42] Lee,S. A. S., McElroy, S. (2012). Telepractice is a new method for providing services to children with Autism Spectrum Disorder (ASD): This scoping review summarizes existing research and identifies research gaps. Evidence-Based Communication Assessment and Intervention,6(4),177-180.

[43] Lee,Y., Driscoll,M. P., Nelson, D. W. (2004). The past, present, and future of researchin distance education: Results of a content analysis. American Journal of Distance Education,18(4),225-241.

[44] Lou,Y., Bernard, R. M., Abrami, P. C. (2006). Media and pedagogy in under graduate distance education: A theory-based meta-analysis of empirical literature. Educational Technology Research and Development,54(2),141-176.

[45] Ludlow, B. L., Brannan, S. A. (1999). Distance education programs preparing personnelfor rural areas: Current practices, emerging trends, and future directions. Rural Special Education Quarterly,18(3),4-15.

[46] Lust, G., Juarez Collazo, N. A., Elen, J., Clarebout, G. (2012). Content management systems: Enriched learning opport unities for all? Computers in Human Behavior,28(3),795-808.

[47] Machtmes, K., Asher, J. W. (2000). A meta-analysis of the effectiveness of telecourses in distance education. American Journal of Distance Education,14(1), 27-46.

[48] Mason, R. (2000). From distance education to online education. The Internet and Higher Education,3(1-2),63-74.

[49] Means, B., Toyama, Y., Murphy, R. O. B. E. R. T., Baki, M. (2013). The effectiveness of online and blended learning: A meta-analysis of the empirical literature. Teachers College Record,115(3),1-47. Retrieved from https://www.tcrecord.org/library/Abstract.asp? ContentId=16882.

[50] Miyazoe, T., & Anderson, T. (2010). The interaction equivalency theorem. Journal of Interactive Online Learning,9(2),94-104. Retrieved from http://www.ncolr.org/issues/jiol/v9/n2/the-interaction-equivalency-theorem#.VPNUgnXcdhE.

[51] Moore, J. L., Dickson-Deane, C., Galyen, K. (2011). e-learning, online learning, and distance learning environments: Are they the same? The Internet and Higher Education,14(2),129-135.

[52] Moore, M. G. (1989). Editorial: Three types of interaction. American Journal of Distance Education,3(2),1-7.

[53] Moore, M. G., Kearsley, G. (2004). Distance education: A systems view (2nd edition). Belmont, CA: Wadsworth Publishing.

[54] Mulrow, C. D. (1994). Systematic Reviews: Rationale for systematic reviews. British Medical Journal,309(6954),597-599.

[55] Piaget, J. (1959). The language and thought of the child. (3rd edition). London: Routledge and Kegan Paul.

[56] Ritzhaupt, A. D., Stewart, M., Smith, P., Barron, A. E. (2010). An investigation of distance education in North American research literature using co-word analysis. The International Review of Research in Open and Distance Learning,11(1),37-60. Retrieved from http://www.irrodl.org/index.php/irrodl/article/view/763.

[57] Rumrill, P. D., Fitzgerald, S. M., Merchant, W. R. (2010). Using scoping literaturere views as a means of understanding and interpreting existing literature. Work: A Journal of Prevention, Assessment and Rehabilitation,35(3), 399-404.

[58] Shachar, M., Neumann, Y. (2003). Differences between traditional and distance education academic performances: A meta-analytic approach. The International Review of Research in Open and Distance Learning,4(2). Retrieved from http://

www. irrodl. org/index. php/irrodl/article/view/153.

[59] Siemens,G. (2012). MOOCs are really a platform. ELearnSpace Blog. Retrieved from http://www. elearn space. org/blog/2012/07/25/moocs-are-really-a-platform/.

[60] Simpson, M. G. (2003). Distance delivery of pre-service teacher education: Lessonsfor good practice from twenty-one international programs (D. Ed.). The Pennsylvania State University,United States.

[61] Singh,G., Hardaker,G. (2014). Barriers and enablers to adoption and diffusion of eLearning. Education+Training,56(2/3),105-121.

[62] Spector,J. M., Merrill, M. D., van Merrienboer,J., & Driscoll, M. P. (Eds.). (2007). Handbook of research on educational communications and technology (3rd edition). New York: Routledge.

[63] Stall-Meadows,C. E. (1998). Grounded meta-analysis of qualitative case study dissertations in distance education pedagogy (Ed. D.). Oklahoma State University,United States.

[64] Stewart,C. (2010). What's missing? The next step towards universal distance education. Proceedings of 26th Annual Conference on Distance Teaching & Learning. Madison, WI: University of Wisconsin-Madison. Retrieved from http://www. uwex. edu/disted/conference/resource_library/search_detail. cfm? presid=29845.

[65] Storrings,D. A. (2006). Attrition in distance education: A meta-analysis. Annual Proceedings of Selected Research and Development Papers Presented atthe National Convention of the Association for Educational Communication sand Technology. Dallas, TX: Association for Educational Communications and Technology. Retrieved from http://www. aect. org/pdf/proccedings/2006/06_35. pdf.

[66] Taylor,J. C. (2001). Fifth generation distance education. Instructional Science and Technology,4(1),1-14. Retrieved from http://eprints. usq. edu. au/136/.

[67] Toffler, A., Butz,B. (1990). Powershift: Knowledge,wealth,and violence at the edge of the 21st century (pp. 341-413). New York: Bantam Books.

[68] Tomlinson,J., Shaw, T., Munro, A., Johnson, R., Madden, D. L., Phillips, R., McGregor, D. (2013). How does tele-learning compare with other forms of educationdelivery? A systematic review of tele-learning educational outcomes for health professionals. New South Wales Public Health Bulletin,24(2),70-75.

[69] Tuquero,J. M. (2011). A meta-ethnographic synthesis of support services in distance learning programs. Journal of Information Technology Education, 10, 157-179. Retrieved from http://www. jite. org/documents/Vol10/JITEv10II Pp157-179Tuquero974. pdf.

[70] Vygotsky,L. S. (1978). Mind in society: Development of higher psychological processes. Cambridge,MA: Harvard University Press.

[71] Waight, C. L., Willging, P. A., Wentling, T. L. (2002). Recurrent themes in e-learning: Ameta-analysis of major e-learning reports. Proceedings AHRD 2002

Conference. Honolulu, Hawaii, USA. Retrieved from http://eric. ed. gov/? id=EJ875539.

[72] Wang, F. , Lockee, B. B. (2010). Virtual worlds in distance education: A content analysisstudy. Quarterly Review of Distance Education, 11(3), 183-186. Retrieved from http://www. editlib. org/p/53214/.

[73] Williams, S. L. (2006). The effectiveness of distance education in allied health science programs: A meta-analysis of outcomes. American Journal of Distance Education, 20(3), 127-141.

[74] Wutoh, R. , Boren, S. A. , Balas, E. A. (2004). eLearning: A review of Internet-basedcontinuing medical education. Journal of Continuing Education in the Health Professions, 24(1), 20-30.

[75] Zawacki-Richter, O. , Baecker, E. M. , Vogt, S. (2009). Review of distance education research (2000 to 2008): Analysis of research areas, methods, and authorship patterns. The International Review of Research in Open and Distance Learning, 10(6), 21-50. Retrieved from http://www. irrodl. org/index. php/irrodl/article/view/741/1433.

第二章　混合学习的历史与现状

爱克桑德罗·斯科利平克（Eksandra Skrypnyk）
南澳大利亚大学（University of South Australia）
斯拉克·焦克斯莫维奇（Srećko Joksimović）
爱丁堡大学（University of Edinburgh）
维托米尔·克安诺维奇（Vitomir Kovanović）
爱丁堡大学（University of Edinburgh）
肖恩·道森（Shane Dawson）
南澳大利亚大学（University of South Australia）
德拉甘·格萨维奇（Dragan Gašević）
爱丁堡大学（University of Edinburgh）
乔治·西门子（George Siemens）
阿萨巴萨卡大学（Athabasca University）
德克萨斯大学阿灵顿分校（University of Texas Arlington）

摘 要

本报告作为系列研究的一部分,旨在提供远程学习、在线学习和混合学习的概况,并把它们与新兴的数字学习领域相联系。报告着重讨论混合学习,即传统的面对面学习与在线学习相结合的实践领域。随着混合学习的概念在教育界得到日益广泛的认可,研究人员尝试评估混合学习给学生带来的效益。本报告旨在概述有关混合学习定义的讨论、给教学带来的益处,以及在学术研究中存在的不足,并探讨混合学习未来的发展方向。我们对混合学习的现状和发展的批判性概述旨在呈现我们系统选择的20篇混合学习的二阶文献中的主题。报告梳理了混合学习实践与研究中的重要主题,如混合学习的有效性、混合学习的教学与设计方面的教学实践和混合学习的研究现状等。研究结果表明,技术的进步已经促使混合学习从基层实践发展成一个新兴的研究领域。通过在线和面对面模式的结合,混合学习给学生的学习带来了积极的影响,而使得混合学习成为一种很有吸引力的教育模式。目前,混合学习领域在理论和实践上很大程度仍是依赖于在线学习衍生而来的各种教学模式。混合学习是一个动态变化的领域,在这里提到的很多现在研究中存在的问题可能很快会在未来的研究中得到澄清。尽管如此,对此领域文献的梳理表明,在混合学习的学习活动中,运用数字学习的概念将使混合学习领域进一步成熟。

第一节 引 言

在传统教育环境下,面对面授课指的是学生在校园的实体教室中进行的学习活动。这一教育模式要求学生定期去教室上课。可见这种模式不能为那些由于各种原因很难或不能定期来校园上课的学生提供均等的学习机会。

相比之下，远程教育为学生提供了在校园外学习的机会。简言之，这种教育模式不要求学生来校园上课学习。这不是一种新出现在教育领域的新兴模式。远程教育历史久远，从专科学院和手工艺课程（boutique programs）演变而来（Kovanović et al, 2015）。尽管其教学地位早已确立，远程教育却发展缓慢，一直被视为不够人性化的教育方式，其服务对象主要是那些因时间或空间原因而游离于大学外的在职或边缘群体（Moore & Kearsley, 2011）。但是，网络技术的发展使远程教育成为高中和高中后教育的主要形式。Allen 和 Seamen 在 2013 年发表了跟踪 10 年美国网络课程的注册情况，也特别指出了这一发展趋势。他们指出在线课程注册增长率要比传统课程提高得快。

很显然，非同步和同步通信技术的发展和运用使我们能充分发挥二者（远程教育和面对面课堂教学）的优势。目前，学习者不仅可以享有上课和不上课的灵活性，还可以享有社交和互动的机会。此报告将讨论传统教育模式和远程教育之间的结合点，即混合教育或混合学习。我们将简述有关混合学习定义的讨论，以及现有研究文献中记录的传统课堂和技术的融合中彰显的优势和不足。

第二节 教育技术的兴起

在过去的十年里，技术越来越广泛地用以提高面对面和远程课程及其内容的质量。教育技术可大体分为三个范畴：①支持传播和获得信息的信息技术；②介导使用者之间互动的通信交互技术；③支持群体互动的社交软件技术，如决策、计划和高阶学习活动（C. Allen, 2004；Anderson, 2008；Hulsmann, 2004）。最初运用于教育领域的信息技术都是基于计算机、以个人使用为主要目的的。如今，教育信息技术则以网络（或云端）形式出现，更注重其社交性能。这种向网络或云技术的转变为使用者提供了更广泛的接触学习资源的机会，有效地发挥了网络的联通作用。

用于教育的早期的单项通信技术，包括同步和非同步媒介，已经逐步被整合到学习平台中，如学习管理平台或虚拟学习环境。Web 2.0 和社交软件技术（C. Allen, 2004）伴随着社交关系的建立，支持双向交流，如知识的分享、获取和管理知识。社交软件技术的交互特性为远程学习者提供了群组学习活动的可能性,这在先前一直被视为面对面教学所独享的优势。例如,借助远程技术学习者无须在同一地理位置就可以通过视频、同步聊天、虚拟教室进行同步交流(Helms,2014)。

由于授课方式越来越依靠技术,人们对距离的理解也在改变。学生可以和同伴或老师即时互动,甚至远距离参与课堂活动。教育对网络技术的依赖,以及距离概念的弱化,使网络学习应运而生。智能技术、网络的广泛应用以及技术成本的降低都促使我们重新定义21世纪的教与学。

第三节 混合学习定义

在线教育发展的一个重要成果是教育工作者开始把新技术运用到实体教学中。在线技术与面对面教学的结合被称为混合学习(blended learning)、混合模式(mixed mode)、混合式的(hybrid learning)或网络辅助学习(online-supplemented)。尽管混合学习可能最常用,但所有这些术语都表述了网络技术与面对面教学相融合这一基本特征。

报告聚焦混合学习,即传统面对面教学与网络教学相结合(或相混合)的实践。混合学习或混合教学代表传统面对面教学和分布式、技术介导学习环境的不断融合(Bonk & Graham,2006;Graham & Dziuban,2008)。它的融合程度在单一面对面和单一网络教学区间(continuum)不断变化(Helms,2014)。这么大的变化幅度,无疑使混合学习的定义各有不同。例如,如果30%~79%的内容以在线形式提供,混合学习则可以被定义为在线学习的一种形式(Allen & Seaman,2003,2004;Allen,Seaman,Garrett,2007;Means,Toyama,Murphy,Bakia,Jones,2009;Means,Toyama,Murphy,Bakia,2013)。有些学者则认为混合教学中至少一半的课时应该是面授。还有些学者定义的范畴更广,即任何有网络辅助的课堂教学都是混合教学,如通过学习管理平台来管理课程和与学生沟通(Bliuc,Goodyear,Ellis,2007)。换言之,任何老师不论是在实体课堂还是在远程网络教学中,只要在教学中运用技术,就可以顺理成章地称为混合教学。

尽管研究文献显示，权威性的混合学习的定义尚未形成，但在现有定义中仍然可以看到很多共同之处。在所有的定义中，混合学习都被视为传统面对面教学和在线学习的结合，其特点是以技术为媒介，某种程度的时空分离。混合模式（mixed-mode）、混合式的（hybrid）以及混合课程（blended courses）之间的差别并没有明确的定义，这些术语常被交替使用（Graham & Dziuban, 2008; Means et al, 2013）。可以说，混合式的（hybrid）通常指一种模式启用时，另一种模式则处于休眠状态；而混合的意思是两种模式没有明显的差别（McGee & Reis, 2012）。

在混合学习的定义不断引起争议的同时，学者们也在试图证明这一教育模式带来的所谓的效益和益处。尽管唯技术论者（positivist）不断地强调教育技术给学习带来的益处，实际上这些益处却很难量化。本报告不仅强调混合学习带来的公认的优势，而且还将指出研究文献中列举的不足和缺失。

第四节 研究方法

报告通过整合混合学习的元分析和系统的文献回顾中的主题和研究结果，为读者提供了基于证据的混合学习研究方法的现状。这项调查局限于以下两个研究问题的框架之内：

（1）混合学习元分析和系统文献回顾的主题是什么？
（2）这些分析和回顾所反映的混合学习的现状如何？

为了查找有关混合学习的元分析和系统化文献，我们通过 Google Schloar 和期刊进行了的数据库搜索（见图 2-1）。首先，通过搜索数字图书馆（ERIC、SCOPUS、PsychINFO、PubMed 和 ProQuest 等数据库）找到了 306 篇有关在线学习、远程教育和混合学习的文献[①]。另外还有 19 篇

[①] 数据库搜索采用了以下标准：题目、摘要和（或）关键词至少含有以下一个词条：meta-analysis, meta-synthesis, scoping study, 或者是 systematic review；题目，摘要和（或）关键词同时并至少含有以下一个词条：distance learning, distance education, 混合学习 ended learning, 混合学习 ended education, hybrid education, hybrid learning, online learning, online education, e-learning, web-based learning, 或者是 web-based education。

文献是通过 Google Scholar 的相似关键词组合搜索到的。通过期刊搜索又找出了 14 篇文献[①]。因此,汇编表包括了约 339 份有关在线学习、远程教育和混合学习的元分析和系统的综述。三位研究人员检查了所选报告的题目、关键词和摘要以证实它们的相关性,并把它们归类到特定的研究列表,即远程教育、在线学习或是混合学习。如果研究人员无法从以上信息中归类,他们还会通过查阅文献的内容来确定。在现阶段共有 67 份报告与混合学习有关。

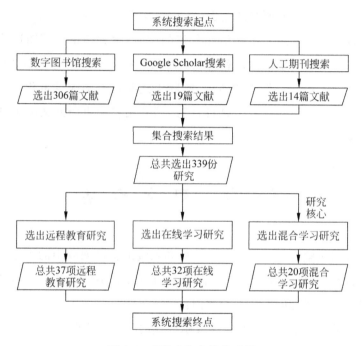

图 2-1　系统查询文献的过程

如前所述,混合学习源于传统教学和在线学习。混合学习这一进化特点使辨识元分析和开展系统文献综述的工作变得困难。例如,一方面,尤其在 20 年代早期,混合学习局限于传统课堂教学与技术结合(见图 2-2)。因此,混合学习学术文献的关键词包括虚拟学习环境(virtual learning

---

① 相关期刊的列表选自在远程和在线教育方面最有影响力的期刊:American Journal of Distance Education, Journal of Distance Education, Distance Education, International Review of Research in Distance and Open Education, Journal of Asynchronous Learning Networks, Journal of Techn在线学习ogy and Teacher Education, Career and Technical Education Research, Internet and Higher Education, Journal of Computing in Higher Education, 以及 Computer and Education。

environments)、课程管理系统(course management systems)和计算机辅助教学(computer-aided instruction)等。另一方面混合学习的文献与远程教育/在线学习的文献有很多的重合。因此,混合学习的关键词也包括网络学习(web-based learning)、电子化学习(e-learning)、基于互联网的学习(internet-based learning)、在线和远程学习/教育(online and distance learning/education)和分布式学习(distributed learning)。此外,混合学习的一些实践也被称为混合学习(hybrid learning)、混合模式学习(mixed mode learning)和最近出现的翻转课堂(flipped classroom)。

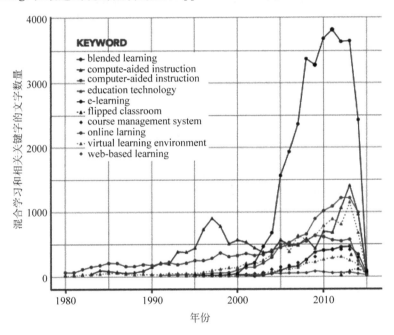

图 2-2 通过 SCOPUS 搜索有关混合学习的提供方式

(检索：研究题目、摘要和关键词)

文献必须符合以下要求才能选作分析之用。

(1)该项研究运用了系统的方法进行文献分析,如元分析,系统文献回顾和元合成。

(2)该项研究具有关于混合学习的研究发现,并把其作为数据的一部分。

(3)该项研究发表在英文同行评审的期刊或会议专集,或是英文学位论文。

(4)该项研究属于高等教育和教师专业发展的范畴,不包括基础教育,除非其包含了大量的高等和/或成人教育方面的数据。

此外,如果一个研究组先发表了包含混合学习研究的在线学习的元分析,新近又发表了以混合学习为主的研究且所用数据与前者有重叠,则前者不被采用。例如 Means 等人(2009)或是 Bernard 等人(2009)的研究。

这份报告选用的二阶研究包括了 20 个元分析和系统性文献综述(见表 2-1 和图 2-3)。

表 2-1 混合学习的系统分析和元分析概要

	研 究 者	标 题	类型	一阶研究
1	Bernard et al(2014)	A meta-analysis of blended learning and technology use in higher education: From general to the applied	MA	96
2	Arbaugh,J. (2014)	What might online delivery teach us about blended management education? Priorper spectives and future directions	SLR	60
3	Halverson et al(2014)	A thematic analysis of the most highly cited scholarship in the first decade of blended learning research	SLR,TA	85
4	Means et al(2013)	The effectiveness of online and blended learning: A meta-analysis of the empirical literature	MA	45
5	Bishop & Verleger(2013)	The flipped classroom: A survey of the research	SLR	24
6	Zhao & Breslow(2013)	Literature review on hybrid/blended learning	SLR	42
7	Drysdale et al(2013)	An analysis of research trends in dissertations and theses studying blended learning	SLR	205
8	Keengewe & Kang(2013)	A review of empirical research on blended learning in teacher education programs	SLR	23
9	Torrisi-Steel & Drew (2013)	A literature landscape of blended learning in higher education: The need for better understanding of academic blended practice	SLR,TA	827

续表

	研究者	标题	类型	一阶研究
10	McGee & Reis(2012)	Blended course design: A synthesis of best practices	QMA	67
11	Rowe, Frantz, & Bozalek(2012)	The role of blended learning in the clinical education of health care students: A systematic review	MA	14
12	Halverson et al(2012)	An analysis of high impact scholarship and publication trends in blended learning	SLR	95
13	Gikandi, Morrow, & Davis(2011)	Online formative assessment in higher education: A review of the literature	SLR	8
14	Cook et al(2010)	What do we know about web-based learning? A systematic review of the variability of interventions	SLR	65
15	Landers(2009)	Traditional, web-based and hybrid instruction: A comparison of training methods	MA	126*
16	Bliuc, Goodyear, Ellis(2007)	Research focus and methodological choices in studies into students' experiences of blended learning in higher education	SLR	Approx. 300
17	Sharpe et al(2006)	The undergraduate experience of blended e-learning: A review of UK literature and practice	SLR & I	14
18	Sitzmann et al(2006)	The comparative effectiveness of web based and classroom instruction: A meta-analysis	MA	96*
19	Zhao et al(2005)	What makes the difference? A practical analysis of research on the effectiveness of distance education	MA	52*
20	Paul(2001)	A meta-analytic review of factors that influence the effectiveness of web-based training within the context of distance education	MA	15

说明：SR 为系统性综述；MA 为元分析；SLR 为系统性文献综述；TA 为主题分析；QMA 为定性元分析；I 为访谈。* 示例包括混合学习和在线学习采取教学干预的研究。

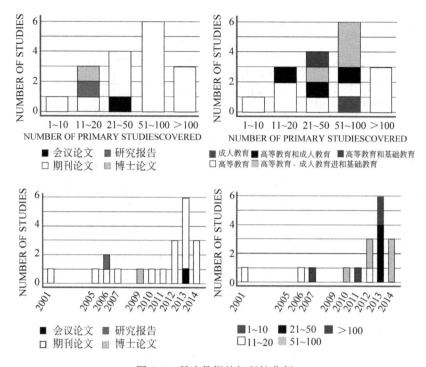

图 2-3 所选数据的解释性分析

第五节 部分学术文章综述

文献显示现有研究中仍缺乏对各大学和机构混合学习实践有效性的系统性研究,所以此报告将对该主题作一个系统回顾,以期得到更多关注。

由于不同的研究对混合学习的界定不同,本综述一个明显的局限是很难确保其连贯性。另外,我们也注意到二阶文献中出现的主题和一阶研究的主题并非完全吻合(cf. Halverson et al, 2014)。

一、混合学习的有效性

较之在线与面对面的学习,混合学习的有效性在学术研究中占有突出的地位。这一研究对政策的制定者和管理阶层尤为重要,因为他们需要了解对混合学习投资的潜在影响和最佳的资源分配。由于混合学习的成本与其他教学模式不同,对其不言而喻的期望是这种学习模式必须是经济而有效的(Graham,2013;Means et al,2009;Twigg,2003)。

我们的文献集中有六个元分析(meta-analyses)和两个系统的文献综述,探讨混合学习的有效性(表2-2)。依据远程教育和教育技术研究惯例,这些研究根据影响力大小来判断混合学习是否有效。也就是说,和控制组相比,影响力越大,混合学习试验组的成绩也应该越好(Ross,Morrison,Lowther,2010,p.19)。总之,所有挑选出的文献都得出了这样的结论:不论在以在线为主面授为辅还是面授为主在线为辅的课程中,学生的学习成绩都比纯面授或纯在线学习的学生高。

尽管混合学习的有效性几乎得到了一致认同,有些学者仍然认为现有事实证据不足以说明问题,因为元分析中的一阶研究缺乏对复杂因素的数据控制(Rowe et al,2012;Zhao & Breslow,2013)。混合学习一般需要更多的时间,更多的教学资源、课程内容应鼓励学生间的互动等,其中任何一种因素都可能作为一个复杂变量来解释为什么混合学习更有效(Jaggars & Bailey,2010;Landers,2009;Means et al,2013)。可以说,虽然混合学习的效果很明显,但具体因果关系却很难确定(Rowe et al,2012)。

关于混合学习有效性的研究结论很难有普适价值,因为元分析所采用的原始研究中的数据缺乏一致性。首先,混合学习的教学条件缺乏一致性。混合学习环境存在的一个共同特点是两种学习模式共存。但是此定义太宽泛,这涉及各种各样的教学形式和它们之间不同程度的混合,如果没有具体的细节说明就很难进行复制。其次,原始研究对学习效果的定义也不一致。有的元分析和系统研究回顾包括了各种学习效果评测手段,比如,标准化的考试分数、研究者和老师制定的考试、态度评估、资料库、满意度、技能评估、课程评估,还有学生的保持率(e.g.,Zhao et al,2005)。一些研究学者则通过陈述性或程序性知识,针对知识的掌握程度或解决问题的能力来判断混合学习的有效性。最近,有的元分析和系统性文献综述趋向于只用定量手段来鉴定学习效果,其结果不一定有意义(Ross & Morrison,2014)。确定混合学习有效性的根本方法应该是比较不同教学条件下的学习效果,所以对学习效果的不同理解阻碍了研究成果的传播。

表 2-2 混合学习中系统性文献分析和元分析概要

	研究者	混合学习界限	发现	学习结果测量的种类	初始学习研究	种类	分析的年份
1	Bernard et al. (2014)	f2f=50%; OL<50%	BL conditions exceed f2f conditions ($g+=0.334, k=117, p<.001$)	Any measure of academic performance	96	MA	1990—2010
2	Means et al. (2013)	OL=30%~80%; f2f=70%~20%	BL outperforms f2f conditions ($g+=0.35, k=23, p=.001$)	Only objective and direct measures of learning, such as standardized scores, scores on researcher created assessment, grades, or GPA (excluded student/teacher perceptions, satisfaction, retention, attendance, etc.)	45	MA	1996—2008
3	Zhao & Breslow (2013)	OL=30%~80%; f2f=70%~20%	Mixed evidence regarding whether hybrid or BL is more effective	Quantitative indicator of learning, in most cases grades for homework, quizzes, labs, exams, and similar, in some cases combined with student satisfaction scores	42	SLR	1999—2013
4	Rowe, Frantz, & Bozalek (2012)	Meaningful integration	BL shows some measure of improvement, but claims are difficult to make	Pre- and post-tests, interviews, focus groups, surveys, reflective blogposts, etc.	14	SLR	2000—2012
5	Landers (2009)	OL=30%~80%; f2f=70%~20%	BL appears superior to traditional courses but examinations of the effect of the degree to which a course is online are difficult due to small cell sizes	Knowledge, observable skills, problem-solving skills, attitudes, perceptions, e.g., multiple-choice tests, computer use tests, self-reported learning outcomes	126	MA	1991—2009

续表

	研究者	混合学习界限	发现	学习结果测量的种类	初始研究种类	学习种类	分析的年份
6	Sitzmann et al.(2006)	Mostly f2f with OL enhancement	BL was more effective than f2f. Effect on declarative knowledge: d=0.34, k=33; Effect on procedural knowledge: d=0.52, k=6; Effect on reactions: d=-.15, k=11	Declarative knowledge, procedural knowledge assessed by either participating in activity or taking a written test	96	MA	1996—2005
7	Zhao et al.(2005)	As DE with f2f enhancement as moderating variable, or how frequently technology was used	DE mixed with a certain amount of f2f inst-ruction seems to be most effective. Media involvement of 60%~80%: d=0.49, k=18, p<.001	Grades, quizzes, independent/standardized tests, students satisfaction, faculty satisfaction, dropout rate, student evaluation of learning, student evaluation of the course, external evaluation, and cost effectiveness	52	MA	1966—2002
8	Paul(2001)	Mostly f2f with OL enhancement	f2f with online enhancement was 11% more effective than f2f only; d=0.27	Perceptual skills, intellectual skills, motor skills, attitudes, interpersonal skills/averaged across reactions and learning criteria	15	MA	1980—2000

总之,混合学习的有效性研究证明,就学习效果而言,在线和面授的混合模式优于任何单一模式。然而,尽管研究显示混合学习结合了"两个世界之最优",有效性研究在混合学习环境的定义和学习效果比较方面都缺乏一致性。因此,研究并没有提供足够的证据来证明混合教学法或技术的哪个具体方面对学习效果产生了影响(Arbaugh,2014;Torrisi-Steele & Drew,2013)。

二、影响混合学习的教学实践和技术

文献回顾的另一个主题是哪些教学实践适合混合模式。下面将讨论现有文献中关注的几个问题:

(1)混合学习中技术的运用;
(2)教学法:在线、面授以及二者结合;
(3)混合学习的课程设计;
(4)教学实践研究中的空白。

关于最佳教学实践,本章节提到的研究者在对此方面的求证上存在着差异。比如,有些实践活动是教师根据个人经验推荐的,或者根据系统文献回顾中的总结推荐的;而有些实证则来自元分析,分析教学干预对学习成果的重要意义。

(一)技术的运用

毋庸置疑,技术和教学法一直是混合学习研究的一个重要主题。技术和教学法之间的紧张关系历史久远。始于 Clark 在 1983 年挑战"技术本身对学习有影响"这一观念。Clark 认为最终影响学习过程的是教学实践而不是授课媒介。研究表明在混合学习中是运用技术来交流,演示还是搜索,都对学习效果有不同程度的影响。具体地说,技术用于支持认知发展对混合学习效果的调节作用最大($g+=0.59$),其次是对内容/演示的支持($g+=0.24$)或学生间,师生间互动的支持($g+=0.31$)(Bernard et al,2014;Schmid et al,2014)。

正如 Bernard 等 2014 年所观察到的,尽管以上这些研究结果对技术的中立性是一种挑战,但现阶段得出这样的结论未免流于肤浅。不过这些结果确实显示出技术的各种作用。尽管如此,如果把技术作为教学干预的唯一条件就会过度泛化技术性能对学习的影响。总之,这些结果支持了 Clark 的对手的观点。其实他们并非不同意教学设计在技术干预学习效果中所起的重要作用,而是更主张拓宽干预的定义以显示二者(技术和教学实践)的重要性(Hannafin & Young,2008)。

除了本综述所选的文献外,Schmid 等 2014 年的元分析探讨了技术对混合学习的影响程度。他们发现,在实体教室教学中少用或中度使用技术比基于技术(高度使用)在教室进行的教学活动更有效。Bernard 等 2014 年也比较了在线学习时间长(差不多 50%)短(最短 30%,最长 50%)对学习成绩的影响。

比较的结果并不具有统计意义。但是他们发现如果课程至少 50% 是面授,学生在网上学习的时间越长成绩越好。类似的趋势也被 Means 等在 2013 年发表的研究所证实。尽管如此,Schmid 等 2014 年的元分析显示技术使用程度对学习的不同影响还和课程内容有关。总之,这些研究结果除了支持技术对教育具有巨大潜力这一观点外,很难用来指导具体的教学实践和混合学习课程设计。

可以说,现阶段的混合学习研究只能使我们初步了解某些技术干预对学习的潜在影响,却很难得出具体的结论。正如 McGee 和 Reis 在 2012 年他们对最佳教学实践的系统回顾中所指出的,混合学习还没有一个统一的标准,比如,学习管理平台是否为混合学习不可或缺的一部分?运用什么技术,多少在线时间才能更好地辅助学习?

(二)教学实践

对混合学习有效性的元分析还包括分析影响教学实践和学习成效的各种因子。比如,Means 等 2013 年通过统计学方法证明混合学习中运用的教学法对学生的学习效果有积极的影响。他们的元分析综合了 12 个教学实例作为调节变量。他们分析了教学实践,即教师指导(讲解)、自主学习(积极)、合作学习(互动)对学习效果的影响。这些分析显示合作互动学习($g+=0.249$)和教师指导($g+=0.386$)比自定进度的自主学习($g+=0.05$)更有效(Means et al.,2013)。

Bernard 等 2014 年也把与教学相关的因子作为调节变量。但他们的关注点在学生的三种交互类型上,即学生与学生,学生与老师和学生与内容。他们没有涉及这三种交互的结合对学习效果的影响,因为这不是他们研究的重点。但是他们发现两种或三种类型的互动同时出现比一种更有效(g＋＝0.44,两种互动；g＋＝0.47 三种互动；g＋＝0.26 一种互动)。

关于混合学习中的多种交互类型相结合对学习成绩的影响问题,我们主要得益于以前的在线学习研究。在线学习的元分析已经证实了学生与学生和学生与内容以及学生与老师和学生与内容之间的互动不足对学习的影响。(Joksimović et al,2015)。另外,混合学习中不同交互类型结合的有效性也验证了交互等价理论(Anderson,2003)。Anderson 的假设是高水平的、一种类型以上的互动"有可能带来更为满意的学习经历,尽管这些经历和互动不足的学习经历相比成本更高或花的时间更多"。此研究凸显了混合学习与在线和远程教育中占主导地位的教学法之间的密切关系。互动被视为缩短学习者之间心理距离的一种手段(Moore,1989,1993)。

混合学习研究所提倡的教学方法都是对面对面教学和在线学习中有效的教学实践的一种折射。比如,无论是有关面对面教学的研究(Hattie & Timperley,2007),还是远程、在线研究(Paul,2001)及教育技术研究(Azevedo,1993),都已经强有力地证明了反馈对学习的重要作用。所以同远程教育与在线学习一样,及时反馈也是混合学习所推荐的一种教学实践(McGee & Reis,2012)。混合学习还提倡主动学习和交互性(McGee & Reis,2012)。基于面对面教学和网络教学的原则,混合学习一般要求作为课程活动、作业和考核的基础,课程要界定明确的目标。在学习活动的设计中,要兼顾面授和在线模式的特性。尽管如此,在线教学法的研究对混合学习的影响要比面对面教学研究大得多(Arbaugh,2014)。

(三)课程设计

显然,在线学习和面授为混合学习的教学和课程设计的具体环节都提供了丰富的资源。但是混合学习的设计却不能停留在只是照搬现有做法上。有关混合学习的探讨一般都围绕着如何有效地把二者结合起来(Garrison & Kanuka,2004)。这部分的课程设计还缺乏足够的实践验证。在把一门现有的课程重新设计为混合学习时,如何混合就更具挑战性。比如,Graham and Robison 在 2007 年的研究显示,超过三分之一的老师教授过混合课程,但是大多数课程中的教与学都没有什么改变。老师只是运用少量技术手段来加强课程内容的访问和学生间的交流。因此,把现有教学实践直接转换到相应的基于技术的教学实践中是很诱人的(Salomon,2002),然而现有研究并没有揭示什么样的"转换"对混合学习更有意义。

设计混合学习教学活动首先要了解在线和面对面学习模式的不同之处。研究显示不同的模式适合不同的学习效果的提高。比如,好的在线设计可以有效地促进事实和陈述性知识的学习(Landers,2009;Rowe et al,2012;Sitzmann et al,2006),而基于问题的学习有助于能力的培养,却对知识的获取有负面影响(Dochy,Segers,Van den Bossche,Gijbels,2003;Gijbels,Dochy,Vanden Bossche,Segers,2005)。研究进一步证明了不同的教学模式适合不同的任务类型这一命题的正确性。比如,虽然花在完成任务上的时间是一样的,但对学习效果的影响,在线和面对面却是各不相同的(Means et al,2013)。

既然师生之间、同学之间的同步交流和非同步交流相结合更有效(Bernard et al,2004),研究和实践都表明师生之间的对话应该采取在线与面对面这两种模式(Stacey & Gerbic,2009)。这种对话的连续性能充分发挥非同步讨论的方便性和交流深度(Bernard et al,2004;Bonk & Graham,2006;Hrastinski & Keller,2007),也有助于在网络和面对面的同步讨论中建立更强的社区归属感(Rovai & Jordan,2004)。

与如何混合学生与学生和学生与老师之间的互动相比,如何融入学生与内容之间的互动,这里讨论的文献并没有给出任何建议(Helms,2014)。这里要提到翻转课堂。当一些大学为校外学生提供免费MOOCs的时候,翻转课堂又重新受到了重视。简而言之,这是大学为了收回这些开放课程的成本而采取的一个措施,主要是把网络资源整合到现有的收费课程当中(Bruff,Fisher,McEwen,Smith,2013)。翻转课堂是一种特殊的课程设计,结合面对面小组互动学习和基于网络的远程学习资源,如讲座内容、封闭式测验和实践练习。Bishop & Verleger 在 2013 年对翻转课堂实践作了系统的研究。他们发现,大多数一阶研究只用了一组学生,无法比较学习效果。没有系统的证据来证明翻转课堂比传统课堂更有效。几乎没有研究是通过控制实验或准实验来验证所谓的客观学习效果的。

McGee and Reis 在 2012 年非常全面地综述了一阶研究中提到的混

合学习的最佳教学实践，包括与课程设计相关的策略和技巧、实施、测评等。他们建议直接设计混合课程，而不是把面对面课程重新设计成混合课程。并且，课程的每一部分都应相互关联，特别是在测评方面。他们还指出，尽管学生与学生和学生与老师之间的互动被认为有益于提高学习效果，但在混合教学中，这并不一定是师生所期望的。有些老师不愿意或不可能不断地互动。所以，师生之间期望值的一致性对混合学习至关重要。

（四）对学习者的支持

尽管学生对混合学习的看法在一阶研究中比较突出，但是我们却没能找到一个系统的文献回顾。现有的元分析显示，喜欢和/或从混合学习中获益的学生特别不同。比如，Landers 在 2009 年发表的研究发现，年龄大的学生喜欢在线学习。而混合课程中的本科生比研究生成绩好（Bernard et al，2014；Means et al，2009，2013）。另外，那些对信息和观点感兴趣的学生似乎对混合学习中网络部分更满意，而那些对人和情感感兴趣的学生对面对面部分更满意（Akkoyunlu & Yilmaz-Soylu，2008）。尽管最近的两个混合学习元分析中提到这两种趋势，但这些结果并不具有统计学意义。

贯穿混合学习研究的一条主线是，无论是面对哪种学生，为他们提供更多的支持，以减少其对教师的依赖，并帮助他们培养自学能力（Bernard et al，2014；Bonk & Graham，2006；McGee & Reis，2012；Schmid et al，2014；Torrisi-Steele & Drew，2013）。

（五）混合学习的测评

只有 2.36% 收录在科学网（Web of Science）的有关高等教育中混合学习的论文研究了测评（Torrisi-Steele & Drew，2013）。因此，有关测评的教学建议也很有限。McGee and Reis 在 2012 年的研究在对最佳教学实验的梳理中指出，教师一般喜欢混合学习的测评在线上做，而测验、考试和论文等则在传统课堂上做。他们也承认喜欢评估项目、在线讨论和演示。和个人测评相比，老师们更喜欢评估小组合作学习。McGee and Reis 在 2012 年的研究中注意到，如果混合学习的测评在面对面的环境下进行，就容易变成传统的考试，如期末考试、学期论文等。总之，他们指出混合学习研究中很少提到测评,这一现象令人费解。他们还指出对混合学习的测评的极少关注好像和混合学习所提倡的学习活动的丰富性不相符。

(六) 混合学习中教师的作用

除了测评以外,另一个没有得到重视的主题是教师的作用。两个元分析指出了一个显而易见的事实,即老师对学生的学习效果起到了重要作用。比如,Zhao 等 2015 年对远程教育的元分析显示如果教师的参与度低,远程教育的学习效果就不如面对面的效果好。相反,如果教师的参与度达到最高,远程教育的学习效果就显著地高于比面对面的效果。同样,Means 等在 2013 年也发现教师指导(讲解)也显著($g+=0.386$)影响学习效果。正如 Graham 在 2013 年所指出的,两个研究都没有明确教师哪方面的参与对学习起了促进作用。

尽管元分析和系统文献回顾没有指出教师的哪些参与对学习效果有促进作用,一阶研究让我们对此问题有了进一步的了解。Shea 和 Bidjerano 在 2013 年的研究显示学生认为混合学习课程中的教学设计、学习过程中的辅导以及直接讲解,都体现了教师参与(Garrison, Anderson, Archer, 2001)。作者认为学生的这一反馈可以说明混合学习对学习效果的影响比在线学习或面对面学习要大。以前的在线学习研究结果表明:从教师在学习过程中的参与度(teaching presence)可以预测学生社交的参与度(social presence),教师的参与度也影响认知发展的参与度(cognitive presence)。

三、混合学习研究的现状

在混合学习研究,一个更突出的主题是研究的现状本身,即用文献计量学和内容分析对该领域的发展进化展开特定的研究。例如,Halverson 等人 2012 年通过回顾大量的引用率最高的文献、书籍、作者和有影响力的期刊,对领域里影响力高的学术研究进行了分析。Drysdale 等人 2013 年还对博士论文和影响力高的学术研究进行了主题分析(Halverson et al, 2014)。Torrisi-Steele 和 Drew 在 2013 年进行了相似的工作,对所有被 the Web of Science 编入索引的有关高等教育的混合学习研究进行了综述和主题编码。此外,在学生对混合学习的体验方面，Bliuc、Goodyear 和 Ellis 在 2007 年就其研究方法的选择及研究重点进行了回顾，而 Arbaugh 在 2014 年则梳理了混合学习在管理学中的学术文献。

系统综述文献中有几篇认为，大部分的一阶研究可以归为"怎么做"类，即通过单个案例，探讨课程、专业及教师层面的混合学习教学设计和最佳教学实践（Arbaugh,2014；Halverson et al,2014；Torrisi-Steele & Drew,2013）。这与占主导地位的研究方法相一致，即大部分的研究是"由教师作为研究者分析其学生的混合学习体验"（Bliuc et al,2007）。这个趋势表明混合学习实践是一个自下而上的活动，主要是由教师在自己的教室里为提高学习效果而进行的尝试（Drysdale et al,2013）。

系统综述文献的作者们对混合学习的研究现状看法一致。他们都认为混合学习领域已经成熟（Arbaugh,2014；Drysdale et al,2013；Halverson et al,2012），但是其实践和理论之间存在着断层（Drysdale et al,2013）。目前混合学习还主要是依靠在线学习的理论，因为新理论的发展和对现有理论的修改所做的学术工作还太少（Halverson et al,2014）。要填补这一断层，我们需要找到能够更好地解释混合学习实践对学习所产生的影响的理论（Graham,Henrie,Gibbons,2013）。

研究者们还指出了目前研究中的空白。首先对教师在混合学习中的作用的研究还很不够。由于缺乏师资培训和大学混合学习的政策、实施情况等信息，对教师以及机构的观点的研究也不足（Drysdale et al,2013；Halverson et al,2014；Torrisi-Steele & Drew,2013）。其次，不论是对领域现状的综述还是元分析都建议将来的研究方向应该包括混合教学实践，特别是这一实践和学生学习动力与参与度的关系，尤其要注意教学设计与学生的特点能相得益彰。最后，未来的研究还应关注学习者享有选择权和自主学习的意义。

四、机构层面混合教学的实施

在我们的文献搜索中，只发现了一篇系统梳理机构层面的混合教学的实施情况的文章。作者是 Sharpe、Benfield、Roberts 和 Francis，发表于 2006 年。其实这篇文章并不完全符合我们这个综述所采用的混合学习的定义，因为它所关注的是运用学习管理平台或虚拟学习环境来支持面对面课堂教学(不包括在线和面授的结合模式)。但是他们的研究强调了推广混合学习的方法和过程。特别是他们注意到混合学习定义的模糊性在推广其实施过程中却成了一大优势。"教师可以对此有自己的理解"。同样，Picciano、Dziuban 和 Graham 在 2013 年也发现没有可靠的数据来证明参加混合学习的人数。其实，教师并没有完全意识到他们什么时候在进行混合教学。另外，学院和教师并没有主动记录谁在教混合课程(Picciano et al,2013)。

除了缺乏有关实施经验的综述，也没有找到分析与混合教学效益相关的报告和模型，尽管 Graham 在 2013 年注意到效益是机构推广混合学习的一个显著动力。他的研究表明企业(如 IBM、Intel)和大学(如 University of Central Florida)都享有乐观的投资回报。企业列举的效益因素包括减少培训等待时间、减少培训时间和相关的工资费用、减少培训费用等(Graham,2013)。

第六节　结论、研究与实践的意义

这份报告梳理了 20 个元分析和系统研究的主题和研究结果，旨在对混合学习，即面对面和网络、技术介导相结合的教育环境，提出一个基于实证的看法。混合学习的研究已经从基层实践发展成一个成熟的研究领域。定义的演变、博士论文数目的增加，以及一阶研究中越来越广泛的讨论都证明了这一点。技术的迅速发展，借鉴面对面教学本质促进在线教学发展等都加速了混合学习的发展，也使这些教学模式更快地融合。

尽管混合学习在不断发展，但它对原生教学模式("parent" modes)的依赖却贯穿于此报告梳理的所有主题中。第一，对其有效性研究的结果表明面对面和在线两种模式的结合对学生学习成绩的影响比二者中任何单一模式都要大。但是到底是哪种混合方式对学生成绩有影响，目前的证据仍然有限。第二，研究结果所推荐的教学实践都来自目前在线和面对面教学中的最佳实践，对在线和远程学习的依赖性很强。课程设计/重新设计的重点还在于充分发挥各种教学方式的优势，比如，利用面对面模式来促进社交和人际关系的发展(Rovai & Jordan,2004;Shea & Bidjerano,2013),而学习者控制和信息访问的灵活性则通过在线模式实现(Graham,2013)。第三,研究领域严重依赖在线和远程教育的理念,而没有形成自己的理论来研究混合本身。其结果是,尽管有大量的有关混合实践的报道,能够对混合学习理论的形成有贡献的实证研究却很匮乏。

由于过于依赖于其衍生的两种模式(面对面和在线),混合学习并没有什么证据来证明它能从现在的多种教学实践脱颖而出成为一种有效的教学模式。虽然教学法的选择和学习过程有关,在混合学习的教学实践中实际上没有"习得"的证据。尽管有复杂新颖的研究设计,最近有关混合学习的效率研究还是属于"浅层次学习研究"的范畴(Ross & Morrison,2014)。因为虽然学习效果和表现是他们研究的重点,他们并没有展示出不同的学习方式会带来什么不同的效果。另外,教学实践几乎没有提到学生与内容之间的互动,老师的角色也几乎被忽视。最后,研究没有运用理论来把实体和虚拟环境下的学习活动有机结合起来。

混合学习的研究在一定程度上证明了某些类型的技术有助于提高可测量到的学习效果(higher measured learning outcomes)。这使我们对技术媒介的讨论又回到了学习和教学法上(Clark,1983;Kozma,1991,1994)。而且,技术的发展及其泛在性预示着技术将有助于社交和认知方面的非正式学习。换言之,技术尽管可以缩短远程学习者的心理距离,也许看起来很近(Thompson,2007),但是技术介导的教学活动还是应该与技术的性能相匹配。

总之,基于此报告梳理的实证,我们认为对数字化学习(即借助各种技术手段超越时空限制的学习)的进一步理解和重视将有助于混合学习的实践者做出更好的教学选择。此外,来自管理阶层和研究人员的更为详细的教学实践报告会使我们进一步了解混合学习的精微之处,而不只是了解简单的模式结合。最后,如果混合学习研究能聚焦在学习过程和技术支持力之间(affordances)的相互作用上,研究者将会重构他们的探索方向以使这一领域更加成熟。

参考文献

[1] Akkoyunlu, B., Yilmaz-Soylu, M. (2008). A study of student's perceptions in a blended learning environment based on different learning styles. Educational Technology & Society, 11(1), 183-193.

[2] Allen, C. (2004). Life with alacrity: Tracing the evolution of social software. Retrieved from http://www.citeulike.org/group/1218/article/1613220.

[3] Allen, I. E., Seaman, J. (2003). Seizing the opportunity: The quality and extent of online education in the United States, 2002 and 2003. Sloan Consortium. Retrieved from http://eric.ed.gov/? id=ED530060.

[4] Allen, I. E., Seaman, J. (2004). Entering the mainstream: The quality and extent of online education in the United States, 2003 and 2004. ERIC. Retrieved from http://eric.ed.gov/? id=ED530061.

[5] Allen, I. E., Seaman, J. (2013). Changing course: Ten Years of Tracking Online Education in the United States. Sloan Consortium. PO Box 1238, Newburyport, MA 09150.

[6] Allen, I. E., Seaman, J., Garrett, R. (2007). Blending in: The extent and promise of blended education in the United States. ERIC. Retrieved from http://eric.ed.gov/? id=ED529930.

[7] Anderson, T. (2003). Getting the mix right again: An updated and theoretical rationale forinteraction. The International Review of Research in Open and Distance Learning, 4(2). Retrieved from http://www.irrodl.org/index.php/irrodl/article/viewArticle/149.

[8] Anderson, T. (2008). Social software technologies in distance education: Maximizing learning freedoms. In International Handbook of Distance Education, (pp. 167-184). Emerald Group Publishing.

[9] Arbaugh, J. B. (2014). What might online delivery teach us about blended managementeducation? Prior perspectives and future directions. Journal of Management Education.

[10] Azevedo, R. (1993). A meta-analysis on the effects of computer-presented feedback on learning from computer-based instruction. The Department of Education, Concordia University.

[11] Bernard, R. M., Abrami, P. C., Borokhovski, E., Wade, C. A., Tamim, R. M., Surkes, M. A., Bethel, E. C. (2009). A meta-analysis of three types of interaction treatments in distance education. Review of Educational Research, 79(3), 1243-1289.

[12] Bernard, R. M., Abrami, P. C., Lou, Y., Borokhovski, E., Wade, A., Wozney,

L. ,… Huang,B. (2004). How does distance education compare with classroom instruction? A meta-analysis of the empirical literature. Review of Educational Research,74(3),379-439.

[13] Bernard,R. M. , Borokhovski, E. , Schmid, R. F. , Tamim, R. M. , Abrami, P. C. (2014). A metaanalysis of blended learning and technology use in higher education: From the general to the applied. Journal of Computing in Higher Education,26(1),87-122.

[14] Bishop,J. L. , Verleger, M. A. (2013). The flipped classroom: A survey of the research. ASEE National Conference Proceedings. Atlanta, GA. Retrieved from http://www. studiessuccesho. nl/wp-content/uploads/2014/04/flipped-classroom-artikel. pdf.

[15] Bliuc,A. -M. ,Goodyear,P. , Ellis, R. A. (2007). Research focus and methodological choices in studies into students' experiences of blended learning in higher education. The Internet and Higher Education,10(4),231-244.

[16] Bonk,C. J. ,Graham,C. R. (Eds.)(2006). Handbook of blended learning: Global perspectives,local Designs. San Francisco,CA: Pfeiffer Publishing.

[17] Bruff,D. O. , Fisher, D. H. , McEwen, K. E. , Smith, B. E. (2013). Wrapping a MOOC: Student perceptions of an experiment in blended learning. MERLOT Journal of Online Learning and Teaching,9(2),187-199. Retrieved from http://jolt. merlot. org/vol9no2/bruff_0613. pdf.

[18] Clark,R. E. (1983). Reconsidering research on learning from media. Review of Educational Research,53(4),445-459.

[19] Cook,D. A. ,Levinson, A. J. , Garside, S. , Dupras, D. M. , Erwin, P. J. , Montori, V. M. (2010). Instructional design variations in Internet-based learning for health professions education: A systematic review and meta-analysis. Academic Medicine,85(5),909-922.

[20] Dochy,F. , Segers, M. , Van den Bossche, P. , Gijbels, D. (2003). Effects of problem-based learning: A meta-analysis. Learning and Instruction, 13 (5), 533-568.

[21] Drysdale,J. S. , Graham, C. , Spring, K. J. , Halverson, L. R. (2013). An analysis of research trends in dissertations and theses studying blended learning. The Internet and Higher Education,17,90-100.

[22] Garrison,D. R. , Anderson, T. , Archer, W. (2001). Critical thinking, cognitive presence,and computer conferencing in distance education. American Journal of Distance Education,15(1),7-23.

[23] Garrison, D. R. , Kanuka, H. (2004). Blended learning: Uncovering its transformative potential in higher education. The Internet and Higher Education,7(2),95-105.

[24] Gijbels,D. , Dochy, F. , Van den Bossche, P. , Segers, M. (2005). Effects of problem-based learning: A meta-analysis from the angle of assessment. Review of Educational Research,75(1),27-61.

[25] Gikandi, J. W. , Morrow, D. , Davis, N. E. (2011). Online formative assessment in higher education: A review of the literature. Computers & Education, 57(4), 2333-2351.

[26] Graham, C. (2013). Emerging practice and research in blended learning. Handbook of Distance Education, 333-350.

[27] Graham, C. (2006). Blended learning systems. CJ Bonk & CR Graham, The handbook of blended learning: Global perspectives, local designs. Pfeiffer.

[28] Graham, C. , Dziuban, C. (2008). Blended learning environments. In J. M. Spector, M.

[29] D. Merrill, J. Elen, M. J. Bishop (Eds.), Handbook of research on educational communications and technology. Springer. Retrieved from http://link.springer.com/content/pdf/10.1007/978-1-4614-3185-5.pdf.

[30] Graham, C. , Henrie, C. R. , Gibbons, A. S. (2013). Developing models and theory for blended learning research. In Blended Learning: Research Perspectives (Vol. 2). Routledge.

[31] Graham, C. , Robison, R. (2007). Realizing the transformational potential of blended learning: Comparing cases of transforming blends and enhancing blends in higher education. Blended Learning: Research Perspectives, 83-110.

[32] Halverson, L. R. , Graham, C. , Spring, K. J. , Drysdale, J. S. (2012). An analysis of high impact scholarship and publication trends in blended learning. Distance Education, 33(3), 381-413.

[33] Halverson, L. R. , Graham, C. , Spring, K. J. , Drysdale, J. S. , Henrie, C. R. (2014). A thematic analysis of the most highly cited scholarship in the first decade of blended learning research. The Internet and Higher Education, 20, 20-34.

[34] Hannafin, R. D. , Young, M. (2008). Research on educational technologies. In M. Spector, M. D. Merrill, J. V. Merrienboer, & M. Driscoll (Eds.), Handbook of Educational Communications and Technology (3rd ed., pp. 731-739). New York: Routledge.

[35] Hattie, J. , Timperley, H. (2007). The power of feedback. Review of Educational Research, 77(1), 81-112.

[36] Helms, S. A. (2014). Blended/hybrid courses: a review of the literature and recommendations for instructional designers and educators. Interactive Learning Environments, 22(6), 80-810.

[37] Hrastinski, S. , Keller, C. (2007). Computer-mediated communication in education: Areview of recent research. Educational Media International, 44(1), 61-77.

[38] Hulsmann, T. (2004). The two-pronged attack on learner support: Costs and centrifugal forces of convergence. In Supporting the Learner in Distance Education and e-learning: Proceedings of the Third EDEN Research Workshop, Oldenburg: Bibliotheks-und Information system der Universitat Oldenburg, pp.

498-504.

[39] Jaggars, S., Bailey, T. R. (2010). Effectiveness of fully online courses for college students: Response to a Department of Education meta-analysis. Retrieved from http://academiccommons.columbia.edu/item/ac: 172120.

[40] Keengwe, J., Kang, J.-J. (2013). A review of empirical research on blended learning inteacher education programs. Education and Information Technologies, 18,(3)479-493.

[41] Kozma, R. B. (1991). Learning with media. Review of Educational Research, 61 (2),179-211.

[42] Kozma, R. B. (1994). Will media influence learning? Reframing the debate. Educational Technology Research and Development,42(2),7-19.

[43] Landers, R. N. (2009). Traditional, web-based, and hybrid instruction: A comparison of training methods. University of Minnesota. Retrieved from http://conservancy.umn.edu/handle/11299/52260.

[44] McGee, P., Reis, A. (2012). Blended course design: A synthesis of best practices. Journal of Asynchronous Learning Networks,16(4),7-22.

[45] Means, B., Toyama, Y., Murphy, R., Bakia, M., & Jones, K. (2009). Evaluation of evidence-based practices in online learning: A meta-analysis and review of online learning studies. US Department of Education. Retrieved from http://eric.ed.gov/?id=ED505824.

[46] Means, B., Toyama, Y., Murphy, R., Bakia, M. (2013). The effectiveness of online and blended learning: A meta-analysis of the empirical literature. Teachers College Record,115(3),1-47.

[47] Moore, M. G. (1989). Editorial: Three types of interaction. Retrieved from http://www.tandfonline.com/doi/pdf/10.1080/08923648909526659.

[48] Moore, M. G. (1993). Theory of transactional distance. In D. Keegan (Ed.), Theoretical principles of distance education (pp. 22-38). London: Routledge.

[49] Moore, M. G., Kearsley, G. (2011). Distance education: A systems view of online learning. Cengage Learning. Retrieved from https://books.google.com.au/books?id=dU8KAAAAQBAJ.

[50] Paul, D. S. (2001). A meta-analytic review of factors that influence the effectiveness of Web-based training within the context of distance learning. Texas A&M University.

[51] Picciano, A. G., Dziuban, C. D., Graham, C. (2013). Research Perspectives. In Blended Learning: Research Perspectives (Vol. 2). Routledge.

[52] Rainie, L. (2010). Internet, broadband, and cell phone statistics. Pew Internet & American Life Project, 5. Retrieved from http://www.distributedworkplace.com/DW/Research/Internet%20broadband%20and%20cell%20phone%20statistics%20-%20Pew%20Internet%20Report%20Jan%202010.pdf.

[53] Ross, S. M., Morrison, G. R., Lowther, D. L. (2010). Educational technology research past and present: Balancing rigor and relevance to impact school

learning. Contemporary Educational Technology,1(1),17-35. Retrieved from http://aulavirtual. eaie. cvudes. edu. co/publico/lems/L. 000. 002. MG/Documentos/Anexos/Cap3/1. pdf.

[54] Ross, S. M., Morrison, J. R. (2014). Measuring meaningful outcomes in consequential contexts: Searching for a happy medium in educational technology research(Phase Ⅱ). Journal of Computing in Higher Education,26(1),4-21.

[55] Rovai,A. P.,Jordan, H. (2004). Blended learning and sense of community: A comparative analysis with traditional and fully online graduate courses. The International Review of Research in Open and Distance Learning,5(2). Retrieved from http://www. irrodl. org/index. php/irrodl/article/viewArticle/192.

[56] Rowe, M., Frantz, J., Bozalek, V. (2012). The role of blended learning in the clinical education of healthcare students: A systematic review. Medical Teacher, 34(4),216-221.

[57] Salomon,G. (2002). Technology and pedagogy: Why don't we see the promised revolution? Educational Technology,42(2),71-75.

[58] Schmid,R. F., Bernard, R. M., Borokhovski, E., Tamim, R. M., Abrami, P. C., Surkes, M. A., … Woods, J. (2014). The effects of technology use in post secondary education: A meta-analysis of classroom applications. Computers & Education,72,271-291.

[59] Sharpe,R., Benfield, G., Roberts, G., Francis, R. (2006). The undergraduate experience of blended e-learning: A review of UK literature and practice. Higher Education Academy London. Retrieved from http://www. islamic studies network. ac. uk/assets/was%20York%20-%20delete%20this%20soon/documents/ourwork/archive/blended_elearning_full_review. pdf.

[60] Shea,P.,Bidjerano,T. (2013). Understanding distinctions in learning in hybrid, and online environments: An empirical investigation of the community of inquiry framework. Interactive Learning Environments,21(4),355-370.

[61] Sitzmann, T., Kraiger, K., Stewart, D., Wisher, R. (2006). The comparative effectiveness of web-based and classroom instruction: A meta-analysis. Personnel Psychology,59(3),623-664.

[62] Stacey, E., Gerbic, P. (2009). Introduction to blended learning practices. In Stacey, E. (Ed.) Effective Blended Learning Practices: Evidence-Based Perspectives in ICT Facilitated Education. IGI Global.

[63] Thompson,M. M. (2007). From distance education to e-learning. In R. Andrews & C.

[64] Haythornthwaite(Eds.). SAGE handbook of e-learning research (pp. 159-178). London: Sage Publications Ltd.

[65] Torrisi-Steele,G.,Drew, S. (2013). The literature landscape of blended learning inhigher education: The need for better understanding of academic blended practice. International Journal for Academic Development,18(4),371-383.

[66] Twigg,C. A. (2003). New models for online learning: Improving learning and

reducing costs EDUCAUSE review,38 (5),28-38. Retrieved from:http://www.educause.edu/ir/library/pdf/erm0352.pdf.

[67] Zhao, Y., Breslow, L. (2013). Literature review on hybrid/blended learning. Retrieved from http://tll.mit.edu/sites/default/files/library/Blended_Learning_Lit_Reveiw.pdf.

[68] Zhao, Y., Lei, J., Yan, B., Tan, S. (2005). What makes the difference? A practical analysis of research on the effectiveness of distance education. Teacher's College Record,107,1836-1884.

第三章　在线学习的历史与现状

斯拉克·焦克斯莫维奇（Srećko Joksimović）
爱丁堡大学（University of Edinburgh）
维托米尔·克安诺维奇（Vitomir Kovanović）
爱丁堡大学（University of Edinburgh）
奥莱克塞德罗·斯科利平克（Oleksandra Skrypnyk）
南澳大利亚大学（University of South Australia）
德拉甘·格萨维奇（Dragan Gašević）
爱丁堡大学（University of Edinburgh）
肖恩·道森（Shane Dawson）
南澳大利亚大学（University of South Australia）
乔治·西门子（George Siemens）
阿萨巴萨卡大学（Athabasca University）
德克萨斯大学阿灵顿分校（University of Texas Arlington）

摘　要

　　为了给开展在线学习(online learning)的研究与实践提供指导,该报告回顾并分析了目前已有的相关研究。在本章中,对32篇有关在线学习问题的二阶研究进行了系统的分析。通过回顾这些文献,发现了四类研究主题:①在线学习与传统学习的比较研究;②在两门或以上的在线课程中对各种教学实践的比较研究;③学生与教师对在线教与学的理解视角;④高等教育或者成人教育机构中的在线学习实践。我们发现,在线学习与传统学习的效果并无显著的差异;并且,第一主题中的文献也给将来的研究提供了方向,以帮助我们更好地理解在线环境中何种实践方式会更加有效。我们的研究进一步显示,现有的在线学习研究者几乎一致认为,提供清晰指导的结构化的在线讨论,有互动性学习内容和灵活学习任务截止时间的设计优化的课程,教师提供个性化、及时、过程性评估反馈,是促进在线学习最有效的策略。然而,这也意味着教师在在线情境中有着更为复杂的角色。同时,也将需要研究相应的教学策略来促进学生自我管理能力的发展。该报告对未来研究和实践具有启示作用,同样也拟对在线学习在数字化学习大背景下的定位做进一步的探讨。

第一节　引　　言

　　自从1981年第一次实施完全的在线学习以来,这种新型的学习方式就显示出了它影响各教育层次的教学设计和教学的巨大潜力(Harasim,2000)。早期的在线教育曾尝试复制已有的远程教育实践模式。正因为如此,当时的在线教育模仿早前函授教学手册和阅读材料的远程教育方式,其使用的教学材料以文本为主(Garrison,2011;Harasim,2000)。这些早期的尝试确实对这种新型的教育模式下的有效学习提供了快速且宝贵的经验。比如,长时间基于文本的讲座显然不适合在线环境,并且学生们也不乐意参与讨论活动(Harasim,2000)。这些早期的理解对在线教育的发展(技术和教学法)提供了启示,包括引入更多的合作性学习活动,比如课程讨论。

在线论坛的讨论依然是在线学习中一个重要的元素(Harasim,2000),甚至在目前大规模在线开放课程中也是一个核心的学习活动。现在技术应用和教学方法发展支持远程教育和在线学习使用更多交互式的学习方法(Anderson,2009),这都影响着在线学习发展和高等教育、成人教育教与学的变革(Clardy,2009;Garrison,2011)。

虽然在线学习是远程教育的一种形式(如第五代)(Taylor,2001),它也有自己的起源(Ally,2004;Garrison,2011)。在线学习和传统的远程教育确实有一些共同的属性,包括关注"任何时间任何地点"的学习,有关师生间地理距离的假设(Moore,1993),及通过使用某些技术来访问学习内容(Ally,2004;Garrison,2011;Harasim,2000)。然而,在某种程度上因为在线学习的交互性质,"在线学习与一直注重内容传递和独立学习的传统的远程教育有着很大的不同……,它来自于一个不同的理论和实践领域"(Garrison,2011)。在线学习借鉴了建构主义的学习方法,同以"学习自治理念和预先包装学习材料的工业化大生产"式的传统教育相比,这是一种重要的转变(Garrison,2011)。

在线学习将教育从以教师为中心(传统课堂)转变以学生为中心,也意味着学生要为他们自己的学习承担更多的责任(Koch,2014;Peterson,2008)。假设现在学生可以选择学什么、什么时候学和跟谁学,那么一定程度的自我管理能力是在线课程获得成功的必备条件。另外,时间和空间的分离也导致了学生和老师之间更大的依存,也极大地改变了教师在这种"新环境"中所扮演的角色(Harasim,2000;Koch,2014)。比如,在线的异步交流就催生了新的学习方式和学习模式。与传统学习方式不同,在线学习中的同伴交互非常多,使得"学习存在多种声音和视角,学生们接触到多种可能的解读方式或者解决方案,而不仅仅是'对的'或者是'课本'答案"(Harasim,2000)。另一方面,教师的参与是极其重要和具有高度价值的;然而,在线环境假设教师在这些情景内的教与学中呈现出"更多被动且非直接指示性的角色"(Koch,2014)。总的来说,我们认同Koch在2014年对教师角色的理解,但是,我们更倾向于一种更具有包容性的定义,这种定义反映了 Marks 等人 2005 年研究中的早期看法,那就是,教师在这种"新型"学习环境中并不是简单被动性的,新的情境需要更加活跃的"支持性的和引领性的"的教师角色(Marks,Sibley,Arbaugh,2005)。

教育技术的进步以及对异步讨论的关注,催生了 90 年代中期的一个术语"电子化学习(e-learning)"。这个词通常用来形容完全的在线学习和结合面对面元素的混合学习或混成学习(blended or hybrid learning)(Garrison,2011)。随着在线学习的持续发展和人们对这种学习方式的关注,很多研究者致力于探索在线学习与传统校园课程的等效性。目前研究者们开始研究:①应用新技术支持的学习是否比传统的学习模式更有效果(Cook,Levinson,Garside,2010;Means,Toyama,Murphy,Bakia,Jones,2009;Tallent-Runnels et al,2006);②在线环境中,促进学习的最好教学实践方式是什么(Bernard et al,2009;Borokhovski,Tamim,Bernard,Abrami,Sokolovskaya,2012;Darabi,Liang,Suryavanshi,Yurekli,2013);③教师和学生的角色在新的教学模式下是如何演化的(Carroll,Booth,Papaioannou,Sutton,Wong,2009;Peterson,2008;Styer,2007)。然而,要清晰理解到底什么是在线情境中的最佳策略,我们面临着的挑战是"用来描述一个现象的术语的多重性"(Rudestam & Schoenholtz-Read,2010)。

描述同样或者相似学习方式的术语广泛多样,以及现有研究结论的高度异质性,是本研究的主要动机。因此,本报告的目的就是归纳已有在线学习研究成果,以更好地理解在线学习现状,并为未来的研究与实践提供指导。

第二节 操作性定义:改变研究用语的现状

在线学习的研究目前面临的挑战之一是这种教育模式构成要素缺乏权威的定义。根据 Clardy 2009 年、Garrison 2011 年和 Rudestam、Schoenholtz-Read 2010 年(及其他研究者)的定义,目前用来描述什么是在线学习以及什么学习活动是归类在完全在线学习相关的多元化术语。

最常见用来形容在线学习的术语有基于网络的学习、数字化学习、基于互联网的学习、在线学习、远程学习、远程教育、分布式学习、以计算机为媒介的学习和计算机辅助学习（Ally,2004；Means et al,2009；Rudestam & Schoenholtz-Read,2010；Tallent-Runnels et al,2006）。图 3-1 展示了这些年一些最常用关键词的使用分布情况。在另一方面，考虑到在线学习被认为是"第五代"的远程教育（Taylor,2001），以目前可获得的技术支持来看，来定义完全的在线学习是富有挑战的。比如说，该报告中谈到的大部分研究将在线学习归为远程教育中的一个子集（Means et al,2009；Styer,2007；Tallent-Runnels et al,2006），即课程教学完全在网上进行，而不是"基于印刷资料的函授、电视或广播、视频会议、录像带或单机版的教育软件"（Means et al,2009）。然而，值得商榷的问题是，目前的视频会议技术（如 Google Hangouts 或 Skype）是否只是远程教育的一部分，还是都属于远程教育和在线教育。因此，我们这个研究的目的就是为了在众多研究者（如 Clardy2009 年、Gikandi、Morrow 和 Davis 2011 年、Means 等人 2009 年、Schlosser 和 Simonson2006 年、Styer2007 年以及

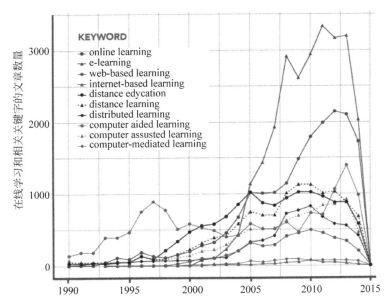

图 3-1　被用来描述在线传输的学习在线学习最常用关键词
　　　　在 SCOPUS 索引中研究分布

Tallent-runnels等人2006年)提出定义的基础上,将它定义为:远程教育是一种教和学分处不同地方的教学和有规划的学习,需要通过技术和专门组织机构来支持有效沟通[①]。

在线学习是远程教育的一种形式,学习过程以技术为媒介,课程教学完全通过互联网完成,学生与教师无须在同一时间和同一地点来参与。这种类型的学习不包括更为传统的远程教学方式,如印刷资料相关的函授、广播电视或者收音机、传统方式的视频会议、录像带/DVD和单机版教学软件。

有意思的是,有些术语像基于计算机的教学、基于网络的教学或基于问题的学习等,也变成了远程(在线)和混合学习的同义词。因此,更大的挑战是综合分析包含了这些在线学习变体或集合的术语的相关在线学习的研究发现。很多已有研究分析了在线、混合式环境下的教与学,但并没有对这两种方式进行清晰的区分。为了更全面地描述在线学习研究和实践的现状,我们将适当地提及混合学习。因此,在我们的研究中,混合学习被定义为:混合学习是指将传统面对面教学与在线学习结合(混合)起来的一种教学实践方式[②]。

第三节 研究方法

一、研究问题

本研究的目的是分析在线学习中已确定的研究主题,总结现有的研究与实践现状,并就未来的研究与实践揭示指导方向。因此,我们将围绕以下两个问题来展开我们的研究。

研究问题1:在目前的在线学习文献中呈现出哪些主要的研究主题?

研究问题2:基于系统的文献综述和对文献的元分析,在线教学的研

[①] 报告"远程教育的历史与现状(The History and State of Distance Education)"对远程教育有进一步的讨论。

[②] 报告"混合式的历史与现状(The History and State of Blended Learning)"对混合学习有进一步的讨论。

究与实践现状如何？

二、文献检索和参考标准

我们通过三个阶段(见图 3-2)对计算机支持的文献研究检索(没有时间限定)，在第一阶段我们对 ERIC、SCOPUS、PsychINFO、PubMed 和 ProQuest 等数据库进行了检索。我们收入的文献遵循以下的检索标准。

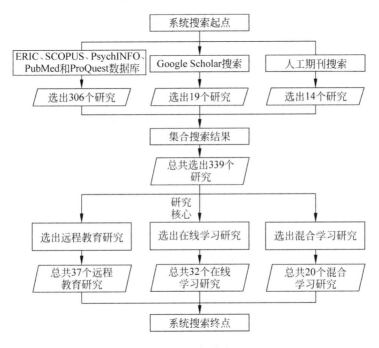

图 3-2 系统文献搜索过程

标题、摘要以及/或者关键词必须包含至少一个如下的术语：元分析(meta-analysis)、元综述(meta-synthesis)、概况研究(scoping study)或者系统综述(systematic review)，以及标题，摘要，以及/或者关键词必须包含至少一个如下的术语：远程学习(distance learning)、远程教育(distance education)、以传统课堂为主的混合学习(blended learning)、以传统课堂为主的混合式教育(blended education)、以在线课堂为主的混成式教育(hybrid education)、以在线课堂为主的混成式学习(hybrid learning)、在线学习(online learning)、在线教育(online education)、电子化学习

(e-learning)、基于网络的学习(web-based learning)或者基于网络的教育(web-based education)。

最初的检索结果得到了 306 篇研究,包括在线学习、混合学习和远程教育。然后,我们在 Google Scholar 对上述不同关键字的集合进一步检索。具体为:包括了第一组概念术语的一个词(元分析、元综述、概况研究和系统综述),再结合第二组概念术语的一个词(远程学习、远程教育、以在线课堂为主的混合学习、以在线课堂为主的混合式教育、以在线学习为主的混合式教育、以在线学习为主的混合式教学、在线学习、在线教育、数字化学习、基于网络的学习、基于网络的教育)。第二步的检索结果加入了另外 19 篇以满足检索要求。最后,我们人工检索了如下的期刊来挑选相关研究:《美国远程教育杂志》(American Journal of Distance Education)、《远程教育杂志》(Journal of Distance Education)、《远程教育》(Distance Education)、《远程与开放教育研究国际评论》(International Review of Research in Distance and Open Education)、《异步学习网络杂志》(Journal of Asynchronous Learning Networks)、《技术与教师教育杂志》(Journal of Technology and Teacher Education)、《职业与技术教育研究》(Career and Technical Education Research)、《互联网与高等教育》(Internet and Higher Education)、《高等教育中计算机应用杂志》(Journal of Computing in Higher Education)以及《计算机与教育》(Computers and Education)。列出的相关期刊主要通过远程和在线教育中有影响力的元分析研究来获悉。第三阶段检索从最后提供的 339 篇文献中出另外 14 篇研究文献。

在完成检索后,三位研究者将检索到的文献按照远程学习,在线学习,和/或混合学习进行了分类和编码。编码过程中,包括阅读每篇文献的标题、关键词和摘要,然后给其标上一个或者多个标签,来标明该文献主要是关于远程学习、在线学习,还是混合学习。如果根据已有的信息不能进行明确地编码,研究者则进一步阅读文献的细节内容(比如研究方法)来决定最为合适的分类。这个编码过程和检索产生了总共 102 个二阶研究,且这些研究文献在这篇综述里都满足了如下条件:

(1) 该研究应用系统研究方法(如元分析、系统综述、元综述)来分析在线学习的各个方面；

（2）该研究分析了在线、远程、和/或混合学习的研究；

（3）该研究发表在同行评审的期刊/会议集，或者学位论文中，且用英文撰写；

（4）主要研究中的研究对象为非残疾的本科生、研究生和/或是学校工作人员（如教师、保育员）；

（5）该研究分析了中小学、高等教育和/或成人教育的研究。

在对 102 篇的二阶研究进行最终筛选后，我们选出了 32 篇符合以上条件的研究。这些研究都符合本报告提供的有关在线学习的界定。我们另外也挑选出了 37 篇远程教育研究和 20 个分析混合学习的教学实践的二阶研究。

三、数据分析和数据集

为了回答研究问题，我们系统地筛选文献并进行文献综述。根据研究重心，我们旨在得出在二阶研究中满足入选条件最重要的主题，并且总结在我们研究开始前有关在线学习的其他研究报告。因此，每篇文献根据以下属性进行归类：作者、出版年份、发行出处（期刊或会议名称）、关键字（作者提供的关键字）、出版出处类型（期刊、会议或博士论文）、重要定义（远程、在线和/或混合学习）、领域（远程、在线和/或混合）、教育层次、研究方法（如，元分析、概况研究、系统文献综述），主要分析研究数量、分析年份、研究问题、重点主体、有影响力的报告（是/否）以及主要发现、主要所选研究中的研究方法应用。主要以研究的第一作者进行数据编码。按照第一作者进行编码，对于合作作者的需要进一步讨论，直到达成共识。

表 3-1 涵盖此报告所有文献的作者、题目、出版年份、研究类型、已分析的主要研究数量以及所有的研究参与者的数量。第二阶段研究中的绝大多数文献（例如，文献 24）都是期刊文章（图 3-3）。我们还收录了 5 篇硕士论文、1 篇会议文章和 1 篇报告。图 3-4 也说明了文献综述（包括系统综述）是最常用的方法，接下来是元分析方法和独立的概况研究。

表 3-1 本研究中收录的二阶研究文章一览。二阶研究文章信息包括作者、题目、研究类型、所涵盖的一阶研究数量、研究参与者人数以及出版年份

	研究者	标题	类型	研究数量	研究参与人数
1	Chumley-Jones, Dobbie, Alford(2002)	Web-based learning: Sound educational method or hype? A review of the evaluation literature	LR	76	>5471
2	Tallent-Runnels et al. (2006)	Teaching courses online: A review of the research	LR	76	>10 000
3	Sitzmann et al. (2006)	The comparative effectiveness of web-based and classroom instruction: A meta-analysis	MA	96	19 331
4	Styer(2007)	A grounded meta-analysis of adult learner motivation in online learning from the perspective of the learner	MA	14	>4000
5	Bernard et al. (2009)	A meta-analysis of three types of interaction treatments in distance education	MA	74	NR
6	Carroll et al. (2009)	UK health-care professionals' experience of on-line learning techniques: A systematic review of qualitative data	SR	19	>2290
7	Means et al. (2009)	Evaluation of evidence-based practices in online learning: A meta-analysis and review of online learning studies	MA	45	>1635
8	Arbaugh & Benbunan-Fich(2007)	Research in online and blended learning in the business disciplines: Key findings and possible future directions	LR	182	NR
9	Cook, Levinson, Garside (2010)	Time and learning efficiency in Internet-based learning: A systematic review and meta-analysis	SR	20	1814
10	Cook, Garside, et al. (2010)	What do we mean by web-based learning? A systematic review of the variability of interventions	SR	266	NR
11	Cook, Levinson, Garside, et al. (2010)	Instructional design variations in internet based learning for health professions education: A systematic review and meta-analysis	SR	51	8416
12	Landers(2009)	Traditional, web-based, and hybrid instruction: A comparison of training methods	MA	126	NR

续表

	研究者	标题	类型	研究数量	研究参与人数
13	Wong et al. (2010)	Internet-based medical education: a realist review of what works, for whom and in what circumstances	SR	249	NR
14	Gikandi et al. (2011)	Online formative assessment in higher education: A review of the literature	SR	18	NR
15	Macon(2011)	Student satisfaction with online courses versus traditional courses: A meta-analysis	MA	13	2071
16	Šumak, Heričko, Pušnik (2011)	A meta-analysis of e-learning technology acceptance: The role of user types and e-learning technology types	MA	42	12 986
17	Cohen, Carbone, Beffa-Negrini(2011)	The design, implementation, and evaluation of online credit nutrition courses: A systematic review	SR	9	1017
18	Roberts(2011)	Best instructional practices for distance education: A meta-analysis	MA	59	5779
19	Borokhovski et al. (2012)	Are contextual and designed student-student interaction treatments equally effective in distance education?	SR	32	3634
20	Jurewitsch(2012)	A meta-analytic and qualitative review of online versus face-to-face problem-based learning	MA	5	291
21	Peterson(2008)	A meta-analytic study of adult self-directed learning and online nursing education: A review of research from 1995 to 2007	MA	9	NR
22	Wolbrink & Burns(2012)	Internet-based learning and applications for critical care medicine	LR	6	NR
23	Ravenna, Foster, Bishop (2012)	Increasing student interaction online: A review of the literature	LR	19	>2196
24	Cook & Steinert(2013)	Online learning for faculty development: A review of the literature	LR	20	1458
25	Darabi et al. (2013)	Effectiveness of online discussions trategies: A meta-analysis	MA	8	NR
26	Du et al. (2013)	Web-based distance learning for nurse education: A systematic review	SR	9	1125

续表

	研 究 者	标 题	类型	研究数量	研究参与人数
27	Stepanyan, Littlejohn, & Margaryan(2013)	Sustainable e-learning: Toward a coherent body of knowledge	SR	46	NR
28	Chia-Wen, Pei-Di, Yi-Chun (2013)	Research trends in meaningful learning research on e-learning and online education environments: A review of studies published in SSCI-indexed Journals from 2003 to 2012	LR	38	NR
29	Thomas(2013)	Exploring the use of asynchronous online discussion in health care education: A literature review	LR	14	1179
30	Jumaat & Tasir(2014)	Instructional scaffolding in online learning environment: A meta-analysis	LR	10	NR
31	Koch(2014)	The nursing educator's role in e-learning: A literature review	LR	40	NR
32	Singh & Hardaker(2014)	Barriers and enablers to adoption and diffusion of eLearning: A systematic review of the literature-A need for anintegrative approach	SR	340	NR

说明:SR 为系统性文献分析;MA 为元分析;SC 为概况研究;LR 为文献综述;NR 为没有报告效应量。

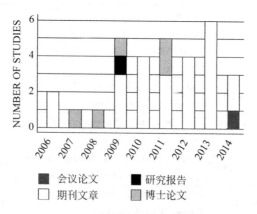

图 3-3 二阶研究文章的发表年份统计。不同颜色的长条图显示不同类型的发行出处数量(如会议、期刊、报告或论文)

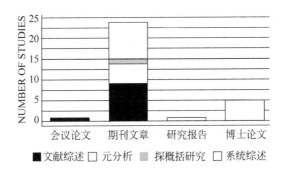

图 3-4 各类型发行出处的研究数量(如会议、期刊、报告和论文),不同颜色的长条图显示文章中的不同应用方法(如文献综述、元分析、探概况研究和系统综述)

我们收录的所有研究文章中,只有 4 篇发表于 2009 年以前(图 3-3)。在检索过程中我们还发现了一些发表于 2006 年以前的元分析和文献综述的文章。但这些研究主要集中在远程教育而不是特定的在线学习方面(如 Bernard et al,2004)。因为大多数我们收录的研究文章都发表于 2009 年以后,所以绝大多数的二阶研究里研究的问题都发生于 2000 年至 2008 年(图 3-4)。最后,在二阶段研究文章中所研究的一阶段研究的数量也有所不同(图 3-5),而一阶研究在元分析、系统和文献综述中的重点也集中在高等教育和成人教育方面(图 3-5)。

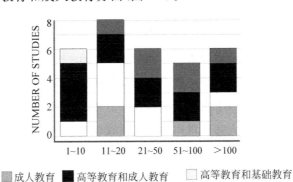

图 3-5 在二阶研究中的一阶研究课题数量统计。不同颜色的长条图显示二阶研究文章中所着重的研究环境

32 篇文章中的 13 篇报告了有效数量。这些文章主要关注面对面课堂学习或者另一种在线课程学习相比的在线学习教学的有效性。其中 3 篇研究文章(如 Jurewitsch,2012;Beinkowski,Feng,Means 2012;

Sitzmann,Kraiger,Stewart,Wisher,2006)是单纯的实验研究和准实验研究,而 5 篇文章分析的一阶段研究应用了随机试验(所有文章都是关于医学教育中的在线学习)。

四、本研究的局限性和挑战

远程教育、在线学习和混合学习在文献中的表述多种多样,这无形中为本文的系统综述带来了巨大的挑战。研究者经常以多种术语来定义这三种学习方式。因此,我们最初收录的绝大多数二阶研究文章中都需要一个应用方法的详细说明和在这些回顾中主要研究的说明。虽然我们依据上面部分提供的定义,但是术语应用的不一致也在应用入选标准筛选文章时造成一定的主观片面性,也直接对研究的内部效度造成了极大的挑战。此外,新技术的出现应用,同最终有关一些特定主题的二阶研究文章一样(如评价和在线教育的教学实践),也会影响本研究所得到的研究结果的普遍性。

第四节 所选研究文章的归纳总结

从 32 篇二阶研究文章中,我们归纳总结了四个主题:
(1) 在线学习和传统课堂学习的对比;
(2) 教学方法应用两个或多个在线课程中的对比;
(3) 学生和教师对于在线学习和在线教学的看法;
(4) 在高等和成人教育机构中采用在线学习。

一、在线学习和传统课堂学习的对比

当在线学习成为一种学习方式之后,在线学习的优势越发的显而易见,例如增加灵活性、缓和教室拥挤、提高入学率、降低开销以及增长利润(Clardy,2009;Grandzol & Grandzol,2006)。而另一方面,在线学习大规模的应用也一定程度上揭示了其在学习和教学上的许多不足之处,比如教师培训的花销、在线课程参与过程中的孤立感以及技术鸿沟。在认识到新教育媒介所带来的巨大的机会和多种潜在威胁后,教师、政策制定者

和其他利益相关者提出了教育技术是否能够影响和帮助学生更好学习的话题(Grandzol & Grandzol,2006;Means et al,2009;Ross,Morrison,Lowther,2010;Schmid et al,2014)。这个话题也导致了如今众人皆知的"媒体大讨论"(Clark,1983,1994;Kozma,1994)。在媒体大讨论中,专家学者们也旨在证明是否信息技术影响学习,抑或是教学才是最重要的(Means et al,2009;Sitzmann et al,2006)。因此,在现有在线学习研究中,最为显著的主题便是在线学习的有效性。最开始,专家学者通过对比在线课堂和传统课堂来确定在线学习模式是否奏效。更具体来说,这些对比研究了两种学习模式对于学习效果提升的有效性(Cook,Garside,et al,2010;Cook,Levinson,Garside,2010;Landers,2009;Means et al,2009;Sitzmann et al,2006)、学生对于在线课程的满意度(Chumley-Jones,Dobbie,Alford,2002;Du et al,2013;Macon,2011;Sitzmann et al,2006)、时间和学习效率(Cook,Levinson,Garside,2010),以及问题导向学习在两种模式中的有效性(Jurewitsch,2012)。专家学者同时也分析了环境或方法因素是否在两种学习模式对比中起到了调节作用。如果答案是肯定的,那么这两个因素哪个具有的影响更大。大多数研究都证明了在线学习至少跟面对面学习一样有效。因此,有些研究则提出利用其他方法来研究在线学习,因为只对比在线和面对面课堂无法提供针对最优实践的看法,从而更有效并且更广泛地显示学习和教学过程。大多数针对在线学习的二阶研究结果支持 Clark 在 1983 年对于技术和教学的看法——例如,当"媒介只是传输工具,用来传送教学,而并不会影响学生成绩"时,教育方法和教学方法会影响学习(Clark,1983)。

二、教学方法应用两个或多个在线课程中的对比

除了解远程和在线教育"与传统教育孰优孰劣"(Bernard,et al,2009),那些对比研究并没有得出在线学习中哪个是最为有效(Bernard et al,2009;Clardy,2009)。Robert 在 2011 年进一步提到"媒介对比研究指出了下一步的研究方向"。因此,出现了大量针对不同教学方法应用于广义的远程教育和更为具体的在线学习的研究。这部分研究中最为突出的主题则是针对不同的互动式教学方法(例如,学生和学生之间、学生和教师之间、学生和所学内容之间的互动)对于学生成绩的重要性(Bernard et al,2009；Borokhovski et al,2012）、培养学生之间的合作、增强学生对于课程的参与度，以及支持师生的互动（Darabi et al,2013；Ravenna,Foster & Bishop,2012；Thomas,2013）。这些研究旨在证明非即时性的、有目的有组织的讨论，加上清晰的教师指导和针对每个学生的及时反馈在网络环境中更加能够支持学生的在线学习（Borokhovski et al,2012；Darabi et al,2013）。Means 等人在 2009 年还证明了利用即时的反思和自我测验相较于小组学习来说更为成功。因此，专家学者们检验了不同的用来支持非即时性在线讨论的实践应用（Thomas,2013），以及不同的教学框架。例如，元认知脚手架（metacognitive scaffolding）、战略脚手架（strategic scaffolding）和问题提示，用来确定哪一个在网络学习模式中最为有效。另外，总结在线教学和学习的研究的过程中，Tallent-Runnels 等在 2006 年强调了建立学习社区、教师积极地参与整个课程过程并提供及时的反馈、促进师生间以及学生之间互动等网络课程重要性。因此，这些在网络学习方面的二阶研究文章在以下几个方面也达到一致：

（1）在线课程需要为学生与学生以及学生与所学内容间的互动提供良好的支持；

（2）这些互动需要包括共同合作（co-operative）协作性学习（collaborative learning）；

（3）在线课程中，最为常见的用来巩固互动性的方法则是有组织的在线讨论；

（4）教师在讨论中的促进者的角色非常重要；

（5）教师应为每个同学提供及时的、形成性的反馈；

（6）教学框架应根据学生需求进行调整和应用；

（7）课程内容呈现应在视觉上做到吸引学生并具有互动性。

考虑到以上这些针对涉及在线课程需要遵循的方针，教师在课程设计过程中很难做到持久（Moallem,2003）。Cook、Levinson 和 Garside 在 2010 年提出强调反馈和互动教学策略在网络学习环境中经常会延长学习时间。相较于面对面的教学，网络教学要求教师投入更多的精力来支持学习。虽然 Bernard 等 2009 年、Borokhovski 等 2012 年和 Ravenna 等 2012 年的研究都注意到了教师在此过程中并不孤单，他们更倾向作为小组的一员参与学习，并且可以部分授权于他们的学生，但是对于以后的研究来说,更重要的是如何帮助教师更有效率地主持在线课程。

三、学生和教师针对在线学习和在线教学的看法

另外一个主要的研究重点便是检验学生对于在线学习的看法。比如,什么原因促使学生选择在线课程(Styer,2007)、哪些因素影响了学生对于课程和教师的满意度(Carroll et al,2009;Tallent-Runnels et al,2006),以及自主学习在网络学习的重要性等。这些话题在定义成功在线学习者的特征中最值得提出。研究显示,学生更喜欢拥有以下特点的在线课程:精心设计、更新及时并具有活力的、具有实践案例、教师合理的控制和灵活性(主要针对截止期限)、同学协同合作,以及教师及时提供总结性的反馈等(Carroll et al,2009;Styer,2007)。

尽管大多数针对在线学习的研究都强调教师的重要性,在线学习环境中教师的角色于传统课堂中教师的角色有区别。而关注在线教学的如何进化的研究却为数甚少(Kosh,2014)。由于课堂设计已经由以教师为重心转移到以学生为中心,也就是说教师需要在课堂中处于非主导地位,而由学生来控制他们自己的学习活动(Koch,2014)。因此教师则需要重新分配所负责的任务或给学生分配更多的责任,用以来维持以学生为中心的课堂。

测试被认为是高等教育中用来检验学习有效性不可或缺的一部分(Gikandi et al,2011)。但是,在网络学习中,这方面的研究还未得到很好的开发。根据在2000年至2010年间发表的18篇研究文章,Gikandi等2011年的研究发现有效性、可靠性和非诚实性在考试与测试的研究中占据主导地位。形成性和及时性反馈、关键教学过程的参与度(engagement with critical processes)以及公平教育的推广则被认为是在线形成性测试中最为主要的方面。Gikandi等2011年的研究中建议"有效的在线形成性测试可以根据形成性反馈和学生参与度的加强来促进以学生和测试为中心的课堂,使学生得到宝贵的学习经历"(Gikandi et al,2011)。另外,在线形成性测试需要频繁的监控学生活动、利用讨论工具、课堂测验以及其他在学习管理系统中的追踪数据,来促进学生参与度和学生自律性。测试依旧依赖于教师对于哪些需要被定义为学习的"信仰"。因此,为了证明实践的有效性,今后的实践研究显得尤为必要。

四、在高等和成人教育机构中采用在线学习

现阶段机构和管理者对于在线学习的研究表明,个人的技术应用态度和数字信息素养是决定是否采用在线学习的重要影响因素。(Singh & Hardaker,2014;Šumak,Heričko,Pušnik,2011;Tallent-Runnels et al,2006)。虽然当前高等教育学府已经制定了针对在线课程的相应的政策,但是最主要的挑战还在于一些学校依旧需要制定有关于课程设计、支持和测试的政策(Tallent-Runnels et al,2006)。也许,最为广泛的有关于是否采用在线学习的指导方针已经在 Singh 和 Hardaker 在 2014 年的研究中表述清楚。他们发现:

(1)在决定在线学习是否需要被包括于现行教学时,所有对此感兴趣的当事人都应该参与到决策过程中清楚并具有战略性的计划需要提前开发,并同所有教职和各相关部门交流清楚;

(2)对于学校发展如此重要的决定不应该由个人或上级管理层提出;政策制定者必须要考虑其公司或组织中的"文化形态",以有助于项目的成功;

(3)对于新兴事物的"学术恐惧",以及教学过程中由于技术掌控所导致的缺乏自信,必须被上级管理层所重视;最为重要的方法应该考虑每个人的动机因素,并且"避免通过行政手段采取简单方法去解决所有问题";

(4)学校管理层应该在促进采用在线学习的过程中创建良好的环境,并发挥带头作用。

Cook 和 Steinert 在 2013 年的研究中总结认为,当课程主题与相关需求匹配时,在线课程更容易成功;成功要素还包括需要支持协同合作以及社会互动;以及提供合理而灵活的时间规则用来完成所有的活动。另一方面,Wolbrink and Burns 在 2012 年应用新兴的互动式的在线学习资源来帮助学生更为积极主动的参与课程,并且得到实践能力(例如,在危重症医学上)还存在着很多挑战。Singh and Hardaker 在 2014 年进一步总结了我们应结合制度因素和个人因素,模式化整个传播和采用在线学习的过程。我们从轶事研究(anecdotal study)和描述性研究中得到了很多经验教训。这些轶事和描述性研究多次证明了允许向在线教职培训提供意见的重要性(Cook & Steinert,2013)。同时,政策制定者和重要的制度

决策需要更多的重要的证据说明在线学习是可持续发展的(Stepanyan, Littlejohn, Margaryan, 2013)。

第五节 研究与实践带来的结论和启示：数字化学习模式的产生

进一步发展在线学习的一个最重要的必要条件就是开发优质课程。优质课程包含以下特点：内容具有吸引力和交互性；学习者之间能够有序协作；教师能够灵活地安排作业以适应不同学生的学习进度；教师能够持续观察学生的学习进度；教师能够在需要时获得形成性的学生反馈（图3-6）。当然，这样一个优质课程设计的每个特点都可以从不同的方面去解释。就拿"内容具有吸引力和交互性"这一特点来讲，来自不同背景的老师可能对什么是"吸引力"以及如何才算"优质"有着不同的理解和期

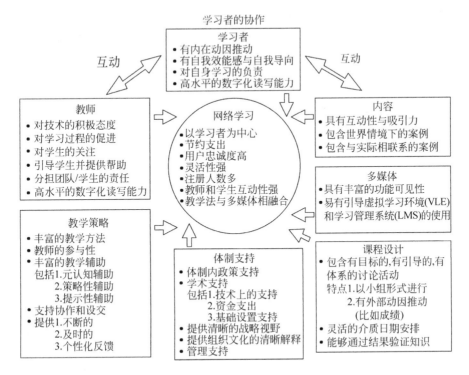

图3-6 影响在线学习体验要素概念图

望。值得注意的是，从早期二阶研究（比如本文中提到的 Tallent-Runnels 等在 2006 年的研究）的成果来看，许多教师都曾要求获得网络课程开发方面的支持。然而，当这些支持真的到位之后，这些教师却很少付诸实践（Tallent-Runnels et al, 2006）。因此，我们需要一整套与具体情况相联系的大体上的准则，作为支持教师开发网络课程的起点。这里我们强调了"大体"二字，因为现实中极不可能出现一个绝对完美，并且适用于所有来自不同背景教师的课程设计。

有研究表明结构化的异步在线讨论活动是支持学生协作与学习的首要方法（Darabi et al, 2013；Macfadyen & Dawson, 2010；Rovai, 2007；Thomas, 2013）。Darabi 等人在 2013 年提出能够对学生表现起到最大影响的是那些"丰富的教学法层面上的策略"。这些策略包括教师的参与、与学生的互动、对学生协作的引导，以及对讨论活动的观测和调节。为了能够继续扮演教师的角色，同时使用有促进学习效果的教学法，教师需要（或必须）把自己放在和学生平等的位置。Gašević, Adescope, Joksimović, 和 Kovanović's 在 2014 年的研究展现了一个可能有效的利用外部的辅助来提升自我控制技能的方法。他们认为一个有效的并且能够促进深度思考的学生互动完全可以脱离教师的直接干预而存在。更具体地讲，这个研究展示了一个效果显著的教学设计：它以质化形式给学生提供关于如何进行讨论活动的指导，而不是以量化形式制定具体的讨论标准（比如一定要发够多少条信息）（Gašević et al, 2014；Rovai, 2007）。

提供不断的、及时的和个性化的反馈也是一个网络学习环境下的一个重要挑战（Barker, 2011；Gikandi et al, 2011；Whitelock, 2010）。Azevedo 在 1993 年的研究中曾提到，"计算机还无法用于传输真实有效的反馈结果，因为它目前只能判定和解释什么是正确的方法，而无法判断错误背后的原因"。同样的，最近的大量研究都强调了不断的、及时的和个性化的反馈在支持学习方面的重要作用（Gikandi et al, 2011；Tallent-Runnels et al, 2006）。据我们所知，目前还没有一个能够大规模应用于教学过程中的全自动化提供形成性反馈的机制。这样的干预也需要持续地对每个学生的学习过程进行观测。在现代学习管理系统的发展水平下，收集数据已经不再是问题（Dabbagh, 2007；Macfadyen & Dawson, 2010）。然而，收集数据带来了大量的伦理和隐私问题，如这些数据来源于谁,谁又被允许使用这些数据,使用这些数据的目的是什么,以及如果一个学生不同意他或她的数据被分析该如何。进一步的研究与实践为这些问题提供了更加清晰的答案。

随着技术能够提供越来越多的可能性,整个在线学习的局面也在不断进化着。当我们刚开始定义什么是网络学习的时候,我们已经概述了科技的进步会怎样改变我们对在线学习的理解,尤其是一种技术究竟是属于网络学习模式,远程学习模式,还是混合学习模式。这里有一个简单的例子。视频会议这一技术刚开始时被认为属于远程教育的范畴(Bernard et al,2009)。然而,现在在网络上可以轻而易举地进行视频会议。这样,视频会议目前已经被归为网络学习的范畴。随着网络教育的进一步发展,现在远程学习和网络学习已经进化成了另一种学习模式——数字化学习。根据现有的对远程教育、在线学习和混合学习的研究成果以及在学习科学领域的发现,数字化学习已经被当作利用技术学习的又一种全新的学习模式(Siemens,2014b)。数字化学习可以被分类为正式或非正式的数字化学习、自我调控的数字化学习、结构化或未结构化的数字化学习以及"终身的"数字化学习。数字化学习的主要目标是"在研究数字化教学的大学与学院中把研究转换为实践,同时把实践转化为研究中的理论体系"(Siemens,2014)。

这份报告中关于网络学习有效性的一些初阶段的研究成果支持Clark在2000年那场关于多媒体的辩论中的陈述的有关网络技术的观点。然而我们其实更认可Ross、Morrison和Schmi等人在2014提出的不同观点。他们认为,Clark的最初论点可以追溯到1983年,而在当时技术还很少被用于展示内容。因此在当时技术对学习过程没有起到什么重要的影响。当多媒体技术被用于支持学生与学生之间,老师与学生之间的协作的时候,技术才开始在学习过程中扮演重要角色,甚至开始起到改进教学法的作用(Bernard et al,2009;Schmid et al,2014)。可以说,教法定义了什么是协作活动。然而,真正使这些活动得以实现的是多媒体技术(Ross et al,2010;Ross & Morrison,2014;Schmid et al,2014)。

数字电子技术以及其应用已经对远程学习、网络学习和混合学习的研究与实践产生了巨大影响。但是,"这些技术还并没有像一些人所预测的那样,改变整个教学或者改变获取高等教育的方式"(OECD,2007)。

随着一个"全民学习"趋势的出现,一个以加快发展正式或非正式教育为目的的"开放教育资源"(Open Educational Resources,OER)运动出现了。作为在这个趋势中最有前景的一股力量,大规模开放在线课程(Massive Open Online Courses,MOOCs)在 OER 中作为一种网络学习的新形式脱颖而出。它的目标是通过网络实现无限制的课堂参与和教育资源的公开(Pappano,2012;Siemens,2005)。MOOCs 被当作网络以及远程教育的一个新趋势,然而这些大型课程在教学设计上需要的改进还有很多。因为把大范围且有效的网络教学实践活动放到更大的背景下始终是一个难题(De Laat,2006;Fournier,Kop,Durand,2014)。因此,未来的研究应该更侧重于如何把网络学习实践活动纳入 MOOCs 的框架之内。一个最近的与 MOOCs 有关的研究显示,在最近的一年里,媒体上有一个普遍的共识:MOOCs 失败了,它没有实现它的目的,也没有兑现人们对它的期望(Kovanović,Joksimović,Gašević,Siemens,Hatala,2014)。具体来讲,Kovanović 等研究者认为,这种来自公众媒体的共识始终在批判整个 MOOC 的体验。这种批评既没有一个侧重点,也没有对现有问题进行反思并深入开展对 MOOCs 理论基础的探讨。Margaryan、Bianco 和 Littlejoh(2015)曾提到,这种对 MOOCs 的批评背后的一个原因可能是,主流媒体缺乏对 MOOCs 教育设计层面上的关注。Margaryan 等研究者曾做过一个以 76 门随机挑选的 MOOC 为样本的研究。研究发现这些 MOOCs 的教学内容往往质量很高,而相反教学设计则质量较低。为了应对学生使用 MOOCs 的学习需求,未来的研究需要着眼于拓展更多教学方法。一个前提是这些教学方法应该在网络学习的实践中已得到证明确实有效。

目前,关于在线学习和 MOOCs 的研究一方面为数字环境下的教学提供了新的依据,一方面也提出了很多问题(Siemens,2014)。如 Siemens 所说,这是一个很好的机会去借鉴 MOOCs 的经验,从而反思各种教育机构是如何设计网络课程的。另一个潜在的研究课题是大学应该怎样权衡在线(或者混合)教学和传统教学之间的关系(Siemens,2014)。最后,近期研究和实践也证明了高等教育主要着眼于教学内容设计和课程发展(Siemens,2014)。然而,为了进一步发展"个性化和自适应的学习模式",发展个性化的知识图谱和档案也是至关重要的。在收集和描绘个人在不同环境(正式,非正式,工作中等)中学习的知识,并用积累的知识缩小知识差距,提供针对性的学习材料方面,个性化的知识图谱是很有前景的(Siemens,2014)。另一方面,"应对网络学习、远程学习和混合学习方面的挑战","发展个性化且自适应的学习渠道",以及"提供及时的、不断的、个性化的反馈",这三者是紧密关联的。在研究过程中,个性化学习和自适应学习衍生出了一个新的学习模式——数字化学习。在不久的将来,远程学习,在线学习和混合学习模式最终很可能被这个新的学习模式所涵盖。

参考文献

[1] Ally, M. (2004). Foundations of educational theory for online learning. Theory and Practice of Online Learning, 2, 15-44. retrieved from http://cde.athabascau.ca/online_book/ch1.html.

[2] Anderson, T. (2009). a rose by any Other name: Still Distance education-a response to D. R. Garrison implications of online and Blended learning for the conceptual Development and Practice of Distance education. International Journal of e-learning & Distance Education, 23(3), 111-116. retrieved from http://www.editlib.org/p/105545/.

[3] Arbaugh, J. B., Benbunan-Fich, r. (2007). The importance of participant interaction in online environments. Decision Support Systems, 43(3), 853-865. doi: http://dx.doi.org/10.1016/j.dss.2006.12.013.

[4] Azevedo, r. (1993). A Meta-analysis on the Effects of Computer-presented Feedback on Learning from Computer-based Instruction. Concordia University. retrieved from https://archive.org/details/eriC_eD385235.

[5] Barker, T. (2011). an automated individual Feedback and Marking System: an empirical Study. Electronic Journal of e-learning, 9(1), 1-14. retrieved from www.ejel.org/issue/download.html?idarticle=163.

[6] Beinkowski, M., Feng, M., Means, B. (2012). Enhancing Teaching and Learning Through Educational Data Mining and Learning Analytics: An Issue Brief (no. eD-04-CO-0040) (pp. 1-57). US Department of education, Office of educational Technology. retrieved from http://www.cra.org/ccc/files/docs/learning-analytics-ed.pdf.

[7] Bernard, r. M., abrami, P. C., Borokhovski, e., et al. (2009). a Meta-analysis of Three Types of interaction Treatments in Distance Education. Review of Educational Research, 79(3), 1243-1289.

[8] Bernard, r. M. , abrami, P. C. , Lou, Y. , et al. (2004). How does distance education compare with classroom instruction? a meta-analysis of the empirical literature. Review of Educational Research, 74(3), 379-439.

[9] Borokhovski, E. , Tamim, R. , Bernard, R. M. , et al. (2012).ć Are contextual and designed student-student interaction treatments equally effective in distance education? Distance Education, 33(3), 311-329.

[10] Carroll, C. , Booth, a. , Papaioannou, D. , et al. (2009). UK health-care professionals' experience of on-line learning techniques: a systematic review of qualitative data. Journal of Continuing Education in the Health Professions, 29(4), 235-241.

[11] Chia-Wen, T. , Pei-Di, S. , & Yi-Chun, C. (2013). Research trends in meaningful learning research on e-learning and online education environments: a review of studies published in SSCi-indexed journals from 2003 to 2012. British Journal of Educational Technology, 44(6), 179-184.

[12] Chumley-Jones, H. S. , Dobbie, a. , Alford, C. L. (2002). Web-based learning: Sound educational method or hype? a review of the evaluation literature. Academic Medicine, 77(Suppl10), S86-S93.

[13] Clardy, a. (2009). Distant, On-line education: effects, Principles and Practices. Online Submission, Retreived from ERIC Database. retrieved from http://files.eric. ed. gov/fulltext/eD506182. pdf.

[14] Clark, r. e. (1983). Reconsidering research on learning from media. Review of Educational Research, 53(4), 445-459.

[15] Clark, r. e. (1994). Media will never influence learning. Educational Technology Research and Development, 42(2), 21-29.

[16] Clark, r. e. (2000). Evaluating distance education: Strategies and cautions. Quarterly Review of Distance Education, 1(1), 3-16. retrieved from http://www.editlib. org/p/91945.

[17] Cohen, n. L. , Carbone, e. T. , Beffa-negrini, P. a. (2011). The design, implementation, and evaluation of online credit nutrition courses: a Systematic review. Journal of Nutrition Education and Behavior, 43(2), 76-86.

[18] Cook, D. a. , garside, S. , Levinson, a. J. , et al. (2010). What do we mean by web-based learning? a systematic review of the variabilityć of inter ventions. Medical Education, 44(8), 765-774.

[19] Cook, D. a. , Levinson, a. J. , garside, S. (2010). Time and learning efficiency in internet-based learning: a systematic review and meta-analysis. Advances in Health Sciences Education, 15(5), 755-770.

[20] Cook, D. a. , Levinson, a. J. , garside, S. , et al. (2010). Instructional Design variations in internet-Based Learning for Health Professions education: a Systematic review and meta-analysis. Academic Medicine, 85(5). retrieved from http://journals. lww. com/academicmedicine/Fulltext/2010/05000/instructional_Design_variations_in_internet_Based. 42. aspx.

[21] Cook, D. a. , Steinert, Y. (2013). Online learning for faculty development: a review of the literature. Medical Teacher, 35(11), 930-937.

[22] Dabbagh, N. (2007). The online learner: Characteristics and pedagogical implications. Contemporary Issues in Technology and Teacher Education [Online Serial], 7(3), 217-226. retrieved from http://www.citejournal.org/vol7/iss3/general/article1.cfm.

[23] Darabi, a. , Liang, X. , Suryavanshi, r. , Yurekli, H. (2013). Effectiveness of Online Discussion Strategies: a meta-analysis. American Journal of Distance Education, 27(4), 228-241.

[24] De Laat, M. (2006). networked learning. Police Academy of the Netherlands: Apeldoorn. Retrieved from http://www.e-learning.nl/files/dissertatie%20maarten.pdf.

[25] Du, S. , Liu, Z. , Liu, S. , et al. (2013). Web-based distance learning for nurse education: a systematic review. International Nursing Review, 60(2), 167-177.

[26] Fini, a. (2009). The technological dimension of a massive open online course: The case of the CCK08 course tools. The International Review of Research in Open and Distance Learning, 10(5). Retrieved from http://www.irrodl.org/index.php/irrodl/article/view/643.

[27] Fournier, H. , Kop, r. , Durand, G. (2014). Challenges to research in MOOCs. Journal of Online Learning & Teaching, 10(1), 1-15. retrieved from http://jolt.merlot.org/vol10no1/fournier_0314.pdf.

[28] Garrison, D. r. (2011). e-learning in the 21st century: A framework for research and practice. Taylor & Francis.

[29] Gaševċ, D. , adescope, O. , Joksimović, S. , Kovanović, v. (2015). externally facilitated regulation Scaffolding and role assignment to develop cognitive Presence in asynchronous online Discussions. The Internet and Higher Education, 24, 53-65.

[30] Gikandi, J. W. , Morrow, D. , Davis, n. e. (2011). Online formative assessment in higher education: a review of the literature. Computers & Education, 57(4), 2333-2351.

[31] Grandzol, C. J. , grandzol, J. r. (2006). Best Practices for Online Business education. The International Review of Research in Open and Distance Learning, 7(1). retrieved from http://www.irrodl.org/index.php/irrodl/article/view/246.

[32] Harasim, L. (2000). Shift happens: online education as a new paradigm in learning. The Internet and Higher Education, 3(1-2), 41-61.

[33] Jumaat, n. F. , Tasir, Z. (2014). Instructional Scaffolding in Online Learning environment: a meta-analysis. in 2014 International Conference on Teaching and Learningć in Computing and Engineering (LaTiCE 2014), pp. 74-77. Johor, Malasyia.

[34] Jurewitsch, B. (2012). a Meta-analytic and Qualitative review of Online versus Face-to-Face Problem-Based learning. Journal of Distance Education, 26(2).

retrieved from http://www.ijede.ca/index.php/jde/article/view/787/1399.

[35] Koch, L. F. (2014). The nursing educator's role in e-learning: a literature review. Nurse Education Today, 34(11), 1382-1387.

[36] Kovanović, v., Joksimović, S., gašević, D., Siemens, g., Hatala, M. (2014). What public media reveals about MOOCs? British Journal of Educational Technology, in-press.

[37] Kozma, r. B. (1994). Will media influence learning? reframing the debate. educational Technology Research and Development, 42(2), 7-19. doi: 10.1007/BF02299087.

[38] Landers, R. N. (2009). Traditional, web-based, and hybrid instruction: A comparison of training methods. ProQuest information & learning. retrieved from http://proxy.lib.sfu.ca/login?url=http://search.ebscohost.com/login.aspx?direct=true&db=psyh&an=2009-99211-008&site=ehost-live.

[39] Macfadyen, L. P., Dawson, S. (2010). Mining LMS data to develop an "early warning system" for educators: a proof of concept. Computers & Education, 54(2), 588-599.

[40] Mackness, J., Mak, S., Williams, R. (2010). The ideals and reality of participating inća mooc. in Proceedings of the 7th International Conference on Networked Learning 2010 (pp. 266-275), aalborg, Denmark. retrieved from http://www.lancaster.ac.uk/fss/organisations/netlc/past/nlc2010/abstracts/PDFs/Mackness.pdf.

[41] Macon, D. K. (2011). Student Satisfaction with Online Courses versus Traditional Courses: A Meta-Analysis. retrieved from http://search.proquest.com.proxy.lib.sfu.ca/docview/858611481?accountid=13800.

[42] Margaryan, a., Bianco, M., Littlejohn, a. (2015). Instructional quality of Massive Open online courses (moocs). Computers & Education, 80(0), 77-83.

[43] Marks, r. B., Sibley, S. D., arbaugh, J. B. (2005). a Structural equation Model of Predictors for effective online learning. Journal of Management Education, 29(4), 531-563.

[44] Means, B., Toyama, Y., Murphy, r., et al. (2009). Evaluation of Evidence-Based Practices in online learning: a meta-analysis and review of online learning Studies. US Department of Education. Retrieved from http://eric.ed.gov/?id=eD505824.

[45] Means, B., Toyama, Y., Murphy, R., Baki, M. (2013). The effectiveness of online and blended learning: a meta-analysis of the empirical literature. Teachers College Record, 115(3), 1-47. retrieved from http://www.sri.com/sites/default/files/publications/effectiveness_of_online_and_blended_learning.pdf.

[46] Moallem, M. (2003). An interactive online course: a collaborative design model. Educational Technology Research and Development, 51(4), 85-103.

[47] Moore, m. G. (1993). Theory of transactional distance. in D. keegan (ed.), Theoretical principles of distance education (pp. 22-38). New York: routledge.

[48] Organization for economic Cooperation and Development. (2007). Giving

knowledge for free: The emergence of open educational resources. Paris, France: OECD Publishing. retrieved from http://www. worldcat. org/title/giving-knowledge-for-free-the-emergence-of-open-educational-resources/.

[49] Pappano, L. (2012, november 2). The Year of the MOOC. The New York Times. retrieved from http://goo. gl/6QUBeK.

[50] Peterson, D. S. (2008). A meta-analytic study of adult self-directed learning and online nursing education: A review of research from 1995 to 2007. Retrieved from http://search. proquest. com. proxy. lib. sfu. ca/docview/194001867? accountid=13800.

[51] Ravenna, G., Foster, C., Bishop, C. (2012). increasing Student interaction Online: a review of the literature in Teacher education Programs. Journal of Technology and Teacher Education, 20(2), 177-203. Retrieved from http://eric. ed. gov/? id=eJ975827.

[52] Roberts, r. M. (2011). Best instructional practices for distance education: A meta-analysis. retrieved from http://search. proquest. com. proxy. lib. sfu. ca/docview/900728274? accountid=13800.

[53] Ross, S. M., Morrison, G. R., Lowther, D. L. (2010). educational technology research past and present: Balancing rigor and relevance to impact school learning. Contemporary Educational Technology, 1(1), 17-35. Retrieved from http://aulavirtual. eaie. cvudes. edu. co/publico/lems/L. 000. 002. Mg/Documentos/anexos/Cap3/1. pdf.

[54] Ross, S. M., Morrison, J. r. (2014). Measuring meaningful outcomes in consequential contexts: searching for a happy medium in educational technology research (Phase ii). Journal of Computing in Higher Education, 26(1), 4-21.

[55] Rovai, a. P. (2007). Facilitating online discussions effectively. Internet and Higher Education, 10(1), 77-88.

[56] Rudestam, K. e., Schoenholtz-read, J. (2010). Handbook of Online Learning. SaGe Publications. Retrieved from http://books. google. ca/books? id=gkq4lX7-v-sC.

[57] Schlosser, L. a., Simonson, M. r. (2006). Distance Education: Definition and Glossary of Terms. iaP, information age Pub. Retrieved from http://books. google. ca/books? id=vf4ayMDBnFeC.

[58] Schmid, R. F., Bernard, R. M., Borokhovski, E., et al. (2014). The effects of technology use in postsecondary education: a meta-analysis of classroom applications. Computers & Education, 72(0), 271-291.

[59] Siemens, g. (2005). Connectivism: a learning theory for the digital age. International Journal of Instructional Technology and Distance Learning, 2(1), 3-10. retrieved from http://www. itdl. org/journal/jan_05/article01. htm.

[60] Siemens, g. (2014a, July 5). elearnspace > j activating Latent Knowledge Capacity. retrieved from http://www. elearnspace. org/blog/2014/07/05/activating-latent-knowledge-capacity/.

[61] Siemens, g. (2014b, november 18). elearnspace > j Digital Learning research network (dLrn). retrieved from http://www. elearnspace. org/blog/2014/11/

18/digital-learning-research-network-dlrn/.

[62] Singh, G. , Hardaker, g. (2014). Barriers and enablers to adoption and diffusion of elearning. Education+Training,56(2/3),105-121.

[63] Sitzmann, T. , Kraiger, K. , Stewart, D. , Wisher, R. (2006). The Comparative effectiveness of web-based and classroom instruction: a meta-analysis. Personnel Psychology,59(3),623-664.

[64] Stepanyan, K. , Littlejohn, a. , Margaryan, A. (2013). Sustainable e-learning: Toward a coherent Body of knowledge. Journal of Educational Technology & Society,16(2). retrieved from http://search. proquest. com. proxy. lib. sfu. ca/docview/1355669575? accountid=13800.

[65] Styer, a. J. (2007). A grounded meta-analysis of adult learner motivation in online learning from the perspective of the learner. retrieved from http://search. proquest. com. proxy. lib. sfu. ca/docview/304723729? accountid=13800.

[66] Šumak, B. , Herićko, M. , & Pušnik, M. (2011). a meta-analysis of e-learning technology acceptance: The role of user types and e-learning technology types. Computers in Human Behavior,27(6),2067-2077.

[67] Tallent-runnels, M. K. , Thomas, J. a. , Lan, W. Y. , Cooper, S. , ahern, T. C. , Shaw, S. M. , Liu, X. (2006). Teaching Courses Online: a review of the research. Review of Educational Research,76(1),93-135.

[68] Taylor, J. C. (2001). Fifth generation distance education. Presented at the keynote address delivered at the iCDe 20th World Conference, Dusseldorf, germany. retrieved from http://www. usq. edu. au/users/taylorj/conferences. htm.

[69] Thomas, J. (2013). Exploring the use of asynchronous online discussion in health care education: a literature review. Computers & Education,69(0),199-215.

[70] Whitelock, D. (2010). Activating assessment for Learning: are we on the way with Web 2. 0. in In: Lee, Mark J. W. and McLoughlin, Catherine eds. Web 2. 0-Based-e-learning: Applying Social Informatics for Tertiary Teaching (vol. 2, pp. 319-342). igi global. retrieved from http://oro. open. ac. uk/id/eprint/19706.

[71] Wolbrink, T. a. , Burns, J. P. (2012). Internet-Based Learning and applications for critical care medicine. Journal of Intensive Care Medicine,27(5),322-332.

[72] Wong, g. , greenhalgh, T. , Pawson, r. (2010). Internet-based medical education: a realist review of what works, for whom and in what circumstances. BMC Medical Education,10(1),12.

第四章　认证与评估的历史与现状

查尔斯·朗格(Charles Lang)
哈佛大学(Harvard University)
乔治·西门子(George Siemens)
阿萨巴萨卡大学(Athabasca University)
德克萨斯大学阿灵顿分校(University of Texas Arlington)
德拉甘·格萨维奇(Dragan Gašević)
爱丁堡大学(University of Edinburgh)
肖恩·道森(Shane Dawson)
南澳大利亚大学(University of South Australia)

摘　要

学位(学历)认证的复杂性在过去二十年间更加突出。20世纪的大部分时间里,大学学位的价值以及获取学位的途径得到广泛共识。在地方政府、教育机构和学生之间也有十分清晰的一致性协议。国家赋予高等院校颁发学位的权利,学校通过制定培养方案以保障学生获得对于雇主有价值的学位。然而,在过去二十年,这一制度开始在学位认证、专业设置、学位收益、重要指标等方面遇到挑战(accreditation, program development, degree earning and signaling)。本研究旨在探究如何判定认证标准化的相关因素及其可行性。对于学历认证的考察主要围绕两类问题展开:①教学时间统一规定还是可以灵活安排;②教学目标着眼于知识获得还是能力发展。此外,本研究还会就上述问题相关的新的认证方式进行评估,并加以归类分析。

第一节　随着时代发展不断演变的认证

尽管就大学在社会发展中的角色问题一直存在争议,但是对于大学的学历认证通常都被认为是标准化的。至少从康德1789年发表的《论学科之冲突》(The Conflict of the Faculties)和纽曼1854年发表《大学精神》(The Idea of the University)开始,大学的核心价值就被认定是培养能够从事专门事务的可用人才。此外,大学也是倡导社会正义、自由和变革的坚守者。如今,大学所面临的矛盾在于,行业系统希望开设更多的计算机科学专业,而人文科学部门和文科院校却难以获得推进民主和社会进步相关专业所需要的资金支持。目前大学学位认证仍然因袭其标准化的和大一统传统,在某种程度上,使得社会质疑愈演愈烈。认证的意义和价值,都将决定未来大学在社会中角色和地位。

大学认证的标准在某种程度上与其品牌信誉密切相关。雇主倾向于依据应聘者学校的地位来进行取舍,而不是依据资格证书本身的价值进行的评估(Bordón & Braga,2013)。按照这种方式,一般而言,认证通常是教育机构是否具有社会资信程度的价值体现,如大学就是受到社会信任的一种教育机构。从特殊性来说,一些大学会比其他大学拥有更高的社会信誉。但是,人们通常会忽略认证是如何获得的。政策制定者和学者对如何最有效地评价教育成果历来存在争议。但是政府对大学资质的评价往往是宽泛的,并且大都没有随着时间的推移进行更新(Laitinen,2012)。通常来说,高等院校被看作是评价学生学业进步与成就水平的最佳仲裁者。在此过程中,政府只是着眼于大的目标,如取得学位需要多长时间。雇主对评价的细节也关注甚少(Eaton,2001)。我们可以看到,近年以来各国对于大学毕业生提出了新的需求,比如"澳大利亚布莱德利报告"(Bradley Report in Australia)和美国总统奥巴马发表的"美国毕业生计划"(American Graduation Initiative)。这两个计划的前提假设是大学证书是有价值的,并且大学的评估是可靠的。但是,从全球范围的传统来看,无论是美国医学考试委员会还是掌管整个爱尔兰司法考试的律师培训中心(The Honourable Society of King's Inns),专门行业评估机构似乎更强调认证评估的责任并不专属于大学。

从历史角度看,学习期限一直是政府和大学用来评估学生的一项关键要素。这起源于19世纪末20世纪初将商业模式的会计实务引入高等教育中。用学时来衡量学分开始出现,并且变成了获得学位的重要基础。人们对此也逐渐形成了共识(Shedd,2003)。学时是一种易于理解的、标准化的指标,可以使教与学的过程都可监测。因而,学时作为一种学习成就的标志和教学质量实现程度的考量指标,从全球领域的普及程度上可以看出它的价值。政府和大学之间也达成一致,将明确教学时间作为基准,学生们必须完成规定学时才能获得国家的认证。例如,在美国和加拿大是规定数量的学时;在英国是10个学时折合为一个学分;在澳大利亚、新西兰和中国香港,完成一门课程就意味着完成一定时间数量的在校学习。

在过去二十年间,由于社会环境的变化,无论是学位的意义还是学时的赋予,都面临着不断增加的质疑。引发质疑的主要来源是学位认证的经济价值。学费的持续上涨激起政府和学生叩问,投资的回报是什么?

这一现象也引起社会的广泛讨论。问题的关键在于如何测量这种投资在经济回报和学习的价值(Barrett,2014)。同样,学时的功效也受到许多诟病,因为它并不能够体现学习的成效(Learned,Wood,1938)。此外,随着全球化留学的发展,许多大学为了证明自身学位价值的需求也在增强。全球化的生源市场迫使大学通过展示其认证资质在国际范围的排名进行竞争。因此,进一步刺激了大学对于学位认证的迫切需求。

  与经济压力并行的另一个问题是,大学在社会中的角色往往是难以确定不变的。目前,大学已经从远离社会的学术研究和教育机构,转变成为国家经济发展规划的重要组成部分(Duderstadt,2000)。大学与产业、政府紧密结合形成"三螺旋"创新(Triple Helix)理论的日益确立,就需要学位认证能够服务于这些新的目标,以期获得利益相关者的认可(Leydesdorff,1995;Leydesdorff,Etzkowitz,1996)。产业在提出学生需要学习哪些内容要求的同时,产业领导者希望了解这种学习的有效性。一份来自产业报告的说明,管理者相信只有不到50%的应聘者具备行业所需要的必备技能——例如"交流观点并清楚地解释信息"(Dua,2013)。行业机构认为,大学不仅要考虑应教给学生哪些内容,还要考虑教学的有效性。对于高等院校而言,他们未来还要承担证明学生的学习以及其所获证书价值的责任。然而,教育机构对于如何设计应对措施有各自不同的选择。他们可以就产业的需求主动迎接挑战,以努力证明他们培养的毕业生能够带来很高经济回报。相反,他们也可能强调教育要超越仅仅适应工作岗位,谋求长期回报的价值追求。这里有很多"底线",包含培养具备社会道德意识的、有生产力的公民,在产业岗位之外更为广泛的学习及其评估。无论如何,当务之急是:建立记录和检验学习成果的方式方法。

  最后,互联网在很大程度上改变了教育领域。它提供了向更广大人群提供教育服务的新方式,并且也能够检测学习者是否掌握了所学内容。网络技术的发展日益冲击着传统大学"讲座-考试模式"、教学模式单一的弊端。使用网络技术可以获取大量方法,吸引学生参与学习过程并且能测量学习是否真正发生。这也是近两百年来的第一次,工具可能成为教育过程要素并成为学位认证的重要指标。这一变化对高等教育的利弊得失目前还难以确定,因为专业学位课程的改革还在继续,新兴要素可能会对传统大学模式形成挑战。

教育格局的转变也引发一些新的问题。传统认证已经得到社会认可,如何借助重新认证来彰显学校教育的现实价值。一方面,就管理者和政策制定者而言,这种尝试会导致新的不确定性,促进学位认证的决策制定和标准更新。另一方面,在线教学事业的发展与社会需求紧密衔接,学习应该帮助学生为就业做好准备,这也意味着认证及其标准的可行性和可靠性也会面临挑战。

一、标准化

迄今为止,倡议标准化认证始于1999年的博洛尼亚进程(Bologna Process)。博洛尼亚协定(Bologna Accords)的缔约国同意实施"相互协调"的欧洲教育框架,由此创建29个国家不同教育体系之间的学历互认制度。这一标准化进程的设计也是为了应对前文所述的一些现实问题而采取的对策。让智力资本可以在更大范围自由流动,推动整个欧洲教育和研究的融合,目的在于增强欧盟在知识经济时代更具全球竞争优势。此举的目的不仅仅在于吸引博洛尼亚签约国之外的聪明学生前来就学,而且还借助此举促使欧盟各国的认证制度与美国接轨,以帮助学生和雇员更加便捷地在横跨大西洋区域进行流动。

尽管是自愿基础上形成的建议,博洛尼亚进程在具体实施过程中所取得的显著进展,甚至让许多政策分析者特别是美国人在很大程度上感到吃惊(Gaston,2012)。这一进程的一项核心内容是"欧洲学分转换系统"(European Credit Transfer and Accumulation System,ECTS),它允许缔约国的学生在彼此的教育机构之间转换学分。

与欧洲标准化进程不断发展形成鲜明对比的是,在美国,认证在各个州和学校之间仍然各司其政。比如,不同州的认证机构对于职业资格认证的要求是不同的,这就迫使那些想到其他州工作的专业技术人员必须重新接受培训(Darling-Hammond,2000)。同样,即使在同一个州的大学获得学位,一个学校的学分也很难得到另一个学校的认可(Quaye,Harper,2014)。这种情形带来的经济成本是不言而喻的。比如一个州劳动力短缺,却很难轻易从其他州引进劳动力;大学在读学生如要转学,因其知识与能力得不到承认而必须重修相应课程。

有关认证问题的日益凸显,也为美国发展认证制度创造了条件。在高度互联和课程资源日益可获取的情况下,社会对于目前系统之间存在的相互隔绝的状态日益不满,毕业生所具备的技能与雇主的需求不相匹配,也使得标准化认证的发展成为可能。这种发展也将促使美国借鉴欧洲模式或改造已有模式进一步扩大认证标准化。对于实现认证标准化来说,如何评价学生的知识和学习则是进一步需要解决的问题。

二、评价

互联网所具有的丰富功能和便捷连接给学习活动提供的支持,可以催生新的学习评估方式,也使得认证的形式具有了更多选择。这些选择可以归为两种基本的方式:基于掌握程度的测试(proficiency testing)(也称为知识或客观评定)和基于能力发展的测试(competency-based testing)(也称为能力绩效评价)。两者之间的区别在于关注点是"知道什么"和"能做什么"(Davey et al,2000)。

掌握度测试来自封建制度时期的中国(Miyazaki,1976)和19世纪末期心理学方法的快速发展。上述历史背景使得掌握度测试具备相对严格的信度效度的复杂方法体系,并且影响到心理测量学领域。掌握度测试主张它可以测试人们知道什么,借此能够可靠地预测人们未来的表现。尽管这种测试通常与学位入学考试相关,但是也用作职业资格认证的考试,如护士资格认证(DeVon et al,2007)。

相反,能力本位的评价则是寻求更准确地理解人们是如何处理相关任务的。它可能包含传统的考试,但是也包含更为多样的评估手段,如档案、访谈、报告以及技能展示等。因此,对于它没有制定判明效度的唯一标准,也没有规定哪种方式能建立信度(Thomson,Saunders,Foyster,2001)。信度和效度的确立更加注重通过完成任务过程中表现出来的能力进行检验,完成情况越好评价就会越好(the more similar,the better the assessment)(Ten Cate,Scheele,2007)。最后,通过量化更多地情境和技能因素,例如互联网和移动学习可以使基于能力本位的评价范围更加广泛。通过对学生数据采用数据分析和机器学习方法,评价方式将继续变革(Donkers,Govaerts,Driessen,Verhoeven,2008)。

除了能力水平、掌握程度以及其他可能采取的措施,评价还涉及如何看待学习时间相关的问题：统一固定还是变通灵活？目前，大多数认证都与固定时间相关：测验需要一个小时，一个学年需要40周，取得一个学位需要4年。固定时间进行标准化评价是非常方便的，尽管它很呆板并且与学习、知识或者技能的关系既不确定也不显著（Laitinen，2012）。

相比之下，灵活的时间则会考虑学习者需要多久来完成任务或者学位。它提供个体能力以及动态学习的信息，同时允许学生根据自身情况来调整学位申请事宜。例如选择攻读学位的进度，以便让学生能够协调工作、家庭的状态，因此更加有益于让更多人获得了受教育的机会。因此，在新的更为复杂的认证框架中认真考虑时间要素是十分必要的。

第二节 认证的分类

我们可以从能力/掌握度和灵活/固定时间（图4-1）两个维度来理解新形态的认证，讨论认证的形式演变，并探讨未来认证的趋势。传统的认证主要包括院校和相关学位，通常涉及学业年限、掌握度测试如考试和短文来测验知识的掌握程度。其他指标则是时间和评估的结合，用来代表传统固定/掌握度模式。

		评估	
		掌握度	能力
时间	固定	展示知识 采用考试或作业 在一组时间框架内发生	展示能力 采用一套评估方法 在一组时间框架内发生
	灵活	展示知识 采用考试或作业 学生自定步调	展示能力 采用一套评估方法 学生自定步调

图4-1 基于掌握度评估与基于能力评估认证分类比较

一、灵活的时间，基于掌握度的认证

随着如英国开放大学首创的以营利为目的的在线学位和远程教育项目的出现，灵活的时间（flexible time）、基于掌握度的认证在20世纪90年

代后期2000年前期兴起。远程教育在一定程度上沿袭着传统大学，也采用掌握度测验作为基本的测验方式（Holmberg，2005）。与此类似，在线进行营利性评估起初也没有摆脱传统大学的规矩，但是在过去四年已经开始发生改变。

灵活性和方便性一直是所有在线营利性认证和远程教育主要亮点。在线营利性认证有灵活的教学进度和学分安排，完成学位并不设定最后期限。在线的过程要素同样允许很大的灵活性，允许学生按照自己的步调进行学习。为了更加便于学生学习，美国凤凰城大学把实体学习点尽可能设在距离学生工作地点近的场所，比如在一些商场和购物中心内部。然而，灵活性是一把双刃剑，如采用分层教学成本趋高，学生的学业进步速度也不尽一致。德弗里大学（Devry University）对学生一次性选修七门或更多的课程可以享受折扣缴费。此外，所有以营利为目的的在线学校随着学生的加入，每个学期经常性费用（recurring fees）的支出也会增加。

一些新增设的专业，灵活的时间、基于掌握度的评价模式可能就难以实施，因为基于能力的评价模式不断增加，而且灵活性已经成为学习者所期望的必备要素而不再是新奇的特征。事实上，在线营利机构几年来一直在走下坡路。凤凰城大学的招生规模从2010年开始就在下滑，德弗里大学从2013年也开始了同样的命运。类似状况并非偶然，这类学校和其他在线机构，目前都处于一个痛苦的重新定位的过程，也给他们证明自己能够培养行业所需求的毕业生增加了难度。他们必须能够展示出毕业生具备特殊技能——而这些技能只有借助基于能力的评价才能最好地展示和评定。例如，凤凰城大学就从各种行业协会那里获得学习内容方面的建议，与许多公司签订了清晰的协议来明确所需的技能，最近还与美国全国制造商协会合作启动了基于能力发展的培养项目。这似乎是采用灵活的时间、基于掌握度模式认证的出路。学校要么继续维系传统的固定时间，掌握度模式，要么需要进行改革以应对不断的竞争。然而，一些与就业不密切相关的学习领域，时间灵活、基于掌握度的模式可能还会继续存在。

保护民主和平等通常都是人们满怀希冀的追求，于是提供灵活的就学时间就具有了存在的理由。此外，学习者因为学习困难遭遇失败也难以避免，因此有些学习者在较长一段时期内学习某一项技能，并且通过努力不断累积学分是十分重要的。从社会视角讲，在任何一种固定的方式中都需要多年努力来学习,因此只有采用灵活性和掌握度二维结构,才能保障完成学分(Gehlbach,Young,Roan,2012)。

二、固定的时间、能力为本的认证

正如许多人,包括能力为本的评价理论家马伦2000年的研究,都认为:固定时间、能力为本的认证可能看起来是一个奇怪的类别,因为能力为本的认证通常伴随着灵活的时间安排。但是,将时间和能力分为两个维度,可以兼顾评价学生的能力,同时也要满足规定的学习时间方可获得学位。这一分类包括提供单门课程认证的慕课(MOOC)提供商——学生在规定的时间内完成慕课(MOOC)课程才能获得证书。通常体现这些证书关于能力考核的部分在慕课(MOOC)内容中有所体现,如技术和计算机科学课程要求学生借助创作作品来完成自身的能力考核。这些作品需要证明编程和分析的能力,可以很容易地转换成测量能力的指标。

比单个证书更复杂的是"微学位"(nano degree)。2013年,在线教育公司Udacity发起了"微学位"项目,尝试通过证书的成功来获得收益,从而成为增长最快的认证(Carnevale,Rose,Hanson,2012)。不到一年,这些在线资格证书就专门针对特定行业所需的具体职业技能来进行设计。学习"微学位"比单一的慕课课程要复杂,却比获得传统的职业资格认证简单,并且被相关合作公司所认可。比如Udacity与AT&T公司合作的案例。Udacity的"微学位"目前仅在相关技术领域实施,提供网站开发、移动应用程序设计、数据分析的课程。"微学位"并不是与传统学位进行竞争,而是服务于那些不能到传统大学或者技校学习的学生。它更多是面向从业人员,充分考虑到他们可以利用下班后或者周末时进行学习。这些学位是能力为本的设计,并明确定位自身为衔接传统大学所学知识和公司技能需求之间差距的桥梁。

在固定时间、能力为本的模式改革中,最近比较流行的是"新兵训练营"(boot camp)现象。像口袋学院(App Academy)、比特学院(Byte Academy)或者核心编码(Code Core)的课程学习时间都非常短(3个月)、高密度并针对学生特定技能的培养,例如网站开发、移动应用程序设计或者学习某一编程语言。主要用来为给正在增长的信息技术部门提供员工,特别是那些开发工作。因此,它们倾向于与一些特定的公司建立合作，以便把学生输送到这些公司就业。在经济方面，这个体系似乎成效显著，学生积极性高昂，毕业生安置率平均为90%（McGuire，2014）。学生看到投资具有立竿见影的回报，便接受"新兵训练营"每周一千美金的收费标准。"新兵训练营"得益于上述优势，成功吸引其他机构纷纷效仿。2014年，一个称作"市场学院"（Market Campus）的"销售新兵训练营"在美国犹他州普洛佛市启动。如果"新兵训练营"模式能够在更广范围的行业采用，也许它可以成为未来认证的可观来源。当然，人们还在对于这种模式如何适应更多的经济要素进行观望——问题是对开发人员的需求减弱后，"新兵训练营"是否还会存在？

三、灵活的时间、能力为本的认证

在过去十年里，基于能力展示和灵活时间的认证增长迅速。但是，"西部州长大学"（Western Governors University，WGU）在20世纪90年代末期就开始发展这种模式。WGU着手探索在合理成本和学生高就业率状态下，是否可以不断扩大入学规模的教育模式。在过去20年，他们发展了能力为本的模式，即时间灵活、基于技能、培养雇主需求的毕业生。WGU模式中时间灵活的关键要素是对于学习者的既有经验进行学分认定（generous crediting）。如果学生能够展示自身在工作中已经具备的与学位相关的能力，便可获得相应学分。这与传统大学的课程或者固定时间以及能力模型形成鲜明对比。在传统大学中，既有经验也许只能替代学位中的极小部分，而且只限于每年由替代性考试的一些学分。美国威斯康星大学Flex项目正在实施更加开放的学分置换。但是目前美国只有两所大学允许学生不在校内（place out）就读也能获得完整的学位，它们是伊克塞尔希尔学院（Excelsior College）和托马斯爱迪生学院（Thomas Edison State College）。尽管目前学生有这样选择的尚不多见，但是它释放出一种信号，即教育机构相信人们进入正式的学习环境时，都带有宝贵的既有知识。这一理念看起来确实推动了其他学校的改革，例如，新罕布什尔南方大学（Southern New Hampshire University）美国项目学院推出的一个学位就是建立在学生与雇主需求紧密相关的当前技能上。马里兰大学同样也在宣传它的办学宗旨"课堂外获得的学习是有价值的"。美国州立大学展示的办学理念是"无论采用何种方式，人们可以获得大学水平的学分"。但是,即使有这种观念的学校不少,但切实实施这种学分赋予的学校还是很少。

第三节 测量能力

关于测量能力(measuring competencies)方面,由于能力为本评估模式的设计十分复杂、资源又相对有限,所以最初开展基于能力的项目仍然在探索之中(Kinser,2007)(不同评估认证项目实例的分类见图4-2)。这项工作的先锋都是一些颇具实力的有远程教育传统的大学,如美国西部州长大学、新罕布什尔南方大学、伊克塞尔希尔学院、查普曼大学分部、布兰迪斯大学、威斯康星大学。

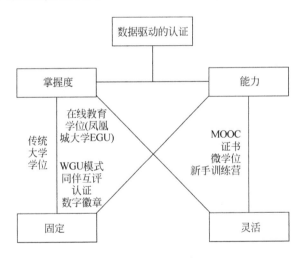

图4-2 评估认证实例的分类

说明:连接线表示该实例是基于掌握度评估还是基于能力评估,
文本框表示是否必须通过固定时间,还是由学生自己决定步调

西部州长大学用二十多年的时间来开发基于灵活时间模式的能力评估。它的独特创新包括:开发根据难度进行测量的指标,这样学生就可以依据能力的难度来获得学分,而不是将所有能力都等同对待;跟踪学习资源的应用情况和学生表现,从而评估这些资源;将所有评估放在一个独立且安全的在线访问空间上。

基于能力的评估所面临的主要障碍并不是无法定义这些能力，而是如何解释那些未能展示出的能力。毕竟，如果需要从事护士行业的学生展示出九成能力，而其只能展示出八分能力，授予其学位是有风险的。为了解决这个问题，拉什大学开发出了一套测试护士能力的三级系统，包括意识、知识以及能力（Swider et al，2006）。未来这个项目的指导教师可以看到这些能力水平等级，其内容也会出现在成绩单上。但是，开展这些评估所需的时间和成本是将其推广应用到学校其他课程的障碍。此外，能力模式还需要对学习成果做出明确划分（Shapiro，2014）。这一项任务需要开展相当长的时间，并付出许多努力。这些困难可能促使机构寻找其他基于灵活时间、能力为本的评价选择，如利用在线功能或采用较好开展既有知识的评估。这些机构的目标可能会遭到非机构组织行动者的非议。后者看到了数据的收益，如美国大学理事会（College Board）的大学水平考试项目（College Level Examination Program，CLEP）、美国大学的学分前置考试 UExce，以及伊克塞尔希尔学院和培生集团开展的通过考试获得学分的合作等。在这种合作关系中，培生集团为伊克塞尔希尔学院的学生提供测试技术，让他们也可以通过在其他机构学习或者参与在职培训获得学院的学分。

一、同行认证

同行认证可能在未来一段时期，成为基于能力的替代性评价。其特点是由一组同行开展的评估。基于一套宽泛的标准，同行们来判断他们是否认定特定个体具备完成任务所需要的能力。他们还可以判断该个体在既定时期的表现是否足够活跃以便获取认可。在此创新举措中，同行负责调整时间和评估。因此，在严格意义上讲，这不同于传统认证项目中对能力的定义（如护理领域）。同行认证是源于一种社会协商，并且在不同的社会群体中可能变化幅度也很大。

非正式和正式的同行认证在软件开发和在线技术社区方面均得到了特别的发展。我们可以考虑这两种类型的典型实例分别是项目管理平台Github（非正式）和程序设计问答网站（Q&Awebsite Stack Overflow）（正式）。Github Githhub 用户以各种方式来理解其他用户的工作内容，寻求技术问题的解决方案，并寻找可能开展的合作。这需要用户擅长于评估彼此的价值。马洛等在2013年形容用于这种评价的主要指标伴随着"整个项目的历史和活动"和"与核心高水平项目的成功合作"。这种非正式的同伴评价过程显示了个体在平台的价值，即那些能够成功创造高质量和重要工作业绩的人，在网络和现实世界中都在推进着自己的职业生涯。

程序设计问答网站（http://stackoverflow.com/）采取了一种更为正式的基于同行信誉积分的系统。此网站是一个程序员问答网站，通过网站社区的回答来改进代码和解决技术问题。这个系统的效率十分惊人，有92%的问题在11分钟内（中位数）就会得到解答（Mamykina，Manoim，Mittal，Hripcsak，Hartmann，2011），提问者与回答者所获得的激励是一致的。提问者得到他们需要的答案，而回答者则获得信誉积分。提高信誉积分的行动包括：给定的答案获得赞，提问一个有价值的问题获得的赞，或者提问者正式接受你的答案。当你的问题或答案被否定或鄙视时，信誉也会随之减少。这些明确设定的规定并不仅是为了提供认证信息，而且协调了社区内的互动。这个案例说明了基于同行认证的重要性，它是一种社会性指标。同行评价的有效运行必须在某种层面上开展，是对某人在特定社会环境中合作能力的评估。遵循社会规则的能力即属于评价也被认为是知识构成不可分割的一部分。然而，与传统掌握度评估相比，后者在于消除评估者的偏见，而同行评估也会带有偏见，有时候多数人也不一定都正确，这点需要特别说明。一种可能的纠正措施是按照规则处理（algorithmic processing）借此判明价值，由此确定同行指标是否能被完全信任。

同行评估模式在职业社交网站LinkedIn的认证系统中能够看见。LinkedIn认证系统的进入门槛很低，任何人都可以推荐其他具有特定技能的个体加入，当然也包括那些圈外的技能人士。因此，LinkedIn认证系统被嘲笑为"毫无意义"，"没有定位"和"浪费时间"（Wasserman，2013）。事实表明，认证系统的唯一效用就在于增加公司的点击率与广告预算（Naughton，2012）。当然，在传统的评估和认证框架中这是真实的，但是LinkedIn不是此类工具。

尽管认证明显带来了杂乱的信号，但如果信号能够从杂乱中解析出来，将会形成非常有用的指标。2013年10月，LinkedIn申请了一个专利，运用认证系统来确定其成员的专业知识水平（Work，Blue，Hoffman，

2013）。如果这样，这种测量的有效性就会丧失。在互联网出现之前，这是不会发生的，因为收集数据的成本会很高，包括借助人力开展调研与数据处理。在此案例中的花费也许是激发出更多的用户，但是不太可能实施那种数据收集方法。这是一种方法上的转变，从试图收集完美的数据序列转变到数据收集本身。"大数据"方法不仅仅是一种技术，也是在认证方面的理念转变。它并不看重任何特定的测量和暂时的假定。它的预测是技术是变化的，每个人都必须不断重新获取技能武装自己。在当今世界，牺牲时间来获取准确性将会不再具有意义。准确但是不相关的措施似乎不如一个准备不足但是及时的措施。在未来，随着陆续发现不同措施之间的关系，我们将会看到更多从杂乱数据中开发出来的认证。

两个特殊的研究领域正在积极利用教育数据的增长：学习分析与知识（Learning Analytics and Knowledge，LAK）和教育数据挖掘（Educational Data Mining，EDM）。新的实验方式的扩展以及涉及大量人群将会是一个巨大的机会。尽管，尚不清楚最终将采取何种方式开展研究。这两个领域在数据获取（Siemens，2012）、基础设施的限制（Duval，2011），以及大学研究人员和机构技术部门之间的文化差异（Lonn，Aguilar，Teasley，2013）方面出现了共性问题。从可信的数据分析方法到一定规模地实施值得信任的认证，下一步仍旧不太清晰。尽管这些领域还很新，但是目前已经开发了大量的数字指标来检测诸如下述过程的所有数据——从测试学生对游戏任务的倾向性（Baker，Corbett，Roll，Koedinger，2008）到学生之间采用何种交互方式影响他们的学习（Schreurs，Teplovs，Ferguson，de Laat，Buckingham Shum，2013）。总之，在可被测量的事物以及测量事物的方法都越来越多的情况下，如何将这些新的信息进行梳理组织就变得更为紧迫。我们正在经历一个阶段，当已有很多测量方式而且几乎所有人都可以自建测量方式的时候，一些方法就会有局限性并受到时间的影响。未来有很多可能性：例如国家可以控制教育的测量方式，使这一些方式更具有权威性、更值得信赖；相关机构或公司可能会说服公众相信特定的测量方式更为理想；或者有可能会出现一种技术解决方案。例如，谷歌以一种有用的方式来组织所有的测量措施。也就是说，评估员的角色有可能会转变为评估方程的一个方面。相比被动得像"分类机"或参与机械化评估，评估员的角色将转变为教师或评估专家，为特定的教育目标或学生选择恰当的评价方式和数据。

二、数字徽章

基于能力的评估种类中在弹性时间内的另一创新是数字徽章或微证书。徽章是从男孩/女孩童子军徽章体系中获取的灵感,主要用来在在线游戏中追踪记录成绩。他们运用数码图像表示与技能相关的经验,通过丰富的相关元数据集来验证。徽章用来识别在不同的教育经历中所缺乏的通用技能,使人们在教育的课程、工作经历、职业发展以及自我导向学习中拥有一个透明的标准化记录。例如,参加职业发展工作坊将会得到一枚数字徽章,向所有对专业知识感兴趣的人呈现所学的技能、提供商、学习地点以及其他相关信息。数字徽章运用这种方式包含了能力为本的模型,但是在技术框架中却将评估规范化。

数字徽章的支持者认为,他们具有 21 世纪所需要的证书。不同于传统证书,徽章涵盖了很多超出正常标准的信息,微证书可以在更小范围内使用,没有特定时间的限制。它们也可以将知识很松散的归类(Olneck,2012),从很多不同渠道中同时获取,并很快适应就业市场的变化(Young,2012)。人们对于一个广泛使用徽章的体系所带来的后果一直存在争议。徽章有助于激励学习者获得关键知识组块的能力。当然,徽章也面临欺诈及徽章在学习过程中所带来的影响,尤其是针对年轻学生,这些都一直被质疑(Rughinis,2013)。

2011 年,Mozilla 推出的开放徽章基础架构和 MOBI(openbadges.org)的建立对于规范徽章做出了巨大贡献,让其有了大幅发展。MOBI 是目前最有前途的徽章项目,但并不是授予徽章,Mozilla 提供开放的源代码和技术标准,使教育供应商来设计自己的徽章。Mozilla 也面向个人提供执行软件来获取他们所需要的徽章:数字背包。同样的"开放网络"创新活动中,Mozilla 也带来了自身的其他产品。开放徽章框架结构中的最终目标是确保所有人通过教育使自身水平得以提高,而不仅仅是获取资源。然而,对 MOBI 框架结构的研究表明,徽章的发展将从它形式的可信度方面来界定,决定于谁愿意创建徽章(Gibson,Ostashewski,Flintoff,Grant,Knight,2013)。这将会更加依赖于传统高等教育机构和可信的机构,如史密森尼杂志(the Smithsonian),它愿意为此贡献其品牌。

第四节 未　　来

徽章和认证分析暗示着未来能够对在线行为进行算法处理,这将对认证的发展发挥重要作用。通过这种方式,标准化也许可以借助技术实现,将基于掌握度的测试和能力为本的测试进行整合。基于量化方法创设一个有关表现的常规预测物的掌握度目标,提供一个相关任务和技能的预期及其能力目标,由此可能生成复杂数据并为每个人存储起来。

我们可以想象有这样一个世界,数据与徽章紧密相关并且具有完备细节,它可以提供个体参与特定项目表现情况的预测方式。一个复杂的变量存储可以调取以匹配与个体相关的工作或项目,也许能预测个体需花费多长时间来获得处理工作的技能。因此在未来,时间不再仅仅是固定或者灵活,时间期限自身也成为一个结果。

最近的例子可能是密涅瓦项目(https://minerva.kgi.edu/),在旧金山的一个营利性的寄宿制学院正式启动。密涅瓦项目与传统院校的主要不同之处是它可以应用根据教学法和心理学研发的在线平台技术。尽管都在同一个房间里学习,学生之间以及与指导教师的交互的很大一部分都通过在线平台实现,例如现场互动研讨班(Live Interactive Seminar)。它可以轻松实现各种教学法,如灵活分组、小测验等。

它还跟踪学生的回答并且将其作为档案数据存储起来,可用于能力为本的模型或者传统的一些重要节点上。指导教师和项目主管能够看到详细的数据并可实时分析他们的学生情况,为学生提供有指导的教学、反馈以及改善课程设计。密涅瓦项目的宣传材料中并没有提及但是可以推测,所有学生的数据意味着学生毕业时可以获得自身详细的数据,还可以给招聘猎头展示,说明自身的技能,或者也可以用于未来的求学申请。

当然,要迎接这样的未来,还面临许多壁垒。一些是技术因素但是很多方面还是跟实际的适应性相关。开放的基础架构与开放的认证仍旧是实践中面临的核心问题。如果每个机构、州和公司都把自身与所有内容相关的能力与测试重新改造,进展就会变慢(Caswell, Henson, Jensen,

Wiley,2008)。

开放的框架可以重新混合、聚合,它的建立将大大加速利用新评估手段和数据资源开发认证的过程。开放性特别是内容开发的大幅提升与近几年"慕课"提供商吸引学生的竞争有关。一些框架,如澳大利亚资历框(http://www.aqf.edu.au/)寻求建立跨多个领域和工作需求的能力分层和细化标准。评价仍旧是培养机构的产品,因此评价与能力的关联还没有完成。事实上,评价仍旧是高度专有的领域,当前的认证系统是否能够适应也凸显出一些重要的问题。如果每个人都能看到评价的内在运转方式,我们是否需要在更为基础的规则上重新界定教育的概念?建立在与考试相关多大比例的内容需要保密的系统能否转型到允许课程所有方面都开放,包括评估什么和怎样评估?

第五节 结 论

认证的复杂性在过去十年大大增加了。在线教育的兴趣和高等教育部门相应目标的改变,进一步加剧了认证的不确定性和可能性。在一些领域已经开展了认证的创新行动,不仅成为传统大学项目的一部分,而且一些新项目如"新兵训练营"和"慕课"也在积极探索中。这种新的探究和设计揭示出一个关键问题,那就是认证如何测量标准化需求和标准化存在无数的可能方式。这一问题可以通过两个轴线来表现,并对认证进行界定:①认证是否通过固定或者灵活时间界定;②评价是基于知识还是能力。我们可以用这个标准对未来可能遇到的认证进行分类和把握。

参考文献

[1] Baker,r. S. J. d, Corbett, a. T. , roll, i. , Koedinger, K. r. (2008). Developing a generalizable detector of when students game the system. User Modeling and User-Adapted Interaction,18(3),287-314.

[2] Barrett,L. O. (2014). Exploring the Return on Investment of a Liberal Arts Degree: Perceived Connections Between Education and Work. retrieved from

http://kuscholarworks.ku.edu/handle/1808/14554.

[3] Bordón, P., Braga, B. (2013). Employer Learning, Statistical Discrimination and University Prestige. retrieved from http://www-personal.umich.edu/~bgbraga/Bordon_Braga_august2013.pdf.

[4] Carnevale, a., rose, S., Hanson, a. (2012). Certificates: Gateway to gainful employment and college degrees. Georgetown University center for education and the Workforce. retrieved from https://georgetown.app.box.com/s/w6bzsdoxvqc-ywwoog6yl.

[5] Caswell, T., Henson, S., Jensen, M., Wiley, D. (2008). Open content and open educational resources: enabling universal education. The International Review of Research in Open and Distributed Learning, 9(1). retrieved from http://www.irrodl.org/index.php/irrodl/article/view/469.

[6] Darling-Hammond, L. (2000). Solving the Dilemmas of Teacher Supply, Demand, and Standards: How We Can Ensure a Competent, Caring, and Qualified Teacher for Every Child. national commission on Teaching & america's Future, kutztown Distribution Center, P.O. Box 326, Kutztown, Pa 19530-0326 ($8). Tel: 888-492-1241 (Toll Free). retrieved from http://eric.ed.gov/?id=eD463337.

[7] Davey, D.D., Mcgoogan, e., Somrak, T.M., et al. (2000). Competency assessment and proficiency testing. Acta Cytologica, 44(6), 939-943.

[8] Devon, H.a., Block, M.e., Moyle-Wright, P., et al. (2007). A psychometric toolbox for testing validity and reliability. Journal of Nursing Scholarship, 39(2), 155-164.

[9] Donkers, J., govaerts, M., Driessen, e., verhoeven, B. (2008). An e-Portfolio for Post-Graduate competency-Based assessment. Proceedings of Student Mobility and ICT: Can e-learning Overcome Barriers of Life-Long Learning? Maastricht University, 81.

[10] Dua, a. (2013). Voice of the Graduate. McKinsey & Company. retrieved from http://www.chegg.com/pulse.

[11] Duderstadt, J.J. (2000). New roles for the 21st-century university. Issues in Science and Technology, 16(2), 37-44.

[12] Duval, e. (2011). Attention please!: Learning analytics for visualization and recommendation. in Proceedings of the 1st International Conference on Learning Analytics and Knowledge (pp. 9-17). new York, nY, USa: aCM.

[13] Eaton, J.S. (2001). Distance learning: Academic and political challenges for higher education accreditation. council for higher education accreditation washington, Dc.

[14] Gaston, P.L. (2012). The challenge of Bologna: What United States higher education has to learn from Europe, and why it matters that we learn it. Sterling, va: Stylus Publishing, llc.

［15］ Gehlbach, H., Young, L. v., roan, L. K. (2012). Teaching social perspective taking: how educators might learn from the army. Educational Psychology, 32 (3), 295-309.

［16］ Gibson, D., Ostashewski, n., Flintoff, K., et al. (2013). Digital badges in education. Education and Information Technologies, 1-8.

［17］ Holmberg, B. (2005). Theory and Practice of Distance Education. Routledge.

［18］ Kant, i. (1798). Der Streit der Fakultéten (The conflict of the faculties). (M. J. gregor, Trans.). Lincoln: University of nebraska Press, 1992.

［19］ Kinser, K. (2007). Innovation in higher education: a case study of the Western governors University. New Directions for Higher Education, 2007(137), 15-25.

［20］ Laitinen, a. (2012). Cracking the Credit Hour. new america Foundation. retrieved from http://eric.ed.gov/?id=eD540304.

［21］ Learned, W. S., Wood, B. D. (1938). The student and his knowledge: A report to the Carnegie Foundation on the results of the high school and college examinations of 1928, 1930, and 1932. The carnegie Foundation for the advancement of Teaching.

［22］ Leydesdorff, L. (1995). The Triple Helix-University-industry-government relations: a laboratory for knowledge based economic development. Easst Review, 14(1), 14-9.

［23］ Leydesdorff, L., Etzkowitz, H. (1996). Emergence of a Triple Helix of university-industry-government relations. Science and Public Policy, 23(5), 279-286.

［24］ Lonn, S., Aguilar, S., Teasley, S. D. (2013). Issues, challenges, and lessons learned when scaling up a learning analytics intervention. in Proceedings of the Third International Conference on Learning Analytics and Knowledge (pp. 235-239).

［25］ Malan, S. (2000). The 'new paradigm' of outcomes-based education in perspective. Journal of Family Ecology and Consumer Sciences/Tydskrif Vir Gesinsekologie En Verbruikerswetenskappe, 28(1).

［26］ Mamykina, L., Manoim, B., Mittal, M., Hripcsak, g., Hartmann, B. (2011). Design lessons from the Fastest Q&a Site in the west. in Proceedings of the SIGCHI Conference on Human Factors in Computing Systems (pp. 2857-2866).

［27］ Marlow, J., Dabbish, L., Herbsleb, J. (2013). Impression formation in online peer production: activity Traces and Personal Profiles in github. in Proceedings of the 2013 Conference on Computer Supported Cooperative Work (pp. 117-128).

［28］ Mcguire, r. (2014). Hacking the hacker school: How the bootcamp is being taken to scale outside the coding world. retrieved December 20, 2014, from http://venturebeat.com/2014/06/26/hacking-the-hacker-school-how-the-bootcamp-is-being-taken-to-scale-outside-the-coding-world/.

［29］ Miyazaki, i. (1976). China's examination hell: The civil service examinations of Imperial China. yale University Press.

[30] Naughton, J. (2012, December 29). Linkedin endorsements turn you into the product. retrieved January 16, 2015, from http://www.theguardian.com/technology/2012/dec/30/linkedin-endorsements-turn-you-into-the-product.

[31] Newman, J. H. (1854). The idea of a university. yale University Press. new haven, cT: yale University Press.

[32] Olneck, M. (2012). Insurgent credentials: A challenge to established institutions of higher education?. Presented at the education in a new Society: The Growing interpenetration of education in modern life, cambridge, ma. retrieved from http://www.hastac.org/documents/insurgent-credentials-challenge-established-institutions-higher-education.

[33] Quaye, S. J., Harper, S. r. (2014). Student engagement in higher education: Theoretical perspectives and practical approaches for diverse populations. Oxford: routledge.

[34] Rughinis, r. (2013). Talkative Objects in need of interpretation. re-thinking Digital Badges in education. in CHI '13 Extended Abstracts on Human Factors in Computing Systems (pp. 2099-2108).

[35] Schreurs, B., Teplovs, C., Ferguson, r., de Laat, M., Buckingham Shum, S. (2013). Visualizing social learning ties by type and topic: rationale and concept demonstrator. In Proceedings of the Third International Conference on Learning Analytics and Knowledge (pp. 33-37).

[36] Shapiro, J. (2014, February 17). Competency-based degrees: Coming soon to a campus near you. The Chronicle of Higher Education. retrieved from http://chronicle.com/article/Competency-Based-Degrees-/144769/Shedd, J. M. (2003). The history of the Student credit hour. New Directions for Higher Education, 2003(122), 5-12.

[37] Shedd, J. M. (2003). The history of the student credit hour. New Directions for Higher Education, 2003(122), 5-12.

[38] Siemens, g. (2012). Learning analytics: envisioning a research Discipline and a Domain of Practice. in Proceedings of the 2Nd International Conference on Learning Analytics and Knowledge (pp. 4-8).

[39] Swider, S., Levin, P., ailey, S., et al. (2006). Matching a graduate curriculum in public/community health nursing to practice competencies: The rush University experience. Public Health Nursing, 23(2), 190-195.

[40] Ten Cate, O., Scheele, F. (2007). Viewpoint: Competency-based postgraduate training: can we bridge the gap between theory and clinical practice? Academic Medicine, 82(6), 542-547.

[41] Thomson, P., Saunders, J., Foyster, J. (2001). Improving the validity of competency-based assessment. national centre for vocational education research. retrieved from http://eric.ed.gov/?id=eD457376.

[42] Wasserman, T. (2013, January 3). Linkedin's endorsements Have Become Meaningless. retrieved December 20, 2014, from http://mashable.com/2013/01/03/linkedins-endorsements-meaningless/.

[43] Work, J. D., Blue, a., Hoffman, r. (2013, October 31). Determining reputations of users based on endorsements. retrieved from http://www.google.com/patents/US20130290420.

[44] Young, J. r. (2012, January 8). "Badges" earned online pose challenge to traditional college diplomas. Chronicle of Higher Education. retrieved from https://chronicle.com/article/Badges-earned-Online-Pose/130241/#disqus_thread.

第五章 MOOC研究将走向何方？
——对MOOC研究计划的数据分析

德拉甘·格萨维奇（Dragan Gašević）
爱丁堡大学（University of Edinburgh）
维托米尔·克安诺维奇（Vitomir Kovanović）
爱丁堡大学（University of Edinburgh）
斯拉克·焦克斯莫维奇（Srećmko Joksimović）
爱丁堡大学（University of Edinburgh）
乔治·西门子（George Siemens）
阿萨巴萨卡大学（Athabasca University）
德克萨斯大学阿灵顿分校（University of Texas Arlington）

第五章　MOOC研究将走向何方？——对MOOC研究计划的数据分析

摘　　要

本文介绍MOOC研究计划（MOOC Research Initiative，MRI）所有分析结果。MRI是由盖茨基金会（Gates Foundation）支持的一个计划，目标在于研究者能够就MOOC开展批判性研究。MRI项目在第一阶段共收集了266篇报告，筛选了其中的78篇进入第二阶段，并要求提交第一阶段报告的扩展版。最后，挑出了28篇报告获得了资金支持，采用常规的、自动化的内容分析方法以及引文网络分析方法进行分析。

文章揭示了未来MOOC研究的主要研究主题：①学生参与学习状态和学习成绩；②MOOC设计和课程；③自主学习和社会性学习；④社会网络分析和网络化学习；⑤学习动机、态度和成功的标识。其中，社会性学习受到了最广泛的关注，在吸引资金资助方面也是最成功的。而使用学习分析方法的研究表明，到目前为止最流行的还是使用混合方法。

基于设计的研究方法也受到了普遍推崇，但是在实际应用中会引发一些问题，比如在MOOC环境下执行多个迭代循环的可行性，此外对技术支持作为干预手段的关注也非常欠缺。计划书基本上都是由来自教育领域的学者（占75%）提交的。这不仅可能是造成教育技术创新主题缺乏的一个原因，也是研究需要提高跨学科研究合作的一个令人担忧的信号。

第一节　引　　言

自从2011年秋天以来MOOCs吸引了许多学者和社会大众的普遍兴趣和关注（Pappano，2012）。对MOOCs的研究兴趣和对高等教育变革越来越高的呼声都很期望借此启动大范围的系统变革。这一变革涉及以下方面。

今天的高等教育面临着很多挑战，包括很多地方公共经费支持的减

· 117 ·

少、对其社会价值的质疑、大学功能的多样化、长期成本的担忧和系统可持续性问题。

在某些国家,如英国和澳大利亚,大范围的改革已经实施了,这将会在很大程度上改变中学后教育(post-secondary education)(Cribb,Gewirtz,2013;Maslen,2014)。在美国,风险投资提高了对大学私有化的前景预期(GSV Advisors,2012)。除了维持高等教育可持续发展的相关经济问题之外,高等教育的未来还会受到更广泛的社会性人口学因素影响。这些因素还会带来学生人数的多样性变化(OECD Publishing,2013)。

远程教育和在线学习已经很清楚地被证明是除传统课堂学习之外的一种有效学习方法[①]。到目前为止,在线学习一般都是由开放大学、州或省分布式的院系、营利性大学在提供。自从美国的名校第一次提供MOOCs,以及edX、Coursera等后续平台供应方出现以后,在线学习已经成为许多学校都会讨论的一个专题[②]。许多改革提倡者将目前以MOOCs形式出现的在线学习吹捧成为改革性的、颠覆式的变革(Leckart,2012)。本文是对MOOCs的一个探索:它们是什么,它们怎么反映在文献当中,谁在做研究,实施了什么类型的研究,以及为什么MOOCs的大肆宣传并没有以一种更有意义的方式对全世界的高校产生影响。考虑到我们的研究基础,所有研究是必须与MOOCs确切相关的。在提交到MRI[③]的所有计划书中,我们会确认主题是有关MOOCs和在线学习是怎样影响已有高等教育的,并且作者的讨论不是那种大肆宣传和高调的论述,而是更具实证性的,更聚焦于主题。

一、大规模在线开发课程(MOOCs)

大规模在线开发课程(MOOCs)自从2011年秋斯坦福大学首先发布MOOC以来获得了全球性的媒体关注。大众对于此次MOOC的讨论对于教育领域来说是不寻常的。以往教学和学习的创新只出现在高校出版

---

① For details please refer to the reports on Distance and Online Learning.
② In this paper, we consider MOOCs to belong to the broader field of online education and learning and that their research should be built.
③ http://www.moocresearch.com.

物、发行物或者学术期刊上,而此次纽约时报、美国国家公共电视台、时代杂志、ABC新闻等大众媒体都非常关注MOOC,都宣称MOOC将会对高等教育的未来产生颠覆性的、有意义的影响。在2015年年初,事情开始变得更加微妙,研究者和高校领导开始探索数字化学习会怎么影响学校学习(Kovanović,Joksimović,Gašević,Siemens,Hatala,2015;Selwyn & Bulfin,2014)。大众对于MOOCs的兴趣似乎开始减弱,而对在线学习的关注则开始上升了(Allen,Seaman,2013)。有关学习的研究团体也开始形成规模了[①],并认为当围绕MOOCs的公众话题趋于减弱后,研究团体应该继续在教育环境中吸取MOOCs的相关经验。

MOOCs与目前在开放大学、营利性机构以及地域相分隔的州立大学中已有的在线教育相比,能够广泛地被名校的著名学者接受。因此,通过评估已有MOOCs研究的引文网络、学术规范和研究焦点,我们能够为在线学习的一般发展轨迹增加更多的深刻见解。我们的研究回答了大学是怎样应对MOOCs的(院系、研究方法、提供MOOCs的目标)。我们分享的这个结果也为一些难题的解决提供了线索,如几十年前已有的远程教育、在线学习研究之间的差距、MOOCs和大规模学习的研究差距。这些研究差距能够通过大量教师开始在线环境下的实验研究所弥补。

大多数MOOCs的早期研究是以那些早期MOOC项目的机构报告形式存在的。它们提供了很多有用的视角,但是对于在线学习和教育的同行评议来说,这些报告缺乏严格的方法论和理论基础(Belanger,Thornton,2013;Mcauley,Stewart,Siemens,Cormier,2010)。目前来说,有些同行评议的文章所探索的是学习者体验问题(Breslow et al,2013;Kizilcec,Piech,Schneider,2013;Liyanagunawardena,Adams,Williams,2013)。为了了解MOOC研究方向以及整个高等教育的典型特征,我们研究了一系列的文章,并选择MRI作为我们的数据集来源。

二、MOOC研究计划(MOOC Research Initiative)

MOOC研究计划(MRI)是由比尔及梅琳达·盖茨基金会投入了

---

① http://learningatscalE.acm.org.

835 000 美元设立的一个计划,具体由阿萨巴斯卡大学管理。MRI 的主要目标是提高 MOOCs 研究的可用性和规范性。MRI 具体关注的主题领域包括:①学生体验和成果;②成本,表现矩阵和学习者分析;③MOOCs:政策和系统性影响;④可选的 MOOC 形式,会为合格者提供 10 000 到 25 000 美元的赞助。2013 年 6 月 MRI 公布了公开选拔方式,将研究计划提交分为两个阶段:①两页研究计划书的快速审查,需要加注重要的引文;②8 页全文的研究计划,需要标注所有引文。所有提交的计划书都会被同行评议,使用 Easy Chair 软件操作。如果能获得基金支持,研究进行的时间跨度会比较短,因为 MRI 目的在于快速地分享 MOOC 研究成果。MRI 并不会结构化地要求提供一个完整的研究循环,因为这个过程会花费好几年时间。所以,如果需要数据分析的话,我们会选择那些已经有数据集的研究者。

第一阶段 MRI 收集了 266 份报告,第二阶段则有 78 份报告,最后有 28 篇获得基金资助。每个阶段研究计划和引文的内容都是本文研究的数据源,具体如下所述。

三、研究目的

本文是一个探究性研究,我们调查了:

(1) MRI 中涌现的 MOOC 研究主题;

(2) 提交到 MRI 的研究计划普遍使用的研究方法;

(3) 参与 MRI 计划的作者人口学特征(教育背景和区域代表性);

(4) 提交到 MRI 的研究计划的引文中最有影响力的作者和被引文献;

(5) 影响研究计划成功获得 MRI 项目基金资助的影响因素。

第二节 研究方法

为了达到上一节所列举的研究目的,我们采取了内容分析和引文网络分析方法。下面我们将详细描述这两个方法。

一、内容分析

为了达到目的(1)和(2),我们实施了内容分析方法。具体来说,我们进行了自动(1)和手动(2)内容分析。选择这个方法的原因是因为它能够为客观性的、系统性的文献综述提供科学而全面的分析方法,因此能够保证结论的普适性(Holsti,1969)。这两种方法都能被用来分析教育研究中大量的文本内容,例如文献。

(一) 研究主题和趋势的自动内容分析

考虑到内容分析方法是一个非常耗费精力、劳动密集型的工作,很多学者都建议使用自动化的内容分析方法,它主要是通过科学计量学方法来实现(Brent,1984;Cheng et al,2014;Hoonlor,Szymanski,Zaki,2013;Kinshuk,Huang,Sampson,Chen,2013;Li,2010;Sari,Suharjito,Widodo,2012)。这种方法假设应用了计算机方法——基于自然语言处理和文本挖掘,即在特殊的文本汇集中(如文档集、研究论文或者计划)确定与研究相关的关键话题和主题。

为了提取每个提交报告的关键概念,我们选择 Alchemy API,一个文本语义分析平台,提取有关研究目的(3)的重要概念信息集,可见表 5-1。除了生成每个报告的相关概念集合,Alchemy API 也会计算相关性系数,表征给定报告中每个概念的重要性。我们可以依此对概念进行排序,选出前 50 个作为研究对象。在概念提取之后,我们采取了凝聚性分层聚类方法来定义 N 组类似主题的报告,从而代表 MOOC 研究中 N 个重要的研究主题和趋势。这也正是研究目的(3)的内容。最后,在 MRI 项目进程的第一个阶段,我们发现了 9 个主题集群,第二阶段则是生成了 5 个集群。

表 5-1 集群描述的概念分类

类 别	描 述	示 例
主题	某个特定集群中界定的话题中最频繁出现的关键词	智能教学系统;教育技术;网络化环境
理论/方法	每个集群文章所依据的理论关键词	能力本位教育;社会建构主义方法
环境	集群中提到的 MOOC 平台	Coursera;edX;MiriadaX
领域	MOOC 课程所归属的学科领域	STEM 学科(科学、技术、工程和数学);红十字;健康科学

续表

类别	描述	示例
数据来源	集群研究所使用的数据	投入；定性数据；学习日志
测量值和变量	代表集群研究所用到的测量值	学生成果；早期动机
分析技术	代表集群研究中使用的各类分析方法	并行多重方法分析；非参数统计分析
研究方法	代表集群研究中使用的各类数据收集工具	深度访谈；焦点小组访谈；调查问卷
控制组的使用	定义集群中是否至少有一个研究使用了控制组	控制组

为了评估所生成的集群，并筛选每个集群中的关键概念，我们创建了一个由每个集群中重要概念组成的概念图谱。图中的节点即是某个特定集群中的概念，它们之间的联系是基于同一文档内同时出现而形成的。更准确地说，两个概念之间的无向联系是因为它们都是从同一文档中提取而生成的。为了评估每个概念的相对重要性，我们使用了中心性测量，因为关键概念很可能是处于最中心的位置的。除了依据这些概念的中心性排序之外，我们手动将所有的重要概念分成了表5-1所示的几个类别。这些类别代表了分析的几个重要维度，我们依此描述了每个集群。也就是说，在描述一个特定的集群时，我们会涵盖所有重要的维度，勾画集群中所展示的研究趋势的整体视图。

（二）对作者及其提交报告重要特征的内容分析

手动进行内容分析是为了达到研究目的(2)。具体来说，每个提交报告都会按照与研究目的(1)相关的四个类别进行分类。

(1) 定性方法，这意味着研究计划使用的是定性方法，例如扎根理论等。

(2) 定量方法，这意味着研究计划使用的是一些定量研究方法，通过（基于李克特维度）调查问卷或者是网络学习平台采集的数字化追踪记录数据，以探索不同的现象或假设。

(3) 混合方法，反映了研究计划采用的是定性和定量研究方法的混合方法。

(4) 其他方法，由没有使用上述三种研究方法的报告构成，或者是从报告内容中不能决定会计划使用上述三种方法的哪一种方法。

对于所有提交到 MRI 的研究计划的作者①,为了实现研究目的(3),我们收集了相关的学科方向信息以及他们在报告中所写的所属机构的地理位置信息。对于研究者的学科背景信息,我们可以从与提交计划一起的信息表中获得(例如,如果研究者表示隶属于某个教育学院,我们就会将教育设为这个研究的学科背景)。为了防止出现有些提交计划书中没有这些信息的情况,我们还进行了网络搜索,查找机构网站,咨询 Linkedin 或谷歌学术等社交网站。

二、引文分析和成功因素

引文分析是为了解决研究目的(4)。它能够对研究计划所引用的文章和作者的影响力进行调查(Waltman, van Eck, Wouters, 2013)。在这一过程中,每个引文的引用次数和作者出现的次数都是引文分析的影响因素变量。我们使用这种方法评估 MOOC 研究范围内有影响力的出版物和作者。引文网络分析是用来评估个人计划书是否能够成功获得 MRI 项目基金支持的一些因素,就如研究目的(5)所陈述的那样。这种测量方式是对报告书的质量及其价值的间接测量。因此,基于那些参与报告评审的国际专家委员会的评估,它可以作为某个特定主题的指标项。

社会网络分析是用于解决研究目的(5)。在这项研究中,通过引文和合作著者的关系能够创建社会网络。社会网络分析的使用已被证明是一种有效分析专业性能、创新性和创造力的方法(Burt, Kilduff, Tasselli, 2013; Dawson, Tan, McWilliam, 2011)。此外,Centola(2010)研究表明,行为传播在具有高聚集性和更大直径的网络中会更有效。因此,对于研究目的(5),我们将考察大的网络直径和成功获得资金支持之间的关系。

在本研究中,我们遵循了 Dawson 等人 2014 年在学习分析领域提出的引文网络分析方法。网络中的节点代表提交计划书的作者和被引用文献的作者,而关系联结是基于合作著者以及引用关系而创建的。图 5-1 演示了一个简单实例,说明引用网络创建的规则。由两位作者合写的一篇报告引用了两篇文章,每一篇也都有两个作者。我们为每个集群分别创建

---

① Information about the geographic location as extracted from the application forms submitted by the authors to EasyChair, a software system used for the submission and review process.

了一个引文网络,并利用社会网络分析中常用的三个测量值进行分析(Bastian,Heymann,Jacomy,2009；Freeman,1978；Wasserman,1994)：

(1) 出入度：每个节点所具有的连线。

(2) 直径：网络中任意节点的最大偏心距离。

(3) 路径：网络中所有成对节点间的平均图距距离。

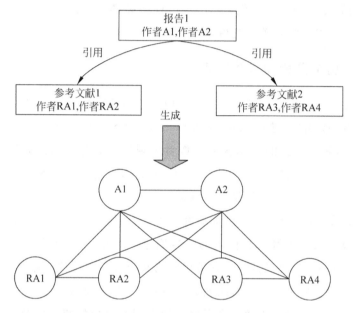

图 5-1　引文网络——将研究计划的作者(A1、A2)和两篇引文文献的作者(RA1、RA2、RA3、RA4)关联起来

所有的社会网络测量值都是用 Gephi 开源软件进行计算的(Bastian et al,2009)。然后每个集群的社会网络值会依据可接受水平进行相关性计算——计算结果作为可接受的计划书数量占所有提交的计划书数量的比例值——MRI 项目的两个阶段都需要经过这些计算步骤。

第三节　研究结果

一、第一阶段结果

为了评估 MOOC 相关研究的趋势,我们的主要研究所提交计划书中最重要的几个研究主题。这些主题总共有 9 个，涉及这些研究主题的报告数量也比较接近，范围从 19 篇（"MOOC 平台"研究主题）到 40 篇（"社区"和"社会网络"研究主题）。类似地，经过平均值计算，涉及这些主题的所有报告都有略高于 2 的作者数量，7～9 篇的引用文献。然而，从通过率来说，"社交网络"主题的研究计划有超过一半都进入了第二阶段，最终有 25% 获得了资金支持。相比之下，"教育技术发展"主题的研究计划没有一个获得了资金资格。第一阶段的其他主题还包括"进程"（7.7% 获得了资金），"高等教育机构和 MOOCs"（4.0% 获得了资金），"动机和行为模式"（13.8% 获得了资金），"移动和自适应学习"（11.4% 获得了资金），"MOOC 平台"（5.3% 获得了资金）和"学习者表现"（8.3% 获得了资金）。此外，最终结果表明，混合研究方法是最常用的研究方法，单一的定性研究是最少见的。来自教育领域的研究人员（约 53%）目前是最大的研究群体，其次是工业和计算机科学领域的研究者（20% 左右）。最后，我们统计了这些计划书的作者所属的地理位置，最多的是来自北美（n=305），其次是欧洲（n=137）和亚洲（n=87）。如果想要更详细地了解这些主题，以及最常使用的关键词和引文分析，可以参考 Gašević、Kovanović、Joksimović 和 Siemens 2014 年的文章。

我们分析了引文网络的中心值（详情见 Gaševićet et al,2014）和第二阶段通过率之间的相关性。斯皮尔曼 ρ 值（Spearman's rho）表明引文网络直径大小和进入第二轮的计划书的数量有显著的相关性（$\rho s=0.77$，$n=9$，$p<0.05$），并且引文网络直径和第二轮的通过率也有显著的相关性（$\rho s=0.70$，$n=9$，$p<0.05$）。同时，引文网络路径和进入第二轮计划书的数量有显著的相关性（$\rho s=0.76$，$n=9$，$p<0.05$）。引文网络路径长度和第二阶段通过率也存在着一定的相关性（$\rho s=0.68$，$n=9$，$p=0.05032$）。

二、第二阶段结果

（一）第二阶段研究主题

在分析主流的研究主题后，我们对进入第二阶段的研究计划（78 篇）采用了相同的自动内容分析方法。结果显示有五个研究主题（表 5-2）是类似数量的计划书的关注点。为了更深刻地观察这些研究主题，在下文中，我们将仔细描述每个主题。

表 5-2 第二阶段研究主题

集群	主 题	大小	获得资金	作者平均值（方差）	引文平均值（方差）	主要研究领域	定性	混合	定量
1	参与学习状态和学习成功	14	6 (42.9%)	2.2 (1.3)	15.0 (9.8)	教育(14) 计算机科学(4) 工程(3)	1	3	10
2	MOOC设计和课程	14	2 (14.3%)	2.9 (2.1)	20.2 (13.7)	教育(19) 计算机科学(7) 工程(4)	3	5	6
3	自主学习和社会性学习	15	6 (40.0%)	2.3 (0.9)	21.7 (9.2)	教育(25) 计算机科学(3)	8	6	1
4	SNA和网络化学习	19	9 (47.4%)	2.1 (0.8)	20.7 (15.6)	教育(23) 计算机科学(5)	2	12	5
5	学习动机、态度和成功标准	16	5 (31.2%)	2.8 (1.1)	23.1 (9.2)	教育(25) 工程(5) 社会科学(4)	5	7	4
总计		78	28 (35.8%)						

(1) 研究主题 1：参与学习状态和学习成绩

这个集群的主要议题是有关学习者在 MOOC 中的参与、投入和行为模式。所提交的计划书旨在揭示能够理解和提高保留率（retention）的最合适方式和方法，一般都是依赖于同伴学习和评价。研究对象涉及不同平台上的各类课程（如，生物学、数学、写作、脑电图课程（EEG-enabled courses）、艺术、工程、机械）。然而，大部分课程还是来自于 Coursera 在线学习平台。

(2) 研究主题 2：MOOC 设计和课程

在这个集群中的研究计划主要是有关改善学习过程和学习质量，研究学生个性化需求和目标，评估教育质量、内容传递方法、MOOC 设计和学习条件。这些研究旨在发现一些能够达到更好的 MOOC 设计和课程的步骤策略，从而改善学习过程。此外，也有很多计划是有关可视化技术的。这个集群所涉及的课程通常是来自于 edX 平台，学科领域包括数学、物理、电子和统计学。集群的另一个特点是需要收集各类数据——从调查问卷、人口数据、成绩到参与模式和大脑活动数据。

(3) 研究主题 3：自主学习和社会性学习

自主学习、社会性学习和社会认同是第三个集群所讨论的主要话题。通过分析认知（如记忆容量和之前的知识）、学习策略和激励因素，这个集群的研究计划旨在识别潜在的轨迹，发现处于学习风险的学生。此外，也期望解决知识产权和数字素养问题。这个集群并没有特别偏好的平台，而课程学科通常是英语、数学和物理学科。

(4) 研究主题 4：社会网络分析（SNA）和网络学习

分析方法和数据来源的多样性是定义此集群的特征之一。这个集群中的研究计划通过应用网络学习和社会网络分析工具和技术，旨在解决一系列问题，如确定课程的中心内容，提高学生获得就业技能的可能性。此外，通过学习者交互数据的分析，可以揭示底层技术支撑下学习者和教师之间、学习者之间、学习者与内容之间不同的交互模式。第四个集群中既没有主流的具体学科，也没有偏好的平台。

(5) 研究主题 5：学习动机、态度和成功标准

第五个集群中研究计划旨在分析各种动机因素，以及与课程完成率之间的相关性。更进一步，研究人员分析了各种 MOOC 教学（xMOOC、cMOOCs），支持 MOOCs 的系统（如自动作文评分），以及高等教育机构对 MOOCs 的态度。这个集群中另有一些研究是有关传统课程转化为 MOOCs 的原则和最佳实践，以及对高辍学率原因的探索。Coursera 平台是这个集群中常用的课程供应方和数据收集来源。

（二）第二阶段研究方法

表 5-3 表明混合方法是最常用的研究方法，其次是定量研究方法，仅比定性方法高出一点。这表明在研究方法的采纳上没有绝对的"赢家"，三种类型的使用频率都比较接近。另外，计划书的作者和引文的平均值显示使用混合方法的计划书的作者数量略多于使用定量或定性方法的计划书。并且，使用定量方法的计划书的引文数量明显低于采用混合方法和定性方法的计划书。

表 5-3 表明研究投入和同伴评价（即集群 1）的研究计划主要是使用定量研究方法，而研究自主学习和社会性学习的研究计划（即集群 3）基本只使用定性和混合研究方法。最后，研究社会网络分析的研究计划（即集群 4）主要是使用混合研究方法，而研究 MOOC 设计和课程的报告（即集

群2)和研究学习动机、态度和成功标准的报告(即集群5)在三个研究方法的采用上没有偏好。

表5-3 第二阶段研究方法的分布

方法	计划书数量	作者平均值(方差)	引文平均值(方差)
混合	33(42.3%)	2.7(1.5)	21.8(13.2)
定性	19(24.4%)	2.1(0.9)	22.8(12.10)
定量	26(33.3%)	2.4(1.2)	16.7(10.3)
总计	78(100%)	2.5(1.3)	20.3(12.3)

(三)第二阶段作者的背景特征

关于所有计划书作者的主要研究领域,表5-4显示大多数都是教育领域,其次是计算机科学,但与教育领域的数量相差很多。在作者的平均数量方面,从表5-2中我们可以看到,研究MOOC设计和课程(即研究主题2)和学习动机、态度和成功标准(即研究主题5)的作者数量平均值略高于其他三个研究主题。在引文数量方面,研究投入和同伴评估的计划书平均值为15,而其他研究主题的计划书的引文数量会稍微高一点,从20~23不等。类似于第一阶段,在所有研究主题中,教育领域是所有计划书作者的主要研究背景。其次是计算机科学和工科研究人员。而对于研究学习动机、态度和成功标准的计划书,作者主要是社会科学家。最后,同样与第一阶段类似,我们看到研究者大多都来自北美,其次是较少的其他区域的研究人员(见表5-5)。

表5-4 第二阶段排名前五的研究领域

领 域	作者	领 域	作者
教育	106	工业	8
计算机科学	21	社会科学	6
工程	13		

表5-5 第二阶段作者所属的地理位置分布

地 区	作者	提交的计划书数量	通过的计划书数量
亚洲	17	4.64	0.14
澳大利亚/新西兰	11	4.25	1
欧洲	40	15.66	4
北美洲	137	52.44	22.85
南美洲	3	1	0

(四) 第二阶段引文分析和成功因素

我们为每个计划书计算了引文的总数(表 5-6),列举出了被引用较多的作者(图 5-2)。可以看到,被引用次数较多的作者在社会网络中的中心值不一定最高,但是他们的研究必然是与 MRI 计划和其他不同领域、带有不同研究目的的研究人员所关注的密切相关。

表 5-6 第二阶段引用较多的文章

文 章 名 称	引用次数
Kizilcec,R. F. ,Piech,C. Schneider,E. (2013). Deconstructing disengagement:analyzing learner subpopulations in massive open online courses.	15
Liyanagunawardena,T. R. ,Adams,A. A. and Williams,S. (2013). MOOCs: a Systematic Study of the Published Literature 2008-2012.	13
McAuley,A. ,Stewart,B. ,Siemens,G. and Cormier,D. (2010). The MOOC model for digital practice.	13
Breslow,L. B. ,Pritchard,D. E. ,DeBoer,J. ,Stump,G. S. ,Ho,A. D. and Seaton,D. T. (2013). Studying learning in the worldwide classroom: Research into edX's first MOOC.	13
Siemens,G. (2005). Connectivism: A Learning Theory for the Digital Age.	12
Pappano,L. (2012). The Year of the MOOC.	10
Yuan L. and Powell S. (2013). MOOCs and Open Education: Implications for Higher Education.	9
Jordan,K. (2013). MOOC Completion Rates : The Data.	7
Belanger,Y. and Thornton,J. (2013). Bioelectricity: A Quantitative Approach. Duke University First MOOC.	7
Long,P. and Siemens,G. (2012). Penetrating the fog: analytics in learning and education.	6
Kop,R. (2011). The Challenges to Connectivist Learning on Open Online Networks: Learning Experiences during a Massive Open Online Course.	6
Daniel,J. (2012). Making Sense of MOOCs: Musings in a Maze of Myth, Paradox and Possibility.	6
Mackness,J. ,Mak,S. F. J. and Williams,R. (2010). The Ideals and Reality of Participating in a MOOC.	5
Means,B. ,Toyama,Y. ,Murphy,R. ,Bakia,M. and Jones,K. (2010). Evaluation of Evidence-Based Practices in Online Learning: A Meta-Analysis and Review of Online Learning Studies.	5

我们也依此勾画了引文网络图,如图 5-3 所示。作为《纽约时报》上的文章《MOOC 之年》的作者,L. Pappano 处于网络中心,也就拥有着最高的中间中心性值(the highest betweenness centrality value)。原因在于他的文章经常被大量来自于不同学科的研究人员引用,使得他基本上成为他们之间的一座桥梁,这从图 5-3 中也可以清楚地看到。

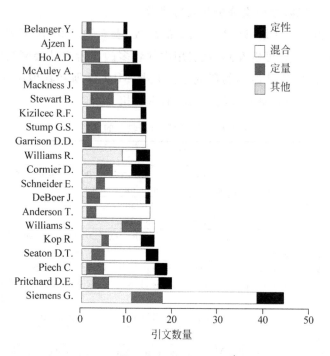

图 5-2 第二阶段引用较多的作者

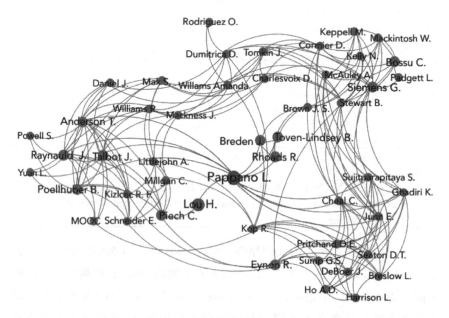

图 5-3 第二阶段的引文网络

我们还单独分析了每个研究主题的引文网络,提取一些常见的网络属性值,如直径、平均程度、路径和密度(表 5-7)。然而,对第二阶段成功因素的分析结果并没有表明引文网络中心值和最终的通过率之间有显著的相关性(表 5-7),即斯皮尔曼 ρ 值在 0.05 的水平上并不显著相关。

表 5-7 第二阶段的引文网络矩阵

集群	主题	度平均值(方差)	直径	最短路径平均值(方差)	密度
1	参与状态和学习成绩	4.6(8.4)	8	4.5(1.6)	0.014
2	MOOC 设计和课程	5.3(10.9)	9	4.3(1.8)	0.017
3	自组织学习和社会性学习	5.4(8.7)	7	4.1(1.3)	0.023
4	SNA 和网络化学习	4.9(9.6)	8	3.9(1.4)	0.015
5	学习动机、态度和成功标准	6.9(9.0)	8	3.7(1.5)	0.033
	总计	5.1(7.3)	11	4.0(1.3)	0.012

第四节 讨 论

一、新兴的 MOOC 研究主题

分析结果表明研究人员会比较重视那些受到公众(媒体)关注的 MOOCs 研究主题。具体来说,低完成率和学生的高流失率明显是 MOOCs 面临的主要挑战(Jordan,2013;Koller,Ng,Do,Chen,2013)。投入和学习成功的研究主题(阶段 2 中的集群 1)不仅被认定是提交到 MRI 项目计划书的一个重要主题,同时也是第二阶段中所有其他研究主题的交叉主题,包括集群 5 中的学习动机、态度和成功标准,集群 2 中的课程设计,集群 3 中的学习策略、社会互动、学习资源的交互。

为了了解 MOOCs 中影响学生参与学习状态和学习成功的因素,这些提案建议了一组丰富的数据收集方法,如调查问卷、生理大脑活动、知识测试和人口统计学变量。计划行为理论(TBP)(Ajzen,1991)是研究学生参与学习状态和成功的主要理论依据。TBP 是一个著名的研究行为变化的框架,应用于这个研究中,探讨的是改变学生意图去完成 MOOC,从而提高他们的课程完成率。然而还有不少问题有待商榷:如果学生一开始就没有打算完成 MOOC 课程的话,他们的意图能在多大程度上改变?

有什么理由能够激励学生去改变他们的意图,如果他们仅仅注册MOOC课程去获取一些已有的信息,而压根就不打算参加正式的评估呢?

从这个意义上说,似乎有必要首先了解学生参加MOOC的意图,再去尝试研究那些干预措施(比如,激励消息)对拥有不同初始意图的学生的影响。

结果也确认了MOOCs学习的社会性维度在MRI计划中是最成功的(表5-2)。28篇研究计划(集群3和4)中有15篇都与MOOCs社会性学习的不同因素相关。这些计划很明显地表明,学生需要MOOCs中融入不同的社会化形式(自组织),比如当地的见面会(Coughlan,2014)[①]。社交因素也是MOOCs的一个属性(Rosé et al,2014)。而且,这些教育领域的研究也很清楚社会化带来的巨大的教育作用。维果斯基学习方法认为,高水平的内化可以通过社会互动更有效地获得(Vygotsky,1980)。社会化的影响已被证明能够引发更深层次的学习,从而提高学习成绩(Akyol,Garrison,2011)。此外,已有文献也表明,学生在社会网络的位置对许多重要的学习成果有着很大的积极作用,比如创造力(Dawson et al,2011)、归属感(Dawson et al,2011)和学术成就(Gašević,Zouaq,Janzen,2013)。缺乏社会交往会使学习者很容易产生孤立感,这是远程教育和在线教育中常提的几个主要障碍中的一个(Muilenburg,Berge,2001;Rovai,2002)。最后,Tinto在1997年提出的影响力理论,认为社会性和学术性的融合是影响学生在高等教育保留率最重要的因素。

二、MOOC研究的方法

混合研究方法的高频率使用是可靠研究计划的一个很好的标识,认识到了MOOCs相关问题的复杂性(Greene,Caracelli,Graham,1989)。基于设计的研究方法的普遍使用可能是MOOC研究目标的一个反映,即解决实际问题,同时试图构建和/或阐述理论(Design-Based research Collective,2003;Reeves,Herrington,Oliver,2005)。这种方法假设前提

[①] It is important to acknowledge that the importance of a "face-to-face contact with other students" was found in the Lou et al. meta-analysis (2006) of the literature—published in the period from 1985 to 2002—about the effcts of diffrent aspects of distance and open educationon academic success.

是，研究在提供 MOOC 的自然环境下进行（Cobb，Confrey，diSessa，Lehrer，Schauble，2003），总是会需要一些干预措施（Brown，1992），并且通常会有几次迭代过程（Anderson，Shattuck，2012）。根据 Anderson 和 Shattuck 在 2012 年的研究，在线教育研究中会有两种常见的干预措施——教育类和技术类干预。我们的研究结果显示，提交到 MRI 的研究计划关注点主要是在教育类的干预措施上。然而，对于 MOOC 研究来说，需要研究不同的技术支持、教学脚手架以及这两类干预措施的结合对 MOOCs 在线学习各个方面的影响才是合理的。这个目标对于在线学习的研究来说是很早就存在的，曾经引起过大范围的媒体辩论（Clark，1994；Kozma，1994），以及支持双方结论（技术支持 VS 教学支持）的经验证据（Bernard et al，2009；Lou，Bernard，Abrami，2006）。

考虑到 MOOCs 的规模，学习者目标的巨大差异，学习者、教师和其他利益相关者的不同角色，学习成果的范围广泛，对于技术支持与教学影响的比较研究需要吸纳足够多的研究关注，形成各种重要的实践启示和理论启示。例如，其中一个重要问题是有关集中式学习平台（通常用于 xMOOCs）的使用对促进学生之间的社会互动以及学习网络的形成，从而有效促进信息交流的影响（Thoms，Eryilmaz，2014）。

分析显示，基于设计的研究中迭代次数的问题在 MRI 计划中并没有很清晰地说明（Anderson，Shattuck，2012）。期待这些研究计划在 MRI 项目期限内研究课程的多个批次，可能是不切实际的。这意味着 MRI 项目中很多遵循基于设计的研究方法计划书的关注点都是在已有课程的下一次迭代设计上。然而，鉴于 MOOCs 本身不一定有需要进行多次、周期性的循环，那么从需要若干迭代的基于设计的研究方法中我们又期望得到什么合理的结果呢？为了弥补迭代次数的缺陷，考虑到课程的规模，同一门 MOOC 课程可以支持对不同类型的注册学生施加不同的干预措施，从而测试不同干预措施带来的影响结果吗？如果可以的话，这种方法会带来哪些学习性、组织性和情感价值观方面的后果？如何有效减缓或者是否能够减轻这些不良后果？

数据收集方法是 MRI 项目计划的另外一个重要特征。结果表明，大多数研究计划使用传统的数据来源和数据收集方法，比如分数、评估问卷和访谈。当然，看到这些研究的大多数都是基于完善的理论和方法，这是值得称赞的。然而,看到计划使用技术手段、学习分析方法和教育数据挖掘(LA/EDM)的研究计划数量如此之少,却是令人惊讶的(Baker,Yacef,2009;Simens,Gašević,2012)。MRI 研究计划的作者可以通过使用 LA/EDM 方法分析学习活动的跟踪数据,这些数据在今天来说一般 MOOC 平台都会采集。使用 LA/EDM 方法能够直接带来一些研究优势,比如没有或者弱化了主观选择,更加低调自然,比使用传统方法(如调查问卷)反映实际学习活动更加动态化、更具深刻性(Winne,2006;Zhou,Winne,2012)。

有趣的是,相比而言,MRI 计划中大多数成功的研究主题(阶段二中集群 3 和 4)会更倾向于使用 LA/EDM 研究方法。研究结果表明,MRI 评审专家小组对 LA/EDM 方法有着极强的偏好。集群 3 和 4 中的数据类型和分析方法也是混合式的,结合跟踪数据和传统数据来源、数据收集方法(调查问卷、访谈和焦点小组)。这个结果为 MOOC 研究的走向提供了一个强有力的指标指向。然而,有一点也很重要,我们应该看到 LA/EDM 的使用能在多大程度上促进对学习和学习环境的理解。例如,目前尚不清楚 MOOC 平台上一个大范围的活动是代表着学习者的高动机,还是代表他们遭遇学习困境时的挣扎和困惑,还是代表不适宜的学习策略的使用(Clarebout,Elen,Collazo,Lust,Jiang,2013;Lust,Juarez Collazo,Elen,Clarebout,2012;Zhou,Winne,2012)。因此,我们建议建立 LA/EDM 研究方法和教育理论的深度融合,从而获得对数据结果有意义的解释,能够依据不同的环境进行分析,进而转化成为有效的教与学实践。

三、跨学科 MOOC 研究的重要性

分析了所有提交到 MRI 的研究计划书作者的研究背景,从中发现了不同学科之间的差异存在非常大的不平衡。一般会认为 MOOC 现象是由计算机科学家推动的,然而并不是这样,我们的研究结果表明,第一阶段通过的文章中约有 53%,第二阶段通过的文章中约有 67%作者都是来自于教育学科。出现这种现象的原因目前尚不清楚。这到底是 MRI 项目领导者可以接触的一种网络现象?还是研究者群体仍然处于相互隔绝状态的迹象?尽管没有决定性的证据,但是我们还是能捕捉到一些分化

的迹象。新 ACM 国际会议上关于"大规模学习"议题的初步、铁事性的结果表明,会议参与者主要是计算机科学家。只基于这两个事件,对于分化现象是否真的发生是不可能有一个明确答案的。然而,我们观察到的这个趋势是令人担忧的。对于促进理解 MOOCs 现象,以及从更大的范围,理解教育和学习来说,分化现象的出现都是不幸的。因为,它们都需要强大的跨学科团队进行协作研究(Dawson et al,2014)。

MRI 项目中各个主题的研究计划书的成功通过与引文网络结构(如,直径和平均网络路径)间所呈现的正相关关系验证了研究者的关注点。这种显著的正相关性表明,那些试图达到更广泛、更多样的引文网络的计划书主题更有可能成功获得 MRI 的资金支持。研究证实,能够在不同的社会网络中获取信息与成绩、创造力和创新性之间呈现正相关关系(Burt et al,2013)。此外本研究也发现,网络直径的增加能够激发行为的传播(Centola,2010)。对于此次研究来说,这意味着,由 MRI 评审专家小组审核通过的 MRI 研究主题,它们的引文网络直径的增加使得在 MOOCs 中传播教育技术创新方面变得更有可能。如果是这样,这将是 MRI 应用同行评议保证质量的一个良好的指标。此外,对于研究计划的作者,这也意味着尝试扩大引文作者的网络结构,能够增加他们获得研究经费的机会。然而,这还需要未来其他情境和领域的研究来验证这些说法。

第五节 结论和建议

我们需要实施以一定理论基础为依据的研究,探究在 MOOCs 这种全新环境中与社会性维度相关的因素,为课程设计和教学提供实践指导(如阶段二中的集群 2、4 和 5)。MOOCs 的规模确实限制了以往在(在线)教育实践中证明过的社会性学习框架的应用程度。例如,探究团体(CoI)理论认为必须要建立和维持学习的社会性维度,目的是为了让学生之间建立信任,从而轻松地进行更深层次的社会性知识构建、团体合作进行问题解决(Garrison,Anderson,Archer,1999;Garrison,2011)。与传统课堂相比,MOOCs 的规模和(通常)短周期限制了学习者之间相互建立信任感的机会,这很可能导致更为功利的人际关系。另外,教学维度——通过在课程设计、直接授课或者是课程辅助资料中融入不同的脚手架策略构建——已被证实是探究团体,以及计算机支持的协作学习(CSCL)中一种必不可少的前期有效认知过程(Fischer,Kollar,Stegmann,Wecker,2013;Garrison,Cleveland-Innes,Fung,2010;Gašević,Adesope,Joksimović,Kovanović,2015)。然而,在COI和CSCL研究中验证的一些教学策略,比如角色分配,可能并不适合MOOC环境,因为一般常见的教学环境假设前提是协作学习和/或团队探究式发生在小组(6~10个学生)或者是更小范围班级群体(30~40个学生)中(Anderson,Dron,2011;De Wever,Keer,Schellens,Valcke,2010)。再考虑到那些注册MOOCs的学生与传统(在线)课程的学生相比,有着不同的目标,我们能够清楚地知道,新型理论和实践框架的提出是必要的,以便理解和组织MOOCs中的社会性学习。这个研究方向在阶段二所界定的集群4中已经反映出来了,比如网络形成和同伴对同伴,在线体验,学习者和异步交互。然而,从本文的分析结果来看,新的理论的目标并没有很明确地表达出来。

与学习理论的联系也被认为是提交到MRI的研究计划的另一个重要特性(如,阶段二中的集3-5)。可能是对2012年MOOC浪潮时期评论家通常没有经过严密的研究和理论基础的铺垫的回应,本次参与MRI项目的研究者都采用了教育研究和学习科学中完善的理论框架。其中受到关注的话题都与自主学习相关(Winne,Hadwin,1998;Zimmerman,Schunk,2011;Zimmerman,2000)。我们已经认识到,在设计在线教育时,要考虑自主学习的设计。为了在在线学习环境中更有效地学习,学习者需要更强的动机,高水平的元认知意识、知识和技能(Abrami,Bernard,Bures,Borokhovski,Tamim,2011)。这种学习环境可能和学生在传统学习环境中所体验到的课程结构和学习支持并不是同一水平的。因此,了解学生的动机、元认知技能、学习策略和态度对于MOOCs的教学研究和实践来说是非常重要的。

MOOCs这种新的教育环境引发了对新的课程和课堂设计原则的研究,这在第二阶段中的集群2中有所体现。随着对社会性学习关注的增加,我们很清楚地知道,MOOC设计应该要综合知识构建(尤其是在小组活动中)、自主学习和个性化学习经验等因素,更多地接近于 cMOOCs 中的联通主义原则(Siemens,2005),而不是借助 xMOOCs 开展的知识传播(Smith,Eng,2013)。MOOCs 引发了全球对在线学习的更多认识,但与此同时也应该看清自己在高等教育中所处的地位,并从这个角度进行自我审示,探讨如何影响中学后教育机构的混合学习策略(Porter,graham,Spring,Welch,2014)。尽管翻转课堂的概念已经被许多高等教育部门采纳(Martin,2012;Tucker,2012),MOOCs 的角色仍然会引发很多问题,比如有效的教学和设计原则,版权和质量保证问题等。

最后,很重要的一点是,这些研究者的大多数都来自于北美,其次是欧洲、亚洲和澳大利亚。这清楚地表明了区域分布的差距。然而,这在 MRI 计划开始时就已经预料到了(研究计划是在 2013 年年中提交的)。那个时期,主要是由北美的机构通过几个大的 MOOC 平台提供课程,而世界其他地方只提供了很少的一部分课程。虽然 MOOC 已经成为一种全球现象,吸引了很多主流媒体的关注——按照 Kovanovic et al(2015)所说,特别是在有些地区,如澳大利亚、中国和印度——第一波的研究活动主要是由北美的研究者主导的。在未来的研究中,调查这一趋势是否会延续,以及 MOOC 研究中能多大程度地体现出其他洲、不同文化和经济体的代表性,这是很重要的。

参考文献

[1] Abrami,P. C. ,Bernard,R. M. ,Bures,E. M. ,Borokhovski,E. ,Tamim,R. M. (2011). Interaction in distance education and online learning: using evidence and theory to improve practice. Journal of Computing in Higher Education,23(2-3),82-103.

[2] Ajzen,I. (1991). The theory of planned behavior. Organizational Behavior and Human Decision Processes,50(2),179-211.

[3] Akyol,Z. ,Garrison,D. R. (2011). Understanding cognitive presence in an online and blended community of inquiry: Assessing outcomes and processes for deep approaches to learning. British Journal of Educational Technology,42(2),233-250.

[4] Allen,I. E. ,Seaman,J. (2013). Changing Course: Ten Years of Tracking Online Education in the United States. Newburyport, MA: Sloan Consortium. Retrieved from http://www.onlinelearningsurvey.com/reports/changingcourse.pdf.

[5] Anderson,T. ,Dron,J. (2011). Three generations of distance education pedagogy. The International Review of Research in Open and Distance Learning,12(3), 80-97. Retrieved from http://www. irrodl. org/index. php/irrodl/article/view/890/1663.

[6] Anderson,T. ,Shattuck,J. (2012). Design-Based Research a Decade of Progress in Education Research? Educational Researcher,41(1),16-25.

[7] Baker,R. S. J. d,Yacef,K. (2009). The State of educational Data Mining in 2009: A Review and Future Visions. Journal of Educational Data Mining,1(1),3-17. Retrieved from http://www. educational datamining. org/JeDM/index. php/JeDM/article/view/8.

[8] Bastian,M. ,Heymann,S. ,Jacomy,M. (2009). Grephi: an Open Source Software for exploring and Manipulating networks. In Proceedings of the Third International AAAI Conference on Weblogs and Social Media (pp. 361-362). San Jose: AAAI Press. Retrieved from http://www. aaaI. org/ocs/index. php/iCWSM/09/paper/view/154.

[9] Belanger,Y. ,Thornton,J. (2013). Bioelectricity: A Quantitative Approach. Duke University. Retrieved from http://dukespace. lib. dukE. edu/dspace/handle/10161/6216.

[10] Bernard,R. M. ,Abrami,P. C. ,Borokhovski,E. ,Wade,C. A. ,Tamim,R. M. ,Surkes,M. A. ,Bethel,E. C. (2009). A Meta-analysis of Three Types of interaction Treatments in Distance Education. Review of Educational Research,79(3),1243-1289.

[11] Brent,E. E. (1984). The Computer-Assisted Literature Review. Social Science Computer Review,2(3),137-151.

[12] Breslow,L. ,Pritchard,D. E. ,Deboer,J. ,Stump,G. S. ,Ho,A. D. ,Seaton,D. T. (2013). Studying Learning in the Worldwide Classroom: Research into edX's First MOOC. Journal of Research & Practice in Assessment,8,13-25. Retrieved from http://www. rpajournal. com/studying-learning-in-the-worldwide-classroom-research-into-edxs-first-mooc/.

[13] Brown, A. L. (1992). Design experiments: Theoretical and Methodological Challenges in Creating Complex Interventions in Classroom Settings. Journal of the Learning Sciences,2(2),141-178.

[14] Burt, R. S. , Kilduff, M. , Tasselli, S. (2013). Social network analysis: Foundations and Frontiers on Advantage. Annual Review of Psychology,64(1),527-547.

[15] Centola, D. (2010). The Spread of Behavior in an Online Social network experiment. Science,329(5996),1194-1197.

[16] Cheng, B. , Wang, M. , Mørch, A. I. , Chen, N.-S. , Kinshuk, Spector, J. M. (2014). Research on e-learning in the workplace 2000-2012: a bibliometric analysis of the literature. Educational Research Review,11,56-72.

[17] Clarebout, G. , Ellen, J. , Collazo, N. A. J. , Lust, G. , Jiang, L. (2013).

Metacognition and the Use of Tools. In R. Azevedo & V. Aleven (Eds.), International Handbook of Metacognition and Learning Technologies (pp. 187-195). Springer New York. Retrieved from http://link.springeR.com/chapter/10.1007/978-1-4419-5546-3_13.

[18] Clark,R. E. (1994). Media will never influence learning. Educational Technology Research and Development,42(2),21-29.

[19] Cobb,P., Confrey, J., Disessa, A., Lehrer, R., Schauble, L. (2003). Design Experiments in Educational Research. Educational Researcher,32(1),9-13.

[20] Coughlan,S. (2014,April 8). The irresistible urge for students to talk. Retrieved April 18,2014,from http://www.bbc.com/news/business-26925463.

[21] Cribb,A., Gewirtz,S. (2013). The hollowed-out university? A critical analysis of changing institutional and academic norms in UK higher education. Discourse: Studies in the Cultural Politics of Education,34(3),338-350.

[22] Dawson,S., Gaševč,D., Siemens, G., Joksimovic,S. (2014). Current State and Future Trends: a Citation network analysis of the Learning analytics Field. In Proceedings of the Fourth International Conference on Learning Analytics and Knowledge (pp. 231-240).

[23] Dawson,S., Tan,J. P. L., Mc William, E. (2011). Measuring creative potential: Using social network analysis to monitor a learners' creative capacity. Australasian Journal of Educational Technology,27(6),924-942. Retrieved from http://ascilite.org.au/ajet/submission/index.php/aJeT/article/view/921.

[24] De Wever, B., Keer, H. V., Schellens, T., Valcke, M. (2010). Roles as a structuring tool in online discussion groups: The differential impact of different roles on social knowledge construction. Computers in Human Behavior,26(4),516-523.

[25] Design-Based Research Collective. (2003). Design-Based research: an emerging Paradigm for Educational Inquiry. Educational Researcher,32(1),5-8.

[26] Fischer,F., Kollar,I., Stegmann,K., Wecker,C. (2013). Toward a Script Theory of Guidance in Computer-Supported Collaborative Learning. Educational Psychologist,48(1),56-66.

[27] Freeman,L. C. (1978). Centrality in social networks conceptual clarification. Social Networks,1(3),215-239.

[28] Garrison,D. R. (2011). e-learning in the 21st century a framework for research and practice. New York: Routledge.

[29] Garrison,D. R., Anderson, T., Archer, W. (1999). Critical Inquiry in a Text-Based Environment: Computer Conferencing in Higher Education. The Internet and Higher Education,2(2-3),87-105.

[30] Garrison, D. R., Cleveland-innes, M., Fung, T. S. (2010). Exploring causal relationships among teaching,cognitive and social presence: Student perceptions of the community of inquiry framework. The Internet and Higher Education,13(1-2),31-36.

[31] Gašević, D., Adesope, O., Joksimović, S., Kovanović, V. (2015). Externally-facilitated Regulation Scaffolding and Role Assignment to develop Cognitive Presence in Asynchronous Online Discussions. The Internet and Higher Education, 24, 53-65.

[32] Gašević, D., Kovanović, V., Joksimović, S., Siemens, G. (2014). Where is research on Massive Open Online Courses Headed? -A data analysis of the MOOC Research Initiative. The International Review of Research in Open and Distance Learning, 15(5), 134-176. Retrieved from http://www.irrodl.org/index.php/irrodl/article/view/1954.

[33] Gašević, D., Zouaq, A., Janzen, R. (2013). "Choose Your Classmates, Your GPA is at Stake!" The association of Cross-Class Social Ties and academic Performance. American Behavioral Scientist, 57(10), 1460-1479.

[34] Greene, J. C., Caracelli, V. J., graham, W. F. (1989). Toward a Conceptual Framework for Mixed-Method Evaluation Designs. Educational Evaluation and Policy Analysis, 11(3), 255-274.

[35] GSV Advisors. (2012). Fall of the wall: Capital flows to education innovation. Chicago, IL: Global Silicon Valley (GSV) advisors. Retrieved from http://goo.gl/nMtKZ4.

[36] Holsti, O. R. (1969). Content analysis for the social sciences and humanities. Boston, MA: Addison-Wesley Pub. Co.

[37] Hoonlor, A., Szymanski, B. K., Zaki, M. J. (2013). Trends in Computer Science research. Commun. ACM, 56(10), 74-83.

[38] Jordan, K. (2013). MOOC Completion rates: The Data. Retrieved from http://www.katyjordaN.com/MOOCproject.html.

[39] Kinshuk, Huang, H.-W., Sampson, D. G., Chen, N.-S. (2013). Trends in educational Technology through the Lens of the Highly Cited Articles Published in the Journal of educational Technology and Society. Educational Technology & Society, 16(2) 3-20. Retrieved from http://citeseerx.ist.psu.edu/viewdoc/summary.

[40] Kizilcec, R. F., Piech, C., Schneider, E. (2013). Deconstructing Disengagement: Analyzing Learner Subpopulations in Massive Open Online Courses. In Proceedings of the Third International Conference on Learning Analytics and Knowledge (pp. 170-179).

[41] Koller, D., NG, A., Do, C., Chen, Z. (2013). Retention and intention in massive open online courses: In depth. Educause Review, 48(3), 62-63. Retrieved from http://www.educause.edu/ero/article/retention-and-intention-massive-open-online-courses-depth-0.

[42] Kovanović, V., Joksimović, S., Gašević, D., Siemens, G., Hatala, M. (2015). What public media reveals about MOOCs: A systematic analysis of news reports. British Journal of Educational Technology, in press.

[43] Kozma, R. B. (1994). Will media influence learning? Reframing the debate.

Educational Technology Research and Development,42(2),7-19.

[44] Leckart,S. (2012,March 20). The Stanford education experiment Could Change Higher Learning Forever. Wired. Retrieved from http://www.wired.com/2012/03/ff_aiclass/.

[45] Li,Feng(2011). Textual Analysis of Corporate Disclosures: A Survey of the Literature. Journal of Accounting Literature. Available at SSRN: http://ssrn.com/abstract=1756926. Retrieved from http://webuseR.bus.umich.edu/feng/Li%20JaL%202011%20(Textual%20analysis%20of%20Corp%20Disclosures).pdf.

[46] Liyanagunawardena,T. R., Adams, A. A., Williams, S. A. (2013). MOOCs: a systematic study of the published literature 2008-2012. The International Review of Research in Open and Distance Learning, 14(3), 202-227. Retrieved from http://www.irrodl.org/index.php/irrodl/article/view/1455/2531.

[47] Lou, Y., Bernard, R. M., Abrami, P. C. (2006). Media and Pedagogy in Undergraduate Distance Education: A Theory-Based Meta-Analysis of Empirical Literature. Educational Technology Research and Development,54(2),141-176.

[48] Lust, G., Juarez Collazo, N. A., Elen, J., Clarebout, G. (2012). Content Management Systems: Enriched learning opportunities for all? Computers in Human Behavior,28(3),795-808.

[49] Martin, F. G. (2012). Will Massive Open Online Courses Change How We Teach? Commun. ACM,55(8),26-28.

[50] Maslen,G. (2014, May 20). Australia Debates Major Changes to its Higher-education System. The Chronicle of Higher Education. Retrieved from http://chronicle.com/article/Australia-Debates-Major/146693/.

[51] Mcauley, A., Stewart, B., Siemens, G., Cormier, D. (2010). The MOOC model for digital practice. Elearnspace.org. Retrieved from http://www.elearnspace.org/articles/MOOC_Final.pdf.

[52] Muilenburg, L., Berge, Z. L. (2001). Barriers to distance education: a factor-analytic study. American Journal of Distance Education,15(2),7-22.

[53] OECD Publishing. (2013). Education at a Glance 2013: OECD Indicators. Retrieved from http://dx.DoI.org/10.1787/eag-2013-en Pappano, L. (2012, November 2). The Year of the MOOC. The New York Times. Retrieved from http://goo.gl/6QUBeK PorteR.

[54] W. W., Graham, C. R., Spring, K. A., Welch, K. R. (2014). blended learning in higher education: Institutional adoption and implementation. Computers & Education,75,185-195.

[55] Reeves, T. C., Herrington, J., oliver, R. (2005). Design research: a socially responsive approach to instructional technology research in higher education. Journal of Computing in Higher Education,16(2),96-115.

[56] Rosé,C. P., Carlson, R., Yang, D., Wen, M., Resnick, L., Goldman, P., Sherer, J. (2014). Social Factors That Contribute to Attrition in MOOCs. In Proceedings

of the First ACM Conference on Learning @ Scale Conference (pp. 197-198). New York,NY,USA: ACM.

[57] Rovai, A. P. (2002). Building Sense of Community at a Distance. The International Review of Research in Open and Distance Learning,3(1). Retrieved from http://www.irrodl.org/index.php/irrodl/article/view/79.

[58] Sari,N., Suharjito, Widodo, A. (2012). Trend Prediction for Computer Science research Topics Using Extreme Learning Machine. International Conference on Advances Science and Contemporary Engineering 2012,50(0),871-881.

[59] Selwyn, N., Bulfin, S. (2014). The discursive construction of MOOCs as educational opportunity and educational threat. MOOC Research Initiative (MRI)-Final report. Retrieved from http://goo.gl/ok43eT.

[60] Siemens, G. (2005). Connectivism: a learning theory for the digital age. International Journal of Instructional Technology and Distance Learning,2(1), 3-10. Retrieved from http://www.itdl.org/journal/jan_05/article01.htm.

[61] Siemens, G., Gašević, D. (2012). Special issue on Learning and Knowledge analytics. Educational Technology & Society, 15(3), 1-163. Retrieved from http://www.learninganalytics.net/?p=174.

[62] Smith,B., ENG,M. (2013). MOOCs: a Learning Journey. In S. K. S. Cheung,J. Fong,W. Fong,F. L. Wang,L. F. Kwok (eds.), Hybrid Learning and Continuing Education (pp. 244-255). Springer Berlin Heidelberg. Retrieved from http://link.springeR.com/chapter/10.1007/978-3-642-39750-9_23.

[63] Thoms,B., Eryilmaz,E. (2014). How media choice affects learner interactions in distance learning classes. Computers & Education,75,112-126.

[64] Tinto, V. (1997). Classrooms as Communities: Exploring the Educational Character of Student Persistence. The Journal of Higher Education,68(6), 599-623.

[65] Tucker, B. (2012). The Flipped Classroom. Education Next,12(1),82-83. Retrieved from http://educationnext.org/the-flipped-classroom/.

[66] Vygotsky,L. S. (1980). Mind in Society: Development of Higher Psychological Processes. (M. Cole, V. John-Steiner, S. Scribner, & E. Souberman, Eds.) (1 edition.). Cambridge (Mass.): Harvard University Press.

[67] Waltman, L., Vaneck, N. J., Wouters, P. (2013). Counting publications and citations: Is more always better? Journal of Informetrics,7(3),635-641.

[68] Wasserman,S. (1994). Social Network Analysis: Methods and Applications. Cambridge University Press. Winne, P. H. (2006). How Software Technologies Can improve research on Learning and Bolster School Reform. Educational Psychologist,41(1),5-17.

[69] Winne,P. H., Hadwin,A. F. (1998). Studying as self-regulated learning. in D. J. Hacker,J. Dunlosky,A. C. Graesser (eds.), Metacognition in educational theory and practice (pp. 277-304). Mahwah, NJ, US: Lawrence Erlbaum Associates Publishers. Retrieved from http://psycnet.apA.org/psycinfo/1998-07283-011.

[70] Zhou,M.,Winne,P. H.(2012). Modeling academic achievement by self-reported versus traced goal orientation. Learning and Instruction,22(6),413-419.

[71] Zimmerman,B. J.(2000). Attaining self-regulation: a social cognitive perspective. In M. Boekaerts, P. R. Pintrich, M. Zeidner (eds.), Handbook of self-regulation (pp. 13-39). San Diego,Ca,US: academic Press.

[72] Zimmerman,B. J.,Schunk,D. H.(2011). Handbook of self-regulation of learning and performance. New York: Routledge.

第六章　未来学习系统架构

乔治·西门子（George Siemens）
阿萨巴萨卡大学（Athabasca University）
德克萨斯大学阿灵顿分校（University of Texas Arlington）
德拉甘·格萨维奇（Dragan Gašević）
爱丁堡大学（University of Edinburgh）
肖恩·道森（Shane Dawson）
南澳大利亚大学（University of South Australia）

第六章 未来学习系统架构

摘 要

技术系统改变学习并能引发新的学习机会。第一代技术系统模仿教室模式,支持教师或机构来控制教学交互和内容访问。随着互联网、移动终端、App软件、社交媒体和参与式网站的不断发展,我们需要对未来学习系统架构进行探索,以帮助高等教育机构来把握新时代的学习特征。本文旨在探索影响未来学习系统架构的四种关键性因素:①谁能够控制;②如何更好地促使学校将各种技术与其他工具有效整合并融入学习者的体验;③谁能够拥有数据和技术;④集中与分散两种学习结构的本质是什么。这四种因素被应用来分析各种不断涌现的技术,主要目的是为学者和机构管理者考虑资源配置和教学计划,对学习系统架构进行选择时提供一种参考依据。

第一节 引 言

尽管技术不能决定人的行为,但教育机构或院校层面的技术平台驱动着整个机构组织的业务流程,用来支持并鼓励某些活动,同时限制或者阻止其他活动。这就是教育技术的根本价值了。尽管教学工作受到管理、规范、标准、政策、计划和规定课程的约束,以及来自教室等相关设施提供的物理性和社会性限制,然而学习历来在很大程度上就是一种由课程教师控制的过程。通过研发在线学习及其相关技术,如社交媒体(Social Media)和学习管理系统(LMS),管理者和研究者能够跟踪可用数据,从而评估学习过程中发生的情况。然而上述技术也会限定教师和学习者的行为和业务权限。在某些情形下,如管理学习者注册和分数时,这种针对学习者和教师操作的限定还是有益的,当然这需要以降低学习者的行为权限为代价。但在其他情况下,这种限定也会影响教学实践和学习者的活动,抑制教学的投入和创造性。

技术在过去几个世纪作为一种工具，能够使教育更加灵活并规模化地扩张，同时被认为能促进学生学习效果的提升，从而获得教育机构的极大重视。正如本系列报告前面的文章中所提到的，早期采用的远程学习技术为计算机支持的学习和后来的在线学习与混合学习的发展奠定了基础。这种教育技术的进步，部分是由于工作、社会和生活各个方面不断增长的学习需求和意愿，由此引发了知识革命，并快速转变为学习的革命[①]。知识已经发生了本质的变化，已经变成了一种容易获取的日常用品，关注的重点就转向了学习的潜在发展。工作者从被灌输知识到掌握自我管理能力，来识别个人学习需求以便应对组织变革面临的问题和挑战。除了不断增加的复杂技术，数据和分析技术，还增加了实现个性化、自适应学习的潜在可能性。因此，为学习者个体提供相关的和实时教育来满足这种学习需求，将是公司、大学和政府等面临的一个严峻挑战。

各种学习技术系统在满足机构和个人学习需求进程中的作用，在研究和实践层面尚未受到太多的关注。有关学习管理系统（LMS）、机构业务系统（Enterprise systems）和社交媒体（Social media）的文献已有不少，需要进一步研究的问题是，如何更为细致地去评估学习系统架构的变化发展。本文将详细描述各种教育技术模型的适用范围，为高等教育面向未来变革而采用下一代学习系统架构提供指导。

教育技术的发展经历了三个典型的时代，第四代的特征正在浮现。

第一代——基本技术应用：计算机辅助练习及相关网站；

第二代——教育机构/院校级系统：学习管理系统（LMS）和内容管理系统（CMS）；

第三代——碎片化和多元化：社会媒体（Social media）、电子档案（e-portfolio）软件和MOOC提供者、集成供应商/出版商；

第四代——分布式和数字形态技术：适应性学习、分布式基础设施和基于能力的模型。

---

① www.forbes.com/sites/jacobmorgan/2014/12/30/the-death-of-knowledge-work-and-the-rise-of-learning-workers/.

上述每一个阶段代表着一种由下面四种因素构成的复杂关系①：

（1）学习活动的控制权，掌握在学习者、教师或教育机构的手中，包括各种结构性的和非结构性的学习活动；

（2）学习数据和内容的所有权——学习者或者教育机构；

（3）教育机构/院校内业务系统的整合——通过标准的应用程序编程接口（APIs）进行数据交换从而实现系统之间的松散耦合或者构建紧密集成的院校业务系统；

（4）教学结构——集中化或者分散式的教学/学习方法。

这四个关键点——学习活动的控制权、学习数据和内容的所有权、业务系统的整合方式，以及教学结构——形成了分析不同技术工具及如何应用于高等教育的基础。

计算机辅助练习及其早期的网站是20世纪90年代在高等教育机构普遍采用的一种技术方式，一般包括教职员工的网页，其中有人员联系信息、课程阅读材料，有时还有论坛或者新闻公告（usenet news）的链接。这些网页主要用于提供教职员工的基本信息、课程信息和研究领域，但其中很少是由大学自己负责维护或管理的。

20世纪90年代以后，虚拟学习环境（virtual learning environments）和学习管理系统（LMSs）先由教育机构/院校自行研发，后来通过购买现成的软件，如WebCT和Blackboard进行建设，由此提供更加集成的学习环境，同时教育机构获得了更多的管理控制权。学习管理系统能够存储学习内容，记录学习者的学习活动，并与教育机构/院校的其他系统（如学生信息系统）对接，系统中的所有课程有着标准化的外观和体验，并提供了一些有限的交互功能（早期典型系统主要是论坛，后来很多系统提供了博客、维基和其他更复杂的工具）。21世纪初，Blackboard收购了其主要

---

① Existing research in learning sciences on distance, online, and blended learning suggests that the learning design approaches primarily, and technology secondarily, determines effective learning. As such, the framework provided here should be considered as a way of un-derstanding how different technologies are experienced by the learner. Important factors, such as scaling a technology for broad adoption or ensuring standard look and feel across courses, or even integrating technologies into system/state-level enterprise systems, requireconsiderations beyond the interest of learners and administrators. Context, resource availability, learning design, regulatory requirements, and other considerations will influence the selection of optimal toolsets in specific courses and institutions.

的竞争对手，包括 WebCT 和 Angel，主导了学习管理系统的市场。开源的学习管理系统，如 Moodle 和 Sakai 在之后的几年也获得了可观的市场份额。Desire2Learn 作为该市场的一个强有力竞争者，同 Blackboard 并购对手以获得快速发展的方式不同，它采取"稳步推进而且注重与其他系统对接"的方式。近来 Instructure——一个基于云架构的学习管理系统——在学习者注册数量方面已经超越了上述两个学习管理系统，很大程度是依靠"网络土著"的特性。

从 20 世纪 90 年代后期到 20 年代早期，社交媒体的发展吸引了教育机构/院校的兴趣，因为它提供了一种由学习者控制的方法，而不被教育机构所控制。随着 2004 年 Web 2.0 概念的产生，教师逐渐采用博客、维基，通过 RSS 聚合以及社会书签作为教学工具。这种方式给学习者体验合作学习和知识生成式的学习提供了可能性，然而当学习者的数据被相对独立的各种社交工具传播时，不像学习管理系统(LMS)中集成工具的数据那样易于管理，由此会削弱教育机构/院校应用的积极性，进而可能会加以限制，特别是针对那些超越课程互动的内容。这些社交工具作用于学习过程会使课堂界限变得不再那么明显，从而让学习者通过很多工具与来自全世界的学习者进行交互并获取内容(图 6-1)。

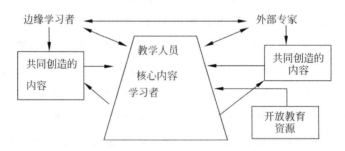

图 6-1　网络对于学习的影响

此外，学习者获得的学习体验，主要取决于教学者应用技术与教学方法的能力，以及学习者应用多种软件来替代一系列套装软件的适应程度。当能够有效整合 RSS 聚合工具和应用 HTML 框架的便利技术时，技术的应用将更加倾向于大多数教师易于应用的方式和乐于应用的技能。学习者使用社交媒体经验的有限和大部分教育机构/院校对于教学过程控制的有限，这就意味着使用 Web 2.0 和社交媒体(Social Media)，只能局限在精通技术的教学人员和学习设计者之中。教育机构/院校采纳这些技术是非常有限的,甚至说是稀少的。只有少数著名的项目,如 2008 年的第一门 MOOC 课程,它应用了一系列的社会媒体(Social Media)技术,更强调通过分布式交互来"拼接"学习过程(图 6-2)。这种方法使得学习者能够控制工具来愉悦地开展个性化学习,同时也满足教育者进行分布交互式教学的需求。gRSShopper 软件,是由 StephenDowns 开发的一个每日邮件功能的系统,来搜集发生在博客、推特和 RSS 订阅课程管理系统的活动[①]。

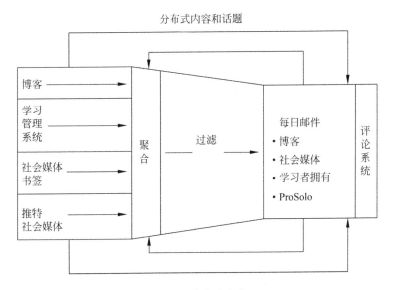

图 6-2 分布式内容

学习管理系统的提供商,包括开放资源,逐渐融合了更多社会媒体功能在他们的平台中。博客和维基,使得封闭的在线环境(就像一种有围墙的花园)更加可用。遗憾的是,目前对系统的挑战是课程推动真实创新教

---

① Existing research in learning sciences on distance, online, and blended learning suggests that the learning design approaches primarily, and technology secondarily, determines effective learning. As such, the framework provided here should be considered as a way of understanding how different technologies are experienced by the learner. Important factors, such as scaling a technology for broad adoption or ensuring standard look and feel across courses, or even integrating technologies into system/state-level enterprise systems, require considerations beyond the interest of learners and administrators. Context, resource availability, learning design, regulatory requirements, and other considerations will influence the selection of optimal toolsets in specific courses and institutions.

学和学习经验的问题，这限制了课程或教学序列的交互性。当博客和维基被用于课程管理系统来反馈参与性的教学模型时，学习者以往的经验并不能帮助他们进行有效的沟通(包括同国际学生和在无边界教室里发生的交流过程中)。

最近，顶级研究型和州立大学在推进 MOOCs 项目，另外一种软件平台，最为典型的是 edX、开源 edX 和 Coursera，作为课程传输平台已经获得收益。edX 和 Coursera 系统仍在开发当中，还缺乏已有课程管理系统提供商建立的许多特色功能。主要的课程管理系统(LMS)公司正在开发一些版本来提供开放课程或 MOOC 课程[①]，尽管这些课程的注册人数同 edX 和 Coursera(包括了成百上千万学习者的平台)相比，人数明显要少。

教育供应商影响力的增长通常在市场被描述为"分蛋糕"现象。这种"分蛋糕"的结果将会产生强有力的教育结构变革，来替代一个完整的(端到端)教育系统。因此，未来更像是一个内容和技术的市场，很多供应商提供了大学核心功能，如招生、考试和教学。这些改变为供应商提供了大笔赚钱的机会，但也同样强烈刺激了教育过程中其他利益相关的群体[②]。

第三代教育技术另一方面正在关注电子档案，尽管它比社会媒体和 MOOCs 受到的关注要少。档案在学习过程中长期被认为只能作为一种艺术展品或一种表演。当结合先前学习评价和认知过程的时候，电子档案将特别有用。这种方法，为目前基于能力基础的教育提供了条件，需要学习者在一个特定专业里，去做那些他们显然知道的、能够去做的，并同已有知识和技能的需求进行比较。护理和教育领域都已经看到了电子档案发挥的作用，出现了一个正在广泛发展的商业前景(如 PebblePad 或 D2L 的档案，提供在他们的学习管理系统中)和开源产品(如 Mahara)。

方兴未艾的前三代教育技术的产品已经创造了一个复杂和多方的市

[①] See https://www.canvas.net/, https://open courses.desire2learn.com/cat/, and https://open education.blackboard.com/mooc-catalog/catalog?tab_tab_group_id=_10_1.

[②] The stakes and the sources of conflict are reflected in the recent Fortune publication detailing how Pearson is fac-ing mounting criticism for its activity in the education sector: http://fortune.com/2015/01/21/everybody-hates-pearson/.

场前景。产品提供商从整套系统（如 Bright-Space、Canvas、Blackboard）到单一功能工具如 Mahara，再到社会媒体产品如 Facebook 和 Elgg。学习管理系统等平台技术类产品，到目前为止，在很大程度上还是模仿现有的课堂教学模式。这种情形现在已经开始改变，最近许多研究项目和软件产品已经能够提供基于能力的学习、适应性和个性化学习、自我调节（学生自主性）学习。这些软件产品包括 Knewton、Smart Sparrow、OLI（在斯坦福和卡内基梅隆大学）和 LoudCloud。

许多创新研究项目，往往忽视商业供应商的支持，他们看重的是提供如何使得教育者和研究者去重构高等教育和学习过程的方法。这部分重点介绍了一系列项目和软件产品，我们认为这为未来学习系统架构的发展提供了重要视角。

第二节 系统级创新

一些大学系统和多系统合作，已经被用来有利于规模提升和消除在多机构间的重复性工作。有3个例子提供了关于未来教育机构层面学习系统架构的一些方法：德克萨斯大学的系统（单一教育机构但多所大学应用）、Unizin（多教育机构应用）和 Apereo 基金会（多教育机构，多国际合作伙伴）。系统级水平的创新试图去促进用户终极体验，来减少个别大学设施建设的花费和恐惧。

一、德克萨斯大学系统：TEx[①]

在同多个教育技术提供商合作后，变革学习研究所（ITL）开发了 TEx，一系列的平台、应用和服务（图6-3），应用于所有变革学习研究所的工业导向和能力基础教育的需求。TEx 的缩写来自词组"Total Education Experience 全方位教育体验"，将在跨系统、规模化方面提供个性化、适应性教育程序和支持服务。

[①] Thanks to Steven Mintz, Executive Director of the University of Texas System's new Institute for Transformational Learning, for his contributions to this section on Tex.

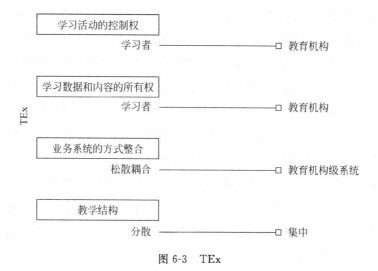

图 6-3 TEx

构建了一个围绕个人的档案,TEx 被设计用于支持学生通过毕业和进入他们选择的职业来表达在 UT 系统中的兴趣。这将会聚集学生学习经验的信息,使得教学人员根据个别学生的特殊需求和兴趣来提供定制的学习内容和学习路径。TEx 将会促使在教学人员、学生和其他人群间的开展网络合作学习体验。

此外,TEx 将会产生有关学生学习体验的数据来不断改进专业设置、课程设计、教学方法和学生服务支持。TEx 将会跨系统(学生信息系统、客户关系管理系统和学习管理系统)来聚合数据,根据每个学生特别的能力、体验、个人情况和情感来提供即时的、个性化的建议与支持服务。分析将会改进建议,驱动教学方法的不断发展,并要求机构去更好地评估学生支持项目的有效性。

二、Unizin[①]

2014 年 6 月,四个大学宣布了 Unizin 的信息(图 6-4),宣称其目标是将其变为一种会员制联盟形式的"第二代互联网的数字化学习"。第二代互联网借鉴了大学数字技术的基础设施来开展更高级的数字网络,根据 250 多所学院和大学成员倡议的网络应用、私有协议、版权政策等形成了

---

① Thanks to Brad Wheeler, Indiana University Vice President for IT & CIO, Dean, and Professor, for his contributions to this section onUnizin.

决定。所有权提供的决策权和影响力,将确保所有联盟成员能够控制并承担 Unizin 的内容、权益、分析政策和花费①。

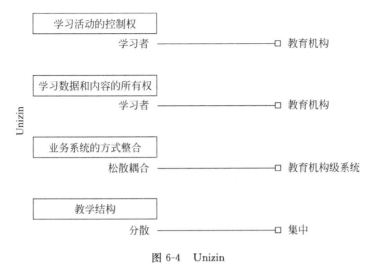

图 6-4　Unizin

三、Apereo②

Apereo 基金会作为一个非营利性的实体支持开源软件的创造和维护来服务于学术使命——学习、教学和科研(图 6-5)。Apereo 是一个在世界六大洲拥有 100 多所高等教育学校和商业合作伙伴的全球成员机构。

Apereo 同其他机构在相似和邻近有兴趣的领域紧密开展合作。它已经同法国 70 家机构联合的 ESUP 强力联盟组织开展紧密合作③——创造一个有 170 家机构的网络。Apereo 也是一个开源倡导的开发组织,学习分析研究社会组织和共同体。

从 Apereo 在 2012 年高等教育中两个先锋的开源应用——Jasig 和 Sakai 开始逐渐形成优势,它强调为开发软件项目维护创造一个技术框架。这种孵化的过程——一个从创新到维护路径项目支持的脚手架支持过程——已经提供了主要成功方式。Apereo 目前已经在十几个项目中享

---

① See http://unizin.org/2014/06/why-unizin.
② Thanks to Josh Baron, Assistant Vice President, Information Technology for Digital Education Marist College, and Ian Dolphin, Execu-tive Director, Apereo Foundation, for their contributions to this section on Apereo.
③ https://www.esup-portail.org/.

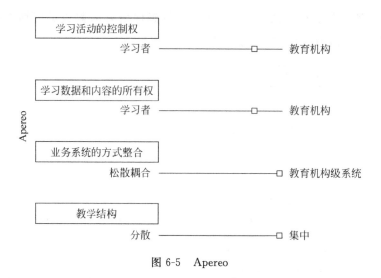

图 6-5 Apereo

有法律、授权和服务保护。

Sakai 环境十多年来在高等教育中主要作为一个交互的学习环境进行服务。除了主要被部署为一个学习管理系统外,Sakai 也被应用支持很多研究合作项目。Sakai 被设计为一种校园和跨校园的部署安装方式。除了强大的视觉设计和工具灵活性之外,Sakai 在促进关键教育技术标准的开发和采纳方面扮演了重要的角色,包括 IMS(IP 多媒体系统)全球学习工具互操作和学习者分析支持标准等。Sakai 社区的新兴共识驱动给环境提供具有发展性、更加有效并整合外部和替代性的工具。这种"镂空的学习管理系统"或者"企业学习公交"的方式竟会提供更大的灵活性,来促使 Sakai 去满足更多机构和学科的需求。这种高度的相关性,使得 Sakai 将继续在未来教育中扮演重要的角色。

Apereo 开源学术环境(OAE)是学术合作的下一代平台。当 OAE 能够被应用来有效支持正规教育时,它有意打破课程和班级式的学习管理系统组织模式,采用围绕内容进行个体和团队合作的更灵活性概念。在开发 OAE 时,特别强调用户体验设计者与学术实践者的合作,不仅仅提供需求功能,而且也提供终极用户使用的便捷功能。OAE 主要是基于用户的多租用方式、托管环境和租用者之间的渗透选择来进行设计的。这种后面特色能够去控制不同机构间教学人员和学生的合作。Aperrp OAE 目前大约有四十个机构在应用,未来将在法国和澳大利亚会有更多的使用者。

第三节 研究项目

一、The Landing[①]

The Landing[②] 是一个专门为阿萨巴萨卡大学成员和少数特邀客户提供的社交网站(图 6-6)。阿萨巴萨卡大学是一个公立的、自主的远程教育和研究型大学,几乎所有本科教学都采取自主学习的课程,也提供少量的硕士和博士生项目。像它的学生一样,教学人员也是分布各地的(主要是在阿尔伯塔州)。尽管它提供了很大的自由和灵活性,这种分布式的远程模式会导致由于教学人员和学生孤独而产生的一系列困难。在其他事情中,这种模式会导致交流中的困难、过于强调结果性课程和其过程性、跨机构传播知识的困难和维持学习动机等问题。The Landing 在 2010 年[③]主要是为了针对特殊情况而创建的,采用了 Elgg 的社会性技术框架。它集成了博客、维基、微博、文件共享、社会书签、播客、照片共享和很多其他阅读——写作工具,所有的都采用任意访问控制,从完全私有到完全公开。它支持社会网络主要是作为一种特色而不是一种目的(见 Chris Anderson:http://www.the_long_tail.com/the_long_tail/2007/09/social-networki.html),有更多便利条件去创造数量恰当的开放组,作为一个控制者去关注小组合作。网站是一个空间,一个在基于学习管理系统的分层的、结构化空间和非结构化、非正式的个人的电子邮件、网络电话、社会媒体和聊天室等所有自由应用方式。在很多情况下,它能够扮演传统实体大学中真实空间的相似作用,如公共教室、走廊、四周和图书馆工作区域,不仅仅包括人,也包括他们创造的和共享给他人的作品。这个空间里其他人和他们的活动是可见的和具体化的。在它大量和多种工具支持下,能够满足广泛的社会和学习需求。

[①] Thanks to Jon Dron, Professor, School of Computing and Information Systems, Athabasca University, for his contributions to this section on the Landing.

[②] http://landing.athabascau.ca/.

[③] Terry Anderson and Jon Dron are the principal investigators and leads on the Landing. Disclaimer: report author George Siemens was project lead from 2010—2013.

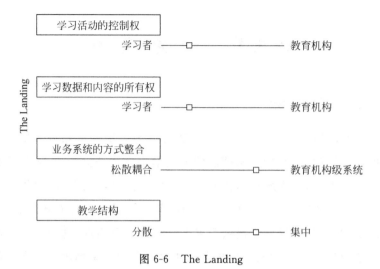

图 6-6 The Landing

The Landing 被任意设计并成为一个多样化学习共享空间。尽管许多应用已经被用来做成系统以支持正式课程,它至少还具有一种网络空间、一个工作群体和同事间特设的一个空间的价值。在这个空间里可以共享观点、共掌进度,可以观察,甚至是抱怨一下。

在肯定有关 JaneJacob 观察一个城市兴起成长的观点时,它被建造是因为有许多原因是可能需要或期望去做的,这是为了保持活力和充满许多可见性活动。这有很多益处,至少提供了学习其他人如何去做事的机会,制作偶然的相遇,去感受一个庞大而有活力的学习社区,在课程中去传递学习,这将远远超越一个分层角色导向结构的学习管理系统提供的平台仓库的概念。

二、Federated Wiki[①]

Federated Wiki(联合维基)是一项新技术,主要由 Wiki 发明者 Wardcunningham 开发(图 6-7)。像维基一样,它鼓励社区理念下的修改、重用和概念延伸。然而它这样做不是通过一个集中的网站,而是通过联

[①] Thanks to Mike Caulfield, Director, blended and networked learning at Washington State University, Vancouver, for his contributions to this section on the Landing.

合个体拥有的维基去整合同其他人不同的文本①、数据、方案和媒体。他被称为"分布式控制管理式的维基",但是也可以被视作一个特别融合了博客和维基特点的产品。

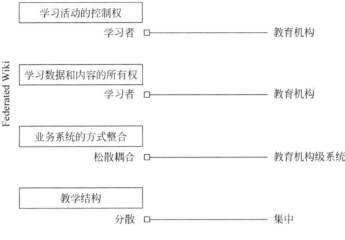

图 6-7　Federated Wiki

在 WardCunningham 的支持下,MikeCaulfield(华盛顿州立大学温哥华分校)调查了教育中技术的应用情况。从历史视角看,博客为分布式的课程提供了一个反思和交流的空间。因此希望 Federated Wiki 能够在课程里提供一个相似的空间,围绕文本和数据②进行松散耦合的合作共建。"FedWiki Happen"在 2014 年 12 月上线运行,探索在分布式学习环境中联合维基技术的应用。这项实验在传统大学课程中成功应用了联合维基的技术。

结果很有意思。活动参与者被要求根据他们的学术和专业兴趣,在自己的维基中去探索、辨别和编辑其他参与者的维基,只要他们觉得对自己学习目标有用就可以。在活动中,不像是在社会空间反思,学生更像是被要求致力于挖掘做与他们观点、例子的不同事情,并且数据能够被应用到其他问题上(这样,维基借用了软件中的设计模式方法)。通过提炼文

---

① Forking refers to the process of taking one resource and essentially copying it to create an additional resource where changes made to the forked version do not impact the first. This allows for personalization, customization, and development opportunities that might advance beyond what the original creators had intended.

② The process of information flow in a federated system is described here: https://www.youtube.com/watch?v=2Gi9SRsRrE4.

本的观点和实例,参与者增加了对文本的理解,并且以模块化的方式呈现结果,他们通过其他学生发表的调查去提供材料。即使参与者的数量不多,也发生了令人惊讶的偶然关联。

Cunningham 和其他志愿的项目者目前正在通过 FedWiki Happening 在新教育关注点中计划去创新领域,重新设计基于反馈和分析的软件系统。

三、gRSShopper[①]

创造了一个 OLDaily 新闻系统的产品,gRSShopper[②] 已经发展成为一个内容管理工具来聚合各种不同格式的内容,并可十分方便地订阅新闻和 RSS 种子的公开信息(图 6-8)。gRSShopper 被在 2008 年用于第一门 MOOC:联通主义和关联化知识。课程参与者要贡献他们博客和内容网站的地址,应用这些地址超越一个具体课程的讨论板块,对课程贡献评论和资源。gRSShoper 汇总提交内容并准备每天的内容摘要。gRSShoper 也管理事件列表、文件上传和聊天室。gRSShoper 是一个免费、开源、可以自由下载的,同时也是一个研究环境,没有产品代码。

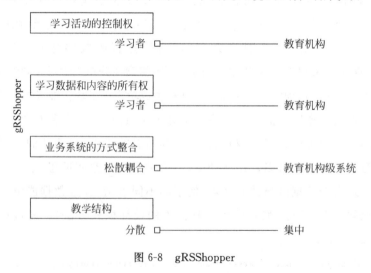

图 6-8　gRSShopper

---

① Thanks to Stephen Downes, LPSS Program Lead, National Research Council Canada, for his contributions to this section on gRSShopper.

② http://grsshopper.downes.ca.

四、LPSS[①]

LPSS[②]是一个个人学习环境,由国家研究委员会开发(图6-9)。这个项目在2013年启动,作为一个投入1900万美元耗时五年的项目运作,目前只是一个托管服务并仍在预测试阶段,LPSS促使学习者可以实现从单一的环境关联到多供应商提供的资源和服务中去管理学习活动。LPSS支持基于能力的学习,并从一系列个人选择的学习提供者中产生资源建议。系统也支持个人云计算技术进行文本存储和云同步,个人学习记录(包括徽章和电子档案),个人学习助手等功能,将其整合于LPSS系统中,通过桌面、移动设备和第三方产品(软件)进行访问。

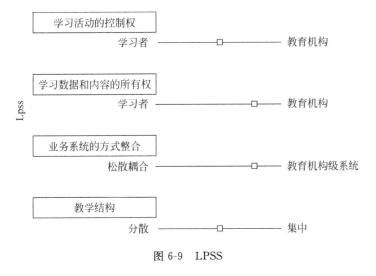

图6-9 LPSS

五、ProSolo

ProSolo[③]作为一个平台被设计成通过社会媒体来促进自主学习和基于能力的学习(图6-10)。ProSolo的开发是为了回应和挑战主要基于课堂教学、传统培训以学时、学分学习来获得正式证书的传统教育模式。与

---

① Thanks to Stephen Downes, LPSS Program Lead, National Research Council Canada, for his contributions to this section on Learning and Performance Support Systems.

② http://lpss.me/.

③ Report authors Shane Dawson, Dragan Gaševč, and George Siemens are all involved in the research and development of ProSolo.

之不同的是,教育需要更加多元,很多个别学习者正在使用非正式学习方式或者在工作场所中获得专业能力发展和教育机会。这种"非传统意义的学习者"是高等教育大多数机构中学生的典型特征[①]。同时,高等教育机构认识到了一种教育实践创新的需求,通过如主动学习和翻转课堂来促使学生更加主动学习和提升他们的核心能力——包括信息获取、关键问题思考、创造力和团队合作——这些当代社会生产参与活动必备的终身技能和能力。因此,适应性和个性化等必要技术将促使高等教育向更加新型的学习和教学模式进行转变。

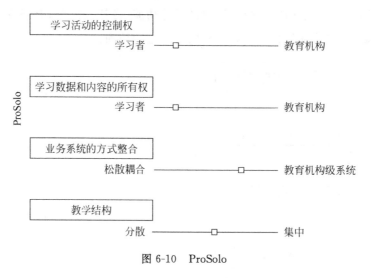

图 6-10　ProSolo

ProSolo 提供给用户去自由支配教育项目、课程和单元来分析内部关系的能力,允许学习者构建自己的学习路径,在这种方式下能够更好反馈他们的兴趣和未来职业动机、需求等。ProSolo 开发的目的是为学习者提供可定制、可修改和个性化的自主学习路径。因此,ProSolo 的设计和概念模型主要依据个性化学习的本质来构建,使得学习者能够主动控制、驱动和决定他们的学习。ProSolo 根据学习者的能力和证书等级去制定个性化目标和学习体验,提供学习者更多灵活的学习选择,以此来重新认识替代性学习路径和先前学习经验。对教育供应商来说,ProSol 直接根据学习者的能力和结果来制定课程活动,允许容易地分解和重新整合学

---

① http://www.census.gov/prod/2013pubs/acsbr11-14.pdf.

位项目与课程。ProSolo改变了现行项目相对死板的方式,采用替代性教育路径提供给学习者新的机会,去重新认识先导性学习和获取证书和相关生活与工作经验。ProSolo并不是打破了学时的概念,而是完全取消它。

ProSolo通过允许学生控制与学习相关的计划、过程和结果展示,来支持获得自主学习能力的发展(图6-11)。在ProSolo中的学习发生在社会性丰富的环境中可以促进学习者在他们已有的在线空间中创造和共享信息。ProSolo鼓励学习者继续应用这些已有在线空间——如博客、Youtube和SlideShare——并帮助聚集他们的个人信息去建立其个人档案和公共的共享档案。聚集的信息被用来作为认证过程的能力成就证明。在创造和共享个人文档时,学习者也有机会去超越单一课程来建立一种强烈的社会存在感。这种方法促进了社会和同伴合作的创建。学习者有机会去寻找或者根据多种因素去配对其他人,例如共享兴趣、相似的档案和他们地理位置的邻近。为了验证通过非正式和真实性内容获得能力的有效性,ProSolo拥有一个强大的认证通道去接入和验证学习者提供

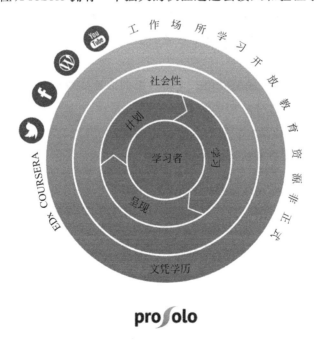

图6-11 在ProSolo中通过社会交互的自主学习和能力基础学习的概念模型

的证据,来证明他们宣称获得的能力成就。这种通道有其支持教学者评价和同伴评价的自身功能,可以整合——通过学习管理系统的学习工具互操作性标准①——同其他常用于评价的技术,如开放徽章平台、测试引擎或自动文章评分技术。

ProSolo 的设计发现学习者可能并没有准备好进行自主学习,可能需要去获取一种不同形式的支架策略。通过不同水平的先验性知识、学习技能和文化背景来支持学习者,ProSolo 提供了有特色的自主学习,主要通过三种支架策略。

教学性——能够促进在线和混合学习教学设计生成最好原则;这种支架策略给教学人员提供了直接动力,并能够控制教学过程。并不是去替代教学者,ProSolo 将促使教学者更好地应用技术去创造教学的交互性,并针对学习者开展多样化与真实性内容的教学。

社会性——构建于经验性证据之上,将学生的异步在线讨论作为一种重要的强有力的教学策略。同时,社会媒体的应用——通过 ProSolo 嵌入和聚集提供无缝交流和信息共享。

技术性——协调学习分析和机器学习的能力,同学习者模型一样,ProSolo 提供自动建议去辅助学习者的学习决策,有关未来学习和继续学习的反馈。

ProSolo 已经被成功应用于支持一个创造性的双层教学设计,应用于数据、学习,并且在分析型的 MOOC② 同 edX 在 2014 年开展合作。目前,ProSolo 在美国和澳大利亚的几家机构的网站进行试验,来支持他们转变为能力基础的项目和认证继续职业发展。

六、Domain of One's Own/Reclaim③

兴起于 2013 年夏天的玛丽华盛顿大学,Domain of One's Own (DoOO)通过他们自己的网络主机和域名向一些感兴趣的教学人员、学生

---

① http://www.imsglobal.org/toolsinteroperability2.cfm.
② http://www.edx.org/course/utarlingtonx/utarlingtonx-link5-10x-data-analytics-2186 and http://dalmooc.prosolo.ca.
③ Thanks to Jim Groom, Executive Director of the Division of Teaching and Learning Technologies and adjunct professor at the University of Mary Washington, for his contributions to this section on Domain of One's Own.

和教职人员提供(图6-12)。这种个体化的网络——基础设施不仅能促使个体管理和控制他们学术生涯的所有课程,而且也开展广泛开放资源应用的实验,从WordPress到Omeka,到Moodle,到Mahara,再到Known。所以不仅是一个信息技术中心提供的单一工具,DoOO为一个完整的社区提供了创新工具箱。

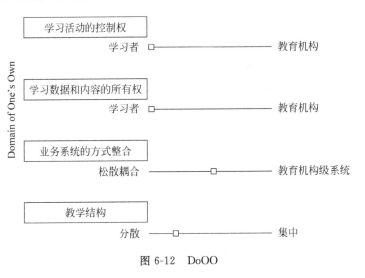

图6-12 DoOO

这些个性化环境由大学提供主机服务,提供一个平台开始鼓励和搭建的一个深度理解,有关网络如何工作和如何使21世纪的学习者拥有使用它的能力。更为重要的是,不同于大多数专用的"一体化解决方案",DoOO后面的基础设施是高度可负担、非常便携的和容易迁移的。社区按照工业标准工作,CPanel将会支持大部分浏览器访问主要网站,跨IE、BlueHost和HostGator等网络浏览器。

所以在大学最后的时间里,这些有意思的特点将会非常自然地改变他们的域名或者租用域名注册、选择网络主机,并继续超越在玛丽华盛顿大学时期来构建和定义他们的数字化状态。这种方法将为众多大学的教学人员、学生和教职人员赋予活力。埃默里大学、俄克拉荷马大学、加州州立大学海峡群岛校区、戴维森学院和其他几所大学已经在机构级系统采用这种方法,并没有提倡部门级和课程级回评的分数举措。

围绕Domain of One's Own系统,已经开始逐渐关注从大型、孤立的网站收回我们的工作,如Facebook、Twitter、Flickr、Instragram等。并不是倡导去脱离社会性网络，这部分用户关注更多的是控制我们更新的内容、我们上传的图片、我们保存的书签和我们分享的视频等。我们往往是通过经常对内容单向控制的社交媒体企业来分享我们的工作，更不用说在长期的保存中涉及的有限利益（看 Blip.tv、posterous、Geocities、del.icio.us 和更多产品）。所以走到个性化的基础设施为社会媒体网站提供了一种转变，作为在线工作的唯一资源。这种方式将会在个人空间发布的同时，还广泛共享作为一种 IndieWeb① 运动原则，命名为 POSSE：发布在自己网站和企业联合组织（辛迪加）的各个地方。你的域名变成了一个交换器，你可以通过网络管理多种形式的工作，这种概念会超越教育影响我们数字生活的每个方面，从管理我们的数字医疗记录到财产保险、税收等多个方面。这种回收行动提供了一个替代性路径，以可负担的基础设施架构来促使我们社区去重新控制网络。回收主机作为一种服务产生了这样的愿景：目前为成千上万的学生、教学人员和机构提供租用服务。很多信息技术部分不能够或者也不愿意去支持这种基础设施的变化，来提供如此个性化的空间作为机构生态的一部分，回收主机已经变成一种选择来使大多数人在个体、课程、部分或者甚至机构层面去探寻用户创新性的工具。一种关于回收主机的认识是可以负担，分布式教育技术的基础设施可以提供给任何感兴趣的人。

七、OLI②

卡内基梅隆大学的 OLI 系统利用学习科学和新兴技术去设计、传输和改进基于网络学习的体验（图 6-13）。OLI 的方法由一个在线平台支持，能够开发、传输和不断提炼学习材料，而驱动学习科学中的不断向前的研究。这种方式下，OLI 平台整合了研究和实践，提供给学习者和教育者一种由高级认识人类如何学习方式的最好科学体验。

---

① indiewebcamp.org.

② Thanks to Candace Thille, Senior Research Fellow for the Office of the Vice Provost for Online Learning, Stanford University, and Norm Brier, Director of the Open Learning Initiative (OLI) and Core Collaborations at Carnegie Mellon University, for their contributions to this section on Open Learning Initiative.

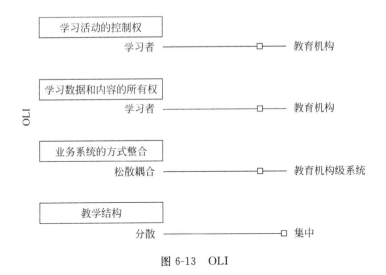

图 6-13　OLI

OLI 平台是一个工具的集合，能够创造和传输在线教学，其中嵌套了学习科学核心原则在系统的设计、能力和导航中。系统的内容结合传统说明材料，提供广泛的实践机会、目标反馈和完全支持学习体验的强大心理暗示。系统的设计已经被学习原则的全球化设计加强来促进其灵活性，符合学习者的有效性，并允许学习者通过各种方式去发现、获取和共建知识。系统尽最大可能去捕捉学习者交互数据；这些数据随后将被用来为学生、教学人员和课程开发者和研究者提供有意义的反馈。系统提供内容的核心功能集，包括传统说明材料(文本、实例、图片、视频等)。系统也提供了通过 APIs(应用程序接口)整合非核心技术的机制。这些非核心技术包括经常应用于课程的标准化元素，包括某一类型的实验、方针和认知导师。这些技术也包括少数标准、更实验性的元素——当技术和相关教学论方法变成更少试验或更好测量时，他们的应用就变得更加标准化，最终走向整合为核心系统。

系统尽最大可能获取有关学生学习行为的数据，跟踪课程中的学生活动，包括提问、回答、反馈、提示、登录、网页浏览、视频观看等。这些数据，同基本认知模型相关，将促使分析引擎提供有关学生学习和绩效的实时查看。数据被用来制作不同摘要报告来促进和评价；它也会报告给匹兹堡学习科学中心的数据服务站。数据服务站提供分析方法，去理解学习行为数据，提供基础设施去同其他研究者分享这些数据集。这种数据获取和引用支持课程的不断改进，一种课程设计的科学方法和一个改进理解人类学习方式的良性循环。

OLI系统支持内容的语义标注，关联元数据，如技能和不同间隔水平特定内容部分的学习目标（从网页到个人提问部分）。系统也严格执行所有内容的语义表征，从而支撑设计和研究。这些语义表征从其他基于点击流系统方法中区别了OLI中的学习者数据获取方法，允许洞察相关的教学目标和学习者的误解。

OLI平台目前被作为一种托管环境进行提供；核心平台包括Java企业级应用，使用Apache网络服务器运行在Linux系统，Jboss应用服务器和MySQL数据服务器——一个开源的开发堆栈。系统基础设施支持开源应用服务器在本地运行，使用RedHat企业版Linux或者EC2运行Amazon网络服务器。其他技术被应用在非核心工具中。OLI提供了基础线性时不变系统（LTI），整合学习管理系统作为一个LTI工具。OLI系统也提供一个学习管理系统功能的最小化集合——明确规划和不能很好整合到LTI客户的成绩手册。

八、Known

Known[①]是一个开源的社会出版平台，由BenWerdmuller（此前共同创建Elgg）和ErinRichey共同创造（图6-14）。学生出版内容到一个网站上他们能够控制，然后选择（辛迪加）联合组织它到他们较少控制的系统中，包括中心课程空间、学习管理系统和社会网络如Facebook、Twitter、Flickr和LinkedIn。Known支持状态更新、博客发表、照片、音频和更多功能。新内容形式、主题和联合组织整合能够很容易添加。

同Elgg一样，Known包括分隔式的访问权限和广泛的社会功能。然而，Known已经被开发成今天网络的思维。例如，在任何移动设备的完全回应和工作，反馈的实际情况是学生在超过50%的时间应用这些设备访问网站。

---

① Thanks to Ben Werdmuller, CEO and co-founder at Known, for his contributions to this section Known.

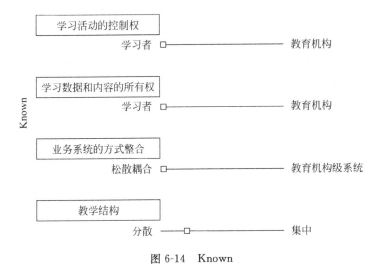

图 6-14 Known

不同于 Elgg,每个学生的档案是一个独立的网站。这就意味着这些档案比较容易被迁移;例如,当学生毕业时,他们可以用他们的网站和其中的内容。它也允许学生和教学人员个性化定制他们喜欢的档案,包括改变视觉效果。基于这样的结构。Known 的用户能够回应其他人并同其他人采用一对一的方式交流内容,他们的站点当然是托管的。

Known 最初创始于加利福尼亚的三藩市。公司提供了一种托管服务、咨询服务、定制服务和开发服务。一个课程聚合器和交换器软件将更容易部署①。玛丽华盛顿大学 Jim Groom 同其他人一起正在预先试用该软件。

第四节 结 论

高等教育正在发生重大变化。这种变革的核心趋势是从一种基于实体学习模型转变为更大程度上应用数字化学习技术的模型。一系列全新的、创新性的技术工具不断涌现,每一种都有其控制、整合、所有权和结构的不同要素。当领导者、教学者和学习者开始选择学校部署的学习系统

---

① Further details and open-source software available at https://with known.com/.

时，面向学习者开放控制权与所有权，实现校内外学习系统的有机整合，支持灵活的学习与教学结构成为未来高等教育变革的技术基础。更重要的是，技术的选择将会决定学习质量、教学实践的范围，并且最终决定如何更好地武装学习者，使其顺利就业并能积极参与建设民主的、公平的现代全球化社会。

下篇

网络教学、混合教育与泛在学习的研究

编者：韩锡斌、王玉萍、张铁道、程建钢
　　　清华大学
　　　格里菲斯大学（Griffith University）
　　　北京开放大学

本部分的出版发行遵循知识共享（Creative Commons）协议，其版权在 Creative Commons Attribution-Share Alike 4.0 International License 的许可内免费共享。

前　　言

　　日新月异的信息技术,特别是互联网、多媒体和移动通信技术等已经给人们的生活、工作与社会交往带来革命性的变化,并驱动着人类学习方式与教育模式发生着深刻变革。国外对技术促进教育变革的研究与实践已取得了丰硕的成果,本书上篇翻译的《迎接数字大学:纵观远程、混合与在线学习》综述报告就是其中一个方面的反映。

　　清华大学教育技术研究所从 1999 年开始进行基于网络的教学软件系统项目的持续研究,经历了从单一教学平台到综合数字化学习环境的研究历程。该项目以支持普通高校和职业院校信息化教学改革与模式创新为目标,采用自主立项、自筹经费、项目驱动、系统研究、创新应用、滚动发展的方式,坚持理论联系实际,以研究提升水平、以成果应用促进院校信息化教育教学改革与发展。研究成果一方面体现为"清华教育在线"系列教育软件(该系列软件获得了 22 项计算机软件著作权登记,通过了教育部组织的科学技术成果鉴定,结论为在技术和应用上达到国内领先、国际先进水平,实现了同类软件的进口替代,获得"北京市科学技术奖")。另一方面体现为开展技术促进教育教学的研究与实践,在全国 30 个省市区的 400 多所本科院校和职业院校大规模推动了院校教育教学信息化的改革,受益师生 500 多万人。

　　本书下篇主要汇集了清华大学教育技术研究所在过去十六年网络教学、混合教育与泛在学习方面的研究成果,内容安排如下。

　　第七章是对本书上篇,乔治·西门子(George Siemens)等人的《迎接数字大学:纵观远程、混合与在线学习》报告的解读分析。

　　第八章是关于 MOOCs 与在线教育的系统化研究,包括三部分内容。第一部分是程建钢教授于 2014 年 1 月在《中国教育报》上的一篇高端访谈文章《MOOCs 的辩证分析与在线教育发展》；第二部分是何克抗教授于 2015 年 7 月在《北京大学教育评论》发表的文章《MOOCs 的"热追捧"与"冷思考"》；第三部分是研究所关于 MOOCs 系列研究的汇总，题目是《MOOCs 终极回归开放远程教育体系》。

第九章是清华大学教育技术研究所针对混合教育开展的研究与实践，包括混合教育的概念及研究框架、混合课程的教学模式和教学设计、混合教育改革的组织实施与推进策略、高校混合教育实践研究案例和混合教育的数字化支撑环境研究与实践。

第十章是清华大学教育技术研究所关于开放教育资源促进教学变革的研究与实践，包括开放教育资源的历史渊源、自主学习视角下的开放教育资源、清华教育在线开放教育资源中心的研究与实践研究现状。

第十一章是清华大学教育技术研究所关于泛在学习与 uMOOCS 方面的前瞻研究，包括泛在学习概念的重新认识与研究问题、泛在学习研究与实践框架、支持多种协作学习模式的数字化环境研究以及 uMOOCS 云平台——uSCHOOL 系统。

由于学习科学和教育理论研究与实践的不断发展，尤其是各种新技术的不断涌现，关于技术促进教育教学变革的研究也在不断拓展，本篇只是我们团队在一些方面探索的总结和一家之言，其中会存在一些值得商榷和探讨的问题，诚恳希望各位读者提出宝贵的意见和建议。

清华大学教育技术研究所
2016 年 2 月于清华园

第七章 《迎接数字大学：纵观远程、混合与在线学习》解读①

近些年来，教育信息化的迅速发展催生了许多新名词、新运动，如MOOCs、微课、翻转课堂、云端大学等，有无动于衷的、有狂热推崇的，有盲目否定的。(韩锡斌等,2014)总的来说,这方面的现有讨论大多是就事论事、以思辨为主，缺乏系统的、基于以往长期实证研究的理性分析。(程建钢,2014；申灵灵等,2014)与此同时，日新月异发展的信息技术已经给人们的生活、工作与社会交往带来革命性的变化，并驱动着人类学习方式与教育方式的深刻变革。如何科学理性、可持续性地进行技术促进教育变革的前瞻研究与创新实践，是国际相关机构和学界高度关注的重大研究课题。

在比尔及梅林达·盖茨基金会资助下，由国际上联通主义学习理论的提出者、首位cMOOC课程负责人乔治·西门子(George Siemens)主持，来自加拿大阿萨巴斯卡大学、美国德克萨斯大学阿灵顿分校、哈佛大学、英国爱丁堡大学和澳大利亚南澳大利亚大学的七位学者参与，开展了"MOOC研究计划"(MRI)，并于2015年2月发布了题为《迎接数字大学：纵论远程、混合与在线学习》的研究报告，全面地综述了远程教育、混合学习、在线学习、认证与评估、MOOCs以及未来学习系统架构等六个方面的研究与实践成果，梳理了相关概念术语，讨论了所涉及的问题与挑战，初步预测了深化研究和实践创新的方向。

本文首先采用思维导图形式对于报告核心内容及其相互关系进行结

---

① 本部分内容摘自韩锡斌,王玉萍,张铁道,程建钢.远程、混合与在线学习驱动下的大学教育变革——国际在线教育研究报告《迎接数字大学》深度解读.现代远程教育研究,2015年5期(总137期):3-18.

构性呈现和解读。其次,结合我国教育信息化的实践尝试从多个维度对于报告的核心价值及其启示进行讨论。最后,基于本文作者以往的相关研究,明晰技术促进教育变革的进一步发展趋势,即大学教学改革将日益聚焦于混合教育新趋势,人类学习方式将迈向泛在学习新生态,并试图阐释"泛在式大规模开放在线教育体系"(即 uMOOCS)的概念框架,以及构建开展混合教育的初步研究与实践框架。

一、内容解读

(一)远程教育的研究

本部分回顾了远程教育的历史,界定了相关名词术语,梳理了研究的核心问题和成果,构建了远程教育的概念框架(图 7-1)。综述形成的主要结论如下。

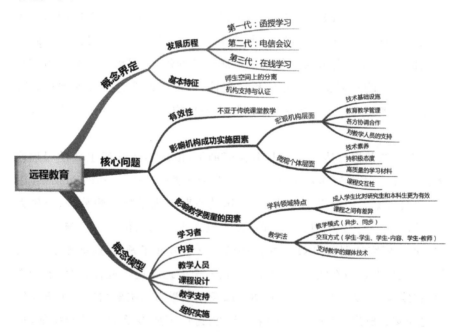

图 7-1 远程教育的研究内容

(1)远程教育价值日益凸显,实践发展方兴未艾。远程教育同传统面授教育相比,具有相同甚至更好的成效预期。成人教育中的学习者青睐远程教育,而传统学校教育中的本科生和研究生偏向面授教学。

(2)研究重点转向内在要素分析和系统绩效。早期文献对远程教育和传统课堂教学的比较研究,已被如今更有意义的远程教育要素分析所取代。早期远程教育的一些形式被行为主义和认知主义学习理论所接受,并被成功应用在更具挑战的成人培训领域。

(3) 实践更加聚焦课程教学效果与质量提升。远程教育课程成功的主要影响因素包括:专业领域,对象群体(如成人、研究生、本科生),选择的教学方法及其支持技术的协调性,授课模式(如同步与异步),支持交互的类型(学生与学生、学生与老师、学生与内容)和教学设计与规划等。

(4) 机构组成与教学实施有待完善。不同机构对远程教育的成功实施依赖于诸多宏观和微观层面的因素。宏观因素包括:技术基础设施、教学管理、教学和组织支持。微观因素包括:教学人员对技术使用的态度及能力、培训体系、课程开发和学习材料质量。

(5) 理论研究仍然存在很大发展空间。很多已发表的报告中关于概念界定和研究方法的信息残缺不全,致使整合研究成果变得更加复杂,也更具挑战性。

(二)混合学习的研究

本部分从技术应用到面授教育的历史入手,明确名词术语,梳理研究与实践中涉及的核心问题与挑战(图7-2)。获得如下研究结论。

(1) 混合学习实践应用发展较快。核心概念日益清晰、相关博士学位论文迅速增加,实证研究提供了越来越具有价值的实践性成果,显示出混合学习的研究已经发展成一个相对成熟的研究领域。

(2) 混合学习理论体系有待构建。虽然混合学习在不断发展,但尚未形成相对成熟的理论,能有机整合实体和虚拟环境下的学习活动,而是继续依赖在线和远程教育的理念。其结果一方面导致大量混合学习实践的报道,而其中能够对混合学习理论构建有贡献的实证研究却很匮乏。

(3) 多模式混合教学的有效性研究有待深入。面授和在线两种模式的结合对学生学习成绩的影响比任何单一模式都要大。但是,到底是哪种方式对学生的学习成就更有影响,目前仍然缺乏足够的可靠证据。如果混合学习研究能聚焦在学习过程和技术支持力之间(affordances)的相互作用上,将更有可能确立明晰的探索方向以使这一领域日趋成熟。

(4) 混合教学实践有待强化。除了缺乏有关机构大规模、有成效混合

图 7-2 混合学习研究的内容

教学实施案例经验的综述,也没有找到分析与混合教学效益相关的报告和模型。

(三) 在线学习的研究

本部分回顾了在线学习的历史,界定了名词术语,梳理了研究的核心问题和成果,提出了在线学习的概念模型(图 7-3)。综述获得如下结论。

(1) 在线学习源于远程教育,但有其自身发展特点。在线学习和远程教育有共同的基本属性,即关注"任何时间任何地点"的学习,有关师生间地理距离的假设,以及借助技术来获取的学习内容。然而,在线学习基于建构主义的学习理论,注重学习的多重交互特性;同以注重内容传递和独立学习传统的远程教育相比,已经形成了一个不同的理论和实践领域。

第七章 《迎接数字大学：纵观远程、混合与在线学习》解读

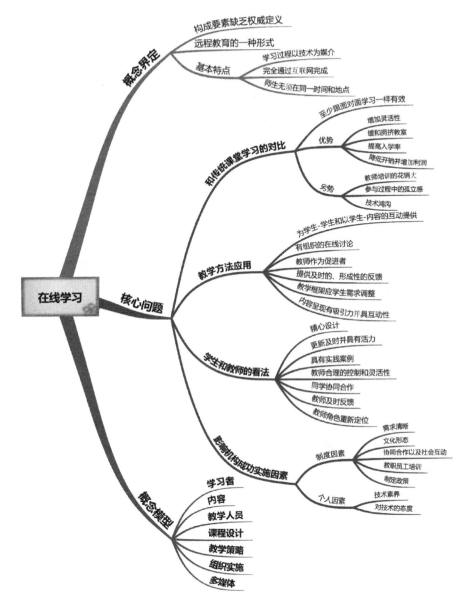

图 7-3 在线学习的研究内容

（2）在线学习有发展潜力，但需克服其短板障碍。与传统课堂相比，在线学习的优势明显，如增加教学灵活性、缓和教室拥挤、提高入学率、降低教学成本以及增长办学利润等。但也存在许多不如人意的地方，如教师培训需要更高投入、学习者需要克服在线学习过程中的孤立感及技术困难等。

（3）机构组成与教学实施有待完善。主办机构要取得成功实施还面临许多困难,如教学人员的因素和自身运行的体制机制因素等。

（4）理论研究有很大提升空间,教学实践尚需精心组织。目前的研究并没有得出在线学习中哪种形式最为有效。但是在教学实践方面则获得了一些被普遍认同的结论,如:课程内容呈现应在视觉上做到有吸引力并具互动性、教学框架应根据学生需求进行动态调整、在线课程需要为学生与学生之间以及所学内容之间的互动提供良好的支持、教师应为学生提供及时的、形成性的反馈等。

（四）MOOCs 的研究

本部分回顾了 xMOOC 热潮的近期发展,指出其发展面临的问题与挑战,分析了盖茨基金会"MOOC 研究计划"申报书中提出的研究主题和研究方法的特点(图 7-4)。分析获得如下结论。

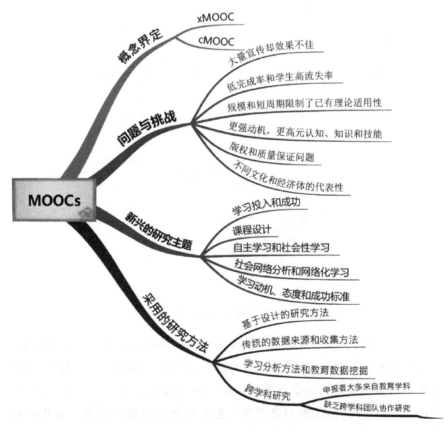

图 7-4　MOOCs 的研究内容

（1）MOOCs 实践与宣传缺乏实证性的研究成果。该报告分析了 MOOCs 相关的许多论文和文献，发现大多数充斥宣传和高调的论述，缺乏实证性的研究，因而最终决定选择盖茨基金会 MRI 申请书作为分析的基础数据。

（2）MOOCs 面临的问题和挑战与远程教育和在线学习十分类似。远程教育和在线学习现实存在的问题和挑战，如低完成率和高流失率，学生必须具有很强的学习动机和自主学习能力等，也是 MOOCs 课程面临的现实。因此，系统地研究与借鉴远程教育和在线学习的经验与教训是 MOOCs 的首要课题。

（3）客观理性对待 MOOCs 的优势和局限。MOOCs 的大规模特征限制了以往远程教育实践已经证实的社会性学习理论的有效性，需要探索 MOOCs 这种全新环境中与社会性维度相关的因素。

（4）MOOCs 的理论基础支持迫切需要强化。MOOCs 研究应该更加关注学习社区中的自主学习、知识构建等因素，更多地彰显 cMOOCs 的联通主义教学原则，而不是仅仅借助 xMOOCs 开展知识传播。

（5）MOOCs 研究方法需要调整和改进。鉴于 MOOCs 相关问题的复杂性，报告建议建立学习分析方法和教育数据挖掘（LA/EDM）研究方法和教育理论的深度融合，从而获得对数据结果有意义的解释，并转化成为有效的教学实践。报告还建议开展跨学科的团队协作研究。

（五）认证与评估的研究

本部分回顾了随着时代发展不断演变的认证问题，界定了相关名词术语，指出其发展所面临的问题与挑战，分析了不同类型认证的研究与实践成果，讨论了互联网环境下认证的可能测量方法和未来发展方向（图 7-5）。综述获得如下结论。

（1）认证分类的重新界定。根据评价类型和时间因素，将认证分为四种类型：固定时间/基于掌握度、灵活时间/基于掌握度、固定时间/能力为本、灵活时间/能力为本。

（2）认证的复杂性增加。在过去十年，在线教育的兴起和高等教育部门相应目标的改变，加剧了教育认证与评估的不确定性和可能性。

（3）互联网对认证与评估将有重要影响。徽章和同行认证预示着未来能够对在线行为进行动态量化分析处理，让基于掌握度的测试和能力

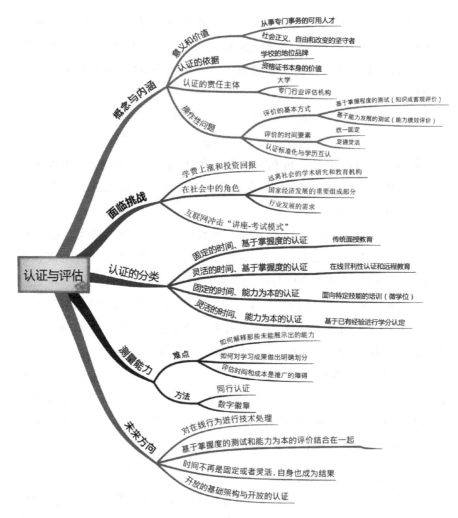

图 7-5 认证与评估的研究内容

为本的测试结合在一起,由此生成并存储个性化的评价数据。

(4)基于互联网的评价与认证研究任重道远。基于互联网开放的框架可以重新混合与聚合,它的建立将大大加速利用新评估手段和数据资源开发认证的过程。如果每个人都能看到评价的内在运转方式,是否需要在更为基础的规则上重新界定教育的概念,现行涉及保密的考试如何与开放课程相适应,评估什么和怎样评估等。

(六)学习系统架构的研究

本部分回顾了学习系统架构的发展过程,提出了一个有别于以往注重功能与性能的分析框架,提出了两类新兴的学习系统架构模式,包括3项机构层面的创新项目和8个有特点的研究项目(图7-6)。分析获得如下结论。

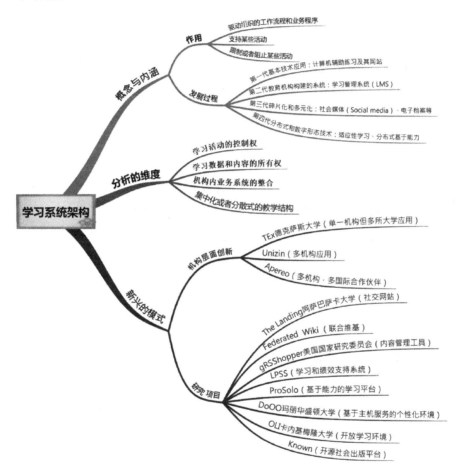

图7-6 学习系统架构的研究内容

(1)从新的视角考察影响未来学习系统架构的因素。确立了一个新的分析框架,包括四方面因素:①学习活动(包括结构性的和非结构性的)控制权掌握在学习者还是教师/机构的手里;②学习数据和内容的所有权归属于学习者还是机构;③机构内业务系统的整合是通过标准的应用程序编程接口(APIs)进行数据交换从而实现系统之间的松散耦合,还是构建紧密集成的机构业务系统;④教学/学习结构是集中化的还是分散式的。这一框架被用来分析不断涌现的各种学习技术,旨在为研究者和机构领导者在规划教育资源和教学方法进而考虑不同类型的学习系统架构时提供参考。

（2）开放性的学习系统架构将适应未来高等教育变革。高等教育未来变革的核心趋势是从基于实体学习的模型,转变为更大程度上应用数字化学习技术的模型。当领导者、教学者和学习者开始选择学校部署的学习系统时,面向学习者开放控制权与所有权的问题,实现校内外学习系统的有机整合,支持灵活的学习与教学结构成为未来高等教育变革的技术基础。

二、启示与讨论

（一）全面分析并整合技术促进教育教学的各类相关理论与实践探索

本文将报告中上述六个主题之间的相互关系做了归纳总结(图7-7)。远程教育的历史最长,随着互联网的迅速普及,在线学习已经成为一个新的研究和实践领域,但其基本特征没变,仍然是远程教育的一种新的形式。(Siemens et al,2015,p97)MOOCs基于互联网兴起、注重学习交互,被认为是在线学习的一种新形式。而MOOCs的学生规模大、个体背景与学习目的各异,又缺乏机构有组织的支持与认证,以往远程教育和在线学习的理论与实践经验也不能简单照搬,因此需要加以深入的细化研究,方能有效推进。(韩锡斌,翟文峰等,2013;韩锡斌,程璐楠等,2014;姜蔺等,2013;姚媛,2013;朱永海等,2014)由于新技术尤其是互联网、移动智能终端在社会各方面日益广泛的应用,大学应将在线学习和传统面授

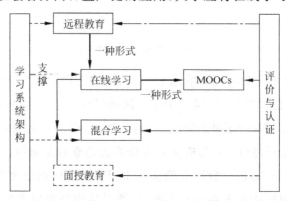

图7-7 报告六个主题之间的关系图

的各自优势有机结合起来,发展混合学习模式,以便更有效地顺应信息化、个性化学习的需要。学习系统架构对于各类数字化学习模式都有基础的支撑作用,(韩锡斌,葛文双等,2014;程璐楠等,2014)而认证则是这些教育和学习类型可持续发展的保障。

报告从历史的视角全面梳理了远程教育、在线学习和混合学习的研究与实践成果,厘清了它们之间的相互关系,并据此分析新兴的数字化教育教学探索(如 MOOCs 等)。在此基础上,试图提出一个"数字化学习"(digital learning)这样一个总体术语,以涵盖 21 世纪技术促进教育教学的各类探索。"虽然远程教育已经成为最广泛使用的术语,但教育项目的多样化,学习的个性化,评价方式的多元化,都需要一个更加综合、统一构架的发展。"(Siemens et al,2015,p45,p122)

(二) 凸现了技术促进教育教学各类探索的核心问题

报告所归纳的远程教育的概念模型包括学习者、内容、教学人员、课程设计、教学支持和组织实施六个方面微观和宏观层面的影响因素。(Siemens et al,2015,p43)在线学习的概念模型中包括了学习者、内容、教师、课程设计、教学策略、多媒体技术和组织实施七个方面的因素。(Siemens et al,2015,p120)而本文研究团队提出的混合教学概念模型中则包括了学习者、内容、教师、技术、教学支持和组织实施六个方面的影响因素。(Wang,Y. ,Han,X. ,Yang,J. ,2015)

可以看出,虽然远程教育、在线学习和混合学习出现在不同的历史时期,面对不同的教学对象,为了达到不同的教学目标发展而来的三种主流的信息化教育教学模式。然而,当我们将它们还原为最根本的教学问题时,各种模式之间则呈现高度的一致性。这也启示我们,看待各类新兴信息化教育教学探索时必然也脱离不开这些核心问题。

(三) 系统化的概念梳理

远程教育(distance education)、在线学习(online learning)、混合学习(blended learning)研究中面临的挑战之一是这些教育模式构成要素缺乏权威的定义(Siemens et al,2015,p61,p99)。有关它们的文献有很多的重合,而且还与许多其他相关名词术语混用,如在线教育(online education)、电子化学习(e-learning)、翻转课堂(flipped classroom)等。(Siemens et al,

2015，p65，p100）相对来讲，远程教育的内涵最为确定，但是在具体运用中它与电子化学习和在线学习等概念的区别仍然不够清晰。报告中使用了研究文献中常用的定义，然而检索到的综述性研究还是无法提供足够的细节，以使采集到的每份论文都可以清晰地加以归类（Siemens et al，2015，p41）。报告试图统一名词术语的操作性定义，改变研究混乱的现状（Siemens et al，2015，p99），为今后的研究与实践奠定语境基础。

（四）尊重历史的研究思路和态度

有关技术促进教育教学的关键概念和核心问题不能孤立地理解，而需要在历史发展的背景中才能得到清晰的辨析。"随着许多教育机构尝试创新学与教的实践（如反转课堂、主动学习和课堂问题应答器），提供相关知识的准确总结用以指导这些创新过程尤为重要。第一步就是要分析在大量远程教育、在线学习和混合学习等领域研究所取得的成果。"（Siemens et al，2015，p14）。

近年来的MOOCs研究与实践仍然没有走出无序探索和众说纷纭的状态。究其原因，很大程度上是有人有意无意地夸大了优质资源提供与商业模式的价值，而对以往的相关探索不屑一顾、甚至全面否定，忽略了对于学习者的激励及对于学习过程的支持，因而导致自身成为一种"无源之水"的创新和革命。正如报告所述，"如果我们能够更多地关注有关学习科学、技术促进学习的研究文献，MOOCs在早期发展和课程提供方面遇到的许多问题就可以避免（Siemens et al，2015，p6）。

（五）该报告研究的局限性

毫无疑问，该项研究对于我们评价教育技术与教学创新的互动影响具有十分重要的价值。同时，我们也应看到该报告的结论主要是在文献研究基础上得出的，因此也不可避免地存在一些局限性。正如报告所述："第一个问题是选中的研究不可能代表远程教育领域的整个实践研究主体。第二个是相关概念的区别并不清晰，收录的综述性研究也可能无法提供足够的细节，以便将每份论文完全确切地归类。最后是报告的研究质量取决于所选综述性论文的方法学质量。"（Siemens et al，2015，p41）

客观而论，对于一份研究报告来讲，要将需要说明的所有问题都分析清楚是不可能的，如教学目标与具体的教学模式、学习者的学习方式及其成就体验、教学人员专业发展、机构的组织实施、数字化教学资源、不同课程提供机构教学服务之间的互认等。但是,这在客观上也为我们结合中国实际开展实践探索与研究留下了空间。

最后,该报告仅仅综述了以往的成果,阐明了研究现状,对今后的研究也只是提出了一个数字化学习的概念,还没有给出清晰的研究框架和实践方案。

三、进一步研究

无独有偶,全球基于事件驱动的教育教学信息化浪潮(MOOC 运动、翻转课堂教学改革等)不断迭起的同时,我国有过之而无不及,特别是运动式、行政化指令性的研究和实践范式,令学界和业界担忧。对此,北京大学郭文革的《中国网络教育政策变迁——从现代远程教育试点到MOOC》(郭文革,2014)一书对我国远程教育发展的历史变迁、多元化特色和取得的成果进行了比较全面的梳理和研究,指出我国基于广电网开展远程教育已经有 30 多年的历史;基于互联网的在线教育也进行了十多年的探索,MOOC 隶属于在线教育教学范畴,需要汲取精华,融入开放教育体系。

多年来我们秉持技术促进教育变革的全局观开展了相关研究与实践,在混合教育和泛在学习两个方面开展了一些探索,初步获得如下结果。

(一) 教学改革聚焦于混合教育新阶段

正如该报告所述,国际上关于混合学习研究基于学习视角和课程层面的探讨和实践,欠缺自身理论体系的构建。本文研究团队分析了 2004 年以来的国际研究文献,并采用基于设计的研究方法,借助课程与教学论、教育技术学、信息科学和学习科学等相关研究成果(李秉德,李定仁,2001;韩锡斌,程璐楠等,2014;申灵灵等,2014),不仅提出了包含学习者、内容、教师、技术、教学支持和组织实施六要素混合学习概念模型(Wang,Y.,Han,X.,Yang,J.,2015),而且还构建了开展迈向混合教育的三维度和三层次研究和实践框架,即对于数字化时代的教育教学进行重构,从混合教育理论体系、技术体系和实施体系三个维度,在课程、专业和学校三个层面全面开展重构性的教学改革,并在普通高等院校和职业院校开展实验研究。我们的研究表明,信息时代教育教学改革开始迈向了混合教育新阶段。

(二)学习方式迈向泛在学习新生态

该报告预测在不久的将来,远程教育、在线学习和混合学习模式最终很可能被数字化学习(digital learning)这个新的学习模式所涵盖(Siemens et al,2015,p122)。我们认为,远程教育、在线学习、混合学习以及新兴的各种模式都是在不同历史阶段、不同教育情景下有意义的研究与实践探索,都具有其特定的价值,不能简单地被新的模式所替代,反而会呈现百花齐放的信息化教育生态,据此,有别于从信息学科泛在计算(ubiquitous computing)(Weiser,1991)视角提出和讨论的泛在学习研究,该报告从人类学习方式变迁的历史观提出了"泛在式大规模开放在线教育体系"(ubiquitous Massive Open Online Course System),即uMOOCS的概念模型(图7-8),秉持"时时、事事、人人、处处"的泛在学习理念,强调泛在学习已经嵌入人们的学习、工作和日常生活环境中,呈现情境性、真实性、自然性、社会性、整合性等特征,其泛在性突破了正式学习和非正式学习、在校学习和终身学习的界限。uMOOCS 相比以往的远程教育、在线学习和混合学习模式,它具有六大特点(程建钢,2014):

- 适应泛在学习方式;
- 基于多种学习理论(行为主义、认知主义、建构主义、联通主义等);
- 应用多种教学模式(讲授式、探究式、任务式、案例式和合作式等);
- 面向多种教育类型(基础教育、职业教育、高等教育、继续教育、在线培训、终身学习等);
- 汇聚丰富的开放教学资源并与其接轨;
- 支持多系统、多终端学习环境的可重组、可扩展开放式在线教育技术系统。

四、总结

《迎接数字大学:纵论远程、混合与在线学习》研究报告全面综述了远程教育、混合学习、在线学习、认证与评估、MOOCs,以及未来学习系统架构等六个方面的研究与实践成果,梳理了相关概念术语,讨论了所涉及的问题与挑战,初步预测了深化研究和实践创新的方向;是一份及时并具较

第七章 《迎接数字大学：纵观远程、混合与在线学习》解读

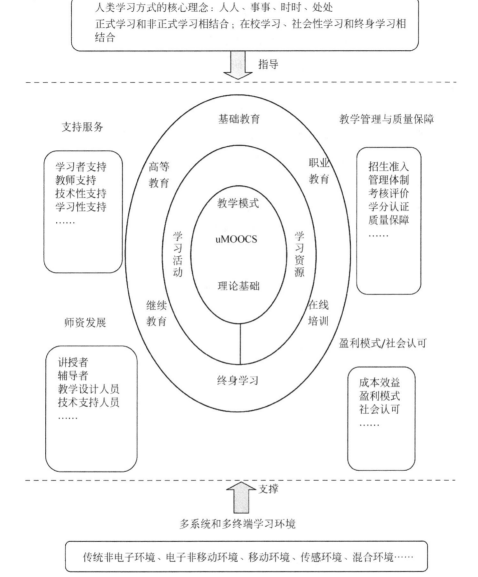

图 7-8 uMOOCS 的概念模型

高水平的研究报告，特别是其研究的历史观、全局观和前瞻性等值得肯定，必将对于全球技术促进教育变革的研究取向发挥积极的促进作用。

本文研究团队对此有进一步的认识：即大学教学改革将日益聚焦于混合教育新趋势，人类学习方式将迈向泛在学习新生态。在此基础上，发

展了"泛在式大规模开放在线教育体系"(即 uMOOCS)的概念框架,并构建了开展混合教育的研究与实践框架等,也是抛砖引玉,期待在研究和实践中,获得学界和业界的质疑、批评和发展。

最后,我们认为:乔治·西门子研究小组提出的"创建数字大学",其意义在于推动现有大学在继续提高面授教学质量的进程中,应当顺应信息化发展趋势带给人类社会的挑战与机遇,全面规划与变革符合社会发展的泛在教学理念与混合教育办学形态,以适应社会对于人才的需求、适应学习者对于能力发展的需求。对此,值得我们国家的教育管理部门、办学机构和教育技术学术研究和教育信息化实践领域给予高度的重视,借鉴国际上相关有价值的研究成果,在研究和实践中务实推进,逐步建设符合时代发展、成就学习者的"数字化学习"新生态。

参 考 文 献

[1] Siemens,G.,Gašević,D. Dawson,S. (2015). Preparing for the digital university: a review of the history and current state of distance, blended, and online learning. MOOC Research Initiative (Bill & Melinda Gates Foundation). licensed under a Creative Commons Attribution-ShareAlike 4.0 International License.

[2] Wang,Y.,Han,X.,Yang,J. (2015). Revisiting the Blended Learning Literature: Using a Complex Adaptive Systems Framework. Educational Technology & Society,18(2):380-393.

[3] Weiser,M. (1991). The Computer for the 21st Century. Scientific American,265(3):94-100.

[4] 程建钢(2014). MOOCs 辨析与在线教育发展. 中国教育报,2014-01-04.

[5] 程璐楠,韩锡斌,程建钢(2014). MOOC 平台的多元化创新发展及其影响. 远程教育杂志,(2):58-66.

[6] 郭文革(2014). 中国网络教育政策变迁——从现代远程教育试点到 MOOC. 北京:北京大学出版社.

[7] 韩锡斌,朱永海,程建钢(2014). MOOCs 在全球高校教育引发海啸的根源分析. 北京大学教育评论,12(3):160-172.

[8] 韩锡斌,葛文双,周潜、程建钢(2014). MOOC 平台与国际典型网络教学平台的比较研究. 中国电化教育,(1):61-68.

[9] 姜蔺,韩锡斌,周潜,程建钢(2013). MOOCs 学习者特征及学习效果分析研究. 中国电化教育,(11):54-59.

[10] 申灵灵,韩锡斌,程建钢(2014)."后 MOOC 时代"终极回归开放在线教育——

2008-2014年国际文献研究特点分析与趋势思考.现代远程教育研究,(3):17-26.
[11] 姚媛,韩锡斌,刘英群,程建钢(2013).MOOCs与远程教育的运行机制比较研究.远程教育杂志,(6):3-12.
[12] 朱永海,韩锡斌,杨娟,程建钢(2014).高等教育借助在线发展已成不可逆转的趋势——美国在线教育十一年系列报告的综合分析及启示.清华大学教育研究,(4):92-100.
[13] 韩锡斌,翟文峰,程建钢(2013).cMOOC与xMOOC辩证分析及高等教育生态链的整合.现代远程教育研究,(6):3-10.
[14] 韩锡斌,程璐楠,程建钢(2014).MOOCs的教育学视角分析与设计.电化教育研究,(1):45-51.
[15] 李秉德,李定仁(2001).教学论.北京:人民教育出版社.

第八章 MOOCs与在线教育的系统化研究

第一节 MOOCs的辩证分析与在线教育发展[①]

一、MOOCs的起源

记者：MOOCs可以说是2013年教育界最热门的话题之一，但是对于究竟什么是MOOCs，很多人存在误解，您能否解释一下？

程建钢：MOOCs是大规模开放在线课程，即把以视频为主且具有交互功能的网络课程免费发布到互联网上，供全球众多学员学习。其突出特点是以小段视频为主传授名校名师的教学内容，以即时测试与反馈促进学员学习，并基于大数据分析促进教师和学生改进教与学。MOOCs是"在线课程"层面上的网络教学形式之一，属于已经发展了十几年的在线教育系统的组成部分，对以往的网络教学有重要借鉴意义。但是现在国内普遍把MOOCs作为"在线教育"来阐释其内涵和强调其重要意义，有些言过其实。事实上，依据比较权威的美国斯隆联盟（Sloan * Consortium）连续10年（2003—2012）对在线教育所做的持续研究表明：在研究和实践两个层面，国际在线教育一直按照自身规律快速稳步地向前发展。MOOCs是一剂重要的催化剂，而非在线教育整体解决方案的全部或"秘方"，我们需要客观和辩证地分析、认识和实践MOOCs。

[①] 本节内容摘自汪瑞林（2014）.MOOCs辨析与在线教育发展——访清华大学教育研究院教授委员会副主任程建钢.中国教育报，2014-01-04（3）.

记者：很多人认为，MOOCs 最早发源于美国，以 Udacity、Coursera 和 edX6 三大平台的推出为标志。事实是否如此？

程建钢：MOOCs 起源于加拿大。2008 年加拿大阿萨巴萨卡大学的乔治·西门子和斯蒂芬·唐斯基于联通主义的学习理论模型，首次提出了 cMOOC(C 为联通主义一词 Connectivism 的首字母)并创建了全球第一个 cMOOC 类型的课程(CCK08)。cMOOC 强调人机交互的学习模式，把课程设计者、学习资源、教学者、学习者和自发组建学习共同体等作为一个整体，并基于已经大众化的社会性交互工具平台，促进不同思维类型和学习方式的学习者在人-机、人-人交互模式下切磋学习，引发知识迁移和知识创造，使面向信息类聚、整合理解、迁移运用、批判思维和知识构建等的"深度学习"真正发生，从而对传统大学教学模式和组织形态提出了革命性挑战，所以学术界充分肯定了 cMOOC 的理论创新。但是，cMOOC 尚未形成稳定的、易于复制的、可供一般在线课程教学应用的实践模式，也没有风险投资便于介入的抓手。2011 年美国斯坦福大学的教授基于 cMOOC 部分思想，借鉴了可汗学院的教学模式，沿用传统面授教育课程的教学组织形式，以易于复制的课程框架，以学生自主构建学习共同体实施在线课程学习的模式，创办了在线教育商业化公司 Udacity 和 Coursera 等，邀请著名大学加盟并提供在线课程平台 xMOOC(x 表示扩展或加盟，不同于 C 表示联通主义的含义)，在课程学习环节免费向全球开放课程，吸引了众多学员注册学习，而在课程结业认证等环节收费，从而形成资本投资收益的商业模式，很快受到风险投资的青睐，加之媒体的大力宣传和渲染，加速了政府、社会、学校和公众对于网络教学意义的认识，也造成了今天大众热议的 MOOCs 演变成在线教育的代名词的状况。

二、MOOCs 意义重大但算不上"革命"

记者：很多教育与信息化专家认为，MOOCs 给教育尤其是高等教育带来了革命性的变化，但是对此您并不认同，您是怎么看的？

程建钢：首先，MOOCs 本身并没有如此大的魔力，能给高等教育带来革命性变化，因为现有的 MOOCs 课程及其支撑平台只是在线教育的组成部分，而且自身还处于发展的初级阶段，既有明显优势，也有严重不足。但是，如果以这次"MOOCs运动"为契机，在肯定MOOCs的同时，再借鉴开放远程教育多年来取得的成果和经验，完善和发展MOOCs，并进一步结合信息化环境下的高等教育混合教学改革，从教育理论体系、技术体系、组织体系等方面科学发展在线教育大系统，的确能够加速高等教育教学的变革进程。

其次，需要从信息技术教育应用的历史视角，客观、辩证地认识、理解和完善MOOCs，不要过度宣传并给其贴上一个"革命"的标签。事实上，对于信息技术促进教育变革的问题，早在《国家中长期教育改革和发展规划纲要（2010—2020）》中就已明确指出："信息技术对教育发展具有革命性影响，必须予以高度重视。"对于在线教育，我们国家68所高校的网络教育学院和40多所开放大学（含广播电视大学）开办远程教育，以及传统高校数字校园中的网络辅助教学等，这些在线教育的研究和实践开展了十余年，与国际上发达国家的在线教育发展类似，在专业规划、课程建设、教学组织、支持服务、质量保障与认证、混合教学改革等诸多方面都取得了系统化的成果，正在不断加速推进信息技术与课程教学深度融合的改革。另外，历史上技术促进教育变革多次出现过要"革命"的预言，但事实一再证明往往言过其实。

最后，2013年国际上逐渐转向融合以往网络教学务实发展MOOCs，而国内高呼MOOCs的声势却有增无减，照搬美国MOOCs课程建设模式和商业运行机制，既缺乏结合我国高等教育改革实际的教育信息化理论指导，也缺乏创新的可行方案和顶层设计，行政化打造所谓的MOOCs平台与联盟，可能会适得其反，甚至贻误科学发展在线教育的良机。所以辩证认识和分析MOOCs，借鉴cMOOC和xMOOC的各自优点，从教育视角而非技术视角来系统梳理和创新已有的在线教育体系，站在国家教育改革的战略高度，基于系统工程思想，面向校园内学生和校园外学员、正式学习和非正式学习、正规教育与终身教育，完成我国在线教育整体规划、顶层设计和实践指南，科学稳步地推进在线教育，才能修成正果。

记者：国际著名教育信息化专家丹尼尔（John Daniel）也对MOOCs持比较理性客观的态度，您呼吁要对MOOCs持辩证分析态度，如何辩证分析呢？

程建钢：随着信息社会的日益发展和"数字土著"一代的成长，我们会越来越发现 cMOOC 在学习方式上的重大创新意义和 xMOOC 的实践创新价值。尽管如此,也需一分为二地认识和完善 xMOOC。

首先,从教学改革和商业运作模式角度,要大胆肯定 xMOOC 作为在线课程教学的诸多优点,即:①小视频配合相应的即时在线测试开展课程教学,十分易学;②模板化的课程结构易于工程化复制,规范在线课程建设;③名校名课免费向全球开放,有助于推进高等教育国际化进程和全球优质教育资源的互换和共享;④基于大数据的学习分析技术成果及时促进教师完善和改进教学内容,帮助学员自我调整学习计划和学习方法;⑤基于社会性交互工具软件支持构建学习共同体,能促进学习兴趣和学习质量的提升;⑥虽然课程上网建设成本较传统教学高,但是教学组织实施成本相对较低,加之"广种薄收"的实施策略,资本投资收益率较高。总之,xMOOC 一是通过标准化的线上课程教学实现高水平大学教学资源受众的规模化和全球化,拓展了传统高等教育的知识传授链;二是社会资本和资源介入高等教育引发知识产业链"重组",促进高等教育在信息化环境下的分工与重组变革进程。

其次,需要客观阐明 xMOOC 的课程在教学实践和技术实施方面还存在很多问题,即:①教学组织形式是传统课堂教学的翻版,以结构化的知识传授为主,相应就继承了传统课程教学的优点和不足,这种学习方式并不完全适合分布式认知和高阶思维能力培养;②从教学论的视角,xMOOC 是基于行为主义理论即"刺激-反应"理论的教学,程式化的教学模板,教学模式单一,教学设计简单,既没有分类、分层的教学目标分析,也没有针对多种学员对象的需求,难以适应高等教育众多学科和不同类别课程的具体要求;③现有的国际上 40 多个 xMOOC 平台与以往网络教学平台相比,还有很多地方需要发展完善,自身尚处于"婴幼儿"阶段,不能因单门课程的注册学员多而一叶障目,过度夸大其平台的教育性和技术性功能;④与以往的开放远程教育系统相比,xMOOC 仅是课程教学层面,缺乏数字化教学资源库和与其他教学及其管理平台的数据交换共享,更是与联合国教科文组织对于开放教育资源(OERs)标准的要求相差甚远;⑤xMOOC 课程仅仅不足 10%的学员坚持完成课程学习,所以既要欣喜少数学员学有所成,也要从教育学和心理学视角关心对另外 90%学员造成的负面影响。所以,正如丹尼尔指出的,当前许多 MOOCs 在教学法方面还是非常传统的,教学质量也不高。

再次,xMOOC 的兴起和发展可理解为在线教育发展过程的一个新的切入点和契机。在认识层面,MOOCs 引起了国内外,尤其是国内教育部门领导、大学管理者、教师和社会公众对在线教育的普遍重视。而在实践层面,无须照搬美国 xMOOC 做法,或完全另起炉灶运动式搞一套所谓的 MOOC 系统,而是应该从整个在线教育发展的历史、成就、问题、机遇、挑战和对策的大系统,辩证认识和发展 xMOOC,从单一的"课程"层面扩展到系统的"教育"层面,从单一的"网络教学"扩展到"混合教学"。

最后,任何事物的发展都有其演变逻辑和规律。自从 20 世纪 50 年代信息技术教育应用的研究和实践开始以来,技术的进步不断促进着教育变革。21 世纪以来,基于互联网在线教育事业的发展迅速,基本形成了各级各类教育的在线教育发展框架,面向传统高等教育的校园内网络辅助教学日益普及,以面授教学与在线教学深度融合的混合教学改革正在国际上步入常态化;面向校园外学员开展学历学位教育的开放大学发展迅猛;面向终身学习者的在线培训日益成熟,如华尔街英语,等等。总而言之,我们需要充分借鉴多年来在线教育研究与实践的成果,积极完善和发展 xMOOC。

记者:MOOCs 对高等教育的变革能起到什么样的作用?

程建钢:首先,高等院校可以借助 MOOCs 真正推进混合教学改革。MOOCs 已经进一步使得传统大学认识到在线学习的优势和重要性,深入理解了 Bricks(砖块)与 Clicks(鼠标)深度融合是高等教育的未来,所以,要抓好这一良好的机遇,在理论体系、技术体系和组织体系等全方位、深度推进包括面向课程层面、专业层面和学校层面的系统化的混合教学改革。

其次,应借鉴 MOOCs 重构开放教育体系,明确高等教育职能,有所为而有所不为。基于互联网的社会生态圈已经形成,高等教育踏入了互联网生态圈之中,并与工作职业生态圈融为一体,工作目标即是学习目标。联合国教科文组织 21 世纪教育委员会发表的《学习:财富蕴藏其中》指出:"人类社会正在转型,终身教育和学习型社会是唯一的答案,所有的大学都应该开放办学,推行开放教育。"因此,可以借鉴 xMOOC 在高等教育运作模式方面的探索经验,传统的品牌高校、地方高校、开放大学以及相关企业等多方参与并找准各自的生态位,重构开放教育体系,优化生态链,并要未雨绸缪,制定自己的应对之策。最后,促使高等院校进一步基于信息技术、传播科技与学习科学的成果,不断优化面授教育与在线教育的课程设计,共享优质教学资源,汇聚多方资本和技术资源,强化高等院校面向社会的服务功能,走国际化合作办学的道路,从而不断提升教育教学质量。否则,不进则退,终将被淘汰。

三、如何发展中国的 MOOCs

记者:国内四所知名高校与美国两个 MOOCs 平台签约并发布了一批中文课程,据说还有一些学校计划跟进。对这种发展趋势您有什么看法?

程建钢:国内四所大学签约了两个美国 MOOCs 平台,具有一定的标志意义,不仅在国际 MOOCs 热潮中有我们中国大学的位置,而且可以提高这些高校的国际影响力,但从长远发展看,我认为非长久之计,因为我国在教育科研网建设、远程教育办学和网络教学实践方面已经具有一定基础和优势,另外面对人口众多,且在基础教育、职业与成人教育、普通高等教育和社区教育等方面存在着巨大的地区差距和数字鸿沟的具体国情,此外还有我国接入国际互联网的流量计费问题等因素,我觉得借鉴我国高铁发展之路可能更为合适,也就是系统地构建具有自主创新和知识产权的在线教育系统。所以,2013 年 9 月以前我曾呼吁,签约有必要,再签要谨慎,但今天我想说,无须再签了。

记者:那对于发展我们自己的 MOOCs,您有什么建议?

程建钢:首先,在认识和理解层面,我们要肯定 MOOCs 的战略意义,从"形而上"去认识 MOOCs,但是要充分借鉴国内外已经取得的研究成果,发展完善 MOOCs。在当前方方面面热议或实践 MOOCs 之际,建议教育管理部门尽快组织专门研究小组,系统研究 MOOCs 与在线教育,对上、对下、对领域内、对领域外讲清楚。进一步组建专家组,制定国家战略层面上的基于 cMOOC 思想的在线教育规划与相应的顶层设计,分类指导不同地区和不同办学类型又好又快地开展在线教育。要吸取国家精品课程建设 10 年来在共建共享实效上不尽如人意,三年前大规模录制的视频公开课效果不是很理想的经验教训。值得指出的是,教育信息化和远程教育领域内的专家要抓住难得的机遇,积极参与并勇于讲真话,避免再出现"专家"扮演事后诸葛亮。其次,在实践层面,大家知道在线教育从整体来讲有六大核心要素:即网络环境、教学平台、网络课程、资源库(中心)、应用服务、评价认证与质量保证,也就是我们通常所说的"路""车""货""库""用"和"评"六个方面,是有机的整体而不是仅仅把课程发布到网上。2013年下半年,美国的MOOCs平台已经开始着手专业建设、学分认证和学位授予问题,英国政府直接把英国排名前21名院校的MOOCs课程统一搭建在英国开放大学的Future Learn(未来学习)平台上,这些都表明MOOCs正在开始回归开放远程教育路径。所以,应该从在线教育的六个核心要素寻求创新发展。如针对网络环境问题,需要促使互联网运营商提高网速和克服计费偏高的问题;针对教学平台,鼓励企业和高校研发具有自主知识产权的系统平台,尽量避免使用或购买国外平台;针对网络课程,建设一批具有cMOOC优点的高质量网络课程;针对资源库,建议政府搭台,企业参与,学校加盟,构建若干个不同办学门类的国家级资源中心;针对应用服务,建议对于校内教学开展混合教学改革,对于校外教学加速开发与共享,完善在线教育支持服务体系;针对评价与认证,既要发挥体制内高校和教育管理部门的作用,也要引入第三方评价与认证机构参与。另外,不能运动式地为MOOCs而部署开展工作,要与教育部正在实施的"三通两平台"项目有机结合。

  记者:据说你们团队提出了uMOOCS,相比MOOCs它有什么优势?

  程建钢:无论是加拿大的cMOOC还是美国的xMOOC,都是从课程层面探索在线教学的理念和模式。在过去的一年,我们团队首先借鉴MOOCs,研究发布了"清华教育在线"平台的MOOC版;其次试图从人类学习方式发展变迁的视角,研究适应数字化知识经济时代的在线教育体系,提出了"泛在式大规模开放在线课程教育系统",即uMOOCS(ubiquitous-Massive Open Online Course System)。

  从古至今,"时时、事事、人人、处处"的泛在学习的理念随着技术的进步和传播科技的发展,不断被赋予新的内涵,如今已经嵌入人们的学习、工作和日常生活环境中,呈现出情境性、真实性、自然性、社会性、整合性等特征,突破了正式学习和非正式学习、在校学习和终身学习的界限。所以,uMOOCS相比以往的网络教育和MOOCs,具有六大特点:适应泛在学习方式；基于多种学习理论(行为主义、认知主义、建构主义、联通主义等)；应用多种教学模式(讲授式、探究式、任务式、案例式和合作式等)；面向多种教育类型(基础教育、职业与成人教育、高等教育等)；汇聚丰富的开放教学资源并与其接轨；支持多系统、多终端学习环境的可重组、可扩展开放式在线教育技术系统。值得说明的是，一年来我们在 uMOOCS 的理论研究、技术支持平台开发、在线课程建设等方面已经取得较大进展，计划在近期发布和实践，真正建起我们自主知识产权的 MOOCs 在线教学体系，为我国信息化环境下的教育改革和在线教育事业的发展尽绵薄之力。

第二节 MOOCs 的"热追捧"与"冷思考"[①]

一、MOOCs 的内涵及特征

MOOCs(Massive Open Online Courses，意为大规模、开放、在线课程，音译为"慕课")。目前有两种，一种叫 cMOOCs，由加拿大学者乔治·西蒙斯[②](George Siemens)和史蒂芬·唐斯(Stephen Downes)两人于 2008 年创立，之所以在前面加"c"，是因为其理论基础是"关联主义[③](Conneetivism)学习理论"。另一种是 xMOOCs，由斯坦福大学教授塞巴斯蒂安·杜伦(Sebastian Thrun)和吴恩达(Andrew Ng)等人于 2011 年创立，并有 Udacity、Coursera 和 edX 三大公司的平台为支撑，其理论基础一般认为是行为主义学习理论，其教学内容和教学方式与 cMOOCs 相比有较大的"扩展"，所以通常也称为 xMOOCs(这里"x"即表示可扩展性)。下文将在探讨 MOOCs 的基本内涵的基础上，对 cMOOCs 和 xMOOCs 予以比较，并对 MOOCs 在线学习本质特征的关键要素进行深入的分析。

---

① 本节内容摘自何克抗(2015).关于 MOOCs 的"热追捧"与"冷思考".北京大学教育评论，13(3)，110-129.
② 本书将 George Siemens 翻译为乔治·西门子，为了尊重原文，本节沿用原作者的翻译：乔治·西蒙斯。
③ 本书将 Conneetivism 翻译为联通主义，为了尊重原文，本节沿用原作者的翻译：关联主义。

(一)关于 MOOCs 的基本内涵

关于 MOOCs 的基本内涵,国内外学术界多倾向于按其名称"MOOCs"包含的四大特点论述(焦建利,2014;黄小强,柯清超,2014;袁莉,斯蒂芬·鲍威尔等,2014)。

(1)大规模(Massive)。MOOCs 之所以被称为"大规模",是因为其注册学生往往多达数千、数万乃至数十万计,针对一门课程开展如此大规模的教育教学活动,在人类历史上前所未有。

(2)开放(Open)。所谓"开放",是指它突破了人群、时间和空间的局限,任何一个人,只要能上网、只要有时间、只要有学习意愿,都可以进行 MOOCs 的学习。

(3)在线(Online)。MOOCs 是通过在线形式开展的一种教育活动,而"在线"是指利用计算机互联网或是手机无线网络来从事各项活动。

(4)课程(Courses)。MOOCs 是在线教育与开放教育发展的必然产物,主要是远程教育类和在线教育类课程,与传统课程有相似之处,但也有所不同。例如比较强调讨论、交流与互动(MOOCs 中的互动是涉及"人机交互""师生交互"和"生生交互"的多重深度互动),而且有基于"大数据"的技术支持。

(二)对 cMOOCs 和 xMOOCs 内涵的比较

国内外学者对 cMOOCs 和 xMOOCs 的内涵做过比较研究(黄小强,柯清,2014;袁莉,斯蒂芬·鲍威尔等,2014),其中较有代表性的是英国学者袁莉和斯蒂芬·鲍威尔等,按照上述四个方面作如下对比。

(1)大规模(M)。其含义在 cMOOCs 中是便于形成各种学习社区和支持关联主义学习,在 xMOOCs 中则是指数量庞大的学生。

(2)开放(O)。其含义在 cMOOCs 中是指开放获取(免费)和开放版权(可将内容下载并应用于其他场合),在 xMOOCs 中仅指开放获取,对版权则有限制(课程内容有版权保护)。

(3)在线(O)。其含义在 cMOOCs 中是利用多种平台及服务在社区网络中学习(讨论式学习),在 xMOOCs 中是在统一的平台上独立学习(个别化学习)。

(4)课程(C)。其含义在 cMOOCs 中是指共同分享实践、分享知识和理解(期望学习者通过互联网参与到更广泛的学习社区去分享学习资源并参与知识的创造),在 xMOOCs 中是指接受教师的知识传授和技能训练(强调学习者对课程内容的理解和消化)(袁莉,斯蒂芬·鲍威尔等,2014)。

上述比较,既抓住了主要问题又简明扼要,但是对某些方面内涵的论述还不够全面和充分。这表现在以下三个方面。

(1) 关于课程方面的内涵,袁莉等主要是从"课程性质"的角度,认为从课程性质上看,cMOOCs 主要是基于学习者共同参与、共同分享的动态生成式课程,而 xMOOCs 则是完全由教师主控的讲授型课程(要求学习者必须接受教师的知识传授和技能训练)。但是对课程的"指导理论""课程内容"特点和"课程实施"方式等,完全没有涉及,这是令人感到遗憾的。

(2) 关于"开放"方面的内涵,袁莉等主要是从已有"教育资源"的开放获取和已有"课程内容"的开放版权角度出发,认为在 cMOOCs 中拥有"开放获取"和"开放版权"这两种开放性,而在 xMOOCs 中仅有"开放获取",对版权则有限制(课程内容有版权保护)。但是由于 cMOOCs 的课程性质是"基于学习者共同参与、共同分享的动态生成式课程",因此在其实施过程中特别关注知识的协同建构与创造——在基于"多重交互"在线学习方式的条件下,通过学习共同体的共同参与、共同实践、共同分享过程中,学习者群体将不断创造出新的内容,并成为学习和互动的主题。这表明,在 cMOOCs 中除了已有"教育资源"的开放获取和已有"课程内容"的开放版权这两种开放性以外,还具有生成全新"学习内容"的开放性(这种新学习内容既涉及"课程内容"也涉及"教育资源");而在传统课程以及 xMOOCs 中,像"课程内容"与"教育资源"这类学习内容与学习对象由课程事先规定(或由教师事先选定),因而都是有边界的,非开放的。可见,MOOCs 的开放性还应包括生成全新"学习内容"的开放性。

(3) 关于"在线"方面的内涵,袁莉等主要是从支持在线学习的"技术平台"及"在线学习方式"角度出发,认为 cMOOCs 中是利用了多种技术平台,其在线学习方式主要是"讨论式",而在 xMOOCs 中则利用统一的平台进行"个别化学习"。但是,MOOCs 课程关注"多重深度互动",在实施"多重交互"(即包含人机交互、师生交互、生生交互)在线学习方式的条件下,网络资源将会产生一种全新特性,即"生成性"。这种生成性在基于

"大数据"的技术支持下,可以按照每个学习者的学习路径、学习风格和认知特点,为其提供动态的个性化学习模式,真正做到"按需学习"。可见,基于"多重交互"的在线学习方式和基于"大数据"的技术,对于MOOCs实现从其实质和本源角度提出的、有关个性化学习与按需学习的美好教育愿景具有重要意义与作用。可见袁莉等的比较存在若干不足之处,而某些学者在同类问题上的一些观点(刘菊,2014)也使我们很受启发。笔者认为关于这三方面内涵的比较,可重新表述如下。

(1) 开放(Open)。其含义在cMOOCs中除了指对已有"教育资源"的开放获取和对已有"课程内容"的开放版权这两种开放性,还将具有生成全新"学习内容"的第三种开放性(这种新学习内容既涉及"课程内容"也涉及"教育资源");而在xMOOCs中仅指开放获取,对于版权还是有限制(课程内容有版权保护)。

(2) 在线(Online)。其含义在cMOOCs中是指利用多种"技术平台"和基于"大数据"的技术,在社区网络中开展基于"多重交互"(即包含人机交互、师生交互、生生交互)的在线学习;而在xMOOCs中则是指利用统一的平台和基于"大数据"的技术,开展基于"多重交互"的在线教学与个别化学习。

(3) 课程(Courses)。其含义在cMOOCs中是指基于学习者共同参与、共同分享的动态生成式课程,其指导理论是关联主义学习理论;课程内容没有事先预设(教师只提供学习主题和学习资源,以便作为课程学习的出发点);课程实施强调个体的自我管理、自我监控以及群体的互动与协作,整个课程实施过程都是"自组织"的(教师只在必要时进行点拨和帮助,以调整课程实施的主线,保证课程继续自主发展)。而在xMOOCs中课程是指完全由教师主控的讲授型课程,课程指导理论主要是行为主义学习理论(也涉及其他学习理论);课程内容都是教师预设的;课程实施则是由教师定期发布学习内容及讲课视频,课后再布置任务或作业,整个课程实施过程都是"他组织"的。

(三) 真正体现MOOCs在线学习本质特征的两个关键要素

1. 基于"大数据"的技术(何克抗,2014)

"大数据"的具体生成过程,涉及大量数据的挖掘、存储、计算与分析,其前提是人手一机(王震一,2013);这个"机"通常不是PC,而是简单的

"移动终端"(也称"云终端")——每个学习者从"云终端"输入自己的学习行为数据,并存储到"云"里。这些记录个体行为的数据表面上看好像杂乱无章,但当数据累积到一定程度时,群体的某种行为规律和某个时间段内的个体行为规律就会在这些数据基础上呈现出来。

大数据在教育中的应用涉及两种技术:教育数据挖掘(Educational Data Mining,EDM)和学习分析(Learning Analytics,LA)。在"大数据"背景下,通过 EDM 技术和 LA 技术,可以帮助教师有效地改进教学(王震一,2013)——例如,教师可以查看学生在一张图片上停留的时间,判别他们在答错一道题之后有没有回头复习,统计他们在网上提问的次数、参与讨论的多少,然后在此基础上对他们的学习行为进行引导;通过学生学习过程所记录的鼠标点击量,可以研究学生的学习活动轨迹、发现不同学生对不同知识点有何不同反应,用了多少时间,哪些知识点需要重复或强调,以及哪种陈述方式或学习工具最有效。

"大数据"还可以帮助教师对学生做出全面、正确的评价(王震一,2013),过去对学生的评价往往依靠感觉、直觉和考试,但人的感觉中存在盲点,直觉并不完全可靠,考试也有局限。而大数据凭借日常点点滴滴的信息采集,运用严密细致的逻辑推理,可能客观地展现一个学生的完整形象。

可见,应用基于大数据的 EDM 和 LA 分析结果,教师可以更好地了解学生、理解和观测学生的学习过程,找到最合适的教学方法和教学次序;还可以针对不同特点的学生采用不同的教学方法与教学策略,并能及时发现问题、进行有效干预和做出全面正确的评价,从而显著提高教学的质量与效率。

"大数据"对于个性化学习更具有特殊的意义(李艳,2014),在利用电子书包采集学生有关学习行为的各种数据以外,还可利用"智慧一卡通"采集每位学生日常在校园内其他行为模式的有关数据。例如,通过"一卡通"可采集到学生进出实验室、图书馆、体育馆以及进出校园门禁系统的信息,而一旦这些有关每位学生的学习行为和其他行为的数据信息得到充分的挖掘、整合和分析,其行为模式也就被揭露无遗。总而言之,大数据时代将使得跟踪每一位学生的数据信息不再困难,从而能实现真正意义上的个性化学习。

2. 基于"多重交互"的在线学习方式

如上所述,这种"多重交互"包括"人机交互""师生交互"和"生生交互"。

"人机交互"即学习者与学习内容(或学习资源)之间的交互。为了强化学习者与内容之间的这种交互,MOOCs强调每周都要布置测验和作业(邹景平,2013);测验是5~10道选择题或判断题。学生做完测验马上就能看到结果,对结果感到不满意,可以选择再测试。所有测试记录都会毫无遗漏地保留下来,以便学生作为后续的参考——即便课程结束,学生依然可以看到所有的学习内容与测验内容,这是MOOCs平台比传统教学优越之处。

"师生交互"是指教师和学生之间进行的各种互动,对于xMOOCs来说,这种互动包括:教师要对整个课程的实施做出安排,在网上授课并做必要讲解,对学生的疑问进行解答;学生要听讲并对教师布置的作业、测试题等做出回应;对于某些专题,师生将共同参与网上论坛的讨论,教师还可从中进一步了解学生的学习情况。对于cMOOCs来说,这种互动则主要是指师生将共同参与教师事先确定主题的网上论坛讨论,教师也可从中进一步了解学生的学习情况。为促进师生之间和人机之间的交互,教师可将课程内容嵌入技术平台,并通过平台查看学生在平台上完成的作业、测试及反馈;学生还可在平台上开展模拟实验、撰写课程Wiki等(孙立会,2014)。

"生生交互"是指学生和学生之间在线上、线下进行的各种互动。为促进这种互动,MOOCs将为每门课程开设一个专门论坛(孙立会,2014),学习者可以在此论坛上交流、讨论与本课程相关的各种问题。值得注意的是:在此过程中,由于思想碰撞、相互启发,往往会产生新的思想、新的知识——这正是前面所述的、能生成全新"学习内容"的第三种开放性,从而真正体现出"开放教育"的终极理念。

二、MOOCs的指导理论与实施方式

前面阐述了MOOCs课程性质和课程内容方面的特点,其指导理论和课程实施的方式涉及不同的学习理论与不同的组织管理方式,对于MOOCs如何具体实施以及能否达到预期目标与效果具有决定性的影响。

(一) cMOOCs 的指导理论——关联主义学习理论

cMOOCs 的创始人之一乔治·西蒙斯认为,现有的学习理论无法解释网络环境下学习的基本特征,为此,他在 2005 年发表了《关联主义:数字时代的学习理论》(Connectivism: A Learning Theory for the Digital Age)(George S.,2005),提出基于网络环境的关联主义学习理论。西蒙斯强调,网络技术的发展是推动他提出关联主义学习理论的直接原因:"网络技术与各种网络连接的建立必然地要将学习理论引入网络时代""以往的行为主义、建构主义、认知主义这三大传统学习理论均产生于网络技术并不发达的时代,互联网技术的快速发展已经深刻并显著地改变了人们的传统学习方式,网络化学习将是未来主要的学习形态"。在他和史蒂芬·唐斯于 2008 年在加拿大曼尼托巴大学(Manitoba University)最早开设的"关联主义与连接性知识"(Connectivism & Connective Knowledge)的 MOOCs 课程中,不仅内容涉及关联主义,而且课程实施的指导理论及实施方式也秉承关联主义学习理论所倡导的基本观点、学习原则与教学过程。

1. 关联主义学习理论的基本观点——学习即"网络形成"(刘菊,2014)

关联主义学习理论认为,学习过程是不断建立外部"人际网络"、内外部"知识网络"和内部"神经网络"的动态过程——学习即"网络形成"。网络中的节点可以是由"人"或"组织机构"所形成的外部人际网络;也可以是由"图书馆、网站、书籍、杂志、数据库或任何其他信息源"所形成的外部知识网络。然后,在不断连通和学习者自主建构知识意义的过程中,外部知识网络又会逐步被内化为存在于头脑之中(心智之中)的内部知识网络。

有学者认为(George S.,2014),关联主义表达了一种"从关系中学"和"分布式认知"的观念。人类的认知已逐步从个体化转变为分布式,而基于网络的关联模式为分布式认知的发展提供了可能(王佑美,祝智庭,2006)。

2. 关联主义学习理论的九大学习原则(George S.,2014;刘菊,2014)

乔治·西蒙斯(George Siemens)在 2005 年首次提出关联主义学习理论时,有八个学习原则,2006 年增加了第九个,这是因为,网络时代新知识源源不断产生,人们有必要区分不同情境下、不同知识内容的重要程度,辨别出最重要的新知识，以支持人们做出切合时宜的决策，并迅速采取行动，所以"决策"应被认为是网络时代人们应当具有的一项重要且关键的能力。他最后形成的九大学习原则是：

（1）学习与知识需要多样性的观点才能展现全貌，从而选择出最佳方案；

（2）学习是连接专业节点（即信息源）的网络形成过程；

（3）知识驻留于各种网络之中；

（4）知识可以驻留于非人脑的器皿之中，知识能够促进学习；

（5）知道更多的能力比当前所知道的更重要；

（6）学习和理解是恒常的、持续的过程（而非最终的态度和产品）；

（7）对于认知个体而言，在不同领域、观点和概念间看到连接、进行模式识别并生成意义是一项技能；

（8）获取现时性知识（即时新的、精确知识）是关联主义学习活动的宗旨；

（9）决策就是学习。

3. 关联主义学习理论对教学过程的指导作用

国内外不少学者对此进行过探讨，有的着重从 cMOOCs 教学过程中各种先进技术应如何有效运用的角度（李青，王涛，2012），有的因为 cMOOCs 教学过程强调人际互联而更多地从知识的协同建构与知识创造角度（刘菊，2014），有的则从 cMOOCs 与传统网络课程的联系与区别角度（尤其是在教学过程中应如何体现 cMOOCs 的"六维课程特征"角度）（黄小强，柯清超，2014），分别对 cMOOCs 教学过程中应如何遵循关联主义学习理论的指导作了具体的分析和阐述，而真正能够从本质上论述得比较全面深刻的应是韩锡斌的研究团队。该团队强调：是关联主义学习理论使 cMOOCs 把教学中关注的重点，由"知识传授"这种浅层次学习转向"网络中不同人之间建立的思想联系"——以便引发知识迁移和知识创造，从而使基于批判理解、信息整合、知识建构、迁移运用和问题解决的"深度学习"能真正发生。这种学习理论对 cMOOCs 课程在教学过程中的指导作用体现在以下三个方面（韩锡斌，翟文峰，程建钢，2013）。

第一，关注非结构化知识的传授和高阶思维能力的培养。

第二，有利于促进基于网络联结的分布式认知。在 cMOOC 课程中，分布式认知具体表现在：学习群体间通过电子邮件进行的日常交流、论坛讨论、Twitter 与 Facebook 等社交工具的信息关联以及学习群体间利用 Wikipedia 等共享工具进行的知识建构与创造——这是体现在学习者个体之间的分布式认知，而 cMOOC 课程中的学习者利用概念图、思维导图等建立个体内部心理加工与外部物理现实之间的可视化过程是体现在人与技术之间的分布式认知。

第三，促进基于网络互联的学习型组织的建立。

（二）cMOOCs 的实施方式——"自组织"（刘菊，2014）

如上所述，cMOOCs 是基于学习者共同参与、共同分享的动态生成式课程，在课程实施过程中要认真关注激发学习者的学习兴趣和主观能动性，以帮助他们将获取知识的欲望转化为主动吸取知识的学习行为，还要按需定制个性化学习方案，自发组织学习圈，并随时随地开展学习。

cMOOCs 的典型实施方式是（刘菊，2014），教师基于 Wiki 发布一门课程，开放性地吸纳学习者们共同参与知识建构，从而不断生成新的知识内容；学习者个体也可从中选取适合自身需求、能够在原有认知水平上进行学习的个性化内容予以建构，使自身的认知图式得以完善。作为 cMOOCs 创始人之一的史蒂芬·唐斯认为，cMOOC 的学习是对网络信息的遍历和建构，是通过社区内的不同认知交互来形成新的知识；而实施 cMOOCs 的基本原则是：汇聚、混合、迁移和推动分享（Stephen Downes，2014）。其中任何一项原则的实施都需要新型学习技术的支持。

（三）xMOOCs 的指导理论——行为主义与认知主义学习理论结合

目前国内外学术界公认 xMOOCs 的指导理论是行为主义学习理论（或主要是行为主义学习理论），但笔者认为这种看法有失偏颇。在前面关于 cMOOCs 和 xMOOCs 之内涵所做的比较研究中可以看到，两者都要开展基于"多重交互"的在线学习，要有基于"大数据"的技术支持。要实施基于"多重交互"的在线学习方式，特别是要做到"深度互动"——无论人机交互、师生交互还是生生交互，依靠行为主义学习理论达到这个目标是做不到的，必须要有认知主义（乃至建构主义）学习理论的指导；而基于"大数据"的技术中 LA 是学习理论的核心内容之一，LA 技术的理论基础正是认知主义学习理论。因此 xMOOCs 的指导理论不仅仅是行为主义学习理论,也涉及认知主义和建构主义学习理论,在其实施过程中占主导地位的是行为主义和认知主义学习理论的有机结合——行为主义学习理论强调外部刺激,关注学习者对外部刺激做出的反应,其核心内容是"刺激-反应-强化",认为"学习"是刺激-反应之间联结的加强,并把学习者看作外部刺激的被动接受者(只能对外部刺激做出被动反应,只是知识灌输的对象);认知主义学习理论则强调认知主体的内部心理过程,并把学习者看作信息加工的主体,学习者接受外部输入的信息,通过大脑皮层对这些信息进行加工处理,再把结果保存到长时记忆中,然后在需要时从中取回并产生某种输出。二者的有机结合是指在 xMOOCs 实施过程中,应根据当前的具体教学内容与教学环节选用相关的、最适切的学习理论。例如,在下文有关 xMOOCs 的实施方式中,前面第(1)环节的"观看微视频"是以教师提供外部刺激为主,第(2)环节的"回答问题与小测验"和第(5)环节的"课程考试"则是由学生做出反应与强化,所以这三个教学环节比较适合采用行为主义学习理论来指导;而中间的"同伴互评"与"社区讨论"两个环节主要涉及认知主体的内部心理过程——既与个体认知有关也与社会认知有关,采用认知主义学习理论指导才有针对性,也才能使 xMOOCs 真正取得成效。可见,要想取得良好的教学效果,需要实施行为主义学习理论和认知主义学习理论这二者的有机结合而非仅仅依靠行为主义学习理论就能奏效。

(四) xMOOCs 的实施方式——"他组织"

xMOOCs 是完全由教师主控的讲授型课程,课程内容是教师预设的,课程实施方式是由教师定期发布学习内容及讲课视频,课后再布置任务或作业,整个课程实施过程都是"他组织"的。

以由 Coursera 平台支持的 xMOOCs 课程为例,其典型实施方式如下。

(1) 观看微视频。Coursera 课程提供 8~12 分钟的多段微视频,每段微视频讲述一个知识点。学生可以全部观看,也可以有选择地看。

(2) 回答问题与小测验。有些微视频中有交互性问题,回答正确才能继续观看,每周还安排有课后小测验,主要是以多项选择形式,让学生对本周视频中讲到的重要内容进行回顾练习,要求在线提交,并即时获得批改反馈。

（3）同伴互评。对于比较复杂的作业，特别是人文社科类课程作业，Coursera课程提供同伴互评机制，以解决大规模的作业评阅问题。

（4）社区讨论。Coursera课程一般每周都会向学生提供讨论话题让学生在讨论区进行讨论，学生也可以自主提出话题，或形成一些兴趣小组开展在线的互动讨论（这种讨论通常不作为课程计分的内容）。

（5）课程考试。在课程结束时，会有一个针对整个课程内容的考试（可以获得即时的批改反馈）（Koller D.，2012；吴筱明，雍文静等，2014）。

三、关于MOOCs"冰与火的巅峰对决"

面对这场海啸般席卷而来的MOOCs风暴，国内外学术界两种截然不同的看法让人产生"冰火两重天"的感觉。以国内为例，在2013年11月22日中国远程教育学会主办的"慕课（MOOCs）与在线学习高峰论坛"上，众多演讲嘉宾各自都有多年的实证研究和翔实的数据，但观点对立、争论激烈，似乎是一场"冰与火的巅峰对决"，记者对论坛的现场报道即以此为标题。在有关学术会议及期刊上，学者对MOOCs的看法与此大致相同，存在相当大的分歧。这些重大的观点、观念方面的分歧归纳起来，主要涉及七大领域。

（1）MOOCs是在缩小或消除数字鸿沟、促进教育公平，还是在急剧地扩大数字鸿沟、实现帝国主义文化侵略阴谋？

褒的一方认为，MOOCs为来自教育落后之地的学生打开了一扇通向世界的大门（张铭，2013）。只要能上网，全世界每个角落的任何人都有机会修习哈佛、斯坦福、麻省理工等名校大师精彩的课程。对众多学生而言，顶级学府的课程触手可及，高考和高额学费将不再是享受高等教育的必要条件，高等教育将成为免费或极低费用的公用品，这将在极大程度上消除数字鸿沟（伍民友，过敏意，2013）。

贬的一方则认为，MOOCs在全球范围得到认可的结果就是一直在经受欧美帝国大学掠夺与渗透国家的高等教育将被由MOOCs所裹挟的新的文化与教育殖民策略彻底击垮，从而急剧地扩大数字鸿沟——大多数发展中国家的大学将不得不沦落到仅仅是地方性考试机构与附属课程资源提供者的危险境地，或者成为类似开放大学分布在各地主要负责提供课程教学资源和进行辅导的教学中心角色(荀渊,2014)。有人甚至认为这是帝国主义的阴谋,是一种文化侵略(焦建利,2014)。

(2) MOOCs是在颠覆传统高等教育模式、开创新的教育时代,还是一场在线教育的炒作,不久就会逐渐衰落并销声匿迹?

褒的一方认为,MOOCs让地球上任何一个角落的学子都能全程参与国际一流大学的课程学习,与名校学子共同上课、分享观点、做作业、参加考试、获得分数、拿到证书的全过程(顾小清等,2013)。这对传统的高等教育来说,无疑具有很大的风险与压力——原来乏善可陈的传统课程与教学方法在MOOCs面前将会彻底失去吸引力,当学生能通过MOOCs参与国际高水平大学优秀课程学习的时候,这种冲击力对于传统高等教育模式来说是巨大的乃至颠覆性的。难怪有人说,"慕课"来袭,标志着象牙塔的倒塌(焦建利,2014)。edX的总裁阿冈瓦(Anant Agalwar)则认为,MOOC是"自印刷术以来人类教育史上最大的变革",将开创新的教育时代。

贬的一方则认为,MOOCs的概念早就被提出过,并不是真正的教育变革,MOOCs还有很多有待研究的内容(范逸洲,王宇等,2014);根据丹尼尔(J. Daniel)的观点,这些追捧MOOCs的说法包含了"受商业利益驱动的促销成分",是一种在线教育的炒作,不久就会消失(Daniel J.,2012;Bates T.,2012)。

(3) MOOCs是在彻底变革传统教学方式、深化知识的意义建构,还是陈旧的行为主义教学的翻版,难以适应知识型社会的需求?

褒的一方认为,通过MOOCs特定的教学环境和大数据技术的支持,可以大规模收集教学过程中的各种数据,帮助教师准确把握学生的学习状况与认知特点,有针对性地改进教学系统设计,探索适应性教学方法甚至采用个性化教学模式,以激发学生学习的主动性、积极性与创造性,使他们能高效地完成学业,并深化对知识的意义建构,从而实现对传统教学方式的彻底变革(张铭,2013;顾小清等,2013)。

贬的一方则认为,在MOOCs课程(例如基于Coursera平台开发的课程)中使用的大部分是陈旧的行为主义教学法——主要通过信息传递、机器批改作业和同伴互评等方式完成教学任务,这种教学方式对于事实性与过程性知识的教学(直接判断对错的教学)还是有价值的,但对于知识型社会所需要的批判性思维和创造性思维的培养则难以奏效(Btes T.，2012)。另外有些学者认为，在 MOOCs 上有很多课程的授课者只是因其科学研究的成果而闻名，在教学方面并不擅长(Amstrong L.，2012)。

(4) MOOCs 是在根本改变传统学习方式、满足在线学习的深度互动，还是让学生被在线论坛的负面信息淹没，使基于关联主义的学习变得困难重重？

褒的一方认为，MOOCs 倡导基于"多重交互"的在线学习方式，在学习过程中要有深度且大量的互动(邹景平，2013)。针对数量庞大且背景不一的学习者，MOOCs 课程除了通过在线论坛、同伴互评等方式促进学习者的线上交流之外，还嵌入其他社交工具(如 Twitter、Blog、YouTube、Google 等)，以便于学习者不仅在线上而且在线下也能进行讨论和交流。这样的交互形式让学习发生于"学习共同体"和个人网络之中，淡化了课程平台的专业性与学术性，构建了有效联结学习与生活的课程学习环境，拓宽了在线深度互动的渠道和形式，因而有利于激发学习者的学习主动性、积极性与创造性。贬的一方则认为，学生将被论坛中的大量负面信息所淹没(仅课程的"导论"论坛一般就有几千个帖子，而且其中还有一些帖子存在"恶劣行为"举动或"高人一等"的说教性跟帖)。(约翰·巴格利，2014)这表明，虽然技术促进了联通，却不能保证有效互动。鼓励学生运用社交媒体相互联结从理论上说是有利的，但是没有为学生推荐联结的路径，会使基于关联主义的学习变得困难重重。

(5) MOOCs 是在提升学科教学质量、取得良好教学效果，还是使辍学率大幅飙升、徒有虚名？

褒的一方认为，MOOCs 课程的教学指导和教学资源正在日益完善。(孙立会，2014)例如，在教学指导方面，课程网页的清晰组织形式和方便的导航机制能较好地帮助学习者整体把握课程内容、了解自己所处位置、跟随学习材料逐步完成课程内容的学习，并允许学习者依据自身的条件做出适当调整。在教学资源方面则可以"微视频"为代表，它把课程内容按知识点分割成碎片式的视频片段，同时把屏幕作为黑板的替代品，以 PPT 文稿替代"板书"；学习者可以自己选择视频的画面内容、播放速度、是否显示字幕等，视频中嵌入的测试题还允许学习者有多次答题的机会。有这样的教学指导和教学资源支持的 MOOCs 课程，其实施效果及质量是有保证的。经葛兰思（D. G. Glance）、福赛（M. Forsey）和瑞力（M. Riley）等的实证研究表明：MOOCs课程的质量至少不逊于传统的面对面授课，在某些方面甚至提高了教学效果（Glance, D. G., Forsey, M., Riley, M., 2013）；edX公司在其第一门MOOCs课程"电路与电子学"结束后对学生所做的调查中也发现，如果学生在线下与他人进行协作交流，预计获得分数将比传统的独自学习高出三倍。这说明MOOCs的线下协作活动对教学质量提升会产生很有利的影响（王海荣，王美静，2014）。

贬的一方则认为，MOOCs辍学率大幅飙升（通常高达90%以上），课程完成率很低（一般不到10%），所以只是徒有虚名而已。

（6）MOOCs是在显著提高学习效率、提供更经济更有效的学习，还是大幅增加教师的工作负担，使授课者和助教被来自学习者的信息所淹没？

褒的一方认为，MOOCs是在显著提高学习效率、提供更经济有效的学习。非营利组织艾萨卡（Ithaka）曾对在线课程"机器引导的学习"（Machine Guided Learning）的可行性进行研究（宫玉玲，2014），他们将六所大学605名学生作为实验组随机分配到基于人工智能的学习平台上进行课程学习。其结果显示：实验组与采用传统授课方式的对照组相比较，在出席率、期末考试成绩、专业水平评价等几个方面都获得了同样的效果，但实验组（基于平台的MOOCs在线学习）的学生却节省了1/4的时间，这证明MOOCs的在线课程确实有很高的学习效率，能够提供更经济、有效的学习。

贬的一方则认为，MOOCs付出的代价并不小（顾小清等，2013）——通常情况下，授课者在课程开始前就需要花费上百小时制作在线视频讲座以及其他准备工作，其他人（如教学助理）也需要花费不少时间来做相关的辅助性工作。课程一旦实施，授课者每周需要投入8～10小时进行课程维护，大多数授课者和助教将被来自MOOCs课程学习者的信息所淹没。MOOCs给教师带来的负担是很沉重的。

（7）MOOCs的未来前景——是"真热"还是"虚火"？

褒的一方认为，每个新生事物的成长都是多种因素共同作用的结果，根据加特纳（Gartner）集团提出的"新技术周期"（Hyper Cycle）模式，人们对新生事物通常怀有过高的期望,加上一些人或机构的炒作,该新生事物一开始会迅速成长,被推高到期望的顶点;之后会回归理性——这时人们的期望值会衰退,但如果它有真实的生命力和价值,人气将会回升,然后稳步发展,直至达到最有生产力的"高原"状态。这是新技术发展的一般规律,而MOOCs的未来前景正是如此(邱昭良,边肖洲,2014)。所以,当前的"MOOC热"是"真热"。

贬的一方则认为,随着越来越多的开发者涌入,如何保证MOOCs的质量是个大问题。目前情况是参差不齐,如果MOOCs的质量下降,其学习效果就会大打折扣,对学习者就会失去吸引力。制约MOOCs质量的重要因素是,传统教学观念仍是当前许多MOOCs开发者的指导思想(例如,有些MOOCs只是将传统教室的课程"搬上网"),这就使MOOCs的质量难以保证(邱昭良,2014)。在这种情况下,当前遍及全球的"MOOC热"只能是"昙花一现",成为一场"虚火"。

四、关于MOOCs的冷静思考与科学分析

当前国内外学术界对于MOOCs还存在很大的争议。尽管褒贬双方的看法由于考虑问题的角度及出发点有所不同,都有各自的道理,也有各自过于夸张或偏颇之处,有些问题还需要通过时间来检验。但客观来说,MOOCs为高等教育的上述七个方面带来了全新的视野,并促使学术界对MOOCs的理论基础、技术平台及其他相关问题进行认真的冷静思考和深入的科学分析。

(一)关联主义学习理论的创新与缺陷

乔治·西蒙斯(George Siemens)认为,现有的学习理论无法解释网络环境下学习的基本特征,为此,他提出了基于网络环境的全新学习理论——关联主义学习理论。

该理论的创新之处在于:它强调学习过程是不断建立外部"人际网络"、内外部"知识网络"和内部"神经网络"的动态过程,学习即"网络形成";它还指出,人类的认知已逐步从个体化转变为分布式,基于网络的联通模式正好为分布式认知的发展创造了条件,关联主义则体现了"从关系中学"和"分布式认知"的全新观念(王佑美,祝智庭,2006)。该理论提出了适合网络时代学习要求的"九大学习原则",并从要"关注非结构化知识

的传授和高阶思维能力的培养""促进基于网络联结的分布式认知"和"促进基于网络互联的学习型组织的建立"三个方面为网络在线教育提出了新的教学系统设计要求,从而使cMOOCs把教学中关注的重点由"知识传授"这种浅层次学习,转向"网络中人与人之间建立的思想联系"(以引发知识迁移和知识创造),使"深度学习"能真正发生(韩锡斌,翟文峰,程建钢,2013)。

也有不少学者质疑这种只关注"网络"、特别是只关注"网络中人与人之间建立的思想联系"的学习方式,没有构建起真实的师生关系,而且认知主体缺乏实践中的直接体验(高地,2014),认为这不能引发知识迁移和知识创造,"深度学习"也难以发生。有人强调,在虚拟世界中建立的人际关系缺乏真实世界中人际关系所具有的"质感",而很难不流于形式(徐英瑾,2013)。美国罗德岛大学教授、国际跨文化传播协会(IAICS)执行长陈国明指出,MOOCs缺乏面对面的人际交流,将达不到传统教学的效果(沙满,2013)。犹他州大学的尼科尔(Kathleen Nicoll)认为,MOOCs课程嵌入了不少PPT和音视频资料,在信息记录方面做得很不错,但就像电视一样,只是一种被动的体验;尽管有些课程试图通过虚拟实验模拟化学现象,但并不能闻到甲醛的气味,也看不到人脸上的表情并做出反应(Jeffrey Batholet,2013)。上海交大的黄震副校长也认为,MOOCs有很鲜明的特点,会引发教学理念、教育方法的革命性变化,但大学里有对学生来说非常重要的校园文化,每个大学的校园文化各具特色,未来的高等教育应是线上、线下相结合的"混合式教育"(宫玉玲,2014)。

这些学者的共同结论是,无论科技如何进步,网络教学都不可能取代面对面的课堂体验和真实的人际互动;大学校园的学术氛围和优秀教师的人格魅力是任何先进技术和网络都无法替代的。所以更为理想、有效的学习方式应当是传统面授与在线学习相结合的"混合学习"(Blended Learning或Hybrid Learning),而非纯粹基于虚拟空间的网络学习,更为理想和有效的指导理论是把原有的学习理论(包括行为主义、认知主义、建构主义的学习理论)与关联主义学习理论有机地结合起来,而非片面地夸大并倡导单一的关联主义学习理论。

(二)关于是否存在"关联性知识"的争论与探讨

除了对关联主义学习理论只关注"网络"和"网络中人与人之间建立

的思想联系"提出质疑以外,对于cMOOCs创始人提出要增加一种新的知识类型——"关联性知识"(connectedness knowledge),笔者也持否定态度。

史蒂芬·唐斯在分析经验主义、理性主义和逻辑实证主义哲学对知识的不同见解之后,认为在定性知识与定量知识之外还存在第三种知识——关联性知识。他认为,关联性知识来源于具有关联性的多个实体的连接过程。实体之间具有关联性是指一个实体的性质能够通向或者成为另一个实体的性质(Stephen D.,2012)。互动是关联性知识产生与发展的必要条件,关联性知识涌现于两个以上实体的互动过程之中,是一组相互连通实体作为一个整体所产生的新性质;关联性知识具有分布性,并不存在于任何一个实体中,并不是两个实体性质的简单叠加,关联性知识的意义也分布、建立在这些实体的对话过程中(黄小强,柯清超,2014)。

按照辩证唯物主义的认识论观点,从本源上说,所谓知识只有两类:一类是指"反映客观事物本质属性"的知识;另一类是指"反映客观事物之间内在联系规律性"的知识。不过,为了便于对客观事物的深入了解与分析(例如从"定性"或"定量"的角度),可以将知识划分为"定性知识"和"定量知识"两大类——这只是从"如何分析客观事物"而非从知识的本源的角度对知识进行的分类。

学习和掌握知识是为了解决实际问题,而要解决的实际问题归纳起来有三大类,即"是什么""为什么"和"怎么做";相应地也有三类不同知识的划分,即"事实性知识"(用于回答"是什么"的问题)、"论证性知识"(用于阐明"为什么"的问题)、"实践性知识或操作性知识"(用于说明"怎么做"的问题)——这是从"解决实际问题类型"而不是从知识的本源的角度对知识进行的分类。

此外,既然掌握知识是为了解决实际问题,是要"运用"知识,要运用知识,就要考虑知识是否便于表达的问题。卡尔·波兰尼在《个体知识》一书中,将知识划分为"显性知识"与"隐性知识(也称默会知识)"两大类(高地,2014):显性知识是指可以通过语言、文字、数字和图形进行清晰表达的知识,能够进行信息编码和度量,主要体现为关于事实的知识,这种知识较易于通过讲授来传递;隐性知识是难以通过语言文字等符号加以清晰表达和直接传递的知识,只可意会不可言传,蕴藏在人们的亲身经历、体验、感悟和探究之中。显然,关于知识的"显性"与"隐性"的区分,只是从"是否便于表达"的角度对知识进行的分类,也不是从知识的本源(即实质)角度进行的划分。

而史蒂芬·唐斯认为"在定性知识与定量知识之外还存在第三种知识——关联性知识"(Stephen D.,2012)。他把"关联性知识""定性知识"和"定量知识"三者并列,其意在于关联性知识既非定性知识,也非定量知识,而是"来源于具有关联性的多个实体的连接过程中"的知识、是"产生于两个以上实体的互动过程之中"的新知识,是"一组相互连通实体作为一个整体所产生的新性质"(Stephen D.,2012)。这表明,史蒂芬·唐斯既不是从如何分析客观事物的角度,也不是从解决实际问题类型的角度,更不是从是否便于表达的角度,而是从知识的本源(即实质)的角度提出"关联性知识"这种全新知识类型。这是难以令人信服的——因为所谓"具有关联性的多个实体的连接过程""两个以上实体的互动过程"和"一组相互连通的实体",实际上就是指"网上学习共同体"交流、讨论、协作与探究的现象与过程,在此过程中,由于不同的思想碰撞、观点交锋、取长补短、相互学习,必然会使学习共同体中的每个成员对问题的认识理解提高较快,对知识的意义建构不断深化,从而实现对知识的巩固、迁移乃至创造出全新的知识。这种知识创新是因为采用了"网上学习共同体"这种全新学习方式的结果,但是,所创新的知识内容,从本源(即实质)上看,仍然跳不出"反映客观事物的本质属性"和"反映客观事物之间内在联系规律性"这两大类,而不可能是其他任何类型的知识,更不可能是什么"关联性知识"。"关联性"只是新知识形成过程中的一种学习现象、一种学习方式,而绝非知识内容本身。

(三)MOOCs三大技术平台的存在问题与改进方向

技术平台的功能在MOOCs实施过程中,有至关重要的意义与作用。诚如有学者指出的,当一个学习系统的用户数扩大到几十倍以后,如果技术平台的稳定性与健壮性达不到要求,将会使MOOCs在课程设计、在线练习与测试的设计、在线学习活动的设计、工具的提供等多方面的努力都付之东流(顾小清等,2013)。

MOOCs的大规模、开放性特征,要求其技术平台必须具有支持多种不同学习理论、多种不同教学模式的功能,以及处理来自各地的海量教学信息的能力,这就对平台中的"教学管理组件"——用于进行学习过程分析、教与学的数据挖掘、信息的加工与存储、提供及时反馈并进行教学评价的组件——提出了很高的要求,而目前国际上以 Udacity、Coursera 和 edX 为代表的三大技术平台在上述几个方面都还远远未能达到这样的要求(例如,这些平台一般都只能支持一、两种学习理论和少数几种教学模式,而且对于学习终端一般都有某种限定)。

为此,清华大学程建钢教授研究团队围绕 MOOCs 技术平台建设的上述三方面要求——"能支持多种不同学习理论""能支持多种不同教学模式"和"拥有功能完善的教学管理组件",在总结过去十多年高校开展 e-learning 研究和实践的基础上,吸纳国内外各种 MOOCs 技术平台的长处,摒弃其缺陷,经过多年的努力,开发出一种全新的、具有中国特色的平台——uMOOCS 技术平台。

uMOOCS 的含义是无处不在的大规模、开放、在线课程体系。其技术平台的突出优点是,既支持多种不同的学习理论,又支持多种不同教学模式,还能适应泛在学习方式和多种不同的学习环境,并提供可重组、可扩展的开放式在线教育功能。具体表现如下。

(1) 适应泛在学习方式。

(2) 支持多种学习理论(包括行为主义、认知主义、建构主义、关联主义的学习理论,以及它们之间的有机结合)。

(3) 支持多种教学模式(包括"讲授式教学模式""研究性教学模式",以及发现式、情境式、支架式、抛锚式、合作式、探究式、任务式、案例式等多种不同的教学模式)。

(4) 面向多种教育阶段(包括基础教育、职业与成人教育、高等教育等不同阶段)。

(5) 汇聚丰富的开放教育资源并与其接轨(可兼容与共享)。

(6) 支持和适应多种不同系统、不同终端的学习环境。

(7) 提供可重组、可扩展的开放式在线教育功能(申灵灵,韩锡斌,程建钢,2014)。

由此可见,按照上述 MOOCs 技术平台建设的三方面要求,清华大学 uMOOCS 平台的功能除了在"教学管理组件"方面(例如在"学习过程分析"与"数据挖掘"方面)还可以进一步完善以外,其他许多方面都已达到较高的水准，其总体功能已经远在以 Udacity、Coursera 和 edX 为代表的三大技术平台之上。

（四）MOOCs 理念是正在消亡还是在深化与拓展

2013 年 6 月，斯坦福大学凯恩·德夫林(Keith Devlin)在网上发表一篇题为《MOOC 将很快消亡，MOOR 万岁》(The MOOC will soon die, Long live the MOOR)的文章(Devlin K.，2013)，表达了一种彻底否定 MOOCs 理念的代表性观点。但更多的学者认为，MOOCs 是一种新生事物，而任何新生事物都有一个发育、生长和逐步成熟的过程。不能因为 MOOCs 尚处在初始发展阶段，其理念及相关举措还不完善(甚至有缺陷)，就完全予以否定；相反，应以满腔的热情、科学的态度去努力实践 MOOCs 的理念，并积极探索相关的措施及做法，使之尽快完善、成熟起来。

正是因为国内外学术界的主流秉持这种态度，才使 MOOCs 迅速迈过成熟的初始发展阶段，开始步入不断深化与拓展的新时期。诚如美国高等教育信息化专业机构 EDUCAUSE 的"学习行动计划"负责人马尔科勒·布朗(Malcolm Brown)所言，MOOCs 已在很多方面发生了变化，我们正步入"后 MOOC"时代(Brown M.，2013)。当前学术界普遍认为步入"后 MOOC"时代的主要标志是，在全球涌现了一批既保留 MOOCs 理念的基本内涵(而非抛弃其基本内涵)又对该理念的某些方面有所深化与拓展的实验研究与探索。其中较有代表性的有(祝智庭，刘名卓，2014)如下几种。

(1) M-MOOCS(Multi-mode MOOCS，多模式、大规模、开放、在线课程体系，简称"多模式慕课")。这是程建钢的研究团队在 2013 年提出的一种新型 MOOCs，其主要理念是"多模式"。这里的"多模式"不仅体现在对多种学习理论和多种教学模式的支持，还体现在教学环境对学生和教师支持方式的多样性及丰富性。为落实这一理念，该团队还专门研发了支持"多模式"功能的"uMOOCS 技术平台"。

(2) Meta-MOOC(元慕课，有学者称之为"超 MOOC"或"超级公播课")。这是由杜克大学凯西·戴维森(Davidson)于 2014 年 1 月创立。其最大特点是课堂面授和大规模在线学习相结合，便于学生和教师组成"学习共同体"。

(3) DLMOOC(Deep Learning MOOC,深度学习慕课)。该项目创始人本·达利(Ben Daley)认为,"深度学习是要对数量有限的问题进行深度研究"——以关联主义学习理论为指导,鼓励教师与同行合作,共同反思实践,彼此分享,而且每周都会聚焦深度学习的一个不同方面,与本领域专家进行小组讨论及在线交流。

(4) MOOL(Massive Open Online Labs,大规模在线开放实验室)。其主要特点是开展大规模在线实验(对 MOOC 的原有课程内容予以拓展),并进行假设生成和算法设计,以促进实证科学的研究与发展。

(5) MobiMOOC(Mobile MOOC,移动慕课)。这种 MOOC 的主要特点是以移动设备作为学习终端,致力于 MOOC 和移动设备的有效整合以及移动学习与关联主义的有效整合。

(6) DOCC(Distributed Open Collaborative Course,分布式开放协作课程)。这是一种在 MOOC 中体现"协作学习"的全新方式。该课程不局限于单一专家授课,并部分采纳了 cMOOCs 的做法——基于分布式认知,使学习发生在整个参与者的网络中。

(7) PMOOC(Personalized MOOC,个性化慕课)。它由北亚利桑那大学弗雷德里克·赫斯特(Fredrick M. Hurst)于 2013 年提出,主要特点是特别关注"个性化学习",并为此提出了一系列创新举措。

从上面的分析可以看出,虽然其中每种都代表了一类新型在线教育的实践与探索,但它们都继承了 MOOCs 理念中的"大规模、开放、在线课程"这一基本内涵,只是对该理念中的某个方面进行了更为深入的研究与试验,因而是对 MOOCs 理念的深化与拓展。

此外,其他一些新型在线教育模式也颇有创意,甚至产生了较大影响。

(1) SPOC(Small Private Online Courses,小型私有在线课程)(祝智庭,刘名卓,2014)。这是哈佛大学于 2013 年年末提出的一种新型在线教育模式。这种模式对参与课程的人数和条件都有限制,但仍然是开放和免费的。SPOC 主持人罗伯特·鲁(Robert Lue)教授认为,MOOC 课程的学习人数过多,会使学习者参与互动的机会受限,也使教师很难客观公正地确定每个学生的学习绩效是否能满足该课程学分的要求;而 SPOC 的学习人数限定在几十人(最多几百人),所以这种学习会更灵活、高效,测试也更严谨,从而可提高证书的真实性。

(2) MOOR(Massive Open Online Research,大规模开放在线研究)(祝智庭,刘名卓,2014)。它由加州大学圣地亚哥分校的帕维尔·佩夫兹纳(Pavel Pevzner)和他的研究团队于2013年9月在Coursera平台上推出。它在MOOR的在线课程中首次包含了大量的研究成分,不是基于内容或基于资源的学习,而是类似"基于问题的学习"(大致可归入"研究性学习",但与传统课程内容相比有较大差异),可以为学生从学习平稳过渡到研究提供桥梁。

笔者认为,后两种新型在线教育模式可视为MOOCs的演变(乃至创新与发展),但不应归入"后MOOC"(尽管有人最先把SPOC称为"后MOOC"(Coughlan S.,2013))。这是因为,它们没有完全秉承MOOCs理念中的"大规模、开放、在线课程"这一基本内涵。例如,SPOC把"大规模"变成了"小型"、把"开放"变成了"私有",MOOR则把"在线课程"变成了"在线研究"。这样的改变显然有其自身的道理,甚至有某种创新成分,但是从其基本理念而言,和原来的MOOCs相比已有明显差异(甚至颠覆了原有的核心理念)。如果把SPOC和MOOR归入"后MOOC"(认为它们仍属于"MOOC"这类范畴),与实际情况不相吻合;而把它们归入另一类新型在线教育模式,则更合理一些。

之所以有学者把SPOC归入"后MOOC"范畴,是因为它颠覆了MOOCs的原有核心理念,这是个别学者从"否定MOOCs理念"的角度理解"后MOOC"时代的结果。目前国内外学术界的主流仍然肯定MOOCs的基本理念,认为只是其中某些方面需要充实与完善而已,所以大多数学者认为"后MOOC"时代的内涵应该是对MOOCs基本理念的深化与拓展。从全球范围来看,当前确实是正在步入"后MOOC"时代;但与此同时,也在MOOCs基础上演变出其他一些不同的新型在线教育模式。这一事实充分证明:MOOCs理念并没有消亡,而是正在深化与拓展。

五、MOOCs在我国的未来发展

在十八大三中全会的"决定"中,关于教育信息化做出了一项重要决策:要"构建利用信息化手段,扩大优质教育资源覆盖面的有效机制,逐步缩小城乡、区域、校际差距"。这是党中央为我国教育信息化确定的一个主要奋斗目标,我国MOOCs的未来也应朝此目标努力,并为此做出贡献:通过扩大优质教育资源的覆盖面,逐步缩小城乡、区域以及校际之间的差距。

从近年来全球推行MOOCs的经验看,要借鉴MOOCs的理念、举措来达成上述目标,可以从"高校内部""某个地区"和"全国范围"这三个层面去努力。

第一,在各高校内部,利用MOOCs理念深化学科教学改革,以提升其学科教学质量与学生综合素质。要深化高校的教学改革,应当充分关注以下方面。

(1) 教育思想要由传统课堂面授的"以教师为中心"和在线教育的"以学生为中心",转向"主导-主体相结合"教育思想(既充分发挥教师在教学过程中的主导作用,又突出体现学生在学习过程中的认知主体地位)。

(2) 教学观念要由课堂面授的"以教为主"和在线教育的"以学为主",转向"学教并重";与此同时,教学系统设计也要从"行为主义、认知主义"主要强调"教"的设计和"建构主义"只强调"学"的设计,转向"学教并重"的教学设计(何克抗,林君芬,张文兰,2006)。

(3) 教学方式要逐步从以教师讲授为主的"传递-接受"教学,向课堂面授与在线学习、翻转课堂等方式相结合的"混合式教学"转变。

(4) 教学内容要从只强调内容的"科学性、系统性、完整性",向既强调这三性又关注内容的"个性化、碎片化"过渡(借鉴MOOCs把教学内容按知识点分割成碎片化视频片段的经验)。

(5) 教育资源要大力加强在线教育资源的研究与开发。在线教育资源包括以下四类:多媒体素材(与学科知识点相关的文本、图形、照片、动画、音视频等),多媒体课件,相关资料(包括各种文献资料、典型案例,以及其他与当前教学主题相关的各类信息),基于计算机软件的学习工具(如化学仿真实验、数学建模软件、交互性在线实验等)。前面三类资源文理科均适用,后面一种(基于软件的学习工具)则主要适用于理科;而是否拥有丰富、优质的教育资源,是促进技术与学科教学深度融合的前提条件与基础。

第二,在某个地区范围内,诚如李艳所指出的,由于慕课正在拆掉学校的围墙,使"择校热"降温,让每一个青少年在家门口就能上到好学校,享受优质教育成为每一位学生的权利,从而大大促进了教育的均衡与公平(李艳,2014)。为了早日实现这一梦想,她建议在区域层面不妨借鉴优质慕课以及全国C20慕课联盟的做法,努力构建本地区的"TOP-10慕课联盟"——把本地区内最优秀的十所学校的优质教育资源汇集起来供所有学校共享(在县或城区,可建立中学和小学两类"TOP-10慕课联盟";在省区,应建立大、中、小学三类"TOP-10慕课联盟"),特别是要把这十所学校名师的现场教学课例放到网上供大家公开观摩(使优质资源可由学生自主选择,以体现教育公平)。

第三,就全国范围来说,我国每年有2500万名在校大学生,如果他们都能聆听国内外知名教授的讲课,并在教师指导下参与网上的"学习共同体"活动,就能使每位学习者的创新精神与创新能力都得到较充分的发挥,实现全面而个性化的发展,从而有效提高我国高等教育水准,增强我国的综合国力。为此,可以采纳张铭的建言,尽快开展这样的试验探索——在未来的某个学期,利用我国自主创新的MOOCs平台(例如前面提到的功能强大的清华uMOOCS平台),由"985"高校的某位名师讲授一门MOOCs课程(配1名主讲教师、3名助讲教师、5名助教),鼓励全国各地高校的上百万名学生选修;与名师的讲授相配合,各地高校的老师可以采用课上辅导、课下预习、课外实践的方式,指导和帮助学生释疑解惑、自主探究(张铭,2013)。在此试验取得成功的基础上,鼓励高校各专业、各学科的有条件课程按此模式进行推广,并完成高校之间的学分互认和课程证书发放,从而实现我国优质高等教育资源的全面覆盖、优化配置与深度共享,逐步缩小(乃至消除)城乡、区域与校际之间的差距,真正达成党中央提出的奋斗目标。

第三节 MOOCs终极回归开放远程教育体系

在教育技术领域,虽然在线教育从提出到发展持续了很久,但从未升温至白热化,更没到达全民狂热的程度。而MOOCs的出现仿如天外来客,突如其来闯入大众视线,转瞬即席卷商界、学界甚至政界,带来"飓风",卷起"海啸"。浪潮之巅,有人狂热推崇,认为它将引发"高等教育"的革命;有人强烈质疑,认为它不过是数字化知识经济时代互联网狂热的又一次泡沫。而正如中国教育技术界过去的每一次重大事件,人们充满激情,期望新生的技术明珠能照亮高等教育这个陈旧而顽固的殿堂。激情的正面,是人们一往无前变革的希望和勇气;激情的负面,充斥着的却是普遍的无序和盲动……人们持续在迷茫与冲动之间轮回。经历了2012"MOOC元年"、2013"MOOC初步应用令人失望"、2014"后MOOC时代",2015站在历史的节点,我们可以尝试回顾历史、回归理性,辩证地探讨MOOCs的那些事儿。

本节通过我们研究团队过往针对MOOCs研究的分析与总结,致力于回答以下几个问题:

(1) 教育技术领域,乃至高等教育领域,MOOCs到底是什么?

(2) MOOCs热潮的出现对高等教育产生了哪些影响?产生的原因是什么?

(3) 从教育学的视角分析,MOOCs的特点和不足是什么?

(4) MOOCs的研究现状如何?其发展趋势是什么?

一、MOOCs是什么

斯托克(Stokes,1997)提到,"伟大的科学研究工作常常出于解决某一急迫的实际问题"[①],也许是为了解决长久以来有限的优质高等教育资源难以满足庞大学生群体的需求问题,也许是当互联网技术与思潮冲击各种传统行业时,高等教育是最后几块蓝海。因此,当包含大量优质xMOOC一经出现,立马成为热潮。

MOOCs(Massive Open Online Courses,大规模开放在线课程)是2012—2015年中教育界很火的一个名词。《纽约时报》将2012年称为"MOOC元年"(Pappano,2012)。其后,关于MOOCs的研究论文成"井喷式"爆发。通过对Web of Science中的四大数据库(SCI,SSCI,CPCI-S库和EV数据库)、Google Scholar检索库(检索内容包括论文、书籍、报告

[①] 转引自理查德·沙沃森,丽萨·汤编(2016).教育的科学研究.北京:教育科学出版社,2016:19.

等)和中国知网(CSSCI 和核心论文库)的检索发现,MOOCs 的论文从 2012 年的 56 篇暴涨至 2013 年的 405 篇(申灵灵等,2014)。文献增长了近 10 倍。在高等教育界引发了在线教育的热潮,有学者认为 MOOCs 将掀起高等教育的一场革命(El Ahrache et al,2013),斯坦福大学校长将此现象比喻为"数字化海啸"(a digital tsunami),可能会把传统大学全部冲走(Boxall,2012)。然而,一年之后《纽约时报》于 2013 年 12 月 10 日再次发表文章称:MOOCs 的初步应用结果令人失望,促使人们重新思考大学教学如何更好地利用互联网(Lewin,2013)。"当国际上逐渐转向融合以往网络教学务实发展 MOOCs 的时候,而国内高呼 MOOCs 的声势却有增无减,照搬美国 MOOCs 课程建设模式和商业运行机制,既缺乏针对我国高等教育改革实际的教育信息化理论指导,也缺乏创新的可行方案和顶层设计,行政化打造所谓的 MOOCs 平台与联盟,可能会适得其反,甚至贻误科学发展在线教育的良机。"(程建钢,2014)

实际上,MOOCs 早在 2008 年就已被提出(McAuley et al,2010),只是其发展一直不温不火,到 2012 年才迅速升温。虽然名称都是 MOOCs,实际 2008 年提出的 MOOCs 和 2012 年开始流行的 MOOCs 其内涵有很大差异。前者被称为 cMOOC,以乔治·西门子(George Siemens)与斯蒂芬·唐斯(Stephen Downs)于 2008 年合作开设的"联通主义与连接性知识"(Connectivism and Connective Knowledge,CCK08)课程为代表;后者以 2011 年秋季斯坦福大学试探性地在网上免费开放的三门计算机科学课程——"数据库"(Databases)"机器学习"(Machine Learning)和"人工智能导论"(Introduction to Artificial Intelligence)为开端,并直接使得依托 Coursera、Udacity 和 edX 三大支撑平台的 xMOOC 涌现(韩锡斌等,2013)。

(一) cMOOC

cMOOC 产生于工业社会向知识经济社会的过渡期。知识经济社会的发展以知识的生产和创新为基础(Bereiter,2002)。在知识经济时代,社会知识总量呈现"倍增式"的爆炸增长,基于课程的大学教育对知识传授的速度将越来越滞后于知识增长的速度。知识的创造和产生呈现"网络化形态"(McAuley et al,2010)。传统教育无法满足网络化知识产生、传播和应用的方式。为了解决这些问题,一种对策是延展教育的时间,如

2010年美国教育部提出的国家教育技术计划——《改革美国教育——技术强力支持的学习》,力图构建数字化学习环境,将课内外学习相结合,将在校学习与终身学习相结合,致力于将每个人人生清醒的时间都用于正式或非正式学习(韩锡斌等,2013)。另一种对策则是变革学习方式,如cMOOC。乔治·西门子(George Siemens)认为,人类的学习不再只是简单地把知识复制到头脑中,还要求人们学会使用人与外界知识网络体系的联结管道,人机结合的思维模式是现代人认知世界的基本方式(Siemens,2005)。由于学习必须要与外界知识发生紧密联系,人类的认知需要逐步从个体化转变为分布式,基于网络的联通模式则为分布式认知的发展提供了可能。

基于联通主义的学习理论模型,西门子和斯蒂芬·唐斯创建了全球第一个cMOOC课程:"联通主义与连接性知识。"cMOOC的教学模式将学习设计者、教学者、学习者和学习资源构成一个有机的整体,不仅仅关注批量知识传授的浅层次学习,更加关注将网络中不同人的思想进行联系,引发知识迁移和知识创造,使面向批判理解、信息整合、知识构建、迁移运用和问题解决的"深度学习"真正发生。其教学创新体现在三个方面:①注重非结构化知识的传授和高阶思维能力的培养;②促进基于网络联结的分布式认知;③促进基于网络互联的学习型组织的建立(韩锡斌等,2013)。

(二)xMOOC

xMOOC诞生于数字化知识经济时代,互联网对诸多传统行业产生了革命性影响,教育也是互联网风险投资者探索的一片蓝海。面对互联网给教育变革带来的机遇,新兴企业如Coursera和Udacity把xMOOC看作一种进入高等教育市场的方式,通过提供xMOOC平台和已有高校发展合作关系,开发新的高等教育传授模式,实现颠覆性创新(Yuan et al,2013)。有学者提出xMOOC对高等教育绝对是一个颠覆性的创新,它对全球学生免费或只收取最低的费用,正在吸引大量的学习者进入xMOOC平台;它通过降低对学习者的要求,提供简单的视频呈现技术与小测试嵌入技术、固有的教学方法,以及尽量少的教师介入,都体现了其为了创造更大的收益而选择操作性强、易于复制、运行稳定的基于行为主义理论的教学模式(Skiba,2012)。

xMOOC创新了高等教育运行模式：①通过标准化教学实现品牌大学教学资源的规模化和全球化；②社会资本和资源介入高等教育引发知识产业链重组。xMOOC背后折射出企业介入高校知识产业链的核心是"控制两头,优化中间",即了解社会需求,优化与调整教学过程,保障教学效果与价值实现。只要能满足社会需求,就有可能实现高等教育价值及其带来的商业价值。通过资本运作盘活高等教育知识生产、传播、消费,以及提高高等教育人财物进口与出口的流动速度、效率与效益,这些为高等教育的变革提供了可能(韩锡斌等,2013)。

（三）小结

总的来说,cMOOC研究偏重于教学理论和模式的探索,而xMOOC文献更加关注可能给高等教育体制带来的变革(申灵灵等,2014)。cMOOC提出了适合数字时代基于网络的分布式认知过程的学习理论和教学模式,为数字化知识经济时代的教学提供了改革的方面；xMOOC借助于互联网,引入商业模式,突破了百年来高等教育坚固的"知识产业链"(韩锡斌等,2013)。

然而,cMOOC倡导的教学模式目前只是研究者的一种探索,尚未形成稳定、易于操作、可供一般教师使用的实践模式。学生的学习完全依靠学习者的自我调控,由于没有专门的教学平台,cMOOC主要依靠分散的社会交互软件,给学习者造成了许多技术负担。教师不能事先确定结构化的内容,需要依靠教学进度动态调整教学,因此,当面对超大规模学习者(上万人)的cMOOC课程时,教师将难以掌控学习群体间的交流、探究等教学活动,从而可能会降低课程学习的效果和质量。这一切都增加了cMOOC大规模推广的难度。

xMOOC在形式上是对传统课程教学的翻版,具有标准化、规模化复制传播知识的局限性,如难以适应非结构化知识、学术性和研究性知识的学习；难以培养学生的分布式认知和高级思维能力培养；对学习者和教学中生成的动态知识关注较少,延长知识生产、传播和消费的周期,使得教学中的知识具有一定的滞后性；面向大规模学习者,缺少对教学对象的分类、分层设计,从而导致课程的高辍学率(姜蔺等,2013)。另外,xMOOC围绕知识生产和传播链条引发的高等教育知识产业链的重组与变革,还存在诸多变数。如缺乏一整套稳定运行的商业模式(Yuan et al,

2013);缺乏对高等教育知识产业链中各个部门(如高校、社会产业公司等)作用与定位的明确界定;获取利益难以协调等。

二、MOOCs 的影响及原因[①]

(一) MOOCs 引发高等教育数字化海啸的影响力

MOOCs 的快速发展在高等教育界引发了"数字化海啸",其影响已超出其作为课程本身的含义,因而有时也被称为"大规模开放在线教育"。以下从参与 YMOOCs 的五个主体描述其对高等教育产生的影响。

(1) 众多机构提供 MOOCs 服务。据不完全统计,截至 2013 年年底,仅美国就有 14 个机构提供 MOOC 平台及运营服务,其中最为著名的就是 Coursera、Udacity 和 edX。其他国家和地区也开始构建自己的 MOOC 平台,如欧洲的 OpenupEd、加拿大的 TextbookVideos、爱尔兰的 Alison、英国的 FutureLearn、德国的 iversity、澳大利亚的 Open2Study、日本的 Schoo、巴西的 Veduca 等[②]。一些主流的网络教学平台提供商也推出了 MOOC 版,如 Blackboard 公司也鼓励在其 Coursesite 平台上建设免费公开课(Jeffrey,2013),Instructure 公司推出的 Canvas Network 平台整合了 YouTube、Facebook 等应用来支持开放课程(Kim,2012),清华大学教育技术研究所基于多年研发的清华教育在线(THEOL)网络教学综合平台设计构建了 MOOC 平台——uMOOCS(韩锡斌等,2014)。

(2) 众多名校加入 MOOCs 联盟。众多高校尤其是名校纷纷加入 MOOCs 联盟。2011 年秋成立的 Coursera 在一年时间内吸引了包括斯坦福大学、普林斯顿大学、宾夕法尼亚大学、伦敦大学等在内的来自四大洲 62 所知名大学(Round,2013)。麻省理工学院和哈佛大学 2012 年发起成立了非营利机构 edX,我国的北京大学、清华大学、复旦大学、上海交通大学分别与 Coursera 和 edX 签约建立合作伙伴关系。

(3) 众多教师开设 MOOCs 课程。截至 2014 年 2 月,美国的

[①] 本节主要结论来自韩锡斌,朱永海,程建钢(2014).MOOCs 在全球高等教育引发海啸的根源分析.北京大学教育评论,2014,12(3):160-172.
程璐楠,韩锡斌,程建钢(2014).MOOC 平台的多元化创新发展及其影响.远程教育杂志,2014(2):9.

[②] 2014 年 2 月 18 日摘自 MOOC List 网站,http://www.mooc-list.com/.

Coursera 平台有 622 门在线课程，Saylor. org 平台上有 316 门课程。爱尔兰最大的免费远程教育提供者 Alison 上有 600 课程。英国的 Futurelearn 上有 42 多 4 门课程。澳大利亚 Open2Study 有 238 门课程。德国的 iversity 上有 28 门课程。各个平台上的课程都在不断增长。

（4）众多学生参与 MOOCs 学习。据 edX 官网介绍，MIT 的一门课程《电子与电路》有超过 160 个国家的 15.5 万名学生注册，这些学生的年龄从 14 岁到 74 岁不等；《人工智能导论》课程全球共有约 5.8 万人注册。截至 2014 年 2 月，仅 Coursera 平台有来自近 200 个国家超过 658 万名注册学生。[1]

（5）众多人士开展 MOOCs 研评。大量新闻媒体和专业期刊报道了 MOOCs。本文研究团队进行了系统的文献分析，截至 2014 年 2 月谷歌检索 MOOCs 关键词有 1200 万个相关网页。从相关研究文献每年增长情况来看，MOOCs 的概念刚被提出的三年里并未引起过多关注，有关 MOOCs 的文献寥寥无几，2008—2010 年来自 SCI、SSCI、CPCI-S、EI 以及 Google Scholar 中的文献仅有 12 篇；2011 年 18 篇，2012 年 43 篇，到了 2013 年文献数量剧增，达到 259 篇，MOOCs 受到前所未有的关注并且产生了极大的影响力。

（二）MOOCs 在高等教育引发海啸的直接原因

通过分析高等教育系统的"内部因素"，可以探究 MOOCs 引发数字化海啸的直接原因。下文从高等教育的"整体"及其若干"要素"——组织者、学习者、教学内容和教学媒体技术与模式的视角分别予以审视。

1. 从整体视角看：MOOCs 点燃了破解"高教改革困局"的希望

传统大学具有很多优势，如有效的组织与管理、面对面教学与交互、师生共处一室的情感培养等，但也面临一些难解的问题，如教学经费逐渐膨胀、教育公平亟待改进、普及化的教学质量有待提升等。MOOCs 的兴起为解决上述问题带来了希望。新媒体联盟《地平线报告》指出：MOOCs 最吸引人的是能够提供持续的、高端的学习而不需要任何花费，就能让在校学生、成人学习者和专业人士获取新的技能，提高他们的知识水平和就业能力（Adams et al, 2013）。MOOCs 最大的创新是品牌院校课程的易获

---

[1] 2014 年 2 月 18 日摘自 Coursera 网站，https://www.coursera.org/.

得性，引发了全球教育资源的重新配置，在一定程度上推进了教育公平，让全球教育更加民主化，是高等教育国际化的一个重要标志（Lawton，Katsomitros，2012）。

MOOCs 为高等教育改革燃起了新的希望，但是断言其能够解决高等教育的问题，甚至掀起一场革命还为时尚早。翻开 e-learning 发展史，可以看到历次新的媒体技术出现时总能引发对教学实践变革的无限遐想，历史也一再表明这样的改变都比倡导者预测的慢得多、范围小得多（Reiser，2001）。2013 年美国 MOOCs 的教学实践遭遇了挫折，促使人们对其进行重新思考。2008 年首个 MOOC 课程的负责人乔治·西门子（George Siemens）表示：MOOC 正在"从炒作热点走向实际应用"，以 MOOCs 变革大学教育也不是一夜之间就能实现的事情，未来的一大挑战是让面向成千上万人的在线课程带给每个学生个性化的体验（Lewin，2013）。因此，"MOOCs 是一剂重要的催化剂，而非在线教育整体解决方案的全部或"秘方"，我们需要客观和辩证地分析、认识和实践 MOOCs"（程建钢，2014）。

2. 从校方视角看：MOOCs 成为"名校俱乐部"的一个标志

虽然从 2008 年开始就有一些加拿大学者开始推行 cMOOC，但并未引起公众的关注。直到 2012 年美国一些常青藤大学和创业公司的介入，xMOOC 才受到全球范围内的广泛关注（Gaebel，2013）。Coursera 成立不到一年的时间，就有 62 所名校加入，影响之大，让一些大学校长开始担心，如果不和 Coursera 签约合作，自己学校的声誉就会受到影响（Tilsley，2013；Kolowich，2013），不甘落后的从众心理导致世界各地很多著名高校积极参与到 MOOCs 运动中来。一些人甚至认为作为哈佛大学和麻省理工学院创建的 edX 到来的也有点晚（Gaebel，2013）。一时间 MOOCs 成为高等教育的"新大陆"，各国知名高校都不希望失去向全世界传播知识和提升国际地位的机会。中国的几所知名高校也纷纷加入 Coursera 和 edX，力图在国际舞台有自己的一席之地。然而一些评论认为，许多大玩家正在试用 MOOCs，尽管他们过去在 e-learning 中并未取得成功，但是迫于压力，他们不想落后于其他学校（Daniel，2012）。同时，大学发现他们正处于吸引学生的一个竞争性市场中，MOOCs 正好是一个商机，对那些有竞争力的名牌大学，正好抓住这次契机。

可以看出名校加入MOOCs是一种"追名逐利"的行为,但是这种行为在学生学到什么和怎么学的过程中扮演了什么样的角色？MOOCs的发展是被其运营企业来塑造？还是能与大学的使命联结在一起(Gaebel,2013)？有些观点认为,如果大学的基础课程能够由参与的企业共同提供,研究型大学将能抽出更多精力关注实验教学,大量的教师也可从公共课程教学中解脱出来,从事科研工作(Lawton,Katsomitros,2012)。但是也会出现一个悖论,一方面,对于研究型大学来说,最好的教学方法就是要和其"研究"属性保持一致,靠"研究"来吸引学习者,教学质量也取决于大学提倡的以"学生为中心"的自由精神和研究精神(Raymond,2013)；另一方面,MOOCs却采用传统课堂教学的翻版,以教师为中心,缺少学习者"自主探究",更缺乏研究型大学的研究性文化氛围和精神,学习者很难获得名校的耳濡目染,难以取得高质量的学习。因此丹尼尔(Daniel,2012)指出,当前许多MOOCs在教学法方面还是非常传统的,教学质量也比较低；MOOCs的最大谎言是：用大学的品牌代表了教学质量,而事实并非如此。

或许随着时间的推移,人们能够找到更多的方式改善和提高MOOCs的教学质量。但是,把改进质量的希望仅放在教师个人的努力上显然是不够的。MOOCs运营商改进课程的目的是盈利,学校领导者参与MOOCs的动机是害怕落伍,对于提高网络教学质量可能需要的资金和人力的大量投入,他们显然没有做好准备(Young,2012)。因此,从校方视角看,MOOCs展示了其"名校"的品牌,但品牌不能代表教学质量,名校能否真正承担起MOOCs质量的责任是在线教育可持续发展的关键。

3. 从内容与学生视角看：MOOCs试图满足大规模人群的"学习需要"

MOOCs通过精选适合大众学习需求的"公共/基础课程"和"职业技能课程",赢得得了大规模的注册用户。从历史演进来看,MOOCs之前的视频教学主要是人文与励志类的演讲或讲座形式,类似于TED Talk(Technology,Entertainment,Design),满足了人们的学术"娱乐"需求。MOOCs是偏向于理工科的"基础型"和面向特定工作的"技能型"课程。Coursera和edX的课程中的大多数属于理工科的"基础型"课程,如"电子与电路""人工智能导论"等,适合量大面广的用户群。Udacity则主推"技能型"课程,力图缩小学生技能与就业所需素质之间的差距,重塑21世纪教育，其课程基本上限定在商学、计算机科学、数学、物理学和心理学五个学科领域，其中部分课程是与 Google、微软等公司共同设计的，强调"做中学"，课程特色是高度交互性以及基于项目的练习。Future-learn 的 CEO 也表示，课程设计将 100% 以学生需求为中心。Lynda 作为收费的专业技能类培训网站的成功从另一个侧面证明在线课程满足人们职业发展需求的重要性，他们将课程内容与计算机软件行业的职业要求相挂钩，使用视频培训专业软件编程技能，很受市场的欢迎。2012 年 Lynda 收取的订阅费用已经突破 1 亿美元，2013 年年初获得了 1.03 亿美元的融资。①

然而 MOOCs 在获得大规模注册用户的同时，也凸显了一个问题，即学生群体庞大，类型也因此变得多元化，学习者的知识背景、心理特征和学习目的多样化（Kizilcec et al，2013）。一门课程如何满足多样化学习者的需求，MOOCs 的通行办法就是将课程内容浅显化，以满足其大规模应用的目的。Coursera 平台上大多数课程的定位都是入门级的，对于先前学习经验并没有提出特殊要求，由此导致无法满足学习者多样化的需求，如美国杜克大学（Duck University）对 2012 年 11 月至 2013 年 2 月在 Coursera 上开设的"天文学"课程的学习者进行调查分析后发现，绝大部分学习者无法顺利通过课程学习的原因之一是部分学生觉得学习此课程需要大量的基础知识作为基础；而另有一部分学生却觉得课程内容太基础，不是真正的斯坦福、剑桥等名校的水平（Colman，2013）。

MOOCs 超低的课程通过率也是被广为诟病的一个问题。麻省理工学院在 edX 上开设的"电子和电路"课程中，共有 15.5 万名注册学员，但只有 7157 人（5%）完成了最终考核，对此情况 MOOCs 的运营者辩解：因为注册人数很多，即使通过率低，但通过课程的学生绝对数量还是非常可观的（Hardesty，2012）。反对者的观点则表示，这仅是从课程实施的角度看问题，而不是全体注册学生的角度，远程教育长期研究和实践表明，辍学会对学生造成长期伤害，同时也有损在线教育的声誉（奥蒙德·辛普森，2013）；MOOCs 机构 10% 甚至更低的完成率在任何地方都将被认为是损失惨重的（Daniel，2012）。因此，MOOCs 要满足大规模群体复杂的

---

① 摘自 Lynda 网站，http://www.lynda.com/.

学习需求仍然面临巨大的挑战。

4. 从技术与模式视角看：MOOCs 提供了"技术支撑下的稳定运行模式"

MOOCs 采用了基于行为主义的程序化教学模式，其运营的技术基础——网络教学平台也围绕该模式进行功能设计，支持程序化教学模式的各项环节，包括说明课程计划（Syllabus and Schedule）、注册（Enroll）、发布授课视频（Release video）、进行测验（Quizzes）和作业（Assignments）、提供交流互动论坛（Communication and Interaction）、考试（Exams）、评价与改进（Evaluation and improvement）等（Anderson,2013）。在上述平台支持下的 MOOC 课程具有方法成熟、教学模式运行稳定、可操作性强、适合结构化知识学习的特点，形成了可复制的教学模式，推动了 MOOCs 的快速发展。

另外，这种"技术支撑下的稳定运行模式"也存在很多问题，包括：①教学组织形式是传统课堂教学的翻版，以结构化的知识传授为主，相应就继承了传统课程教学的优点和不足，这种学习方式并不完全适合分布式认知和高阶思维能力培养；②MOOCs 程式化的教学模式单一，教学设计简单，既没有分类、分层的教学目标分析，也没有针对多种学员对象的需求，难以适应高等教育众多学科和不同类别课程的具体要求；③现有的 MOOC 平台与以往网络教学平台相比，还有很多地方需要发展完善，自身尚处于"婴幼儿"阶段，不能因单门课程的注册学员多而过度夸大其平台的教育性和技术性功能；④与以往的开放远程教育系统相比，MOOC 平台仅涉及课程教学层面，缺乏数字化教学资源库和与其他教学及其管理平台的数据交换共享等（程建钢，2014）。有学者指出，MOOCs 采取的教学模式是正在被大家批评的灌输类教学法，聚焦于知识的复制，有悖于他们所承诺的教学理念（Siemens,2012；Daniel,2012）。博客作家丹·布汀（Dan Butin）将其称为"Web 2.0 世界中的 Web 1.0 学习产品"，新瓶装旧酒而已。

（三）MOOCs 在高等教育引发海啸的深层原因

MOOCs 的快速兴起还受到了高等教育以外因素的影响和推动，本文将从文化、经济、市场和理论四个主要方面进行探讨。

1. 在文化维度上，是信息技术的综合应用，还是互联网文化的渗透？

MOOCs 主要依靠视频演示与小测验等传统教学方法传授知识，甚少整合当前主要的社交媒体,以提供在线讨论、扩展在线学习空间,也缺乏完整的学习支持服务体系。即使 MOOCs 大力宣传自动测评和面向过程的大数据分析技术,实际上也很少应用。虽然 MOOCs 所采取的技术手段只能算是信息技术的一个较低层面,但重要的是信息技术背后所体现出来的信息文化或互联网文化精神。正是这种文化促进了 MOOCs 对教育的渗透,在一定程度上拉近了大众与教育的距离,满足了社会对高等教育公平、效益、质量与规模等方面的要求。

互联网文化表现出的典型特征是开放性、多元化、草根化、个性化和大众化,它对社会的影响不是局部的,而是全方位、整体而深刻的。第一,互联网具有跨时空性与便捷共享等特征,技术的应用使社会由"层级"结构转变成为一种"扁平"结构,层次与距离没有了,社会顶层部分特权阶级的特权没有了,人人平等;第二,互联网文化的免费与共享机制使全球范围内教育资源(尤其是优秀师资资源)的共享成为可能,在一定程度上推进了教育公平,让全球教育更民主化;第三,基于互联网的经济和社会结构培育了数字土著居民的数字化生存能力,他们适应了网络文化,习惯了网络学习,能够在网上自由穿梭,轻松寻求学习资源。这也体现了互联网所谓"后塑文化"(Post-figurative Culture)的特征,即年青一代对新观念与新科技良好的接受能力在很多方面要胜过他们的前辈(Mead,1974)。第四,互联网文化的草根特性使得人人都可以直接参与大学学习;第五,互联网文化引发了全球教育资源的重新配置,推动了高等教育的国际化,实现了社会所赋予高等教育重要使命(Lawton,Katsomitros,2012)。

在互联网文化中出现的开放课件运动(Open CourseWare,OCW)、开放教育资源(Open Educational Resource,OERs)以及视频公开课等也为 MOOCs 奠定了一定的应用基础,校方和学习者都积累了相关经验。网络文化的特征和教育属性结合起来,造就了今天 MOOCs 的发展。

2. 在经济维度上:是教育经费紧缩的救命稻草,还是风险投资的金矿?

MOOCs 最初的发起者并不来自于校方,而是个别院校的教师,他们具备信息技术开发与应用能力,经过教学试验获得了经验并展示了发展前景,在风险投资的介入下,在校外创办了公司,如 Coursera、Udacity 等。经过公司的精心运作和媒体的炒作助推,MOOCs 引起了学校的关注,这种关注的原因之一就是高校面临的经费困境。要理解 MOOCs 对高等教育的真正意义，需要考虑到美国大学在金融危机之后的经济状况（Vardi，2012）。近年来美国政府在教育经费上的投入呈现逐年下降的趋势，而教育的成本又在逐年增加，导致美国的高校财政入不敷出，教育的开支却是20世纪80年代的5倍多（Wright，Reuters，2013）。皮尤研究中心（Pew Research Center，2011）的一项调查显示，近六成（57%）的被访者认为美国的高等教育机构给学生提供的价值与他们及其家庭的花费不匹配，75%的认为高校对大多数美国人来讲过于昂贵以至于无法承受。几乎每个家长（94%）都想让他们的孩子上大学，但因为学费上升到了创纪录的水平，大多数年轻人仍然不能上大学并获得学位，主要障碍就是经济负担。

大学需要寻求一种效率更高的教学方式，MOOCs为美国高校解决经费困境提供了新的方案，换句话说，降低成本就是MOOCs在美国大行其道的主要原因之一。穆迪投资者服务公司的报告（Moody's Investors Service，2012）指出：MOOCs创造了新的收益机会，在增加学校品牌声誉的同时，为学校提供了开放免费的网络教学平台及相关服务，免除了学校开发与维护网络教学设施的成本，提高了学校的教学运行效率。还有一些研究者指出，长期来看MOOCs将对削减高等教育成本有所帮助，自美国1986年通货膨胀以来，这项支出已经增长了360%（Archibald，Feldman，2011）。

另外，近十年来互联网对很多行业产生了革命性的影响，其"草根"和"免费"特质再造了生产、流通和消费的流程。与互联网有关的企业相继崛起，引领风险投资市场，诸多传统行业受到了巨大冲击，教育也不可能永远置身世外。有观点认为，虽然作为美国经济重要组成部分的教育目前还未被信息技术影响太多，但技术正在开始改变高校百年的商业模式；教育将会成为互联网时代风险投资逐鹿的新行业，硅谷也将"高等教育视为一块肥肉"，MOOCs可能就是攻击它的武器（Vardi，2012）。英国大学联盟（Universities UK）的一份研究报告显示，MOOCs的多家运营公司都得到了不少的风险投资，包括Coursera，Udacity，Udemy，CreativeLIVE，Minerva等，其中Udacity在其运作的初期就获得风险投资公司Andreessen Horowitz，Charles River Ventures和Steve Blank共计2100万美元的投资（O'Prey，2013）。

校方因为经费不足,风投公司因为商业投资,都在寻求机遇加入高等教育信息化浪潮之中(Gaebel,2013)。MOOCs将风投公司过剩的资金出口与高等教育经费紧缩困境造成的经费不足的需求入口衔接起来,满足了双方的利益诉求,形成了推动合力,促成了MOOCs迅速繁荣的局面。

3. 在市场维度上:是教育改革和学习革命,还是商业模式驱动?

有观点认为MOOCs将掀起高等教育的一场革命(El Ahrache et al,2013;Voss,2013),甚至"数字化海啸"可能会终结传统大学(Koller,2012;Boxall,2012)。但另一些观点认为:MOOCs并非真正的变革,它包含的一些元素早已存在。即使与顶级的研究型大学相互联合,面向更广范围的学生提供在线课程,也不是新鲜事(Daniel,2012)。还有一些观点甚至批评说:Coursera模式并不是创造一个学习社区,它创造了一个群体。大多数情况下,这个群体在促进学习关系方面缺乏真诚、自主和兴趣。无论是面对面的学习还是在线学习,只有当师生之间存在深思熟虑的交互时,学习才会发生(Guthrie,2012)。

如果MOOCs不是一场教育和学习的变革,那么其本质是什么?目前主导MOOCs的运作机构是第三方机构,而且大多数是公司,大学只是参与其中。Coursera的合作院校把MOOCs当成副业而不是核心业务,其中有两个院校承认,他们没有给那些准备课程的教师提供任何教学法上的帮助。Coursera设计了一个通用的操作指南,把课程设计的任务交给每所学校;但他们改进课程的出发点不是为了更好地服务于学生而是担心蒙受经济损失(Daniel,2012)。有学者一针见血地指出:大学(尤其是有竞争力的名牌大学)发现他们正处于吸引学生的一个竞争性市场中,MOOCs正好是一个商机……聚焦在商业目的而不是教学目的(Gaebel,2013)。

大学虽然是一种非营利组织,但把大学教育当作为顾客提供服务的商业行为是常见的现象。英国政府制定政策,以更加激进的方式允许新的、有营利目的的供应商进入高等教育市场(Skiba,2012)。Coursera和Udacity等运作模式都在一定程度上是以营利为目的的。虽然从当前来看,MOOCs还缺乏有效的商业模式和清晰的营利模式,但这丝毫不影响硅谷的风险投资者,"硅谷"心态即强调先快速建立公司,随后再考虑营利的问题(Moody's Investors Service,2012b)。商业组织把MOOCs看作一种进入高等教育市场的方式,通过提供 MOOCs 平台与已有机构发展合作关系,开发新的高等教育的商业模式(Yuan,L.,Powell,S.,2013)。虽然 MOOC 课程学习是免费的,但如果学习者要获得哪怕是课程教师签署的证书也要支付费用。潜在的商业模式大致有:认证、雇员招聘、申请人筛选、辅导、考试、安全评估、赞助等。另外,用户行为数据挖掘、销售配套学习产品(如教材等)等也是值得考虑的模式(Young,2012)。Coursera 的学习者只要支付 30～100 美元,就可以获得由知名大学在线课程教师签发的课程证书。如果从 15 万名的注册学员及 10% 的完成率来看,一门课程也能收益在 45 万～150 万美元。因此,MOOCs 的商业化运作是一种重要的动力机制,推动高等教育的全球化。

MOOCs 发起者的一个口号就是让任何学习者便捷获得优质课程资源,让全球教育更加民主化(Lawton,Katsomitros,2012),知名高校也把参与 MOOCs 当作一种在线"慈善"行为,以推动教育均衡与教育公平,但有学者对此表示质疑(Covach,2013)。美国商业杂志 *Fast Company* 2013 年 12 月在一篇文章中指出:Udacity 的创始人塞巴斯蒂安·斯伦(Sebastian Thrun)正在将其公司的重心从大学课程向与企业合作的商业性培训课程转移(Chafkin,2013)。这篇文章为斯伦乃至 MOOCs 行业招来了很多负面评论,有人认为 MOOCs 变革高等教育的企图宣告失败,认为风投支持的 Udacity 看重利润而忽视那些处于社会弱势地位的学生。乔治·西门子认为,不管他(斯伦)的本意如何,但是这篇文章标志着围绕 MOOCs 的讨论将发生一个根本的转折(Lewin,2013)。

4. 在理论维度上:是教学理论的创新,还是高等教育运行模式的创新?

很多学科和实践领域的发展都存在着一个现象,即一段时间后人们又回到最初的理论原点,或者说,重新挖掘出原有理论的现实指导意义。作为早期教育技术学科形成的三大领域之一的程序化教学理论,又重新被人们认识到它的重要价值。从 20 世纪 20 年代发展起来的教学电影、教学机器和各种程序化教学系统都是基于行为主义和认知主义理论的学习或教学系统(韩锡斌等,2012)。程序化教学理论是新行为主义的代表人物哈佛大学心理学家斯金纳(Skinner)在其强化理论的基础上进一步提出的,而且斯金纳本人设计了"教学机器"并开展应用了程序化教学模式(Skinner,1958)。随后,"程序教学机器"被"计算机"所取代,程序化教学理论也成为计算机辅助教学的理论基础,现在又作为 MOOCs 的理论基础。在上述发展过程中变化的只是承载"程序化教学"的"机器""媒体"和"技术"等,不变的是程序化教学的思想,这也证明了"程序化教学理论"的强大生命力。程序教学理论的要点可以概括为小步子原理、积极反应原理、及时反馈原理、自定步调原理和降低错误率原理(Driscoll,2004)。这些原理都体现在 MOOCs 教学进程中——课程设计(小步子、降低错误率)、互动模式(积极反应、及时反馈)、学习节奏(自定步调)和评估(及时反馈、降低错误率)等。

上述 MOOCs 一般被称为 xMOOC,与此相对应的 cMOOC 强调人机交互的学习模式,把课程设计者、学习资源、教学者、学习者和自发组建学习共同体等作为一个整体,并基于已经大众化的社会性交互工具平台,促进不同思维类型和学习方式的学习者在人-机、人-人交互模式下切磋学习,引发知识迁移和知识创造,使面向信息聚类、整合理解、迁移运用、批判思维和知识构建等的"深度学习"真正发生,从而对传统大学教学模式和组织形态提出了革命性挑战,因此学术界充分肯定了 cMOOC 的教学理论创新。但是,cMOOC 尚未形成稳定的、易于复制的、可供一般在线课程教学应用的实践模式,也没有风险投资便于介入的抓手,其发展没有形成"MOOCs 热潮"(程建钢,2014)。

xMOOC 基于行为主义的程序化教学理论,采用易于复制的课程框架,由商业化公司运营,构建统一的在线课程平台,邀请著名大学加盟,在课程学习环节免费向全球开放课程,吸引了众多学员注册学习,而在课程结业认证等环节收费,从而形成资本投资收益的商业模式,很快受到风险投资的青睐,加之媒体的大力宣传和渲染,加速了政府、社会、学校和公众对于网络教学意义的认识。

是什么造成了注重"知识传递"和"行为训练"的 xMOOC 热潮,而压抑了"强调"知识创新的 cMOOC? 有观点认为,cMOOC 是一种典型的维持性创新(Sustaining Innovation),它强调创新精神与创新人才的培养,提供一种高品质产品与服务,而 xMOOC 的运营公司通过统一的平台与知名高校发展合作关系,开发新的高等教育传递模式,实现颠覆性创新(Yuan,Powell,2013)。颠覆性创新是指将产品或服务透过科技性的创新,并以低价特色针对特殊目标消费人群,突破现有市场所能预期的消费改变。xMOOC 具备了实现颠覆性创新的三个条件：其一，由于新技术发展，使得获取品牌大学的教育资源变得更加简便；其二，大量学习者愿意以免费或低廉价格获得名气很大但服务尚不到位的学习资源；其三，该项创新将对市场现存者（高校）具有潜在的重大影响。xMOOC 对全球学生免费或只收取最低的费用，正在吸引着大量的学习者进入 xMOOC 平台；它通过降低对学习者的要求，提供简单的视频呈现技术与小测试嵌入技术，以及固有的教学方法，尽量少的教师介入，都体现了其为了创造更大的收益而选择了操作性强、易于复制、运行稳定的基于行为主义理论的教学模式（Skiba，2012）。

因此，MOOCs 热潮背后蕴含的不是教学理论的创新，而是 xMOOC 突破了大学承担知识产生、传播与消费的完整链条（过程），将更多社会资本和资源引入，由企业承担了部分知识传播的任务（环节），为高等教育运行模式变革提供了可能（韩锡斌等，2013）。

（四）小结

从高等教育系统内部的整体和诸要素来看，MOOCs 凸显了名校品牌效应，并在技术的支撑下具备了稳定的运行模式，而且提供的内容偏向技能型和基础型，契合了学习者的需要。而站在高教系统之外可以发现，高等教育改革内部因素是受到系统外部更为深层因素作用的结果。MOOCs"海啸"的深层原因包括：技术时代下的互联网络文化对高教的渗透；MOOCs 衔接了风投资金与高等教育经费紧缩困境之间的供需关系；当然，风险资金对教育投入的目的不是为了解决教育经费的问题，而形成一种强大的市场运作能力，推动高等教育运作模式的变革，以硅谷投资的心态，力图构建新的营利模式与商业模式。透过 MOOCs 背后的理论分析表明，MOOCs"海啸"并不是行为主义理论中程序教学理论的循环演绎，更不是行为主义理论的优势体现，而是在科技时代下颠覆性创新理论/科技在高等教育领域产生的颠覆性变革，以技术对传统课堂教学电子翻版和知识复制等较为"廉价"的形式介入高等教育，甚至是以牺牲教学法等教学质量为代价，而形成低价优势以换取大规模的业务推进，形成"大规模开放在线教育"，也响应网络时代下公平、效益和共享等文化品质。

由公司主导运作的 MOOCs 在高等教育领域掀起了变革的浪潮，具有积极的意义,体现在不仅引发了高校内外对高等教育的反思,而且社会资本和资源介入高等教育引发知识产业链"重组",促进高等教育运行机制的变革。然而 MOOCs 倡导者们在美国进行的多项尝试效果不尽如人意,让很多人开始重新思考 MOOCs 对于高等教育的意义,MOOCs 正在"从炒作热点走向实际应用",以 MOOCs 变革大学教育也不是一夜之间就能实现的事情。MOOCs 不是解决高等教育面临问题的灵丹妙药,而是推动"Bricks 与 Clicks"深度融合的催化剂,能够助力高等教育信息化事业的发展。

三、MOOCs 教育学分析

(一) 学习者视角下的 MOOCs[①]

形成于 2008 年的 MOOCs(大规模开放在线课程)[②]在近两年得到了井喷式的发展。学习者的大规模参与,免费开放的学习资源和学习过程,不限定学习者的身份、背景和知识水平,交互式视频和练习支持对学习者的即时反馈等,都是有别于传统面授教学和远程教学的显著特征。然而,大规模的注册率是否等同于大规模的参与率与通过率?免费开放的优质学习资源和学习过程能否带来学习者学习积极性的提升?不限定学习者的内在属性是否代表任何学习者都适合 MOOCs 学习?以短小视频穿插测试与交互环节为特征的学习方式是否能够鼓励和引导学习者更加积极有效地学习与思考,从而有效提高学习效果?针对上述问题并基于现有文献,本节对学习者的特征和学习效果进行分析。首先描述目前 MOOCs 学习者的规模和特征,其次分析学习者的学习效果,然后分析学习者的学习动机,最后为学习者和教学者提出建议。

1. MOOCs 的学习者规模和特征

据 Jordan(2013)对各 MOOC 平台(Coursera、Udacity、edX、Class2go、Canvas.net 以及 NA-Moodle)的最新统计数据显示,单门 MOOC 课程的注册量最大已达 23 万人,典型的 MOOC 课程注册量在 5 万人左右

---

① 本小节内容主要来自姜蔺,韩锡斌,程建钢(2013).MOOCs 学习者特征及学习效果分析研究.中国电化教育,2013(11):54-59,65.

② 维基百科(Wikipedia).MOOCs 词条.http://en.Wikipedia.org/Wiki/MOOCs,2013-08-03.

(Jordan. K, 2013)。就几个知名的 MOOC 平台来讲,注册学习者已达十万为单位计数,如 Udacity 自 2012 年开办至 2013 年,成功吸引了过 40 万学习者注册学习①;Coursera 自 2012 年 1 月成立,至 2013 年 9 月初已有超 464.7 万名注册学习者,包含 437 门在线课程②。

MOOCs 的免费开放性决定了 MOOCs 学习者在年龄、国籍、职业背景、学习目的等多方面具有了多样化特点。据统计,目前 Udacity 在 2012 年夏季的注册学习者覆盖了 203 个国家,而 Coursera 的注册学习者已遍及 220 多个国家(M. Mitchell Waldrop, 2013)。维基百科(Wikipedia)对 Coursera 自开通至 2013 年 3 月总计 13 个月的全 280 万名注册学习者的国籍统计数据显示,来自美国本土的学习者仅占全部注册学习者的 27.7%,主要受众人群来自世界各国。就单门课程来看,斯坦福(Stanford University)2011 年夏季开设的人工智能课程在除朝鲜外的全球所有国家范围内吸引了 16 万名学习者注册学习(Martin F. G., 2012);edX 在 2012 年线上开设的电路与电子计数课程,吸引了来自 160 个国家的 15 万多名注册学习者(Asha, Kanwar, 2012)。2013 年单门 MOOC 课程 23 万人的注册量对比 2008 年首门 MOOC 课程 2300 人的注册量,短短五年 100 倍的增长;2013 年统计的 27.7% 美国本土学习者的参与量,对比 2010 年 66.8% 美国本土学习者的参与量,在全球化程度上也呈现出来翻转性的变化。MOOC 课程具有传统课堂无法比拟的巨量学习者注册数和无地域限制的特征。

有研究者分析了学习者的职业背景及其学习目的,提出了以下九种 MOOCs 学习者类型(Ruchira, Kitsiri., 2013)。

(1) 在校大学生:辅助现有传统教学,出于对课堂提供的有限教学资源的补充,对传统课堂无法满足其广泛交流互动要求的实现目的,开展 MOOC 课程学习。

(2) 即将步入大学的学习者:通过 MOOCs 简单了解各类专业的内容,明确其深度与广度,为自己未来攻读的专业方向做一个选择。

(3) 从事研究工作的学习者:一方面,利用 MOOCs 获取研究领域的

---

① 维基百科(Wikipedia). Udacity 词条. http://en.Wikipedia.org/Wiki/Udacity, 2013-09-04.
② Coursera. http://www.coursera.org, 2013-09-04.

最新信息,拓宽视野,了解最新的领域发展动态,为学习者选择研究项目开题研究提供导向信息;另一方面,在研究项目进行的过程中,学习者往往会有空白的知识区域,与此相关的 MOOC 课程即可为学习者提供相关介绍信息,使学习者快速掌握某一知识内容的总体框架、某一知识点的重点词组(key terms)及核心理念(core principle),不断更新学习者对目前该知识点相关的最新发展情况的信息,以帮助学习者开展研究工作。

(4) 终身学习者范畴之教师角色:教师通过 MOOCs 的学习,促进其专业领域的知识更新与职业发展,同时也可及时了解新的教学方法,学习新的教学方式用于日常教学工作。

(5) 终身学习者范畴之家长角色:很多家长在辅导孩子学习的过程中会遇到因对某一部分的知识没有了解而无法指导的现象,需要从相关 MOOCs 快速获取空白知识,用于指导自己孩子的学习。

(6) 终身学习者范畴之以兴趣了解为目的的个人知识探索者:有些学习者,在日常生活中遇到不熟悉的境况时,很希望通过填补某一部分的知识来解决这些问题,或解释这样的境况。这些学习者会通过注册 MOOCs 来获取可靠信息,并对专业层面的知识进行了解和学习。

(7) 终身学习者范畴之以充实个人内涵为目的的对不同人生阶段知识的补充者:简单来讲,这类学习者往往会在不同的人生阶段选择不同类别的 MOOCs 学习,以满足其不同阶段充实个人内涵的需求。

(8) 终身学习者范畴之用于促进职业发展的学习者:主要描述因工作需要且无时间系统学习而选择通过 MOOCs 了解工作、专业需要的基础信息与核心规则的学习者。例如,大学毕业生利用 MOOCs 来定位首份工作,明确工作方向,通过课程学习的内容帮助个人制定职业规划(如对个人已有的意向做一个客观评价,确认未来是否有发展前景)。利用 MOOCs 开展企业培训的群体:一方面,公司负责人可以利用 MOOCs 对员工进行培训;另一方面,也会以 MOOCs 的通过认证作为企业内员工专业知识评价的一个评价指标。

(9) 其余无具体类别归属的终身学习者:学习者除因抱有上述几种明确目的利用 MOOCs 开展终身学习以外,还会有因其他原因而选择 MOOCs 学习的,如有的学习者因要临时教其他人某项知识,而首先注册学习 MOOCs 课程用作参考等。

2. MOOCs学习者的学习效果

(1) MOOC课程的通过率和参与现状分析

MOOCs自开始大规模应用以来，以平均5位数的注册量使得在个位数徘徊的通过率显得更加明显（René F. Kizilcec；Chris Piech, Emily Schneider, 2013）。统计数据显示，Coursera总体上的课程完成率只有7%～9%[①]；Jordan（2013）对目前部分高校主流MOOC平台的数据统计显示，虽然有MOOC课程完成率有达到40%的情况，但大部分MOOCs的课程完成率不到10%（Jordan K., 2013）。

PLENK 2010的数据显示，尽管课程注册者的人数多，但是只有平均40～60名学习者通过发布博客或海报的方式积极地参与到课程中，而其他学习者的参与度比较低（Kop R., Fournier H., Mak J. S. F., 2011）。维基百科（Wikipedia）中也提到，MOOC课程的完成率一般都是很低的，尤其是在课程开设一周后会有明显的下降，如杜克大学（Duke University）2012年秋学期开设的生物电子学（Bioelectricity）课程，12 725名学习者注册课程，仅7761名（61%）学习者观看了课程视频，3658名（29%）参与者参加了小测验，仅345名（2.7%）学习者参加了最终的考试并有313（2.5%）名学习者通过了本课程的考试并拿到了认证证书[②]。斯坦福大学2011年夏季开设的人工智能课程共16万名学习者注册课程，2.3万名学习者完成学业，课程通过率只有14%（Martin F. G., 2012）。

为了进一步分析MOOC课程的学习情况，一些研究者根据在课程中的参与程度对学习者进行了分类。潜水者（lurking participants）：一般不与同伴交互，仅跟随课程进度，查看教学材料、教学视频，参与测试；适度活跃者（moderately active participants）：会参与部分感兴趣的话题，进行小范围的讨论；活跃参与者（memorably active participants）：学习者除参与话题讨论之外，还善于总结分享学习心得，主动挖掘课程相关知识，主动开启话题讨论（Koutropoulos, A., Gallagher, M., Abajian, S., de Waard, I., Hogue, R., Keskin, N., Rodriguez, O., 2012）。

来自斯坦福大学（Stanford University）的学习分析小组将MOOCs

---

① Coursera. http://www.coursera.org, 2013-09-04.
② Coursera. http://www.coursera.org, 2013-09-04.

的学习者分为四类(表 8-1)。观众(Auditing):看了课程的视频,几乎不参与测试和考试;完成者(Completing):观看了多数的课程和参与大多数的作业;脱离式学习者(Disengaging):只在课程的开始阶段参加;取样的学习者(Sampling):只在课程不同阶段使用课程材料(René F. Kizilcec;Chris Piech, Emily Schneider,2013)。

表 8-1 MOOC 学习者分类表

课程层次\学习者类型	观众/%	完成者/%	脱离式学习者/%	取样学习者/%
高中	6	27	28	39
本科	6	8	12	74
研究生	9	5	6	80

一位为在线教育和教育技术市场提供咨询服务已达 10 年的教育技术咨询专家 Phil Hill,将 MOOCs 学习者分成了五种类型。

① 爽约者(No-Shows):在一门 Coursera 式的 MOOC 课程的注册者中,这类学习者往往是最大的一个群体,他们或许注册了 MOOC 课程,并激活了自己的账号,但是,他们从来都没有登录过这门课程。

② 旁观者(Observers):这些学习者登录了课程,也许还阅读了课程内容,浏览了其他学习者的讨论,但除了镶嵌在视频中的那些弹出式测试,他们不会参与其他任何形式的评估。

③ 顺便访问者(Drop-Ins):有这样一些学习者,他们参与某一门课程中的一些选题、活动(观看视频、浏览或参与讨论组),但是他们不会去努力完成整个课程。

④ 被动参与者(Passive Participants):这些学习者以消费的方式浏览一门课程,他们也许观看视频、参加测试、阅读讨论组的内容,但是他们通常不会主动完成课程作业与任务。

⑤ 主动参与者(Active Participants):这些学习者全身心地参与到MOOC 课程中,参与讨论组、完成绝大多数作业、任务和所有的测验与评估。这部分学习者占的比例最小,且随着课程的开展不断减少(Hill Phil,2013)。

对 MOOCs 学习者类型的划分结果,可有多种呈现形式,但主要的衡量标准是学习参与度,它是影响学习者学习效果的主要因素之一。学习者的参与度在很大程度上会影响其学习效果,并最终影响其通过率。仔细分析上述分类,不难看出,学习者对课程内容及组织形式的态度是导致学习者不同类别产生的一个主要原因,了解学习者的观点,对其分类,直至明确其学习效果低下原因的了解是很有帮助的。

(2) 课程学习者的观点

MOOCs 学习与传统课堂学习的相比,在评价形式上更加及时、灵活和便捷。对那些参与 MOOCs 并成功完成课程的学习者而言,潜在的成就是在他们在专业方面和个人方面都能有积极影响(Welsh H. B. Dianne, Dragusin Mariana, 2013)。Kop、Fournier 和 Mak(2011)的研究也支持了上述观点。通过了 MOOC 课程学习的学习者,其自主安排学习计划、自主构建知识体系的能力和信息素养都得到了提高。对于已有 MOOCs 学习经验的学习者,会有明显活跃的课程参与度,且其课程通过率也很高,主要原因在于这部分学习者已经熟悉了在 MOOC 平台中通过自我建构的方式开展课程学习(Kop R., Fournier H., Mak J. S. F., 2011)。

然而一些评价结果也揭示出了 MOOC 课程存在的问题。在杜克大学(Duck University)2012 年 11 月至 2013 年 2 月在 Coursera 上开设的天文学(Astronomy)课程中,6 万名注册学习者中仅 3.5% 完成了课程学习,在对学习者进行调查后,发现的主要问题有:①课程耗时过多;②学习此课程需要大量的预备知识;③课程内容太基础,不是真正的斯坦福、剑桥等名校的水平;④讲座疲劳。MOOCs 课程通常是视频讲座,形式单调;⑤缺乏导学设计,学习者不知道如何开展学习,如缺乏课程指导、教学日历等指南性内容;⑥交互工具笨拙,与课堂面对面交流相差太多;⑦同行评价机制的有效性差。学习者提出问题或提交作业、测试后,通常使用同行互评、互答或机器评价、自动答疑的方式回复作业、测试情况,同行态度粗鲁,基础水平有限,从而导致问题解答、评价效率低下,这些均无法与教授或助教给出的评价效果相比;⑧课程学习过程中存在潜在收费项目,并不是真正意义上的免费(Colman Dan., 2013)。

此外,除了 MOOC 课程内容及教学过程中存在的问题外,还有学习者在用户体验的角度,对现有主要 MOOC 平台 Udacity、Coursera 及 edX 的课程展示还提出了建议,主要集中在两点:①课程目录与索引在平台的位置不突出,不易定位。学习者体验结果显示,三大平台中,只有 edX 将课程目录及索引做到了很突出的位置,方便学习者找寻;②课程的学前要求(Prerequisite)十分难找。课前掌握本课程的学前要求(Prerequisite)可帮助学习者根据自身知识基础选择课程,但学习者在 Coursera 与 edX 平台中学习的经验显示,仅 Udacity 把所有课程均进行了难度分级且在索引里进行了标注,明显易找寻。

从学习者的角度分析上述 MOOCs 存在的问题,皆或直接或间接因课程内容与教学过程缺乏教师合理指导而存在;说明 MOOCs 在无限制开放性的大环境下,想要保证教学质量与学习效果,要在课程内容设计时,既要重视课前导学的呈现形式,又要增强教师指导性内容与评价内容的设计。

学习者参与 MOOCs 学习的程度,学习者对课程本身的态度,除来源于课程自身内容的质量高低外,学习者的学习动机与学习能力,均是教学者需要考虑的主要问题。

3. MOOCs 学习者的动机和能力

(1) 动机

学习者的学习动机和学习能力是完成课程的内在因素。杜克大学的问卷调查表明,学习者的学习动机可以归为四个典型类型(Powell S., Yuan L.,2013)。本文以此为基础,结合其他文献,将 MOOC 学习者的学习动机归纳为以下六类。

① 对于旨在理解学科内容的终身学习学习者来讲,他们不太看重是否完成课程或者取得学习成绩。

② 对于注重好玩、娱乐、社会经验的补充和智力激发的学习者来讲,对学习内容的感兴趣程度是影响其学习动机的决定性因素(Croft J. B.,2013)。研究显示,在 MOOCs 学习中,可以驱使学习者学习的是学习者自己的学习目标,而这种学习目标源自于学习者的个人需求(Masters Ken,2012)。很多学习者注册学习课程只是因为兴趣所在(Marcella Bombardieri,2013)。

③ 对于难以获得高品质高等教育的学习者来讲,学习的便捷和灵活性是他们选择学习 MOOC 的课程原因(Viswanathan R.,2012)。

④ 对于注重职业发展需要的学习者来讲,他们很看重网络认证(用于工作与求职目的),对个人现有职业的影响,或对个人求职成功与否的影

响。如很多学习者学习的目的是为了将现有学习成果展示给现有或未来的老板，或其他高等教育提供者（如高校招生人员、教授等）（Gupta R.，Sambyal N.，2013）。目前，已经有企业将MOOCs用于其企业培训，并将MOOCs的学习情况作为员工评价的一部分（Ruchira，Kitsiri，2013）。

⑤ 以志愿者助教的身份参与课程学习，旨在帮助学习者开展学习，如校友的参与（Parry，M.，2015）。随着越来越多的学习者通过各类MOOC平台参与课程学习，课程教师承载的教学压力明显增加，校友的参与，无论是作为学习者还是教学协助者，无疑都是对课程教学及课程资源质量保证的一个最好的帮助。如2013年哈佛大学（Harvard University）在edX上开设的古希腊英雄（The Ancient Greek Hero）在线开放课程，召集了10名校友作为课程的志愿者助教，每周无偿承担3~5小时的助教工作，为该课程的2.7万名注册学习者提供学习交互支持。

⑥ 其他学习者，如在线学习的体验者和研究者。来自英国开放大学（Open University，UK）Simon Cross教授一项基于一门MOOC课程对学习者学习目的、学习期望及学习经验的调查显示，当问及学习者他们学习本门MOOC课程的个人与专业性的目标是什么时，回答该问题的39名学习者中仅8名学习者是抱着完成这门课程的目的进行学习的，其他学习者均抱着如体验MOOC课程学习过程、与该领域其他专业人士充分交流等目的选择被调查的MOOC课程的（Cross，Simon，2013）。

（2）能力

虽然MOOCs不限定学习者的身份、背景和知识水平，但是课程教学的实践表明，开展MOOC课程学习是有一定的门槛需要跨越的，MOOCs学习者需要具备以下几方面能力。

① 信息技术能力。作为在线教育的一种最新教学模式存在的MOOCs，在其提出的同时，就明确了学习者必须具备一定的信息技术能力。如此，学习者才能保证基于网络获取教学资源，基于网络进行答疑讨论，基于网络参与测试等各种机遇网络与计算机技术开展的教学活动的顺利开展。另有研究中指出：在线开放课程宣称是开放的，但是参与的话仍然有两个障碍：个人信息技术能力以及良好的英语能力（Beaven Tita，Comas-Quinn Anna，de los Arcos Bea，Hauck，Mirjam，Lewis，Timothy，2013）。对于那些管理计算机文件、软件能力差的个体来说，学习这些

课程存在困难（Lushnikova，Nataliya. Chintakayala，Praveen Kumar，Rodante，Aaron，2012）。另外，Hargittai（2003）提出，为有效使用网络开展学习，学习者应在技术上具备如下能力：a. 技术能力，即操作计算等设备的能力；b. 软件应用的自主性；c. 社交支持网络的使用能力，并熟悉相关使用规范；d. 有使用经验（如有几年的计算机操作经验等）（Hargittai，E. ，2003）。

Viswanathan（2012）在研究 MOOCs 课程教学的文章中提出了数字公民的概念，并提出学习者在进行 MOOCs 学习时，其数字素质是学习者需要具备的一项很重要的素质，此外，该文章 MobiMOOC 课程的学习者，针对其数字素养（信息素养）在 MOOC 课程的部分教学活动中的体现程度进行了数据分析，结果表明，数字素养在知识更新积累方面的应用最为明显，其次是观点的分享，此外对于协作学习、课上的参与度及探究式学习的影响比较均衡（Viswanathan，R. ，2012）。

② 良好的英语能力。维基百科对于 MOOCs 的描述中提到，目前选修 Coursera 课程的学习者中，约一半的人来自美国以外的世界各地，且很多学习者的母语并不是英语。但目前主流 MOOC 平台中，只有 Coursera 提供了除英语之外的其余四种语言作为学习者的语言选择，为教学视频提供了多种语言的字幕。其余如 edX、Udacity 等均还未给出除英语之外的多语言学习的选择。Hargittai（2003）对于 MOOCs 学习者的语言能力的要求中明确地提到，MOOCs 学习者在语言方面，不仅需要有足够的语言基础以完成大学层次的课程学习，对于目前学习者分布来讲，学习者的这种语言能力应更准确地被描述为英语言能力（Hargittai，E. ，2003）。另外，MOOCs 在 2013 年的参与者数据显示，课程注册学习者虽是广泛的、多元文化背景的且不拘泥于传统参与形式，但这些学习者集中来自富裕的英语言国家。所以目前来讲，英语能力还是一个不能被忽略的因素。

③ 具备自我调节适应学习的能力。MOOC 课程以学习者为中心，学习过程中缺乏教师的面授指导，学习者需要具备调节自身学习状态的能力，适应独立获取并深入学习大量公开的网上学习资源的学习状态。另外，课程以获得知识为目标，对学习者没有额外奖励驱动学习，往往造成学习者缺乏外部学习动机（李青，王涛，2012）。

④ 有一定的自主学习能力。对学习者而言,在注册任何一门远程学习课程时,学习者必须清楚自己为什么要加入这门课程,否则学习者将会对学习任务感到困惑(Lushnikova,Nataliya,Chintakayala,2012)。自我学习目标明确,具备自主构建知识、与其他学习者开展协作学习的能力(Masters Ken,2012)。MOOCs迫使学习者在学习过程中(独立判断)思考个人学习情况与已学知识的吸收程度。因此,此种学习方式对学习者的学习时间与努力程度是有所要求的(Gupta R.,Sambyal N.,2013)。另有研究表示,课程在知识结构和组织方式上具有去中心化、自组织和内容动态产生的特点,课程内容分散,学习者交流讨论的平台多样。如果缺乏指导和帮助,学习者很容易迷失(李青,王涛,2012)。这就要求了学习者需要具备一定得自主学习能力,这样才能保证MOOCs学习的效率。

4. 对MOOCs学习者和教学者的建议

(1) 对学习者的建议

树立基于主动获取知识的学习动机、明确自己的学习目标、清楚MOOC课程的定位和特点是取得学习成效的首要条件。与传统课堂教学相比,MOOCs的学习者没有必须完成课程的"义务"。有研究指出,在传统课堂教学中,为了成功修到学分、满足获得学位的要求以及学费的驱使,使学习者有必须完成课程的义务,而MOOCs免费课程没有上述限制。MOOCs课程大规模的普适性也不可能满足所有学习者的个性化需求。

学习者需要为学习MOOCs做好相应的准备,如掌握开展网上学习需要的信息技能,提高自主学习和协作学习的能力等。积极参与课程活动、不断积累在线学习经验是MOOC课程学习者必须具备的心态和意识。上万人同上一门课程,学习者所受到的关注度肯定无法保障,比如常见问题无法得到及时专业的回答;对学习者的求助和讨论信息的回复总是反应迟钝等(Bednar N.,2013)。MOOCs不利于那些更需要指导的学习者。对于已有MOOCs学习经验的学习者,会有明显活跃的课程参与度,且其课程通过率也很高(Kop R.,Fournier H.,Mak J.S.F.,2011)。

(2) 对教学者的建议

教学者要面向全部学习者群体,注重结构化设计并突出展示学前要求(Prerequisite);面向特定学习者群体,明确课程定位、进行课程的精细化设计。大规模学习者参与的课程决定了课程要有明确的学前要求提示,其内容要具有普适性,即课程内容不能太深,又不能太浅显,其结果就是一部分学习者觉得学习此课程需要大量的基础知识作为基础而感到有难度,而另有一部分学习者却觉得课程内容太基础,不是真正的斯坦福(Stanford University)、剑桥(University of Cambridge)等名校的水平(Colman Dan.,2013)。同时无限制开放性的大环境下,想要保证教学质量与学习效果,需要考虑其适宜的面向对象即学习者类型,在课程内容设计时,也需要权衡把握学习者动机,提出对学习者的要求。

选择适合课程学习目标和内容的教学模式。微视频加上小问题的授课方式,形式单调,学习者会觉得厌烦,没有新鲜感,对于学习这个枯燥的活动来讲,教学形式的单一也会影响学习者对课程的兴趣程度。

设计有效的学习指导并提供及时的学习支持。MOOC课程学习给予了学习者很大的自主性,教师引导的力度较弱,很容易导致使学习者没有什么收获。Cross Simon. 教授对一门 MOOC 课程学习者的调查显示,来自于教师的课程学习引导是课程教学最重要的一个环节(Cross Simon.,2013)。另外,学习者对于课程教学的支持服务表达了积极的态度,完善的支持服务工作会提升学习者的学习积极性。一方面,教学支持者的帮助会使学习者更容易找到学习相应知识的切入点,以便深入学习;另一方面,交互工具便捷好用,方便学习者间互动,方便师生间互动也会成为吸引学习者参与 MOOCs 学习的动力之一,尤其是对于学习活动比较热衷参与的学习者来讲,是很好的支持,同时也可带动并不很活跃的学习者,甚至潜水者参与到课程互动中来。

5. 小结

学习者的大规模参与、免费开放的学习资源和学习过程、不限定学习者的身份、背景和知识水平等,都为 MOOCs 成为学习者新的选择提供了条件。然而,学习机遇并不代表真正的学习成效。MOOC 课程很低的通过率和参与率,受到多方诟病。MOOCs 的支持者认为,因为注册人数很多,即使通过率低,但通过课程的绝对数量还是可观的(Daniel J.,2012)。反对者的观点则表示,这仅是从课程实施的角度看问题,而不是全体注册学习者的角度。远程教育长期研究和实践表明,辍学会对学习者造成长期伤害,同时也有损在线教育的声誉(应松宝,夏巍峰,2013)。MOOCs 参与者也反映出课程存在形式上单一、内容上不够深入、缺乏有效指导等问题。Moshe Y. Vard 认为 MOOCs 缺乏严肃的教学方法。新英格兰商务与金融学院(New England College of Business and Finance)也称 MOOCs 仅是课程,是开放教学资料的集合,无法体现课堂学习与课程学习的意义(Horton E. Howard. ,2013)。

MOOCs 从给学习者提供学习的机遇到真正能够帮助不同学习目的和类型的学习者达成自身的学习目标还需多方努力。学习者不应"追星"和"盲从",需要清楚自身的学习目标,认真分析 MOOC 课程的特点,提升自己在线自主学习和协作学习的能力。教学者不应过分渲染"大规模""免费"和"普适性",需要尊重每个参与者的学习体验,明确学前要求,准确课程的定位,针对特定学习群体进行课程的精细设计,结合课程特点设计恰当的教学模式,给学习者提供有效的个性化学习支持。

(二) 教育学视角下的 MOOCs 分析[①]

MOOCs(大规模开放在线课程)具有大规模、开放性、自组织等特点,吸引了众多学习者的参与,也为在线课程建设和课程教学提供了反思的契机。有学者认为当网络课程被创造性地使用时,它将会是有意义的变革,但是更根本的还是积极的学习方法(Martin,2012),这就需要对课程进行精心的设计和有效的组织实施。本节试图利用课程论、教学论、系统论的概念和方法分析 MOOCs 的特点及其不足,并根据分析结果改进其教学设计,为 MOOC 课程以及其他在线课程的开发提出建议。

1. 教育学视角下的 MOOCs 分析

本节所称的教育学视角,主要是指采用课程论、教学论以及教育技术学背后所蕴含的系统论针对课程教学设计提出的理论与方法作为本文的分析框架。李秉德等提出"教学活动七要素"理论,即课程教学活动包括七个要素:目的、课程(内容)、方法、环境、教师、学生和反馈(评价)(李秉德,李定仁,2001)。这些要素既呈现了课程与教学的系统结构,也体现了课程与教学实施的动态环节。本节首先分析 MOOCs 的理论基础,再根据上述七要素对 MOOCs 的特点和不足进行剖析。

[①] 本小节内容主要来自韩锡斌,程璐楠,程建钢(2014). MOOCs 的教育学视角分析与设计. 电化教育研究,1,45-51.

(1) 行为主义学习理论为主导,理论基础过于单一

MOOCs 的发展分为两个方向:一是以乔治·西门子(George Siemens)与斯蒂芬·唐斯(Stephen Downs)于 2008 年合作开设的"联通主义与连接性知识"(Connectivism and Connective Knowledge,CCK08)课程为源起发展的 cMOOC;二是 2011 年秋季,以斯坦福大学试探性地在网上免费开放的三门计算机科学课程:数据库(Databases)、机器学习(Machine Learning)、人工智能导论(Introduction to Artificial Intelligence)为开端,之后以 Coursea,Udacity,edX 等平台为代表的 xMOOC。目前盛行的是 xMOOC,本文着重分析这类 MOOCs 的特征。

xMOOC 中广泛应用的微视频、测试和自动反馈是典型的基于行为主义的教学模式(Anderson,T.,2013)。以行为主义为基础的教学设计的重点是在适当的时候给出适当的环境刺激,为学生提供反复练习的机会,直到形成练习行为。从 20 世纪 20 年代开始发展的教学电影、教学机器和程序化教学都是基于行为主义理论的学习或教学系统(韩锡斌,刘英群,周潜,2012)。xMOOC 体现了斯金纳"程序教学理论"的基本原理,例如,教师按照小步原理,分割视频内容,并且按照周次来上传教学材料,控制学生的学习步骤,为教学内容设定按部就班的学习顺序;每段视频之后,呈现练习测试,凸显积极反应原理;学生做完测试之后,由系统自动评价,体现及时反馈原理;学生根据自己的节奏开展学习,遵循自定步调原理等。xMOOC 课程具有方法成熟、可操作性强、适合结构化知识学习的特点,形成稳定可复制的教学模式,推动了 MOOCs 的快速发展,但是其理论基础过于单一的问题导致了其课程模式很难适应多样化教学的需要。

(2) 教学目标和教学内容单一化、浅显化,便于大规模应用,但很难满足多样化学习的需要

"教学什么"是课程论主要研究和解决的一个问题(黄甫全,2000)。课程内容的选择和组织要受教育目的的制约,同时也是为实现各类教育目的而服务的。反过来,课程内容又对教学过程有着直接的制约作用,教学方法、教学组织形式、教学环境的设置在很大程度上都要取决于课程内容。"课程所提出的目标和内容是教学活动的前提(李秉德,李定仁,2001)。"

在面授课程中,学习者群体很小,一般具有相似的知识基础、心理特

征和学习需求，课程的教学目标可以有针对性地确定。对于MOOC课程，情况就要复杂得多。由于课程对外开放，学生群体庞大，类型也因此变得多元化，每个学习者的知识水平、心理特征和学习需求多样化。一门课程要满足如此复杂的学习需求，对课程目标的制定和内容的选择均是巨大的挑战，需要深入研究。然而，目前的MOOC课程对于这一问题尚未做深入考虑，例如有的课程说明其目标要求与真实校园环境中的要求是一样的，由此看出，课程目标的制定和内容的选择并没有依据教育目的、学生类型、教学环境的变化而做出相应的改变，更多的还只是一种由传统课程向在线课程的直接移植。MOOC课程的通行办法就是将课程内容浅显化，以满足其大规模应用的目的。MOOC平台上大多数课程的定位都是入门级的，对于先前学习经验并没有提出特殊要求，由此带来的问题就是无法满足学习者多样化的需求。美国杜克大学（Duck University）对2012年11月至2013年2月在Coursera上开设的天文学课程的学习者进行调查分析后，得出了其绝大部分学习者无法顺利通过课程学习的原因之一是部分学生觉得学习此课程需要大量的基础知识作为基础；而另有一部分学生却觉得课程内容太基础，不是真正的斯坦福、剑桥等名校的水平（Colman D.，2013）。

（3）教学方法较为传统，在线教学环境的特点利用不充分，知识传播效率高，但学生整体的学习效果不尽如人意

教学方法的选择需要依据多种因素，包括"教学的具体目的与任务，教学内容的特点，学生的实际情况，教师本身的素养条件，各种教学方法的职能、适用范围和使用条件以及教学时间和效率的要求、教学环境和教学设备（李秉德，李定仁，2001）。"教学方法的选择与应用需要一定的教学环境来支撑。

有学者总结类似于斯坦福大学人工智能等课程是视频讲授教学、在线交互练习和考试的集合（Rodriguez C. O.，2012）。在线教育环境下，MOOC课程呈现的视频教学，主要采用的是"讲授式"和单纯依靠练习和作业来支撑教学活动的教学法。这种教学方法继承了传统课堂教学讲授法的优点，教学组织与知识传播效率高，教师在教学时间内，不间断地讲解，学生理解与记忆，"传递与接受"是建立在学习者的"同化与顺应"知识的基础之上的。然而这种"授受式教学法"受到许多学者的质疑，Daniel

(2012)指出,当前许多MOOCs在教学法方面还是非常传统的,教学质量也比较低。

在线教学环境为教学提供了更多生动、丰富的情境,MOOC平台本应借助于在线优势支持"师-生""生-生"交互,以及建构主义所强调的深度协作与交流,从而促进学生根据自己原有的认知结构,主动学习,通过同化或者顺应作用来"生成"新的知识(何克抗,郑永柏,谢幼如,2002;李秉德,李定仁,2001)。然而MOOC课程的交互性大多只是体现在学生与教学内容之间,在构建情境化的师生交互上都有所欠缺。论坛是目前MOOC课程教学中应用最多的交互工具,但大多数学生都只是扮演"潜水者"的角色,而且受制于教师与学习者之间数量比例的限制,教师在所谓的"办公时间",只会回答几个投票数最高,由学生提议的问题(Rodriguez C.O.,2012)。由计算机自动评阅的成绩通常也就是给出正确与错误的"结果","过程性"的解释被忽视;作为被鼓励实施的学生之间互评通常也被学生流于形式地草草完成,或者过于粗鲁与迟滞(Colman D.,2013)。虽然MOOC课程支持大规模教学,体现了知识传播的高效率,但是能够顺利完成课程的学生,更多的不是靠MOOC教学方法和教学环境的支持,而是要靠学习者坚强的意志力。

(4)教师角色转变,学生自学能力要求提高,师生交互缺失

教师是教学活动的组织者,是影响教学效果的最重要的变量之一。他们所起的作用不仅仅是简单的传授知识,还需要指导整个学习过程,运用各种方法去构建能够刺激学习的情境,维持师生、生生之间的社会化关系,甚至也可以扮演学习者,在与学生的互动交流中拓展自己看问题的视野,汲取新的知识(李秉德,李定仁,2001)。与远程教育课程的做法类似(姚媛,韩锡斌,刘英群,程建钢,2013),MOOC课程在其建设中引入了团队的概念,课程的设计、教学材料的开发、课程的制作不再是主讲教师的个人任务,还能得到其他相关人员的支持和配合。在教学过程中也会形成由主讲教师、辅导教师和支持人员等角色组成的教学团队。因此,MOOC课程的教师需要与课程建设与教学团队紧密配合,重新定位并适应自己的新角色。

作为学习的主体,学生的身心发展水平、已有的知识结构、学习的风格、能力倾向以及学前准备等都会影响教学活动的组织和效果。虽然

MOOCs不限定学习者的身份、背景和知识水平,但是它的课程教学实践表明,学习MOOC课程需要更高的能力准备。学习者在注册课程时,必须要明确自我学习目标,具备自主构建知识、与其他学习者开展协作学习的能力(Nataliya L.,Kumar C. P.,Aaron R.,2012)。MOOCs要求学习者在学习过程中独立思考,判断个人学习情况与已学知识的吸收程度。此种学习方式对学习者的学习时间与努力程度都提出了很高的要求(Ken M.,2011)。MOOCs学习者一般需要具备以下几方面能力:信息技术能力、良好的英语能力、具备自我调节适应学习的能力与自主学习能力等(Gupta R.,Sambyal N.,2013;姜蔺,韩锡斌,周潜,程建钢,2013)。

"教与学的关系应该是相互依存的,教师的主导作用和学生的主动学习也应该是相互作用的双向关系(李秉德,李定仁,2001)。"教师要充分发挥他在教学过程中的引导和组织作用,学生也应该将自己看成是学习的主体,发挥主观能动性,积极主动地参与到教学活动当中去。然而目前MOOC课程的学生只是被动地跟随教学大纲看完视频,在规定的时间内提交作业,完成考试。这种以教为主、学生独立学习的方式完全淡漠了师生间相互依存的教学关系。而时空分离的网络教学环境也使得问题更加严重,使得教师无法激励学生的学习动机,从而在整体上影响学习参与者的学习效果和质量。

(5) 教学评价反馈及时,但对学生的学习效果缺乏有针对性的指导

教学评价是"对教学过程、教学结果所进行的价值判断"。反馈是MOOC课程特别重视的一个环节。在测试作业中,学生选定选项后可以立刻获得反馈,并允许学生不限次数回答。对于某些课程的编程练习题,系统也会自动评分,一些编程题也会有好几个子问题,回答后面的问题需要用到前面问题的答案,问题设计体现出进阶式的特点。2013年3月edX发布了一个开放式回答的评价工具(EdX-Ora),结合了机器评价、同伴评价和自我评价功能(Agarwal A.,2001)。

笔者通过E-mail与几位"人工智能"课程的学员访谈后得知,该课程会依据平时作业和最终的期末考试来评定学生的最终成绩。虽然edX的评价模式不仅仅是总结性评价,在教学期间还会有阶段性的作业要求,然而课程并没有依据这些作业来诊断学生的学习效果,从而指导下一阶段的学习,教学活动仍然是按照预定的统一计划进行。而且edX课程的测

试题型一般都只是选择题,所能检测的知识内容和效果有限。所以课程如果想要实现教学评价的功能和意义,还必须要科学地制定评价指标体系,设计多种作业题型,完善平台功能,真正地发挥形成性评价的优势,有针对性地指导学生的学习并改进教学设计。

2. MOOCs 的优化设计

(1) MOOCs 优化设计的原则

① 引入联通主义等学习理论,注重多理论指导。xMOOC 基于行为主义理论实现标准化和规模化的教学,促进结构化、基础性知识的传授。这种模式凸显了其高效性和易操作性,以及对行为训练的有效性。然而教学不仅要关注行为训练和效率,还需关注批判性思维能力和创新能力的培养。相比以结构化知识传授为主的 xMOOC 教学模式,cMOOC 模式基于联通主义学习理论,注重非结构化知识的协同学习,强调对学生高阶思维能力的培养,更符合数字化知识经济时代人们学习的特征和要求,是学习理论和教学模式的一种创新探索。联通主义的起点是个人-个人的知识组成了一个网络。这种网络被编入各种组织与机构,反过来,各组织与机构的知识又被回馈给个人网络,提供个人的继续学习。联通主义表达了一种"关系中学"和"分布式认知"的观念(王佑镁,祝智庭,2006)。cMOOC 课程试图探索如何利用简单、碎片化的外部知识与联系引起学习者持久、深层次学习的联通主义教学模式,具有开放性、自主知识建构、适合非结构化知识学习的特点。cMOOC 课程中的行为主要是基于社交网络的群体之间的交互,以学习、对话以及讨论的个性化为主,使得新手可以多角度创造性地思考,重视参与者之间的联通性、合作性以及分享(韩锡斌,翟文峰,程建钢,2013)。

除了 xMOOC 和 cMOOC 采用的教学模式外,各种学习和教学理论还提出了更加多样化的教学模式,如发现式教学、抛锚式教学、情境式教学、支架式教学、探究式教学、案例式教学等,需要在网络环境下探索这些教学模式的课程设计(刘景福,钟志贤,2002)。

② 针对不同教学对象,明确教学目目标,分层分类开展教学。MOOCs 的学习者类型多种多样,这就需要通过学习者特征分析使得课程的教学目标与学习者原有的先验知识、认知结构相匹配。有学者指出(郭文革,2013):不同的学习者所适用的教学内容是不一样的,例如麻省理工

学院的 MOOC 课程更适合清华、北大的学生,这些学生具备良好的知识基础和学习能力,同时具有很强的自我管理能力,但这些课程可能并不适合中国二本、三本大学的学生。

目前尚无太好的方法解决一门课程满足如此大规模、多样化学习需求的问题。作为 MOOC 课程的教学者至少应该遵循规律,慎重对待,不应过分渲染"大规模""免费"和"普适性",需要尊重每个参与者的学习体验,明确学前要求和课程的定位,针对特定学习群体进行课程的精细设计,结合课程特点设计恰当的教学模式,给学习者提供有效的个性化学习支持(姜蔺,韩锡斌,周潜,程建钢,2013)。

③ 在保持视频授课优点的同时融合多种教学方法,强化交互,构建支持多种模式的教学环境。MOOCs 主要采用视频授课和即时测试反馈的教学方式,适合于传授结构化基础知识和技能,与很多高校无交互的大课堂面授教学模式相比,MOOC 课程即便是少了"现场教学交互",也可以借助于测试等交互与反馈行为来弥补。

网络环境下的课程内容不仅仅是视频,还包含多媒体材料和丰富的拓展资源等,而且课程的价值不只是内容本身,更重要的在于其产生的结果:社会交换(the Social Exchange)、规范(Enactment)以及内容、教师和学生间的交互(Porter J.,2013)。除了基于视频的知识点讲授以外,在线课程需要设计的教学策略还包括自主学习策略、协作学习策略、导航策略和交互策略。自主学习强调要在学习过程中充分发挥主观能动性,要让学生有多种机会在不同的情境下去应用他们所学的知识,并且能够根据自身行动的反馈信息来形成对客观事物的认识和解决实际问题的方案。自主学习策略包括启发式教学策略、抛锚式教学策略、支架式教学策略、随机进入教学策略、自我反馈教学策略和基于 Internet 的探索式教学策略等。协作学习是为多个学习者提供用不同观点观察、分析、比较、综合同一问题的机会,这种方式会明显加深对问题的理解,对知识的掌握。常见的协作式教学策略包括课堂讨论、项目协作、问题解决、角色扮演等。导航策略主要是和平台有关,教师要充分发挥平台的功能,避免迷航现象的出现。交互是实现协作学习的必要条件。交互性也是网络教学的一个核心评价要素,是教师和学习者都非常关注的特性。要便于教师和学生之间的协作性学习,必须要有工具支持师生之间的信息共享、在线讨论、同步/异步交流。平台不仅需要支持学生和教学内容之间的交互,更重要的是教师和学生之间、学生和学生之间的交互(Porter J.,2013)。

教学情境是指支持学生进行探究学习的环境,这种情境既可以是物质实体的学习环境,也可以是借助信息技术条件所形成的虚拟环境。教师需要依据不同的教学内容、教学目标设计相应的教学情境。例如,对于基于项目的教学,情境设计必须能够促进促进学生之间、学生和教师之间的合作,利于学生使用并掌握技术工具。对于基于问题的教学,教师在创设问题情境时"既要保证所设计的问题适合学生已有的知识能力,又要让学生感到需要经过努力才能找到问题解决的方案,从而促使学生形成对未知事物进行探究的习惯"(刘景福,钟志贤,2002)。

对于类似 edX 这样一个提供在线课程的网络教学平台来说,它需要为教师在网上实施多种类型的教学提供全面的工具支持,网上教学也应从简单的教学信息发布演变为一个充满交互的虚拟学习社区。很多国内学者都认为一个功能齐全的网络教学平台应该包含多个子系统。余胜泉和何克抗(2001)认为一个完整的平台应该由四个系统组成:"网上教学支持系统、网上教务管理系统、网上课程开发工具和网上教学资源管理系统"(余胜泉,何克抗,2001)。武法提(2004)认为"网络教育支撑平台是支持网上教学与学习活动的软件系统,它包括三个功能子系统:网络教学支持系统、网络学习支持系统、网上教学与教务管理系统"(武法提,2003)。程建钢和韩锡斌(2002)总结清华教育在线网络教育支撑平台由四个部分组成:"网络教学支持系统、网络教育资源库管理系统、网络教学管理系统和网络教育系统管理"(程建钢,韩锡斌,赵淑莉等,2002)。尽管这些子系统的分类和所包含的具体功能不完全一致,但是我们还是可以从中总结出,完整的网络教学平台所包含的要素必须有课程、资源、教学支持、教学管理等。

④ 注重多元评价,提升学习支持服务能力,推进大数据分析的实践应用。网络教学评价应该是动态的过程,一般包含三种形式的评价形式,即诊断性评价、形成性评价和总结性评价。诊断性评价可以用于课程开始阶段,检测学生原有的知识基础,从而设定其学习起点。形成性评价关注平时的学习过程,可以利用网络教学系统进行跟踪,及时发现问题,并反馈给学习者。在跟踪评价的同时,还要注重对学习者的主动性、态度、学

习进展的分析，给出具有针对性的建议。这种评价方式不仅可以给予学生学习结果上的反馈，还可以帮助改善教学活动的组织。总结性评价是对学习者的学习活动和教师的教学过程给出最终的评价与结论（Adhikari A.，Stark P. B.，2013）。

MOOCs超低的学生保持率是被广为诟病的一个问题。大规模群体教学中，学生受关注度的减弱，可能会因为学习动机、学习需要或者学习压力等问题，而导致学习的终止。建立学习支持服务系统以及提供个性化学习评价，是降低辍学率的措施之一。学习支持服务系统是网络教育顺利实施的保障。通过edX平台分析，可以看出其所展现出来的还只是课程、部分资源和教学支持，对于教学管理和教学支持服务，目前MOOC平台重视程度还不够，还可以有很大提升空间。需要充分借鉴现有成熟的网络教学平台，为教师在网上实施教学提供全面的工具支持，为学生提供良好的学习支持服务。

针对MOOC学习支持服务系统的定位、运行和技术缺陷等，建立基于Web 2.0和社交媒体的强化教育响应、重视弹性引导、采用人性化的育人策略、个性化的培养方案的新服务理念和分类、推送、评价、聚合和综合的新技术，并推进技术从大规模的系统开发技术向具体应用环节中的支持技术研究转变，这种转变以适应个性化的高等教育支持学习需要，推动在线学习的深度学习、非正式学习活动与过程的发生，从而提高学习效果，降低辍学率（Ken M.，2011）。

虽然MOOCs提出要利用基于大数据的学习分析技术为学习提供支持，但目前其学习平台中尚未看到面向过程性评价的大数据分析技术的成熟应用。借助于大数据分析和海量数据，辨别学习者的学习行为及其发展趋势，从而构建个性化的学习支持系统是MOOC平台今后发展的方向。

（2）MOOC课程案例的分析和优化设计

本节从edX平台中选择了加州大学伯克利分校（University of California，Berkeley）的"统计学入门：描述性统计分析"（Introduction to Statistics：Descriptive Statistics，课程代号STAT2.1x）作为案例，进行教学分析，并提出改进方案。这门课是由安仁·阿迪卡里（AniAdhikari）和菲力普·斯达克（Philip B. Stark）两位教授共同开设的。课程从2013年

2月20日开放,课时持续四周时间。因为edX上很多课程都还只是入门级课程,专业核心课程较少,作为一门理科课程,这门课相对而言比较具有代表性。统计学入门课程共有3个系列,这是第一个系列。下面将从课程目标、教学对象、课程内容和组织结构、教学方法、学习评价五个角度描述这门课程。

课程目标:这门课的重点是描述性统计分析。描述性统计分析的目的是归纳和呈现有启发性、有用的数据信息。这门课程既包括数据的图形描述,也包括数值概述,从描述一个单一的变量,过渡到分析两个变量之间的关系,并利用来自人文社会学科不同领域的数据来阐述这些统计分析方法。这门课不需要盲目地记忆公式和方法,重点是要理解计算背后的原因,在什么条件假设是成立的,以及怎样正确地对结果进行解释。

教学对象:有较强的英语能力,并且最好能有高中程度的算术水平。

课程内容和组织结构:课程内容包括茎叶图、直方图、众数等位置测量指标、离散程度的测量、正态曲线、散点图、线性相关系数r的计算、回归及其误差分析等。课程教学以周为单位。教学材料被分成了八个部分,每一周的教学内容包含一到两个部分,而每一部分又都包含若干个6分钟左右的短视频,以及相应的PPT讲稿。

教学方法:学生在看完教学视频后,可以在做练习题之前点击教师提供的链接,在伯克利分校在线教学网站上看一些问题集,做这些问题集是不计分的。学生可以利用论坛和讨论区与教师或者学生互动。

学习评价:平时练习题占50%,期中考试成绩占20%,期末考试成绩占30%。12个习题集中得分最低的两次成绩不计入总分。考试题型包括选择题和填空题。其中,填空题都是数值填空,且必须严格按照要求才有效。期中考试的20道题全是单项选择题。学生成绩超过总分35%的都可以获得课程完成证书。

结合本文提出的MOOCs优化设计的原则,对该课程的设计提出如下改进建议。

① 发布课程计划和说明,明确告知课程目标和预期受众对象。课程计划不仅仅是对课程开设的子专题和时间等进行发布,提醒学生进行课程注册,更重要的是要准确描述整个课程的教学目标,标明课程的重点难

点,对课程类型、课程前后关联课程体系进行说明,以及对学习者的知识基础进行提示。可以对"统计学入门:描述性统计分析"八个教学单元的子教学序列中添加各小节的课程目标,这样既能够便于学生评估自己的学习效果,也便于学生选课时参考,从而对学习者进行分类与分流。

② 实施诊断性评价和分类补充学习。由于这门MOOC课程对学生的先前知识技能没有太大要求,学生类型多样。如果课程计划和说明还不能准确描述适合本门课程的学习者的话,则可以在课程开始之前,设计一个在线测试问卷,作为诊断性评价,检测学生的先验知识。根据学生的测验成绩,评定学生等级,判定相应的教学起点。在教学之初,可以分层分类提供学习建议和说明,并根据学生的原有知识基础提供补充学习,如相关高等数学知识,这些补充学习可以是教学视频,也可以是其他形式的教学资源或者网站链接等。

③ 采用多种教学模式,促进学生的投入和同伴之间的互助。这门课程除了采用短视频和测试自动反馈的教学法外,还提供了讨论区作为教学的异步交流工具。但是从讨论区的发帖标题可以看出,大部分都是感谢类的帖子,与教学内容无关。还有一些是平台操作或技术求教的问题。这表明,学生并没有真正地投入到学习当中。为了激发学生的学习动机、促进师生和生生互动,可以采用基于项目的教学模式。该模式强调的是以学生为中心,小组协作式学习,探究现实情境中的真实问题。通常其流程分为"选定项目、制订计划、活动探究、作品制作、成果交流和活动评价六个基本步骤"(刘景福,钟志贤,2002)。在活动的整个过程中,学生都可以在讨论区自由发帖,向教师咨询问题。教师可以选定每周的固定时间作为在线实时讨论的"办公时间",及时解答学生的困惑。对于教学评价,评价内容除了平时的练习、考试以外,还应该计入项目活动的评价分数,同时还可以对讨论区的发帖情况进行统计评分,这样能够督促学生积极主动地参与到学习当中。

④ 应用学习分析,提高教学质量。基于成千上万的学习者学习的大数据来建立一个有关记忆是如何工作的数学模型,这种研究的结果可以被直接应用于提升教学质量(Parry M.,2012)。学生参与MOOC课程的一切事情都会以数据的方式记录下来,研究者可以挖掘这些数据,并进行实验研究。通过工具、技术以及大数据环境下的分析性服务,帮助教师和

平台管理人员,从学习者和教师参与的诸多活动中获取大量数据,经过分析后得到精确且有意义的推论(Parry M.,2012)。正是借助这种大数据分析,建立在量化和科学分析基础之上,跟踪学习行为,了解学生兴趣与薄弱环节,提供个性化的学习指导与辅导,以便改善学习绩效。

3. 小结

在线教育早已不是新鲜事物,但 MOOC 的异军突起也并非偶然,世界名校的参与足以勾起民众的好奇心,因为大多数人都愿意相信,品牌大学的师资教学是教学质量保证的有效条件之一。MOOCs 是免费开放的,只要拥有上网条件,人们就可以注册课程,进行网上学习。MOOC 平台的用户已经遍布世界各地,达到了几百万人数。如果这些学习者都投入了足够的时间和精力,都是在有效学习的话,那么他们的思想碰撞才能真正体现了大规模开放在线课程的优势。

从教育学的视角来审视目前盛行的 xMOOC 可以看出,它还只是对基于行为主义的传授式课堂的一种复制,易于大面积推广应用,但是课程目标的制定和内容的选择并没有显示出针对不同学生进行个性化设计的特点。平台的程序化内容传授、依靠练习和作业的即时反馈的教学法较为单一,虽然教学效率高,但不能支持多种教学模式的应用。教师和学生之间缺乏积极有效的互动,虽然教师和学生都在朝着有利于在线教学的方向优化发展,但这也严重影响和淡化了师生关系,仅仅依靠名牌效应支撑的 xMOOC 是否能够可持续发展始终是一个隐忧。

从教育学的视角对 MOOC 课程设计提出了优化的原则和建议,包括注重多种理论的指导;聚焦于教学对象,明确教学目的,提供分层分类指导;恰当利用视频教学的优势,融合多种教学方法;提升学习支持服务能力,推进大数据分析落地应用等。然而,MOOC 课程要满足大规模群体复杂的学习需求仍然面临巨大的挑战,需要从课程论、教学论和教学设计方面深入研究新出现的问题——MOOC 课程与小群体在线课程是否有本质区别?如何在一门 MOOC 课程中满足多样化学习者群体的需要?如何设计课程内容和活动才能促进生生之间的有效交互,从而激发大规模学习者群体的互助潜能?教师不介入大规模学生群体的交互会在何种程度上影响教学质量?是否需要构建新的关于教学效果的评价体系和方法以便适应 MOOC 课程的特殊性等。

（三）MOOC 与远程教育运行机制的比较研究①

近年来，MOOCs(Massive Open Online Courses)的兴起，成为国内外关注与研究的热点之一。关于 MOOCs 和现有远程教育运行方式的关系，不同学者的观点不一。

乔治·西门子(George Siemens)等认为，远程教育的历史可以追溯到1833 年，它多年来致力于为更多的人提供学习机会，英国开放大学的建立是成功的尝试，MOOCs 正是这种趋势的延续(Siemens, 2013)。塔玛·列文(Tamar Lewin)认为，MOOCs 是远程教育领域的新发展(Lewin, 2012)。而大卫·马兰(David J. Malan)则表示，远程教育并不新鲜。早在互联网出现之前，大学就已经通过多种媒体形式向学生提供课余学习资料(Malan, 2013)。托尼·贝茨(Tony Bates)认为，xMOOC 运动并没有创造出自己独特的网络学习方式和有用的技术，一些所谓的新技术早在40 年前就在远程学习领域为大家所熟知。而约翰·丹尼尔的态度更不乐观：在开放教育的历史上，提供免费的、非认证的课程是失败的(John Daniel, 2012)。

另外一种观点则认为，MOOCs 的发展对于高等教育将造成很大的冲击。当各种各样从事 MOOCs 的机构大肆争夺生源的时候，由常春藤联盟大学主导或参与的机构明显比地方高校主导或参与的机构更有优势，并且是绝对优势。常春藤联盟大学著名教授开设的 MOOCs 明显比地方高校教授开设的 MOOCs 有更大的吸引力。不仅如此，这些著名高校还可以通过 MOOCs 增加全球影响力，并在新市场中大获信誉，从而出现"赢家通吃"的局面(Lewin, 2012)。穆迪投资者服务公司(Moody's Investors Service)(2013)在其公布的一份报告中称，MOOCs 的兴起可能有助于顶尖高校扩大受众面，帮助他们提高声望并最终通过提供教学内容或颁发证书获得收入。报告也预警道：免费在线课程越来越受欢迎，可能会给中小型地方院校和营利性大学带来冲击(Lewin, 2012)。

那么，MOOCs 的兴起会对现有的远程教育产生哪些方面的启示？发展更为成熟的远程教育又会给 MOOCs 的进一步发展带来哪些经验？本

---

① 本节主要结论来自姚媛，韩锡斌，刘英群，程建钢(2013). MOOCs 与远程教育运行机制的比较研究. 远程教育杂志, 6, 3-8.

节将从在线教育运行机制的视角,对 MOOCs 和现有远程教育运行方式进行系统比较,并分析这两者之间的相互影响。

1. 研究方法

本节采用比较研究的方法,通过制定在线教育运行机制比较的指标项,选择 MOOCs 和远程教育的一些代表机构进行比较分析。

(1) 描述在线教育运行机制的指标项选择

在线教育的运行机制包括教育教学运行机制和商业运行机制。有学者从教学方法、商业模式、课程质量与完成率、评估和学分四个方面对 MOOCs 和开放教育的关系进行了概括性的分析(Yuan,L.,2013)。一个教育机构既有静态的结构和功能,还有动态的业务流程。MOOCs 和远程教育机构虽然在组织结构上差异很大,但要完成教育教学过程,则都需遵循特定的业务流程。从商业的视角来看,即使是以"培养人"为出发点的教育机构也要进行成本控制和利益追求,以便达到可持续发展的生存目标。"任何教育机构在做出决策时必定会把经济效益和社会效益作为重要的考虑因素。"(奥蒙德·辛普森,2013)经过多年的发展,远程教育形成了自己的运作体系和机制,研究者将其概括为八个有机的组成部分:①总体规划设计:在线教育系统的分析、设计和决策;②教学环境:在线教育中的信息技术和媒体教学环境建设与运行;③资源建设:教学系统的课程设置、课程开发与教学设计;④师资发展:具有在线教学能力的师资团队的建设和发展;⑤支持服务:在线学习和在线学生的支持服务;⑥教育管理与质量保证:在线教育教学管理、质量保证和学分认证;⑦成本效益和营利模式:在线教育成本效益分析和营利模式确立;⑧社会认可(丁兴富,2005)。

(2) 比较对象的选择

在众多 MOOCs 运营机构中,由斯坦福大学(Stanford University)教授创办的 Coursera 规模最大、课程覆盖面最广(El Ahrache S. I., Badir H., Tabaa Y., Medouri A., 2013)。据其官网介绍,目前有超过460万名学习者,437 门课程和 86 家合作机构。edX 是由麻省理工学院(Massachusetts Institute of Technology, MIT)和哈佛大学(Harvard University)联合运营创建的非营利甚至开放的资源平台,致力于提供含金量最高、最知名的课程(Round,2013)。而最早创办的 Udacity,将自己的发展限定在特定领域内,课程最为灵活,没有学习的起始和结束时间。同时,在免费的课程认证之外,提供收费的测试,其结果专为用人企业提供[1]。在以学历教育为特征的远程教育机构中,英国开放大学成立于1969年,是欧洲甚至世界开放与远程教育的先导之一。该校全英综合排名前十,教学研究水平位居第三,师资水平仅次于牛津大学和剑桥大学(El Ahrache S. I., Badir H., Tabaa Y., Medouri A., 2013)。中国国家开放大学于2012年在中央广播电视大学的基础上建立,面向全社会提供高等学历教育和非学历教育培训以及公共服务,是在校接受远程开放教育学生人数最多的高等学校(张桐,2012)。截至目前,其注册学生359万人,其中本科学生105万人,专科学生254万人,包括近20万农民学生,10万名士官学生,6000多名残疾学生[2]。中国国家开放大学以实现有支持的开放式学习为目标,探索以学习者为中心,基于网络自主学习、远程学习支持服务与面授辅导相结合的新型学习模式。其前身是中央广播电视大学有30余年发展历史的,是目前全球在校学生最多、规模最大的远程开放教育教学系统(陈丽,2011)。本节选择Coursera、edX和Udacity作为MOOCs的代表,以英国开放大学和中国国家开放大学作为提供学历的现有远程教育的典型代表。

2. 研究结果及分析

(1) 总体规划设计

总体规划设计是远程教育办学中必不可少的前提,具体而言,包括系统分析、设计决策和制定规划。首先,系统分析的内容主要包括对课程和学生子系统构成要素、结构、功能和特点的分析以及对系统的分类。其次,设计和决策是在对社会环境、市场、教育需求、学生、课程和资源等状况进行调查和分析研究的基础上,决定采用什么样的在线教育系统。最后,在设计和决策的基础上,对以学生和课程为主的子系统进行具体规划并制定系统开发的组织实施方案(丁兴富,2001)。

以英国开放大学的总体专业和课程设置为例,由于学生来源各异,入

---

[1] Wikipedia. Udacity. [2013-06-20]. http://en.Wikipedia.org/w/index.php?title=Udacity&oldid=57025379.

[2] 国家开放大学.国家开放大学门户.[2013-06-20]. http://ouchn.edu.cn/Portal/index.aspx.

学动机各不相同,学校为了满足学生实践技能、单纯兴趣或者研究需要的多样化学习需求,在进行专业的总体规划时,遵循了紧密结合社会需要的原则,涵盖众多学科门类,并充分保证如设计、计算机、发展研究、教育、数学、社会政策等专业较高的教学水平(余善云,2012)。中国国家开放大学也在办学之初充分考虑了经济发展、社会需求和教育市场等因素,明确潜在的学生对象,有的放矢地开发教学系统。

相对于开放大学而言,MOOCs目前整体上处于汇聚课程阶段,尚未看到通过"总体规划设计",面向社会需要,开设经过系统化设置的专业,全面提升学生职业能力的举措。

(2) 教学环境

教学环境主要是指网络教育中教学媒体、教学平台、管理系统等全方位支持教学的软硬件环境建设,不仅包括对学习资源建设和学习活动的支持,还包括招生、培养、认证等全过程的教学管理。英国开放大学和中国国家开放大学都根据自身人才培养的流程全面构建了上述教学平台和管理系统(薛伟,2005)。

MOOCs目前只是为加盟高校提供了网络教学平台,并按照统一要求来建设课程的资源和内容等。由于MOOCs面向全球用户免费开放,任何人都可以进行注册,所以并不像开放教育机构那样要考虑招生和培养等方面的问题,但是为了保证课程的质量,MOOCs机构已经开始着手进行课程考评和认证方面的工作。如Coursera目前已经为医学、管理学和人文学习等44门课程提供学业认证,并有5门课程提供美国大学的学分推荐服务认证,同时正在通过建设签名追踪服务系统和著名考试公司Pearson合作来进一步完善课程的考核评价方式(Parry M.,2013)。

(3) 资源建设

对于资源建设方面,主要从课程设置、课程开发与教学设计两个角度进行对比分析。其中,课程设置对教学系统而言是第一要务。课程开发与教学设计的核心是课程材料的设计、制作、发送、评估和更新(丁兴富,2001)。

① 课程设置。在课程设置方面,中国国家开放大学提供学历与非学历教育。据官网数据,针对学历继续教育,已开设26个本科和69个专科专业,建设了1170余门课程资源;针对非学历继续教育,已开设1500个

非学历教育的视频公开课和372个网络课程或课件①。它的课程设置开放灵活,实行多级开课体制,中央(总部)负责开设公共基础课、通用性大的专业基础课和若干骨干专业课,地方(分部、地方学院、学习中心、行业和企业学院)则负责开设适应地方社会经济发展需要的专业(丁兴富,2001;平培元,尹亚姝,严娟娣等,2010)。

相对于中国国家开放大学,英国开放大学更注重通才教育,课程设置也覆盖学历教育、非学历教育和职业教育,其课程分为四个等级,一级为基础课程;二级为多学科交叉的综合课程;三、四级为专业课程。课程可以板块式组合,以适应成人学习时间不足且分散的特征(丁新,2008)。此外,其选课制度自由灵活,仅有很少量的限制,例如,学习者需要通过一门基础课程学习后,才允许选学较高层次的课程。

而MOOCs目前尚未发展到根据专业系统化设置课程的阶段,但其课程建设一直秉持"高标准、严要求"的原则,站在名校的起点上,注重名师效应,追求课程品质,树立品牌形象。

② 课程开发与教学设计。在课程开发方面,中国国家开放大学针对每门课程都配备了完整的课程设计与开发团队(包括组长、主讲教师和技术人员),定位明确,能够充分整合各方面课程资源,建设了大量的成人教育、职业教育课程和企业培训资源。②

英国国开放大学的课程开发体系更为专业,主要包括立项、开发、制作和反馈四个环节,一般开发周期2~3年。立项环节,学科小组需将可行性研究及课程设置报告提交学术委员会;开发环节,其课程组机制极具特色,被广为推崇,负责开发的人员具有多方面的专业和技术背景,包括学科专家、辅导老师、媒体制作人员、管理人员、设计人员、技术人员、课程协调人员、审读、负责版权事务的人员、网络专家等;制作环节,英国开放大学与英国BBC广播公司合作,合力保证课件内容精致、形式精美;反馈环节,所有开发的课程均有半年到一年的试用期,并在使用中不断修改,一般每三年修订一次。此外,英国开放大学采用模块化的课程体系,包括

---

① 国家开放大学. 国家开放大学门户. [2013-06-20]. http://ouchn.edu.cn/Portal/index.aspx.

② 国家开放大学. 国家开放大学门户. [2013-06-20]. http://ouchn.edu.cn/Portal/index.aspx.

入门级课程、短期课程、本科三级课程以及硕博课程(李晓佳,徐白羽,2007)。

MOOCs一般提供课程平台,将课程设计工作留给各加盟高校,在课程内容方面给予各学校和教师很大的空间,很多教师可以对课程自由进行设计。但事实表明,很多学校教师的课程设计质量并不高。针对这一现象,托尼·贝茨(Tony Bates)也认为,单凭个别教师的课堂教学经验来设计网络课程的"独行侠"的方式,不可能开发出高质量的课程。好的远程教育需要拥有不同技能的专业化教学团队的支持(Daniel,2012)。

(4) 师资发展

师资发展指网络教育的教师队伍建设,不仅包括一线教学教师,也包括课程辅导教师。

英国开放大学的师资队伍水平无论从数量,还是质量上都已经具有较高的水准。据2008年的统计数据,该校的师生比(包括兼职教师在内)已经达到1∶24.8,同时在教师招聘录用的标准也相当严格,该校一直在通过各种手段引进世界顶尖的旗帜性人才。此外,该校的地区学习中心也会依据学术资格、相关教育经验招聘兼职辅导教师,超过一半以上都是来自于大学的专职教学人员。[①] 学校还为兼职教师提供培训,既考虑教师个人职业发展也保障了开放大学的教学质量(张胜利,2011)。

中国国家开放大学(前身中国广播电视大学)也拥有一支较高水平的师资队伍,目前拥有专职教师5万多人,其中具有高级职称的教师超过2万人,占教师总数的37%(余善云,2012)。

MOOCs的授课教师都来自于世界顶尖名校,一方面名校名师的效应本身对于学习者就有着极大的吸引力,另一方面很多教师通过MOOCs的课程效应也迅速成为"教学明星",为所在高校赢得了"口碑",反过来又极大地提升了MOOCs机构的知名度。但是,MOOCs缺乏辅导教师的配置,更无师资发展支撑体系的建设。

(5) 支持服务

支持服务是对于在线学习者和教师学习与教学的技术性和服务性支

[①] 国家开放大学.国家开放大学门户.[2013-06-20].http://ouchn.edu.cn/Portal/index.aspx.

持。研究表明,要提高远程教育学生的巩固率,需要积极主动又针对学生学习动力的工作机制,这种机制的核心就是向学生伸出援手、及时干预,提供有效的支持服务(奥蒙德·辛普森著,肖俊洪译,2013)。

英国开放大学建立了本部、地区中心和学习中心三级的学习支持服务体系与一站式服务方式。本部负责制作教材、制定管理制度、提供认证服务、抽查作业及试卷、处理学生申诉、通过问卷进行学生调查等事项;地区中心负责协助学生选课、制定职业生涯规划、办理与学费有关的事宜、提供学习场所、解答学生问题、为学生提供针对性指导、提供学习设备、服务残疾学生等事项;学习中心(300余个)负责为学生发放面授安排、组织自主学习小组及新生见面活动、提供设备及视频会议、安排考试等事项。

为了保证学习效果、督促学生完成学习过程,英国开放大学从入学到考试,提供了一站式服务。开始学习之前,学校会提供丰富的网络资讯服务和学习资源服务,包括详细的学校简介、入学资格、资料查询、学前准备以及为无法参加入学活动的学生提供的虚拟暑期学校服务。同时还会提供完备的课程材料,不仅包含教学内容,也包括教学要求、学习指导、作业安排、考试说明等。更重要的是,学校会为每名学生设置导学教师,提供全过程的学习指导,具体包括入学前指导、基础课程学习和职业生涯咨询指导。学生在遇到学习问题时能够得到及时准确的帮助,作业也会有专人批改(张胜利,2011)。

每名辅导老师所辅导的学生不超过25人,学生对辅导老师的帮助有非常好的评价。研究生导师组制也值得一提,申请研究生课程的学生与导师每月要进行1~2次会议。这种以学习者为中心的教育理念并不是说学生想要什么就给什么,而是尊重学习者的主动性和能动性,以提高学习者的工作生活能力为目的(王海燕,2008)。

中国国家开放大学致力于探索基于网络自主学习、远程学习支持服务与面授辅导相结合的新型学习模式。一方面,依托各级电大资源建立了分布全国各地的学习中心,来解决远程教育学生的孤独感和学习集体缺失问题(陈丽,2011)。另一方面,学校成立了远程接待中心,负责解答各类咨询,提供奖学金、数字图书馆、毕业证书查询服务。

刚起步的MOOCs虽有个别课程拥有人数较多的教师团队,但大多数课程教师都没有足够的精力满足所有学生的学习辅导要求。MOOCs

所能提供的学习支持非常有限,也鲜有专职人员为学生的学习过程和学习进度提供专业、具体的指导意见。此外,由于 MOOC 课程学习给予了学习者很大的自主性,教师引导的力度较弱,也很容易导致学习者没有什么收获(姜蔺,韩锡斌,程建钢,2013)。MOOCs 在点对点的交流(Oram,2012)、面对面的交互和教师反馈方面(Welsh,Dragusin,2011)的缺失也备受指责,奥蒙德·辛普森(Ormond Simpson)指出,"除了课程资源,并没有任何的学习支持服务,所有考核也是基于计算机进行的"。但是 MOOCs 目前这种大规模的学习者群体,在课程之外通过 Meetup 建立的自组织学习型社区,则在学习互助交流方面展现了良好的潜力,将有助于网络环境下"学习型组织"的研究与探索。

(6)教育管理与质量保证

教学管理是在线教育办学机构对教师、学生、教学行为、学习行为、教学资源、教学技术手段应用及教学过程主要环节和组织机构的管理程序和方法,质量保障贯穿招生、培养、考核和认证的全过程(李欣茹,王晓霞,2011)。

① 招生准入。英国开放大学在研究生招生中,非常注重学生的综合素质和学术潜力,要求申请人提交研究提案,通过后方能入学,非本土的学生还需要电话或者网络面试。中国国家开放大学学历教育的招生对象是具有高中毕业文凭或同等学力的中国公民,没有入学考试,考试要求一般是高中基础知识,具体的招生、考试等环节由地方学院负责。继续教育课程或其他非学历教育的学生无须参加全国统一考试,采取课程注册模式(丁兴富,2001)。MOOCs 则没有任何门槛,向全世界所有学习者免费开放,任何时间、任何地点、任何人都能学习到开放的课程。

② 管理体制。中国国家开放大学采取总部、分部两级管理体制,按照"统一战略、共同平台、资源共享、相对独立、各具特色"原则运行。办学体系包括总部、分部、地方学院、学习中心、行业和企业学院,在统一指导的基础上,充分发挥地方院校的作用。中央电大负责制定指导性学科类教学计划或参考性专业教学计划,管理内容相对宏观等事务;省级电大负责制订实时性专业教学计划;而基层电大则制定具体的课程设置与教学环节的操作性教学计划(丁兴富,2001)。英国开放大学与我国情况类似,也采取统一策划、分级管理的原则,其纵向管理体系包括学校本部、地方学习中

心和各学习站点。MOOCs运行主体由传统的教育机构转变为公司,在课程建设上采用统一平台、统一制作的方式,与全球名校进行广泛合作。

③ 考核评价。英国开放大学为学生提供了"形成性＋总结性"的评价方式,二者在评价中各占50%。其中形成性评价即对平时作业,具体包括教师批阅的作业、计算机批阅的作业、个人研究项目和小组研究项目,每门课大约需要完成7～8次作业,每两周提交一次;总结性评价即期末考试,形式包括开卷或闭卷考试,由专门的机构确定评分标准并对考试进行审核,考试之前教师还会对学生进行集中辅导。中国国家开放大学目前正在由以考试为主的总结性评价向"形成性＋总结性"的多元平台模式转变①。为了适应大规模学习群体的自主学习,MOOCs偏重于探索解脱教师的学习评价,包括机器评价和同伴评价由机器自动评分(auto-grade)的交互式练习支持对学习者的即时反馈(instant feedback),能够让教师摆脱大量重复的批改工作。而同伴对写作式作业进行评估能够发挥大量学生参与者的潜力,实现互助学习。但机器自动批阅目前仅限定于客观题,交互性更强的内容批阅功能又仅限于特定课程。学生同伴评价存在态度粗鲁,回答、评价效率低下的问题,无法与教授或助教相比(Colman,2013)。

④ 学分认证。英国开放大学采用学分制和学分互换制度,学生通过每门课程的学习获得相应学分,学分累计到一定数量后,即授予相应的证书、文凭或学位。英国开放大学的学分体系与国家学分积累和转换体系(CATS)保持一致,学分被许多大学所承认。其认证体系具有层次化的特点,在学历教育中,本科生不仅有课程认证、还在学习结束时对学历和学位进行认定,研究生则只进行学历和学位认证。在非学历教育中,为了提高学习者在职业领域的认可度、增加就业机会,英国开放大学还提供与企业合作的基础学位,为学生提供职业资格认证服务。例如,在校经过护士项目培训合格后,符合国家医疗服务系统注册护士标准的学生就等于登上了就业直通车(丁新,2008)。在丹尼尔的眼中,英国开放大学虽没有传统入学要求,但却成功地给一百万名以上的学生授予了被广泛认可的学位。尽管它的入口很松,但获得学位的出口很紧。中国国家开放大学正

---

① 国家开放大学. 国家开放大学门户. [2013-06-20]. http://ouchn.edu.cn/Portal/index.aspx.

在探索学分银行制度,为学习者建立个人终身学习档案,提供学分认定、积累、转换等服务。学分银行制度与我们所熟知的银行存取义务流程类似,学习者可以采取零存整取的方式,按照学分累计规则,申请获取相应证书。此制度试图贯通学历教育和非学历教育,为各类办学组织之间的学分互认和转换创造条件。这项服务今后将收取一定的费用。[①]

MOOCs 目前主要还是课程的结业认证,类似于企业 elearning 培训认证。托维(Touve)指出,学生"千辛万苦"完成课程考试,拿到的是课程证书而非学分。接下来学生是否能获得学位,不是由他们对该课程的掌握程度决定的,而取决于大学的招生过程(Daniel,2013)。绝大多数 MOOCs 至今只提供课程证书和分数,是否与学历教育相衔接、采用学分制依然是尚待解决的问题。同时,来自顶尖名校的 MOOCs 授课教师大多对在线教育和正规学校教育的同质性持怀疑态度,改变他们的观念并不容易。目前,仅个别高校开设的 MOOCs 课程提供了学分认证,例如华盛顿大学。对于学分服务认证,MOOCs 也正在进行探索,如 Coursera 的部分课程在付费后由特定大学授予相应学历,edX 在缴纳一定费用并完成学业认证后获得学校的课程结业证明。但是,未来 MOOCs 关于课程认证方面还有大量的问题亟待解决。

⑤ 质量保障。英国开放大学有非常完善的课程质量监督和评估制度,内部评审委员会经常性地对课程进行评估,外部评估机构也会定期抽查。同时,还建立了内部信息反馈制度,通过学生意见促进教学。中国国家开放大学建立了以"五统一""五要素"为核心的质量保证体系。"五统一"是指教学计划、课程表、教材、考试及评分标准的统一;"五要素"是指对教学资源、教学过程、学习支持服务、教学管理和系统运作这五个环节的关注。国家开放大学通过年报年检、教学检查、评估等多种形式进行全程质量监控(葛道凯,2009),对平时作业进行抽查、开展实践性教学和学习行为跟踪,对信得过的考点和考区进行评选,通过过程性考核保证教学过程的教育质量(徐旭东,2006)。目前,MOOCs 课程质量主要还是依靠于名校实力和名师的水平,但是已有学者指出"名校+名师是否等同于高

---

① 国家开放大学. 国家开放大学门户. [2013-06-20]. http://ouchn.edu.cn/Portal/index.aspx.

质量,还有待商榷"(Daniel,2012)。

(7) 成本效益和营利模式

英国开放大学和中国国家开放大学有明确的收费模式,主要收益来源于学费,这样主要是为了维持正常的教学支出,不以营利为目的。以英国开放大学为例,收入来源包括政府拨款(本科生教育)、学生学费、出版物销售、咨询费、合作项目、海外收入、审定费。其中,相对于传统大学,英国开放大学的学生学费相对低廉,大概相当于传统大学的一半,修完6个学分需要2500英镑;海外收入主要是指通过在英国本土以外的地方开设课程、招收学生而获得的收入;审定费是指为其他学院审定奖励标准和学位所取得的收入。主要的成本包括这样几个项目,行政管理和学术活动、支持各地学习中心、维持出版机构、制作试听资料、发放教职工工资等(王斌华,1995)。

MOOCs的商业运作模式还处于比较模糊的探索阶段,关于MOOCs如何做到可持续的研究,还落后于MOOCs本身的扩张速度(王颖,张金磊,张宝辉,2013)。运营者发现通过学生学费和收取学生就业服务费用将有着很大的市场前景,如Coursera目前开展了八种商业推广模式:认证、有把握的评估、员工招聘、雇主或者大学筛选、人工指导或作业批改、企业培训、公司赞助课程、学费。认证的部分,Coursera目前是免费的,但edX在2012年秋季开始,已对课程的完成证明收费;Udacity提供给用人单位的个人测试也需要支付一定的费用。雇主和大学筛选的部分,Coursera和Udacity都已经进行了尝试,为学生提供简历和就业匹配服务。2012年底,Coursera推出了自己的职业服务方式,他们会向参与这一项目的用人单位负责人提供符合其条件的学生名单,这些学生的表现都是某区域内最优秀的,他们的表现不仅仅是成绩,也包括善于帮助他们学习这样的"软技能"或者说"高情商"。对于用人单位感兴趣的学生,Coursera会通过邮件与该学生取得联系,询问其就业意向,如学生愿意,则将其介绍到用人单位。参与项目的用人单位需要支付Coursera一定的费用,提供相应课程的教育机构也会得到一定比例的分成。但被推荐的学生都必须满足这样一个条件:认真并优质地完成课程学习。当然,他们也可以选择不接受这样的服务(Asha K.,2013)。

这样的职业服务系统在一定程度上对学习者的完成率是有力的促

进,但Coursera也只是在软件工程课程上对这一系统进行了试验,是否在其他课程上也长期有效,还需要时间来证明。此外,Coursera也为教师提供服务,允许其通过教师教育课程实现其职业发展,一些课程成为签名追踪项目的一部分。Coursera的签名追踪项目在赚钱方面成效显著,很可能成为主流收入之一(Asha K.,2013)。

经过多年发展,开放大学已经形成了稳定的营利模式。而MOOCs正在探索一条"互联网运营模式"之路,依靠品牌号召力来吸引消费者,在大量课程点击率的基础上通过广告和增值服务来增加收益。

(8) 社会认可

对所有教育机构而言,除了经济效益之外,社会认可度的提高也是其发展壮大的重要保障。英国开放大学的社会认可度之高,从它在教学和科研上的排名就可一目了然,几乎能够与牛津、剑桥这样的传统名校比肩。中国国家开放大学作为远程教育的"航母",经过多年的办学实践已经形成了一整套远程教育的运行机制和质量保证体系,虽然目前国内对于远程教育的"文凭的含金量"认可度不高,但是其在普及中国高等教育和发展终身教育的过程中发挥了不可替代的作用。

MOOCs免费开放的名校名师课程使得学习者趋之若鹜,但课程学分尚未获得社会的广泛认可,课程的极高辍学率也成为影响其良性发展的隐忧。远程教育长期研究和实践表明,辍学会对学生造成长期伤害,同时也有损在线教育的声誉(奥蒙德·辛普森著,肖俊洪译,2013)。

3. 小结

由公司运作的MOOCs在高等教育领域掀起了变革的浪潮,但从总体规划设计、教学环境、资源建设、师资发展、支持服务、教育管理与质量保证、成本效益与营利模式、社会认可等多个方面来衡量,MOOCs仍然属于e-learning的网络课程范畴,离真正的在线教育(或称远程教育)还有很大差距。尽管这样,MOOCs在运行机制方面的探索将给远程教育的发展带来新的启示,而MOOCs的进一步发展,尤其是向在线教育方向的发展,也需充分吸取远程教育多年积累的经验。

(1) MOOCs对远程教育发展的启示

MOOCs机构的创办者大都来自顶尖名校,合作伙伴的"入选条件"相当严格,名校效应为其发展壮大推波助澜。把授课教师包装成了"好莱坞式明星",充分利用学生"名校名师崇拜"的心理,借助媒体的力量,让知名高校的教师像娱乐圈里的明星一样"闪闪发光",对学生产生强大的吸引力。

MOOCs 的运作没有沿用远程教育通行的自建课程惯例,而是采用"高校加盟、统一平台、规范制作"的方式,充分开放教学平台,吸引全球名校在其上开设课程。

MOOCs 的运行主体是公司,而非传统的教育机构,这将可能导致高等教育运行走向专业化分工协作之路。这种运行体制的多元化是对现行教育体制的一种突破和创新。技术开始改变高校百年的运营模式[1]。

(2) MOOCs 的发展需要充分借鉴远程教育的经验

在线教育机构办学的核心是质量保障,MOOCs 对其质量的自信源于名校的课程。但有学者认为,名校的价值来源于其顶级的生源、高度汇聚的社会与文化资本,与世界上最聪明的学生和一流的老师"面对面"学习讨论所带来的体验,这些都是在线课程无法替代的[2]。约翰·丹尼尔也认为,"大学的品牌是教学质量的代名词"是错误的。没有证据证明,这些大学在教学上非常在行,尤其是网络教学。与此相关,这些大学曾质疑凤凰城大学的学历认证,认为网络教学天然而低效。尽管凤凰城大学的商业实践不太稳定,但它是作为一个整体的教学与学习系统在运行,教学质量要好于新兴的 MOOCs(Daniel,2012)。

MOOCs 的兴起体现了学习者对优质教育资源的渴求,同时,满足了政府及高校所期望的扩大高等教育参与率的需要。但其遇到的挑战是在保持高等教育目的、价值和相关性的同时,如何做好管理(Lawton,W.,Katsomitros,A.,2012)。参与 MOOCs 课程的学生很多,但辍学率高居不下,这与学习支持服务的缺失有很大的关系。对待完成率的态度不同,造成了 MOOCs 提供者和其他远程机构(不管是公立的还是私立的)之间存在很明显的区别。这些远程教育机构是一个学生服务、消费者立法和专业行业协会共同监管的理想的组合体,他们会投入大量资金来保留学生。

---

[1] Moody's Investors Service. Massive open online courses carry mixed credit implications for Higher Ed. [2013-06-13]. https://www.moodys.com/research/Moodys-Massive-open-online-course-carry-mixed-credit-implications-for-PR_255083.

[2] Sun, Y. MOOC: A University Learning Experience without the Degree. https://blogs.commons.georgetown.edu/cctp-748-spring2013/2013/05/06/mooc-a-university-learning-experience-without-the-degree/.

远程教育机构重视提高保留率和完成率,认为学生所寻求的是那些既能保持质量标准又能尽可能地帮助他们取得成功的机构(Daniel,2012)。

MOOCs是完全的在线自主学习,缺乏有效的教师指导。虽然已有部分MOOCs的学习者在线下组织了见面会、学习小组,但教师的参与还是奢望。而远程教育的办学体系不仅保证了在线学习部分,也设置了教学点为有学习困难的学生提供一对一的辅导,能够为学习者提供较为完善的学习支持服务。MOOCs需要学习远程教育的经验,通过构建学习服务体系降低课程的辍学率,否则MOOC课程只能是少数学生的"挑战项目",而非普惠社会大众的"优质课程"。

(四) MOOC平台与典型网络教学平台的比较研究[①]

网络教学平台是在线学习的基础性技术平台,是开展网络教学或网络辅助教学的必备条件。MOOCs(大规模开放在线课程)的兴起也离不开网络教学平台的支持,美国三个主要的MOOC运作机构:Coursera、Udacity和edX并没有利用目前典型的网络教学平台,而是自主开发了平台。MOOC平台的特点是什么?与目前典型网络教学平台有什么样的不同?今后网络教学平台将向哪个方向发展?本文通过对几种影响较大的MOOC平台与典型网络教学平台的比较研究,分析它们各自的特点,探讨网络教学平台的发展趋势。

1. MOOC平台与典型的网络教学平台

网络教学平台或称为网络学习平台,国外多称为学习管理系统(Learning Management System)、e-learning平台等,是在线学习和教学全过程的支持环境,能够承载在线课程,支持网络环境下的教与学。国内外各类网络教学平台不下百种,分为通用平台和专用平台两类,专用的含义包括专门为某个机构开发的和专门为某类学科、课程开发的,通用平台又分为商业平台和开源平台。经过多年的市场竞争和淘汰,少数典型通用网络教学平台占据着市场的大部分份额,前者的代表如Blackboard(国外)和清华教育在线THEOL(国内),后者如Moodle、Sakai和Drupal等。

---

① 本节主要结论来自韩锡斌,葛文双,周潜,程建钢(2014). MOOC平台与典型网络教学平台的比较研究. 中国电化教育,1: 61-68.

许多 MOOC 运作机构没有选择已有的网络教学平台，而是采用另起炉灶的策略，自主开发平台。美国影响力最大的三个 MOOC 运营机构 Coursera、Udacity 和 edX 都开发了自己的平台。其他国家的 MOOC 平台也不断推出，如英国的 FutureLearn，欧洲的 OpenupEd，德国的 Open Course World 和 Iversity，西班牙的 Miriada X，爱尔兰的 Alison，澳大利亚的 Open2Study，此外日本、印度等国家也纷纷研发了 MOOC 平台。

本节选择 Coursera、Udacity 和 edX 作为 MOOC 平台的代表，Moodle、Sakai 和 Drupal 作为开源网络教学平台的代表，Blackboard（国外）和清华教育在线 THEOL（国内）作为商业网络教学平台的代表，对它们进行对比分析。

(1) MOOC 平台

Coursera 是由斯坦福大学计算机系的教授安德鲁·吴（Andrew Ng）和达芙妮·科勒（Daphne Koller）在 2011 年年底建立的一个 MOOC 营利性运营机构，与斯坦福大学、宾夕法尼亚大学等 100 多所高等院校和科研机构合作，提供免费公开的在线课程。目前其平台上有超过 543 万名的学习者，建设了包括计算机、数学、商务、人文、社会科学、医学、工程和教育等学科的 540 门课程，成为提供开放课程数量最多、规模最大、覆盖面最广的在线课程机构[①]。Udacity 也是由斯坦福大学的教授塞巴斯蒂安·特龙（Sebastian Thrun）、大卫·史蒂文斯（David Stavens）和迈克·索科尔斯基（Mike Sokolsky）创建的 MOOC 营利性组织，是本文比较的三个 MOOC 平台机构中创办最早的。它将自己的发展方向限定在特定领域内，提供基于科学、技术、工程和数学领域（STEM）的问题解决型课程，上课方式灵活，学习时间不受限制。目前平台已经建设了计算机科学、数学、商务和物理等方面的几十门课程[②]。edX 是由麻省理工学院和哈佛大学在 2012 年 1 月共同创办的 MOOC 非营利性组织，目标是与世界一流的顶尖名校合作，建设全球范围的含金量最高、最为知名的在线课程。目前平台主要采用开源软件的开发模式，提供计算机科学、电子学、化学、公共健康和文化等方面的课程[③]。

---

① Coursera. http://www.coursera.org,2013-09-10.
② edX. https://www.edx.org/about-us,2013-09-10.
③ Udacity. https://www.udacity.com/how-it-works,2013-09-10.

(2) 开源网络教学平台

Moodle 是由澳大利亚马丁·多基马(Martin Dougiamas)开发的开源网络教学平台。Moodle 一词是 Modular Object-Oriented Dynamic Learning Environment 的简写,译为模块化面向对象的动态学习环境[1]。据 Moodle 官网统计,截至 2013 年 8 月已经有 239 个国家的 87 079 个站点取得了注册资格,上面共有 787 万多门课程,用户总数达到了 7372 万人,其中教师人数超过 130 万人[2]。Sakai 是由美国密西根大学、斯坦福大学、印第安纳大学和麻省理工学院于 2004 年共同发起的协同学习开源网络平台,主要致力于技术促进教学和学习科学研究。目前全球使用 Sakai 平台进行教学、科研和学习的教育机构超过 350 家,用户数超过 400 万[3]。Drupal 是由比利时安特卫普大学德瑞斯·布塔特(Dries Buytaert)在 1999 年开发的一套开源管理系统,由于平台架构灵活、容易管理、方便扩展,并且具有非常丰富的网站定制服务,迅速发展成为社会交互功能突出的个性化平台。目前 Drupal 平台的官方网站已经发展成为支持技术交流和开发的学习型社区,用户超过 63 万[4]。

(3) 商业网络教学平台

Blackboard(简称 BB)网络教学平台最早由美国康奈尔大学计算机系的教师研发,1998 年通过公司并购成为 Blackboard 公司的主营业务。经过十多年的发展,Blackboard 成为全球用户数最多的商业网络教学平台,主要包括教学传递系统、网络学习社区、内容管理系统和学生评价系统等四个核心模块[5]。清华教育在线(THEOL)是集教学、管理、展示与评价于一体的网络教学综合平台。该平台由清华大学教育技术研究所从 1999 年开始研发,目前已经在全国近 400 所院校应用,平均每天有 100 余万师生登录使用,核心模块包括通用网络教学平台、研究型教学平台、精品课程建设与评审平台、资源中心管理系统、课程资源共享联盟支持平台、教学

---

[1] Moodle. http://docs.moodle.org/25/en/About_Moodle,2013-05-24.
[2] Moodle Stats. https://moodle.org/stats/,2013-02-02.
[3] Sakai. http://www.sakaiproject.org/about-sakai, 2013-09-10.
[4] Drupal. http://drupal.org/about,2013-07-08.
[5] Wikipedia. Blackboard Inc. http://en.Wikipedia.org/Wiki/Blackboard_Inc,2013-08-27.

管理系统、教学评价系统等①。

2. 比较方法与指标

国际著名网络教学平台评估网站 Edutools(http://wcet.wiche.edu/learn/edutools),从用户角度提出了网络教学平台的功能分析指标,主要由学习者管理工具、支持工具、技术特性三大模块组成,这三个模块包括交流工具、效能工具、学习者参与工具、管理工具、课程设计工具、课程发布工具、硬件/软件、公司的详情/许可 8 个评价维度,又下设了 40 个二级指标和 169 条具体评价细则。② Edutools 网站的评价指标基本包含了网络教学平台的组成要素,但是由于该标准的最近修订时间是于 2006 年完成,需要在部分评分指标上进行修订。笔者结合近年来网络教学平台的最新技术动态,对系统技术特征方面进行了补充调整,修订后的评价指标如表 8-2～表 8-4 所示。

表 8-2 基于 Edutools 的网络教学平台评价指标(学习管理工具维度)

二级维度	三级指标
效能工具	书签
	日历/任务
	导航和帮助
	课内检索
	异步/同步
交流工具	讨论区
	文件交换
	课程邮件
	日志笔记
	实时聊天
	视频服务
	电子白板
学生参与工具	分组
	自评
	学生社区
	学生档案

---

① 清华大学教育技术研究所. 清华教育在线创新应用模式. http://tnet1.theti.org/evaluate/infoSingleArticle.do? articleId=1065&columnId=1022,2012-09-12.

② http://wcet.wiche.edu/wcet/docs/edutools/Old-Edutools CMSF eatures and Criteria Rev041513.docx, 2012-12-30.

表 8-3 基于 Edutools 的网络教学平台评价指标（系统支持工具维度）

二级维度	三级指标
课程设计工具	内容共享/复用
	课程模板
	课组管理
	定制外观
	教学设计工具
	教学标准兼容
课程发布工具	自动测试评分
	课程管理
	教师帮助
	在线打分工具
	学生跟踪
课程管理工具	身份认证
	课程权限设置
	托管服务
	注册系统

表 8-4 基于 Edutools 的网络教学平台评价指标（系统技术特征维度）

二级维度	硬件/软件		安全/性能		兼容/整合			定价/许可	
三级指标	服务器、数据库与浏览器要求	服务软件	移动服务支持	用户登录安全和访问速度	错误预防与报告	国际化/本土化	API	第三方软件整合	数字校园兼容	公司、版本、成本	源码与附加产品

3. 各种网络教学平台的对比结果

基于 Edutools 的评价标准，从学习管理工具、系统支持工具、系统技术特征三个方面对 MOOC、开源和商业的八种网络教学平台进行对比分析。具体结果如表 8-5~表 8-7 所示。

（1）学习管理工具分析

从学习者的视角出发，对效能工具、交流工具和学生参与工具三个方面进行比较，其中效能工具包括书签、日历/任务、导航和帮助、课内检索和异步/同步 5 个指标，交流工具包括讨论区、文件交换、课程邮件、日志/笔记、实时聊天、视频服务和电子白板 7 个指标，学生参与工具包括分组、自评互评、学生社区和学生档案 4 个评价指标。对比结果如表 8-5 所示。

表 8-5　三类(八种)平台的"学习管理工具"比较分析

维度	指标	MOOC 平台			开源网络教学平台			商业网络教学平台	
		Coursera	Udacity	edX	Moodle	Sakai	Drupal	Blackboard	清华教育在线
效能工具	书签	无			提供社会化书签		功能强大	无	
	日历任务	无			有		有	有	
	导航帮助	基于知识讲解的导航,简明清晰,有帮助文件			基于知识单元和功能模块的导航,灵活支持		基于功能模块的导航,帮助文件齐全		
	课内检索	关键字检索		无	按照分类、标题和关键词搜索课程内的内容			按照分类、标题和关键词搜索课程内的内容	
	异步同步	支持同步和异步学习但不支持脱机作业			支持同步学习和脱机工作			支持同步学习和脱机工作	
	讨论区	有知识点讨论区和课程讨论区			有知识点讨论区和课程讨论区		支持一般	课程讨论区	
	文件交换	不支持	基于Wiki的笔记	不支持	支持好			支持非常好	
	课程邮件	支持平台注册的外部邮件			支持平台注册的外部邮件和内部邮箱		支持平台注册的外部邮件和内部邮箱	支持平台注册的外部邮件和内部邮箱	
交流工具	日志笔记	无			有		无	有	
	实时聊天	无			系统自身聊天室		无	第三方聊天室	
	视频服务	无			提供第三方视频插件集成			提供第三方视频插件集成	
	电子白板	无			需要安装第三方插件或进行二次开发		简单	功能较强	借助第三方实现

· 278 ·

续表

维度	指标	MOOC平台			开源网络教学平台			商业网络教学平台	
		Coursera	Udacity	edX	Moodle	Sakai	Drupal	Blackboard	清华教育在线
学生参与工具	分组	无			支持作业分组			支持作业分组	支持作业和研究型学习分组
	自评	支持作业的同伴互评			无			无	支持研究型学习的自评互评
	学生社区	无	自带Wiki工具	无	系统本身自建的网络社区或课程博客等			系统自建学生社区	自建学生社区,博客
	学生档案	视频和测试完成标记	课程进度的简单显示	测试完成标记	对学习者学习情况的监控	独有的电子档案袋管理工具	无	基于学习者学习情况的档案	

表 8-6 三类（八种）平台的"系统支持工具"比较分析

维度	指标	MOOC平台 Coursera	MOOC平台 Udacity	MOOC平台 edX	开源网络教学平台 Moodle	开源网络教学平台 Sakai	开源网络教学平台 Drupal	商业网络教学平台 Blackboard	商业网络教学平台 清华教育在线
课程设计工具	内容共享复用	不对外共享			较好		较差	较好	好
	课程模板	需要设计开发和定制			系统提供模板支持，应用性强			系统提供模板支持，应用性强	
	定制外观	无			课程界面设置		无	课程界面设置	有多种模板选择，呈现效果好
	课程组管理	无			功能完善，操作简便		定制功能强大灵活	功能强大，操作简便	功能完善，操作简便
	教学设计工具	给教师提供的少	给教师提供的少	给教师提供的少			性能较差		
	教学标准兼容	IMS,SCORM			SCORM	IMS,SCORM	CEN/ISSS/LT	IMS,SCORM	CELTSC
	自动测试评分	功能强大		完善	功能完善		无	功能强大	功能强大
课程发布工具	课程管理	给教师提供的少			多用户角色的课程管理		功能一般	基于教师和学生角色，操作简便	功能好
	教师帮助	教师不直接参与答疑和学习指导			讨论答疑区		无	讨论答疑区	讨论答疑，常见问题，邮件答疑
	在线打分工具	支持系统自动评分，不支持教师在线打分			较强的评分和成绩反馈支持		无	较强的评分和成绩反馈支持	功能好
	学生跟踪	功能一般	功能一般		功能一般		功能差	功能好	功能好
	身份认证	注册认证登录			允许访客浏览课程，注册认证参与课程学习活动		注册认证登录	注册认证登录	
	课程权限设置	平台管理员为学生和教师设置不同的权限			系统为教师和学生设置多种权限学习活动		系统为教师和学生设置不同权限身份		
课程管理工具	托管服务	自己维护平台的权限			主机服务与托管		主机服务	主机服务＋公司托管	主机服务＋公司托管
	注册系统	通过平台用户自己注册			E-mail注册，系统手动添加用户注册或第三方社交账户注册		主机服务主动添加用户注册	系统控制添加用户注册	

第八章 MOOCs与在线教育的系统化研究

表8-7 三类(八种)平台的"系统与技术特征"比较

维度	指标	典型 MOOC 平台			开源平台			商业平台	
		Coursera	Udacity	edX	Moodle	Sakai	Drupal	Blackboard	清华教育在线
硬件	服务器	专门,自己配置	专门,自己配置		Unix/Linux/Windows			Unix/Linux	Unix/Linux
	数据库要求	专门,自己配置			MySQL/PostgreSQL/MSSQL	Oracle/MySQL	MySQL/PostgreSQL	Oracle/MySQL	Oracle/MySQL
软件	服务软件 OS/PL/Web Server	自己配置			WindowsUnix/Apache/PHP	Unix Mac Windows/Tomcat/JAVA	Windows, Unix, Apache or IIS, PHP	Windows, Unix/IIS/ASP.NET	Unix,Linux/J2EEServlet 2.4/SP
	浏览器	IE,Chrome,Firefox 等			支持主流浏览器				
	移动服务支持	HTML5			移动 APP,HTML5	高	HTML5	HTML5	
安全性能	登录安全和访问速度	安全性一般,访问一般			安全性一般,访问快	安全性最高,访问一般	安全性一般,访问快	安全性高,访问快	
	错误预防报告	支持			支持			支持	
	国际化/本土化	仅仅自用			高	高	一般	国际化高	本土化高
兼容	API	提供			提供			提供	
	第三方软件	只提供第三方链接			支持好			支持一般	
整合	数字校园兼容	未考虑			一般	一般	一般	非常好	
定价许可	公司	CourseraCo., Ltd	UdacityCo., Ltd	edX FD	Moodle PtyLTD	Sakai FD	Drupal Project	Blackboard Company	清华大学
	版本	2013年7月26日			2013年 Moodle 2.5	2013年 Sakai 2.9	2012年 Drupal 7	2012年 Release9.1	2012年 V6.0
	成本	不对外销售			免费			收费	
	开放源码	不开放	不开放	联盟校间开放	开放 GPL	开放 OSP	开放 GNU/GPL	不开放	
	附加产品	无			无			少	多

· 281 ·

从表 8-5 中效能工具的比较来看,开源网络教学平台提供了书签功能;除了 MOOC 平台外,其他平台提供作业提交等的日历提醒或者其他提醒任务功能,方便学习者监控和管理学习进度;在导航帮助功能方面,开源平台的功能最强大,既有基于知识点的导航,也有基于功能模块的导航;而 MOOC 平台和商业平台则只有基于知识点的导航,或基于功能模块的导航;关于课程检索模块,MOOC 平台中的 Coursera 提供了基于关键词的课内检索功能,而其他 5 个平台可以按照分类、标题和关键词搜索课程内的内容;在同步/异步模块方面,开源和商业的 5 个平台支持性较好,而 MOOC 平台只支持学习资源的下载,不支持异步脱机测试或作业。

从对交流工具的对比来看,商业平台只设置了课程的讨论区,而其他平台则既有课程讨论区也有知识点讨论区;在文件交换上,MOOC 平台不支持课程内容和活动对外交换,而开源和商业的 5 个平台支持得更好;在课程邮件模块,MOOC 平台自身不具备邮件管理功能,只支持注册时的邮件推送,而开源和商业平台既支持注册时的邮件推送,也具有内部邮箱功能;在日志笔记模块,MOOC 平台中只有 Udacity 利用 Wiki 来记录学习知识点,而开源和商业平台本身都提供了实用性强的学习笔记工具;在实时聊天上,MOOC 平台和 Drupal 无此功能,而 Moodle、Sakai、BB 都自建或利用第三方软件提供聊天室功能;在视频服务工具上,MOOC 平台不提供此类功能,其他都具有一定的视频服务,如视频格式转换,大视频上传等;在电子白板上,BB 提供了强大完善的电子交互功能,Moodle、Sakai、THEOL 和 Drupal 需要安装第三方插件或采用二次开发来实现,MOOC 平台不提供此功能。

从学生参与工具的比较来看,THEOL 的功能最强大,支持作业分组和研究型学习分组,MOOC 平台不支持分组,其他平台支持作业分组;在自评互评模块,MOOC 平台支持同伴之间的作业评价,THEOL 支持研究型学习的自评、互评和小组评价,其他平台则无;关于学生在线社区功能,MOOC 平台中除了 Udacity 没有提供此功能。Moodle、Sakai、Drupal 通过系统自带的博客和学习社区来实现,BB 平台具有较好的学习社区,THEOL 既有学生社区功能也有自主研发的教学博客;在学生档案方面,Sakai 功能最为完善,提供了强大的电子学档管理工具(Open Source Portfolio,OSP),BB、THEOL 平台提供了学习情况和学习进度的跟踪和文档功能，MOOC 平台仅有简单的功能，而 Drupal 无该功能。

(2) 系统支持工具分析

对课程设计工具、课程发布工具、系统管理工具三个方面进行比较。课程设计工具包括内容共享/复用、课程模板、课组管理、定制外观、教学设计工具和教学标准兼容 6 个指标，课程发布工具包括自动测试评分、课程管理、教师帮助、在线打分工具和学生跟踪 5 个指标，系统管理工具包括身份认证、课程权限设置、托管服务、注册系统 4 个指标，对比结果如表 8-6 所示。从表 8-6 课程设计工具的比较来看，MOOC 平台给教师提供的课程制作功能很少，需要专业团队的支持，而其他平台则有丰富的课程设计工具。在内容分享复用功能方面，MOOC 平台中的课程不支持其他教学者复用，而其他平台由教师确定是否可以复用，有些还支持课程之间的集体备课功能（如 THEOL）；在课程模板上，MOOC 平台需要本身的开发设计人员根据教师和课程需求进行单独的定制，而其他 6 个平台都能以管理员或教师身份自行定义、创建课程模板；在课组管理功能方面，Moodle、Sakai、BB 和 THEOL 支持课内支持分组管理，THEOL 还课程之间的关联管理，MOOC 平台和 Drupal 无此功能。在定制外观模块，Drupal 体现出其作为动态网站管理系统的强大功能，开源平台和 BB 可以进行简单的界面设置，THEOL 有多种模板选择，呈现效果好，MOOC 平台的界面外观呈现单一。在教学设计工具模块，Moodle、Sakai、BB 和 THEOL 功能较为完善，Drupal 提供的教学设计工具较少，而 MOOC 平台由于采用专业团队建设的方式，开发相对复杂，特别是 edX 需要对源代码编辑修改，提供给教师的功能和服务都比较弱。每个平台对标准都有一定的兼容性。

从课程发布工具的比较来看，在自动测试评分模块，MOOC 平台最为出色，由于 MOOC 在线用户一般都较多，需要承担更多的系统自动测评任务。edX 为教师提供直观评分权重分配工具，方便教师对学生的考试、作业进行评分。Coursera 为学习者提供多次自动测试机会，每次测试后学习者通过系统可以得到分数反馈。Udacity 最具特色的人机交互学习中，学习者提供 Submit Answer，可以即时在 output 中得到反馈答案。而 Moodle、Sakai、BB 和 THEOL 也具有测试评分的功能，Drupal 则暂无该功能；在教师帮助学生学习方面，MOOC 教师一般不提供学习支持，开源和商业平台都具备讨论答疑功能,THEOL通过讨论答疑、常见问题和邮件答疑等形式支持答疑指导。在线打分工具模块,商业平台BB、THEOL和Moodle、Sakai具有较完善的功能,而Drupal暂无该项功能,MOOC平台不支持教师的在线评分,只支持自评功能。在学生跟踪模块,BB和THEOL相对于其他平台更为突出,不仅能跟踪学习者的学习频率、时间、进度,而且能统计学生的作业和学习情况(BB提供学习履历统计工具,可以及时发现学习者的学习进度,利用E-mail推送提醒学习者,THEOL提供学习反馈统计工具,以图表形式及时反馈提醒学习者)。

从系统管理工具的比较来看,在身份认证和课程管理权限模块,8个平台都提供了身份验证和课程权限设置管理,开源和商业平台权限更为细致。在注册系统模块,BB和THEOL由于是商业平台,注册控制较为严格,作为开放性注册的功能来说,MOOC和开源平台表现差别不多,只是MOOC平台的注册和认证要求更高,如Coursera要求学习者提供本人照片和相关详细信息,并采用打字身份认证,通过键盘输入一小段文字来记录学习者打字频率,以此防止学习者考试作弊。在托管服务模块,MOOC平台采用自己维护和服务的方式,而开源平台一般需要主机服务,也提供了部分托管服务,BB和THEOL提供托管或主机服务。

(3) 系统/技术特征分析

对硬件/软件、安全/性能、兼容/整合和定价/许可四个方面进行比较。"硬件/软件"包括服务器要求、数据库要求、服务软件、浏览器要求和移动服务支持5个指标,"安全/性能"包括用户登录安全和访问速度、错误预防与报告2个指标,"兼容/整合"包括国际化/本土化、API、第三方软件整合和数字校园兼容4个指标,"定价/许可"包括公司、版本、成本、开放源码和附加产品5个指标,对比结果如表8-7所示。总体来看,8个平台基本都采用了三级架构的开发模式,MOOC平台属于大规模的e-learning平台,需要强大的技术团队进行维护。Moodle、Sakai和Drupal等开源平台,由于平台源代码、API和编程规则向所有人免费开放,支持平台的二次开发,全球的课程建设机构或个人都可以通过它们的官网交流分享课程相关的模块、插件,共同完善开源平台的功能,但是开源平台需要教学机构有较强的技术团队进行二次开发和运行维护。BB和THEOL是支持百万级用户的商业e-learning平台,有专业的技术研究和技术团队,主要面向高校或科研机构提供专业的网络教学支持,集成性较高,平台运行稳定,能够保证持续的更新建设。

从"硬件/软件"的比较来看,MOOC 平台需要用 Chrome、Firefox 或 IE 来保证界面显示效果,而其他平台都能支持主流浏览器访问。在移动服务模块,8 个平台都能够支持 HTML5 的 Web 访问方式,目前只有 Moodle、Sakai 支持移动终端的 APP 访问。

从"安全/性能"的比较来看,8 个平台在访问错误预报/报错模块的功能相差不大。在安全性上,Sakai 由于对用户登录方式采用了独特的加密解密算法,安全性能最为突出,而在其他 7 个平台中,MOOC 平台和商业平台的安全性要高于 Moodle、Drupal。在访问速度上,同等网络状况下 Sakai 的访问速度要稍逊于其他平台,但是从实际情况来看,由于 MOOC 平台的服务器都在国外,因此对于国内用户来说,常常会出现访问不佳的状况。从"兼容/整合"的比较来看,在平台国际化与本土化方面,开源平台表现出了更好的国际化和本土化特性,而 MOOC 平台目前主要采取自建自用的方式,而商业平台中,BB 作为老牌的平台,通过多年来与众多知名高校合作,国际化程度较高,THEOL 作为国内占主导的自主品牌平台,目前国内有近 400 所校园在应用,本土化程度最高。在 API 模块,8 个平台相差不大,但 Sakai 由于开发入门门槛较高,版本间 API 变化较大,升级维护困难,兼容性稍差。在数字校园兼容模块,THEOL 平台兼容性最高,可以实现与学校各类管理系统的对接,操作简便,无须专门的技术定制,前台页面操作即可实现,而同为商业平台的 BB 目前只考虑了用户与课程信息的兼容,功能性与开源平台相差不大,而 MOOC 平台则没有考虑该功能。在第三方软件兼容模块,开源平台兼容性最好,BB 和 THEOL 兼容性要稍差,而 MOOC 平台只提供了第三方软件的链接服务。

从"定价/许可"的对比来看,Coursera、Udacity 都不开放建设源代码,edX 目前只向联盟组织内高校开放部分代码,开发建设课程的收费很高。相对来说 Moodle、Sakai、Drupal 普及性高,使用免费,向全球用户开放课程建设的源代码,只需要遵守开放资源的标准协议(Moodle 遵循 GPL,Sakai 遵循 OSP,Drupal 遵循 GNU/GPL),BB 和 THEOL 属于商业收费平台,BB 平台目前要根据用户数量进行服务收费,定价较高,而 THEOL 采用整体平台收费方式,定价要相对合理。在附加产品上,商业平台一般都会提供相应的一些服务,如 THEOL 提供的课程资源共享、精品课程建设、与数字校园整合等大量的附加服务,BB 目前还比较少,而 MOOC 平台和开源平台目前没有相关业务。

4. 对比结果的综合讨论

(1) 学习者的视角

Edutools 的"学习管理工具"分析指标从效能工具、交流工具和学生参与工具三个方面评价了针对学习者提供的平台功能。

总的来讲,MOOC 平台无论是学习和教学工具的数量还是工具本身提供的功能都弱于典型网络教学平台,其原因是前者研发的时间和成熟度都不及后者。①效能工具方面:MOOC 平台不支持脱机学习,而这种方式能够满足网络条件较差的学习情况;②交流工具方面:不支持文件交换、课程内部邮件,前者能够满足多位教师集体备课的需要,后者适合大容量媒体学习材料的传输和交换;③学生参与工具方面:不支持学生分组、协作学习的小组评价。

MOOC 课程的参与者规模庞大,靠师生的直接交互完成学习是不现实的。为了支持大规模开放学习,MOOC 平台呈现出了一些新的特点。

① 平台、课程和课件紧密结合。MOOC 课程给学生提供针对特定知识点的视频讲解并迅速进行测试反馈,从而提高学生与学习对象的交互性,便于学生自主掌握学习的进度和效果(SaraIbnElA et al,2013)。为了支持上述教学模式,MOOC 将教学平台、在线课程和学习课件作为一个整体来设计。然而这种设计方式会将平台功能绑定在特定的教学模式上,无助于其他模式教学的开展,同时也限定了教师对平台的掌握能力。

② 探索解脱教师的学习评价功能。MOOC 平台正在研发两种评价功能:机器评价和同伴评价。由机器自动评分(Auto-Grade)的交互式练习支持对学习者的即时反馈(Instant Feedback),能够让教师摆脱大量重复的批改工作。[①] 而同伴对写作式作业进行评估能够发挥大量学生参与者的潜力,实现互助学习。但机器自动批阅目前仅限定于客观题,交互性更强的内容批阅功能又仅限于特定课程。而学生同伴评价也存在态度粗鲁,回答、评价效率低下的问题,无法与教授或助教相比(Colman D. ,2013)。

---

① Udacity. http://en. Wikipedia. org/Wiki/Udacity#Certification,2013-08-26.

③ 充分利用社交网站支持学习者的广泛交流。社会软件Facebook和Twitter等都是MOOC常用的社交工具,其优点是既借助学习者大量聚集于这些网站的人气,又免去自行开发的工作量。但是对外部系统的依赖很难让师生通过本平台掌握学习的情况;在Youtube、Facebook等不能访问的地方(如中国),学生无法在MOOC平台上看到课程的讲解视频,参与学习讨论。

④ 重视基于平台大数据的学习分析。MOOC明确提出了学习分析在促进学生学习反馈、改善教师教学和深化教学研究方面的重要作用,尝试构建学习分析工具。单这方面的研究和实践才刚刚开始,需要进一步的研发。

(2) 教学者的视角

Edutools的"系统支持工具"分析指标从课程设计工具、课程发布工具、课程管理工具三个方面反映了针对教学者提供的平台功能。

MOOC将教学平台、在线课程和学习课件作为一个整体进行设计,这种方式很好地满足了追求课程高品质的要求。同时面对大量学习者,减少教师参与也是其平台设计的目标之一。在上述设计思想指导下,MOOC平台在教师课程设计、发布和管理方面的功能远远弱于典型网络教学平台。

① 课程设计工具方面:MOOC非常重视微视频、测试、作业、仿真实验等课件的质量,这些课件的设计和开发都需要专业团队的支持才能完成,完成之后的调整也很难由教师个人完成。从平台功能的角度来看,没有提供内容共享/复用、多模式课程模板、课组管理等功能,这些功能支持教师采用适合自身课程目标和内容的教学模式、课程的复用和共享、同一个教师任不同课程或者多个教师任同一门课程等多种需求。

② 课程发布工具方面:MOOC非常重视自动测试评分和学生跟踪的功能设计,但需要教师参与的功能,如教师在线打分工具方面则尚未考虑(姜蔺,韩锡斌,周潜,程建钢,2013)。

③ 课程管理工具方面:MOOC强调课程的免费开放学习,因此其身份认证、课程权限设置和注册系统的功能都非常简单。然而,MOOC针对一些学习者有获取课程证书的需求,开发了相应的功能,如Coursera与其他公司合作研发签名追踪系统(Signature Track Could Mean Serious

Revenue System),但这些功能不是提供给教师的(Round C.,2013)。

(3) 管理者的视角

Edutools 的"系统支持工具"和"系统/技术特征"两个方面的一些指标反映了针对教学管理者提供的功能。

① 系统支持工具方面：MOOC 平台仅供自己使用，教学管理者就是自身团队的人员，他们承担了课程设计、课程发布和课程管理的很多职能。而国际典型网络教学平台则需要为不同的办学机构，包括大学、职业院校、在线培训、中小学等提供不同的管理功能，管理者只是为教师提供网络教学的环境，课程的设计、发布和管理均都由教师完成。

② 系统/技术特征：目前 MOOC 平台尚未考虑自身软件应用于其他机构，因此不用考虑多种硬件/软件的适应性、本土化、与第三方软件兼容等问题；免费用户注册制使其不用太多考虑登录安全的问题；采用开源软件的开发策略使其不用考虑定价问题，但开源的许可限定在合作机构的范围内。

③ 其他：在一个特定的机构，如在传统大学中使用网络教学平台需要考虑与数字校园的整合问题，以避免产生"信息孤岛"。这种整合的要求很高，单靠开放 API 接口这样简单的方式难以完成。如与教务管理系统的整合需要在课程信息、专业信息、教师信息、选课信息、培养计划等多个方面实现数据的同步。再如，与教育资源管理系统的整合需要为教师备课推送相关的教学资源，课程与课程之间也需要进行教学资源和教学活动的共享等。另外，中国大学的教师经常需要将课程对外展示以便满足各种报奖评审的需要，教学平台与这类评审系统，如与精品课程平台、质量工程平台等之间的整合就可支持教师教学资源的"一处建设、多处应用"，避免大量重复性工作。在开放大学或网络学院中对学生的服务体现在招生、注册、学习、评价、颁发证书等全过程(姚媛，韩锡斌，刘英群，程建钢，2013)，网络教学平台也需要与其他管理服务系统进行集成。

5. 结论与展望

为了适应 MOOC 大规模学习群体的自主学习，其平台偏重于探索解脱教师的学习评价功能，充分利用社交网站支持学习者的广泛交流，重视基于平台大数据的学习分析给予师生深度反馈，将平台功能与课程设计、课件制作紧密结合，为学生提供了交互性很强的学习对象和学习体验，给网络教学平台的发展提供了新的启示。

典型网络教学平台经过十多年的深度研发,其功能和性能从整体上都远远优于刚刚起步的MOOC平台,尤其是为教师自主建设和控制在线课程提供了丰富的工具,并能适应不同教学机构的管理需求。在MOOC兴起之时,一些主要的网络教学平台的研发机构迅速推出MOOC版,以适应MOOC的发展需要。如Blackboard发布了Course Sites平台,Instructure公司发布了Canvas Network平台,清华大学教育技术研究所推出了新一代多模式教学平台——uMOOCS。

MOOC平台和原有的网络教学平台定位不同,呈现出了一些不同的特点,也将沿着各自的方向发展。但是,两者之间将会出现相互借鉴,共同发展的态势,一方面一些国际典型网络教学平台推出MOOC版以适应不同机构建设免费开放课程的需求;另一方面很多大学已经开始思考如何借助MOOC发展促进学校的教育教学改革,从整体上提升所有课程的质量和学生的学习成效。MOOC"落地生根"的最佳方式就是针对校园内的学生采用混合学习的模式(韩锡斌,翟文峰,程建钢,2013),支持校园内教学的平台必然要汲取已有网络教学平台的优点,解决与数字校园的整合问题。MOOC的发展还需要逐步考虑对学生的全方位支持问题,网络教学平台也与开放大学一样必然面临与其他管理、服务平台的集成问题。

不论哪种网络教学平台,它们总的发展趋势都需要支持学习者根据自身学习特点和风格进行自适应学习;支持教师个性化、多模式的课程建设;通过社会软件构建学习社区实现广泛的社会交互;充分利用开放教育资源(OERs)并支持课程的开放共享;利用各类新技术,如人工智能(Artificial Intelligence)、增强现实(Augmented Reality)、体态计算(Gesture-based Computing)、学习分析(Learning Analytics)、移动终端(Mobile Devices)等构建沉浸式、强交互、重体验的学习环境等。

四、"后MOOCs时代"终极回归开放在线教育[①]

MOOCs(Massive Open Online Courses,大规模开放在线课程)2008年起

[①] 本节部分结论来自于:申灵灵,韩锡斌,程建钢(2014)."后MOOC时代"终极回归开放在线教育——2008—2014年国际文献研究特点分析与趋势思考.现代远程教育研究,2014(3):17-26.文献数据已更新至2015年12月3日。

源于加拿大,2012年以变异形态和隐性商业利益在美国硅谷兴起了xMOOCs,并迅速成为高等教育改革和在线教育实践的热点,各类文献数量剧增。大量新闻媒体和专业期刊报道了MOOCs。加拿大Liyanagunawardena等(2013)在 *MOOC: Asystematic study of the published literature* 2008—2012中选取了2008—2012年发表的45篇MOOCs文献进行分析,描述了文献的发表年份、出版类型和作者,根据研究内容将文献归纳为8个方面,并说明了MOOCs今后的研究方向。该文献分析报告存在明显不足:缺乏教育学的分析框架,仅依主题词将数量非常有限的文献进行了主观分类,包括Introductory(介绍)、Concept(概念)、Case Studies(案例研究)、Educational Theory(教育理论)、Technology(技术)、Participant Focussed(参与的学习者)、Provider Focussed(提供者)和Other(其他),而且对每一类文献仅限于简单描述,没有深入系统的分析。虽然作者说明为提高文献的可信度,不包括非同行评价的论文,但这种做法忽视了一些具有影响力的文献,减弱了其"系统性"分析的基础。而且2013年至2014年,MOOCs发展异常迅猛并具有转折意义(2013年的文献共计405篇),因此该文被认为是"从学术研究的角度"对MOOCs"严谨的学术研究成果"进行的系统分析(桑云都·瑞哈·利亚纳古纳瓦德纳,2014),值得商榷。另外,国内也有学者对2012—2013年19篇中文MOOCs文献进行文献分析研究(郝丹,2013),因其样本数量少且相关中文文献的原创性较少,所以其文献分析意义同样值得商榷。本研究团队在2014年对MOOCs相关文献进行了系统分析。

鉴于此,研究所在对2008.1至2015.12期间1149篇(原文截至2014.4,数量为649篇)MOOCs各类文献系统查询和梳理的基础上,从MOOCs述评、课程教学和教育改革三个方面进行了综合分析与讨论,并针对国际上所谓的"后MOOC时代"提法,并对MOOCs与在线教育的未来发展进行了初步思考。

(一)研究方法

1. 查询与分析步骤

(1)文献检索与统计。对检索到的所有文献使用Harzing's publish or Perish software program(2011)进行综合统计。

(2)文献选择与分类。根据文献被引频次和作者的影响力,选取重要文献,并确定分析的框架,将文献归类。

(3) 文献意译与综合分析,将选取的重要英文文献进行意译,按照类别综合分析文献的内容。

2. 检索关键词

文献检索使用的关键词有:"MOOCs""MOOC""massive open online course"和"massive open online courses""大规模开放在线课程"。检索范围设定为"标题",检索时间:2008 年 1 月至 2015 年 12 月 3 日。

3. 文献来源

MOOCs 文献的检索来源分为两个阶段,第一阶段为论文发表时间为 2008.1 至 2014.4。包含:①四大检索数据库,包括 Web of Science 中的 SCI、SSCI、CPCI-S 库和 EV(EI 来源)数据库;②Google Scholar 检索库,检索文献包括论文、书籍、报告等,其覆盖面较大;③中国知网,即"CNKI 数字图书馆"以检索 CSSCI 和中文核心论文为主。

第二阶段为 2015 年 12 月 3 日重检索的文献,由于 2014—2015 年文献来源 Google Scholar 检索库文献量增长过多,此处去除。仅包含四大检索库,即 Web of Science 中的 SCI、SSCI、CPCI-S 库和 EV(EI 来源)数据库,以及 CNKI 数字图书馆中的 CSSCI 库、中文核心期刊。

4. 检索结果

第一阶段检索总共 649 篇文献,其中 CSSCI、中文核心期刊文献 67 篇,SCI、SSCI、CPCI-S 和 EI 来源文献 62 篇,Google Scholar 文献 520 篇。依据文献的被引频次、文献的学术性、文献与高等教育的密切度、文献是否能够下载等因素对检索的文献进行筛选,共选取 302 篇文献进行重点分析,其中包括 CSSCI 和中文核心来源文献 55 篇,SCI、SSCI、CPCI-S 和 EI 来源文献 47 篇,以及 Google Scholar 来源文献 200 篇。文献类型包括期刊论文、会议论文、workshop 论文、报刊文章等。

第二阶段检索文献。新增 2014—2015 年 Web of Science 中的 SCI、SSCI、CPCI-S 库和 EV(EI 来源)数据库的文献 210 篇,以及 CNKI 数字图书馆中的 CSSCI 库、中文核心期刊库的文献 500 篇。

(二) MOOC 文献研究的态势分析

研究态势分析分为两个方面:一个是从每年发文数量的变化分析研究的纵向走势;二是通过高被引论文的内容分析考察研究的侧重点。

1. 发文量的年度变化

图 8-1 呈现了 2008 年至 2014 年 4 月 18 日检索到的所有 MOOCs 文献数量的变化过程，凸显了 MOOCs 发展的三个阶段：第一个阶段（2008—2011），MOOCs 的概念刚被提出，并未引起过多关注，前三年总共只有 8 篇相关研究文献，2011 年有 13 篇；第二阶段（2012 年），文献的数量相比之前增长 2 倍多，共有 56 篇，这个阶段 MOOCs 开始走入研究者的视线；第三阶段（2013—2014.4），文献数量较前一年增长 10 倍多，高达 572 篇，可见 MOOCs 受到前所未有的关注并且产生了极大的影响力。

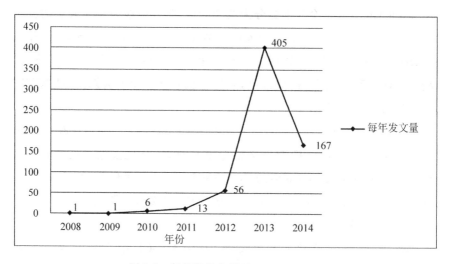

图 8-1　每年的发文量（2008—2014.4）

MOOCs 文献增长形成如此明显的阶段性，与 MOOCs 的内涵变化及其推动因素密不可分。MOOCs 发展第一阶段，文献数量较少且研究内容以 cMOOC 为主，研究者探究的多是新的教学理论和模式。相比而言，第二阶段和第三阶段的 MOOCs 文献数量急剧增加，尤其是第三阶段，其主要原因是 2012 年美国 Coursera、Udacity 等力推 xMOOC，促使其走入了大众视野，这一阶段的研究内容以 xMOOC 为主。xMOOC 的内涵已经不同于 cMOOC，并且形成了较为稳定的商业模式，加之媒体的宣传，xMOOC 在世界范围产生了巨大的影响力。斯隆联盟（Sloan Consortium）在 2013 年美国在线教育报告中也提及："过去的一年（2013 年），MOOCs 已经持续吸引了媒体的过多关注，远远超过 MOOCs 对美国高等教育机构的影响（Allen et al, 2014）。"

第八章 MOOCs 与在线教育的系统化研究

图 8-2 和图 8-3 为第二阶段重新统计过的 2008 年至 2015 年 11 月 3 日的 MOOCs 文献数量的递增过程。图 8-2 来源于 CNKI 的 CSSCI 库和核心期刊库。图 8-3 源于英文四大数据库，包括 Web of Science 中的 SCI、SSCI、CPCI-S 库和 EV（EI 来源）。

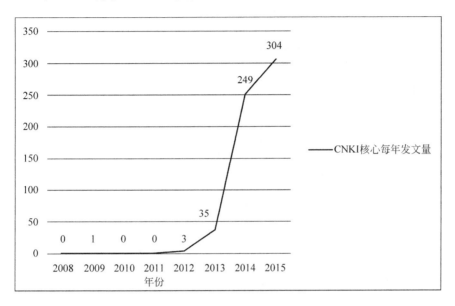

图 8-2　中国知网 CNKI 检索结果

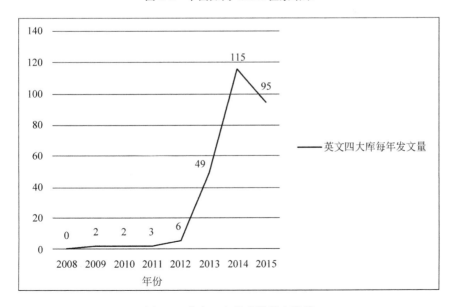

图 8-3　英文四大检索数据库结果

从图 8-2 和图 8-3 可以看到,MOOCs 发展已然进入第四阶段(2014 年至 2015 年 12 月):国内的 MOOCs 热还在持续升温中,而国外已然降温。

2. 高引频文献内容分析

表 8-8 显示了引用率最高的 10 篇 MOOCs 文献,其中包括 7 篇期刊论文、1 篇会议论文、1 篇报刊文章和 1 篇研究报告。

表 8-8 被引频次最高的前 10 篇文献(2014 年 4 月数据)

序号	被引频次	论文名称	作者	研究对象	期刊名/会议名	出版年
1	155	Making sense of MOOCs: Musings in a maze of myth, paradox and possibility	J Daniel	xMOOC	Journal of Interactive Media in Education	2012
2	150	The year of the MOOC	L Pappano	xMOOC	The New York Times	2012
3	99	The MOOC model for digital practice	A McAuley, B Stewart, G Siemens, D Cormier	cMOOC	https://oerknowledgecloud.org/sites/oerknowledgecloud.org/files/MOOC_Final_0.pdf	2010
4	97	The ideals and reality of participating in a MOOC	J Mackness, S Mak, R Williams	cMOOC	Networked Learning Conference	2010
5	97	The challenges to connectivist learning on open online networks: learning experiences duiring a massive open online course	R Kop	cMOOC	International review of research in open and distance learning (SSCI)	2011
6	92	The technological dimension of a massive open online course: The case of the CCK08 course tools	A Fini	cMOOC	International review of research in open and distance learning (SSCI)	2009
7	62	Will massive open online courses change how we teach?	FG Martin	cMOOC	Communications of the ACM (SCI)	2012
8	59	A pedagogy of abundance or a pedagogy to support human beings? Participant support on massive open online courses	R Kop, H Fournier, JSF Mak	cMOOC	International Review of Research in Open and Distance Learning (SSCI)	2011

续表

序号	被引频次	论文名称	作者	研究对象	期刊名/会议名	出版年
9	52	MOOCs and the AI-Stanford like Courses: two successful and distinct course formats for massive open online courses	C. O Rodriguez	cMOOC 和 xMOOC	European Journal of Open, Distance, and e-learning	2012
10	44	Using mLearning and MOOCs to understand chaos, emergence, and complexity in education	I de Waard, S Abajian, MS allagher, R Hogue et al	cMOOC	International Review of Research in Open and Distance Learning (SSCI)	2011

在这 10 篇文献中,2 篇以 xMOOC 为研究对象,7 篇以 cMOOC 为研究对象,只有 1 篇同时分析了 cMOOC 与 xMOOC。尽管凸显教学理论和方法创新的 cMOOC 文献发表时间早于 xMOOC(多在 2011 年及以前),但是被引频次最高的却是 2012 年以 xMOOC 为研究对象的 2 篇文献。排在第一的是丹尼尔(Daniel,2012)的文章"Making sense of MOOCs:Musings in a maze of myth,paradox and possibility",丹尼尔长期研究并深度参与远程教育实践,在 MOOCs 一片狂热的喧嚣中发出了客观理性的声音,得到了广泛关注。被引频次次之的"The year of the MOOC"发表在《纽约时报》,文章称 2012 年为"MOOC 元年",将推动高等教育革命、甚至取代实体大学课堂(Pappano,2012)。该报具有的广泛影响力不仅使这篇文章受到大量关注,更是提升了 xMOOC 的知名度,成为媒体宣传的代表性文章。排在之后的其余 7 篇文章都以 cMOOC 为研究对象,内容关注教学方法、教学技术、教学环境等与教学质量之间的关系。可以看出,cMOOC 研究偏重于教学理论和模式的探索,而 xMOOC 文献更加关注可能给高等教育体制带来的变革。

表 8-9 为 2015 年 12 月的最新排名数据。可以看到"The Year of the MOOC"超越"Making Sense of MOOCs:Musings in a Maze of Myth, Paradox and Possibility"成为引用率最高的文献。但是它们的差异并不大。相比 2014 年 4 月的排序,表 8-9 中的第 5,6,8,9 名文章,即"Studying learning in the worldwide classroom:Research into edX's first

MOOC""MOOCs and open education: Implications for higher education" "MOOCs: A systematic study of the published literature 2008-2012" "Deconstructing disengagement: analyzing learner subpopulations in massive open online courses"进入了被引次数前十。表 8-8 中的 7～10 名则跌出前十之外。

表 8-9 被引频次最高的前 10 篇文献（2015 年 12 月数据）

序号	被引频次	论文名称	作者	研究对象	期刊名/会议名	出版年
1	548	The Year of the MOOC	Pappano, L.	xMOOC	The New York Times	2012
2	538	Making Sense of MOOCs: Musings in a Maze of Myth, Paradox and Possibility	Daniel, J.	xMOOC	Journal of Interactive Media in Education	2012
3	338	The MOOC Model for Digital Practice	McAuley, A. et al	cMOOC	https://oerknowledgecloud.org/sites/oerknowledgecloud.org/files/MOOC_Final_0.pdf	2010
4	313	The Challenges to Connectivist Learning on Open Online Networks: Learning Experiences duiring a Massive Open Online Course	Kop, R.	cMOOC	The International Review of Research in Open and Distance Learning(SSCI)	2011
5	284	Studying learning in the worldwide classroom: Research into edX's first MOOC	L Breslow, DE Pritchard, J DeBoer et al	xMOOC	mooc.pku.edu.cn	2013
6	266	MOOCs and open education: Implications for higher education	L Yuan, S Powell, J CETIS	xMOOC	publications.cetis.org.uk	2013
7	265	The Ideals and Reality of Participating in aMOOC	Mackness, J. et al	cMOOC	Seventh International Conference on Networked Learning	2010

续表

序号	被引频次	论文名称	作者	研究对象	期刊名/会议名	出版年
8	262	MOOCs：A systematic study of the published literature 2008—2012	TR Liyanagunawardena，AA Adams	xMOOC	http：//www.irrodl.org/index.php/irrodl/article/view/1455	2013
9	244	Deconstructing disengagement：analyzing learner subpopulations in massive open online courses	Kizilcec，RF；Piech，C；Schneider，E	xMOOC	http：//www.irrodl.org/index.php/irrodl/article/viewArticle/643	2013
10	232	The Technological Dimension of a Massive Open Online Course：The Case of the CCK08 Course Tools	Fini，A.	cMOOC	The International Review of Research in Open and Distance Learning(SSCI)	2009

（三）MOOC研究内容分析

从MOOCs的理念及其对高等教育变革的视角来看，cMOOC提出了适合数字时代基于网络的分布式认知过程的学习理论和教学模式，xMOOC则借助于互联网，引入商业模式，突破了百年来高等教育坚固的"知识产业链"（韩锡斌，翟文峰等，2013）。基于MOOCs的上述特点，第一阶段的研究首先将筛选出的重要文献按课程教学和教育系统两个层面进行归类；之后增加了第三类述评研究以及第四类其他。参照李炳德等（2001）提出的教学活动要素，本节将MOOCs的课程教学层面的研究又分为7个子类；而在考虑远程教育主要组成部分（丁兴富，2005）的基础上，又将MOOCs的教育系统层面研究划分为8个子类。表8-10分别列出了每个分类中所对应的文献数量及占所有文献的比例。

第二阶段的内容分析在2014年4月的基础上新增了500篇中文文献，新增500篇文献的分类由多人共同完成以消除主观偏见，方法为每人首先分析250篇文献，然后分析对方文献的20%，即50篇。如果这50篇文献的编码统一度达到90%以上，则认为剩下75%文献的编码的个人偏见误差可以容忍，如果低于90%，则找第三人对产生分歧的文献进行讨论，修正分歧后再编码，然后进行第二轮重新校验。两轮校验后，最终结果如表8-10所示。

表 8-10 MOOCs 文献研究内容分类

内容类别		英文文献篇数与比例		中文文献篇数与比例		总篇数与比例
介绍与述评		84(10%)		149(19%)		233(29%)
课程教学层面	教师	6	94(12%)	10	148(18%)	242(30%)
	学生	18		22		
	课程	10		85		
	教学方法	23		17		
	教学目的	10		0		
	教学环境	15		3		
	教学评价	12		11		
教育系统层面	总体规划设计	2	52(6%)	88	165(21%)	217(27%)
	资源建设	12		21		
	师资发展	0		6		
	支持服务	9		31		
	质量保证	15		5		
	成本效益和营利模式	12		10		
				4		
	社会认可	2				
其他		17(2%)		93(12%)		110(14%)
总计		247(31%)		555(69%)		802

说明：表格中的比例是指占总文献数量的比例。

1. MOOCs 介绍与述评类文献

这类文献大多是对 MOOCs 的概念内涵、价值、影响、应用、发展历程、相关文献等进行介绍与评述，这类文献中英文文献占比都是第二（英文占比 10%，中文 19%）。除了 Pappano 在《纽约时报》发表的"The Year of the MOOC"之外，Gaebel（2012）也介绍了 MOOCs 的内涵、现象、提供商、运作等问题，并试图解释：MOOCs 是一种新模式吗？为什么 MOOCs 已经在美国取得成功，而不是其他国家和地区等问题。Lushnikova 等（2012）介绍了 MOOCs 的特征与应用，分析了其优势与不足，他们认为"毫无疑问，大规模开放在线课程的发展对世界范围内的教育具有重大影响。它的主要优势是：方便、灵活和提供机会，但不能夸大这种现象的重要性。虚拟教育不是传统真实大学教育的替代品。有许多学科分支并不适合利用在线教育开展，如建筑、医学等"。

2. MOOCs 课程教学层面的研究

李炳德等(2001,p.13)提出的"教学活动七要素"理论认为,即课程教学活动包括七个要素:目的、课程、方法、环境、教师、学生和反馈(评价)。七个要素既体现了课程与教学的系统结构,又体现了课程与教学实施的动态环节(韩锡斌,程璐楠等,2014)。课程教学层面的MOOCs文献内容分析结果显示,这类文献数量英文占比第一(12%),中文占比第二(21%)。英文文献在课程教学层面的研究较多,对七个要素均有涉及,中文文献在课程教学层面的研究仍有不足,对课程目的尚未涉及。

(1) 教师

MOOCs文献中涉及教师研究的部分,其内容以分析调研为主。Viswanathan(2012)分析了MOOCs对师生,特别是教师的影响。通过MOOCs教师可以参与在线研讨、发起话题等,更重要的是教师可以扮演在线导学的角色。教师还可以通过MOOCs实现职业发展,促进知识的更新。Kolowich(2013)对103位讲授过MOOCs课程的教师进行调查研究,分析了教师开设MOOCs的原因、在线教学的收获、免费的教学体验、对学费的削减的看法等。马婧等(2014)基于网络教学平台运行积累的全量数据,以定量的方式揭示了教师群体在线备课行为对学生群体在线课程阅读行为的影响,以及教师教学指导与协助对师师交互的影响等多种关系。

(2) 学生

学生是MOOCs课程教学层面研究中相对较受关注的话题,主要是调查分析类文献。例如,DeBoer等(2012)分析了学生通过学习的第一门MITX课程的学习资料积累的学习经验,以及与学生背景因素的预测能力。利用多元回归工具研究了学生背景、在线资源使用以及学习效果的关系。他们认为在线课程的提供者如果了解"学生的背景因素是如何影响在线学习体验的",那么他们会为学生提供出更优质的在线学习体验试用版课程。姜蔺等(2013)对MOOCs的学习者特征、学习效果和学习动机进行了系统分析,归纳了MOOCs学习者的六种学习动机,以及四种学习者必须具备的开展MOOCs学习的能力。

(3) 课程

课程是课程教学层面研究的关键因素之一(4%)。这方面的研究以课程分析与调查为主,有关课程设计的很少。Grünewald 等(2013)调查了 MOOC 课程"Internetworking with TCP/IP"的参与者,获取"课程如何适应不同学习风格""设计与组织一门 MOOC 课程时应该包含哪些要素"等信息,并将这门 xMOOC 课程与 cMOOC 模型之间建立关联。马武林等(2014)等对英国爱丁堡大学的"E-learning and Digital Cultures"进行教学设计分析,探讨了 MOOC 对我国大学英语教学课程设计的启示。

(4) 教学方法

教学方法在课程教学层面研究中备受关注,尤其是在 cMOOC 相关文献中更是如此。deWaard 等(2011)将移动学习作为学习内容和学习方式与 MOOCs 结合的案例,调查学习者的学习情况,从而验证 MOOCs 和移动学习方式结合可以促进教学。Kop 等(2011)探究了技术对教学环境设计的影响,特别是师生在创建在线学习环境的体验,重点关注师生在 MOOC 环境中创造网络学习经验的角色。研究表明:通过学习者和课程引导者积极创建资源和学习环境,从传统的教学方法转向支持人类学习的教学法是可行的。

(5) 教学目的

以 MOOCs 的教学目的为主题的文献很少,但其他很多文献都会或多或少介绍 MOOCs 的目的,例如,樊文强(2012)认为"MOOC 将学习者置身于真实的网络环境之中,让他们自发地交流、写作、建立连接、构建学习网络",并对学习者开展导学、指导,鼓励学习者相互辅导和支持,从而建构学习网络。

(6) 教学环境

从文献数量的角度看,教学环境在 MOOCs 研究中所占比例较少。Cabiria(2012)认为随着计算机和信息技术的发展,知识的产生与更新速度加快,我们的学习环境不再局限于传统环境,学生与信息之间的关系打破了原有的师生关系,联通主义为学习者创造了更加丰富的学习环境。韩锡斌和葛文双等(2014)的研究分析了 MOOC 技术平台与各类网络教学平台之间的关系及其发展对在线教学的影响。

(7) 教学评价

有关教学评价的文献很少,大多数文献只是简要提及 MOOCs 评价,并未对 MOOCs 的评价方法、策略或机制等进行深入探究。例如,Balfour

(2013)在"Assessing writing in MOOCs: Automated Essay Scoring and Calibrated Peer Review"中对论文自动评分和校准同行评审进行相关分析,并设计了MOOCs中对学生写作的评价表与框架。Piech等(2013)开发了一个算法进行同行评价,文章主要是对评价模型的研究,没有过多涉及其对MOOCs评价的作用与影响。

3. MOOC的教育系统层面研究

远程教育包含8个有机的组成部分:总体规划设计、教学环境、资源建设、师资发展、支持服务、质量保证、成本效益、营利模式和社会认可。(丁兴富,2005)以上要素中的教学环境与课程教学层面的环境相同,师资发展方面的研究较少。中文文献比英文文献相对更重视教育系统层面的研究。然而已有中文文献中从教育系统层面对MOOCs研究的文献数量虽然较多,但是研究不深入。

(1)总体规划设计

相对于2014年4月的结论,在教育系统层面对MOOC进行规划设计的研究有了大幅度的增长,但是并不深入。Maia等(2014)研究了葡萄牙大学开展MOOCs的方法,并试图获悉葡萄牙大学未来对MOOCs课程进行扩展或减少的规划。

(2)资源建设

有关资源建设的研究较多,主要包括课程设计、课程资源分析与建设等。文献"OCW-S: Enablers for building sustainable open education evolving OCW and MOOC"分析了OCW(开放教育资源)的演变,从OCW的分散到聚集(如MOOCs的资源),这种社会开放教育资源被称为"OCW-S"(Tovar,2013)。此外,Kukharenko(2013)介绍了乌克兰与俄罗斯共建了基于ADDIE模型的MOOC课程,并通过用户调查反馈,优化课程的设计,并以AUSMT这门课为例,提出了一个在MOOCs中运用社交网站的设计模型。这门课把社交网站群(social networking site(SNS) group)作为课程的组织结构和学习者见面的虚拟空间,以解决MOOCs中广泛存在的在教学法和组织结构上的失控问题。

(3)支持服务

中文中有关支持服务的文献数量较多。中英文文献中有关支持服务的文献都几乎是从技术的角度进行分析研究。Fini(2009)在"The technological dimension of a massive open online course: the case of the CCk08 course tools"中研究了大规模开放在线课程的技术框架,从三个方面进行阐述:①终身学习与开放教育的关系;②常用的个人知识管理系统;③基于网络学习工具的有效性。

(4) 质量保障

质量保障是 MOOCs 能否长远发展的关键,因而成为部分文献提及的一个重要方面。Yuan 等(2013)在《MOOCs 与高等教育白皮书》中提到:"MOOC 的质量保障与高等教育密切相关。与其他在线课程相比,MOOCs 的结构化欠缺,教师也不再处于中心角色,学习者多是以自主学习为主……通常来说,MOOCs 实践中较少涉及 MOOCs 质量保障的问题。"与 MOOCs 质量保障研究还处于描述现状的浅层次水平相比,美国"质量至上"(Quality Matters)项目制定了"网络学习质量指南",提出了网络学习质量的核心理念是"一致性",即学习目标、学习测评、教学资源、互动、对学习者的吸引力以及课程技术等协调一致,确保达到期望的学习目的,对 MOOCs 质量保障的研究具有重要的借鉴价值。

(5) 成本效益和营利模式

MOOCs 的成本效益和营利模式是颇受研究者关注的话题,包括 MOOCs 的运营模式、商业模式等都会影响 MOOCs 的未来发展。Dellarocas 等(2013)在论文"Money models for MOOCs"中分析了 MOOCs 的经济运营模式,指出可以通过政府资助、学生缴纳学费、招聘服务、赞助课程等方式支持 MOOCs 的运营。Gibaldi(2013)在"Will MOOCs Eventually go for Money"中指出 MOOCs 将来会走向盈利,举例 Udacity 正在考虑推荐他们优秀的学生为一些公司提供猎头服务来盈利。

(6) 社会认可

社会认可对所有教育机构而言,除了经济效益之外,社会认可度的提高也是其发展壮大的重要保障。当前文献中以社会认可作为专门研究主题的文献非常少,往往融入 MOOCs 的其他不同研究主题中。例如 Cooper 等(2013)在 *Reflections on Stanford's MOOCs* 中提到"华盛顿大学已经开始实行学分认证,如果学生交纳费用并完成 Coursera 某些课程的学习和考试,将会获得学校的学分。当认证可以被别人认可,尤其是能得到雇主认可时,这将会影响 MOOCs 是否能够被等同于传统课程。"目前社会认可仍是 MOOC 面临的重要难题之一。

（四）MOOCs 研究特点

1. MOOCs 研究历程与现状：内涵变化，评述逐渐转换到应用

从文献研究的主题可以看出 cMOOC 与 xMOOC 是 MOOCs 研究历程的两个阶段。从 cMOOC 的小群体探索到 xMOOC 的大规模流行，商业力量的推动起了很大作用，当前大多开设或计划开设 MOOCs 的机构中，他们选择 xMOOC 的目的都与市场相关，其中排在最前的两个主要原因是"增加机构的影响力"和"扩大招生资源"（Allen et al,2014）。急剧增加的文献量是以介绍和评述为主。该特点不仅体现在发达国家的文献中，也体现在发展中国家的文献里。中国大陆的 MOOCs 研究文献始于 2012 年，当年正式发表的文献仅有 3 篇，而 2013 年的文献量则急剧增加到 36 篇，增长了 11 倍，从已发表的文献内容分析，MOOCs 文献以分析述评和综述为主，对课程和教育系统层面的实证研究较少，而且约有 1/3 的文献是对国外文献的翻译、访谈等。然而，2014 年到 2015 年中文 MOOCs 文献数量急剧上涨，对具体的课程教学的关注度逐渐高过对 MOOCs 的介绍与评述，这说明人们开始从务虚转换到务实。

2. MOOCs 研究主题与内容：主题发散，深度不足

MOOCs 研究的主题和内容涉及范围较广，但研究深度不足，尤其是 xMOOC 盛行阶段，无论是课程教学层面还是教育系统层面都需要更加系统和深入的研究。总体而言，MOOCs 的研究主题主要呈现以下特点。

（1）MOOCs 分析与述评的文献数量已经低于 1/3，这说明 MOOCs 研究与实践已经起步，人们开始关注教学系统设计，关注课程设计。

（2）MOOCs 的课程教学层面研究文献的内容涵盖教学目的、教学方法、教学环境、教师、学生和教学评价等方面，已有较多文献开始深入讨论课程如何设计，但对 MOOCs 教学目的的认识却十分欠缺。

（3）MOOCs 的教育系统层面文献的内容基本涵盖在线教育的几个重要因素。研究问题从 2014 年分析的结论现象描述转为关注系统设计和规划（总体规划设计），以及平台的技术实现（支持服务），人们也比较关注如何进行资源建设。

3. MOOCs 研究立场与趋势：各持己见，回归理性

从 MOOCs 出现至今，出现了支持、反对和辩证三种研究立场。

（1）支持MOOCs，肯定其优势与积极作用。EI Ahrache等（2013）在"Massive open online courses: A New Dawn for Higher Education"中分析了高等教育需要具备的新特征——教育的易获得性和创新性，认为MOOCs这一新兴概念恰好使得全球范围内共享教育资源成为可能，在一定程度上提升了教育的易获得性并体现了创新性，从而迎来了高等教育的新黎明。

（2）反对MOOCs，揭示其弊端，认为MOOCs并不能促进教育的发展。Vardi（2012）质疑MOOCs的优势和价值，在"Will MOOCs destroy academia?"中指出MOOCs中教学法的缺失显著，MOOCs不过是微视频与在线测试的交织物，他表示"如果我有我的心愿，我希望挥一挥手，使MOOCs消失，但是我所担心的是我们已经让这个魔鬼逃出了瓶子"。

（3）辩证对待MOOCs，分析MOOCs的优点与缺点以及对教育的影响。Daniel（2012）分析了MOOCs研究存在挑战性的四个原因，并认为"MOOCs作为一种新的教育技术……在本质上是基于互联网的低成本教育材料分发和共享的工具，因此，在对待MOOCs变革传统教育这一问题上应该理性"。程建钢认为MOOCs是一剂重要的催化剂，而非在线教育整体解决方案的全部或"秘方"，我们需要客观和辩证地分析、认识和实践MOOCs（程建钢，2014）。

随着MOOCs实践效果的逐步显现，对MOOCs的认识从发展初期一片盲目支持与推崇之声，回归到面对现实的反思中。《纽约时报》在发表"The Year of the MOOCs"文章一年之后又发表另一篇文章，指出："MOOCs的初步应用结果令人失望，其教学效果依然不及大学课堂……这让很多人开始重新反思MOOCs对于高等教育的意义"（Lewein，2013）。该文描述了一个案例，Udacity与美国加州圣何塞州立大学于2013年1月联合推出了3门学费低廉、能获得公认大学学分的在线基础课程，每门课程招收了大约100名高中学生。为了让他们能坚持完成课程，Udacity联合创始人斯伦（Sebastian Thrun）聘请了在线导师为学生们答疑解惑。但是，教学效果比在大学校园里差很多，例如代数课程只有不到1/4的学生可以及格。这个项目在2013年7月中止，不知何时会重开，圣何塞州立大学的发言人拒绝就此事发表任何评论。虽然斯伦强调，圣何塞州立大学和Udacity在今年夏季开设的第二期试点课程效果大有改观,代数和统计学的学生成绩甚至优于大学在校生,但是他没有提到一个重要事实——由于夏季课程面向所有人开放,所以一半学生都是已经有学历的。另一项类似的研究结果发表在 2013 年 12 月 21 日《自然》(Nature)杂志上,宾夕法尼亚大学教育研究生发现:在被调查的 34 779 个参与该校在 Coursera 上 32 门课程的学习者中,83% 具有专科或本科学位(Emanuel,2013)。

2014 年斯隆联盟在线教育调查报告显示:与 2012 年相比,2013 年认为 MOOCs 能够可持续发展的院校主管从 28% 降至 23%;不相信 MOOCs 具有可持续发展性的比率从 26% 增加到了 39%;认为 MOOCs 是一种变革教学重要方法的观点,也从 50% 降到了 44%,而不认同这个观点的从 18% 增加到了 27%;多数学校主管认为 MOOCs 颁发证书将会引起高等教育学位混乱问题的比率从 52% 上升到了 64%(Allen,2014)。

(五)研究思考

1. 客观对待,开展针对性的研究

由于 xMOOC 的商业特征引发了相关文献在短时间的激增,其内容与其说是学术研究成果的报告,倒不如说是新闻热点的炒作与争议。MOOCs 是在线教育的一种探索,不能因为是热点就盲目跟风研究,需要客观理性地对待,聚焦在其有发展潜力之处,进行深入研究。比如 xMOOC 的运行主体不再是非传统的教育机构,而是新兴的互联网公司,这将可能导致高等教育运行体制上的多元化。公司主导下的教育运行能否简单地套用原有远程教育的理论和方法,值得深入探讨。另外,虽然相比以知识传输为主的 xMOOC,cMOOC 基于网络环境的联通主义学习理论,能够更好地解释人类基于网络的分布式认知过程,为数字化知识经济时代的教学提供改革的方向,但其倡导的教学模式目前还是研究者的一种探索,尚未形成稳定的、易于操作的、可供一般教师使用的实践模式。cMOOC 在课程教学目标上的不清晰、在教学内容的可变性、对教学过程的不监控,以及过于强调知识的创造过程等,都对教师和学习者提出了更高要求。教师必须具有很高的能力才能掌控教学过程。这成为 cMOOC 大规模推广的一个难点,也是值得深入研究的一个课题。

2. 认识转变,关注其最新发展

2012—2014 年的实践结果使得人们对 MOOCs 的认识发生了重要转

变,认为其不仅不能称之为在线教育(或远程教育),甚至能否成为真正有效的网络课程也开始受到质疑。有文章(ICEF Monitor,2013)指出困扰 MOOCs(主要指 xMOOC)的三大问题:宣称其能"Educating the World"(教遍世界)是名不符实的;雇佣价格低廉但缺乏训练的课程管理人员,少用教师从而减少教育成本的尝试是失败的;不关注学生地区与文化差异,一味宣称其大规模普适性是有害的。文章总结了 MOOCs 的三个最新发展趋势:一是不替代在线内容而是补充传统的教学方法和教师;二是在线技术平台不仅支持"大规模开放"课程,而且支持更加广泛的其他课程类型;三是在线课程根据内容、服务和提供的认证进行各种价格的收费,而不仅仅是免费。最后这一点被美国商业杂志 *Fast Company* 2013 年12月的一篇文章进一步证实:Udacity 的创始人斯伦正在将其公司的重心从大学课程向与企业合作的商业性培训课程转移(Chafkin,2013)。这篇文章为斯伦乃至 MOOCs 行业招来了很多负面评论,有人认为风投支持的 Udacity 看重利润而忽视那些处于社会弱势地位的学生,MOOCs 变革高等教育的企图宣告失败。乔治·西门子认为,不管他(斯伦)的本意如何,但是这篇文章标志着围绕 MOOCs 的讨论将发生一个根本的转折(Lewin,2013)。

哈佛大学负责 HarvardX(edX)的主任罗伯特·鲁(Robert Lue)教授认为,MOOCs 已经过时了,课程不必是大规模的,也不必是开放的,甚至不必是现在的这种形式。他们正在开发"在线学习活动"(Online Learning Activities,OLAs),这种活动可以被整合到任何课程之中(Kuchment,2013)。由于上述发展颠覆了 MOOCs 的核心理念,因此有人认为现阶段已经进入了"后 MOOCs 时代"(Post-MOOCEra)(Brown,2013;ICEF Monitor,2013)。研究内容发生了根本变化。

3. 理性回归,系统研究

MOOCs 存在过于单一的问题,包括:①教学组织形式是传统课堂教学的翻版,以结构化的知识传授为主,因此继承了传统课堂教学的优点和不足,这种学习方式并不适合分布式认知和高阶思维能力培养;②MOOCs 程式化的教学模式单一,教学设计简单,既没有分类、分层的教学目标分析,也没有针对多种学员对象的需求分析,难以适应高等教育众多学科和不同类别课程的具体要求;③现有的 MOOC 技术平台与以往网络教学平台相比,自身尚处于"婴幼儿"阶段,还有很多地方需要发展完善,因此不能因单门课程的注册学员多而过度夸大其平台的教育性和技术性功能;④与以往的开放远程教育系统相比,MOOCs平台仅涉及课程教学层面,缺乏数字化教学资源库和与其他教学及其管理平台的数据交换共享等(韩锡斌,程璐楠等,2014;韩锡斌,葛文双等,2014)。

关于MOOCs"过时""后MOOC时代"甚至"消亡"(Emery,2013;Strauss,2013)的提法,本团队认为,MOOCs只是在线教育发展中的一个事件,不足以成为所谓的"时代",但其提升社会关注的意义也不能简单抹杀,它是经过短暂的"喧嚣"和"炒作"之后,从企图另辟蹊径向在线教育的理性回归。体现在:教学层面逐渐融入网络教学,办学和管理层面逐渐回归到开放远程教育,教学改革方面重新关注混合教学,研究层面推进泛在式在线教育的理论、技术、组织、应用、评价、保障等体系的创新。

从人类学习方式发展变迁的视角,笔者团队提出"泛在式大规模开放在线课程教育系统"(ubiquitous-Massive Open Online Course system,uMOOCs)。支持该教育系统的平台具有七大特点:适应泛在学习方式;基于多种学习理论(行为主义、认知主义、建构主义、联通主义等);应用多种教学模式(讲授式、探究式、任务式、案例式和合作式等);面向多种教育类型(基础教育、职业与成人教育、高等教育等);汇聚丰富的开放教学资源并与其接轨;支持多系统、多终端的学习环境;可重组、可扩展的开放式在线教育技术系统。

总之,MOOCs的最大价值体现在向全社会彰显了技术对教育具有巨大影响的潜能,但它不是解决高等教育面临问题的灵丹妙药,而是推动"Bricks与Clicks"深度融合的催化剂,能够助力高等教育信息化事业的发展(汪瑞林,2014)。我们应站在数字化知识经济时代人才培养转型的高度,从整体上认识和把握在线教育的发展规律,而不是MOOCs。

五、结语

当我们解析了MOOCs的成因,将其归为一个商业模式的创新,是在线教育教学的一种体现时,我们就可以将MOOCs热潮仅仅看作一种现象,"MOOCs意义重大但算不上革命"(程建钢,2014)。我们应当回归到网络课程与在线教育的体系中重新考虑,从整体上认识和把握在线教育的发展规律。而当我们从教育学的角度对这些问题进行探讨的时候，我们会发现现在的问题实际都是历史问题，却历久弥新，在新的语境中展示出新的面貌。正如本研究团队之前对 Siemens 报告的解读中所述（韩锡斌等，2014），Siemens 报告所归纳的远程教育的概念模型包括学习者、内容、教学人员、课程设计、教学支持和组织实施六个方面微观和宏观层面的影响因素（Siemens et al, 2015, p.43）。在线学习的概念模型中包括了学习者、内容、教师、课程设计、教学策略、多媒体技术和组织实施七个方面的因素（Siemens et al, 2015, p120）。而本研究团队提出的混合教学概念模型中则包括了学习者、内容、教师、技术、教学支持和组织实施六个方面的影响因素（Wang, Y., Han, X., Yang, J., 2015）。虽然远程教育、在线学习和混合学习出现在不同的历史时期，面对不同的教学对象，为了达到不同的教学目标发展而来的三种主流的信息化教育教学模式。当我们将它们还原为最根本的教学问题时，各种模式之间呈现出高度的一致性。

发展我们自己的 MOOCs，乃至发展我们自己的在线教育与远程教育，首先，要充分肯定 MOOCs 的战略意义，从"形而上"去认识 MOOCs，同时充分借鉴国内外在 MOOCs 以及其他重大教育改革中已经取得的研究成果和教训（如国家精品课程建设 10 年在共建共享实效不尽如人意、大规模录制视频公开课效果也不理想等），来发展完善 MOOCs。建议政策制定者们组织专门研究小组与专家组，得到 MOOCs 与在线教育发展的统一结论，并从国家战略层面上制定基于 cMOOC 思想的在线教育规划与相应的顶层设计，分类指导不同地区和不同办学类型又好又快地开展在线教育。

其次，在实践层面，将在线教育看作一个包括网络环境、教学平台、网络课程、资源库（中心）、应用服务、评价认证与质量保证六大要素的有机整体来考虑课程设计，而不是仅仅把课程发布到网上。比如针对网络环境问题，需要促使互联网运营商提高网速和克服计费偏高的问题；针对教学平台，鼓励企业和高校研发具有自主知识产权的系统平台，尽量避免使用或购买国外平台；针对网络课程，建设一批具有 cMOOC 优点的高质量网络课程；针对资源库，建议政府搭台，企业参与，学校加盟，构建若干个不同办学门类的国家级资源中心；针对应用服务，建议对校内教学开展混合教学改革，对校外教学加速开发与共享，完善在线教育支持服务体系；

针对评价与认证,既要发挥体制内高校和教育管理部门的作用,也要引入第三方评价与认证机构参与。

第三,不能运动式地为MOOCs而部署开展工作,要与教育部正在实施的"三通两平台"项目有机结合(程建钢,2014)。

我们相信,任何一次改革的尝试都会有成功有失败。尽管没有达到"革命"的高度,MOOCs始终是新生技术与文化对传统高等教育的一次重大挑战和冲击,具有重要意义。虽然教育界之外的人普遍认为教育研究得出的结论质量低劣极有争议,其结果很难就任何问题得出一致性的结论[1]。然而教育信息化的践行者和改革者们依旧充满信心和希望,积极探索。路漫漫其修远兮,吾将上下而求索。在新生事物对传统教育一次又一次的挑战中,在先行者和后继者们一次又一次成功与失败的经验铸成的道路上,中国在线教育的未来必然是光明的。

本团队将持续为教育信息化贡献心力!

参 考 文 献

[1] Adams, J. L., Cummins, B. S., Estrada, V. M., Freeman, A. Ludgate, H. (2013). NMC horizon report:2013 higher education edition. austin, Texas:The New Media Consortium.

[2] Adhikari, A., Stark, P. B. (2013). Introduction to Statistics:Descriptive Statistics. [2013-2-20]. https://www.edx.org/course/ucberkeley/stat2-1x/introduction-statistics/594.

[3] Agarwal, A. (2013). edX Celebrates First Anniversary. [2013-4-10]. http://harvardx.harvard.edu/news/edx-celebrates-our-first anniversary.

[4] Allen, I. E., Seaman, J. (2014). Grade Change-Tracking Online Education in the United States. [2014-04-11]. http://www.onlinelearningsurvey.com/reports/gradechange.pdf.

[5] Anderson, T. (2013). Promise and/or Peril:MOOCs and open and distance education. https://landing.athabascau.ca/file/view/274885.

[6] Archibald, R. B., Feldman, D. H. (2011). Why does college cost so much? New York:Oxford University Press.

---

[1] 该结论转引自理查德·沙沃森,丽萨·汤编(2006).教育的科学研究.曹晓南等译.北京:教育科学出版社,2006.p27.

[7] Asha, K. (2013). Democratising HE through OER: from commitment to action. http://www. col. org/resources/speeches/2012presentations/Documents/ASK _ Democratising-HE_20121213. pdf.

[8] Asha, Kanwar (2012). Democratising HE through OER: from commitment to action. http://www. col. org/resources/speeches/2012presentations/Pages/2012-12-13. aspx, 2012-12-13.

[9] Balfour, S. P. (2013). Assessing Writing in MOOCs: Automated Essay Scoring and Calibrated Peer Review. Research & Practice in Assessment, 8(1): 40-48.

[10] Beaven Tita, Comas-Quinn Anna, de los Arcos Bea, Hauck, Mirjam and Lewis, Timothy(2013). The Open Translation MOOC: creating online communities to transcend linguistic barriers. Nottingham: The Open University, 2013-03, 26-27.

[11] Bednar, N. (2013). MOOCs and Community College Distance Education. http://papers. ssrn. com/sol3/papers. cfm? abstract_id=2207216, 2013-01-25.

[12] Bereiter, C. (2002). Education and Mind in the Knowledge Age. Lawrence Erlbaum Associates Inc. ; 23-26.

[13] Boxall, M. (2012). MOOCs: a massive opportunity for higher education, or digital hype? The guardian's higher education network. http://www. guardian. CO. uk/higher. education-network/blog/2012/aug/08/mooc. coursera-higher-education-investment.

[14] Cabiria, J. (2012). Connectivist Learning Environments: Massive Open Online Courses. [2014-01-11]. http://www. worldcomp-proceedings. com/proc/p2012/EEE6065. pdf.

[15] Chafkin, M. (2013). Udacity'S sebastian thrun, godfather offree online education, chan. gescourse. FastCompany magazine, 14.

[16] Colman, Dan. (2013). MOOC Interrupted: Top 10 Reasons Our Readers Didn't Finish a Massive Open Online Course. http://www. openculture. com/2013/04/10_reasons_you_didnt_complete_a_mooc. html, 2013-04-10.

[17] Cooper, S. , Sahami, M. (2013). Reflections on Stanford's MOOCs. Communications of the ACM, 56(2): 28-30.

[18] Covach, J. (2013). To MOOC or not to MOOC—that is the question. A Journal of Society for Music Theory, 19(3): 1. 6.

[19] Croft, J. B. (2013). Copyright and Your Library: MOOCs and Copyright: Maybe not fifty shades of gray, but close. Oklahoma Librarian, 63(2), 23-24.

[20] Cross, Simon. (2013). Evaluation of the OLDS MOOC curriculum design course: participant perspectives, expectations and experiences. UK: The Open University, 2013-06-27.

[21] Daniel, J. (2012). Making Sense of MOOCs: Musings in a Maze of Myth, Paradox and Possibility. Journal of Interactive Media in Education, 3.

[22] Daniel, J. (2012). Making Sense of MOOCs: Musings in a Maze of Myth, Paradox and Possibility. [2014-01-11]. http://linc. mit. edu/linc2013/

proceedings/Plenary-Presentations/Daniel. pdf.

[23] Daniel, J. (2012). Making sense of MOOCs: Musingsin a maze of myth, paradox and possibility. Journal of Interactive Media in Education (JIME), Perspective issue on MOOCs.

[24] de Waard, I., Koutropoulos, A., Keskin, N. Ö. (2011). Exploring the MOOC Format as a Pedagogical Approach for mLearning. [2014-01-11]. http://mlearn. bnu. edu. cn/source/ten_outstanding_papers/Exploring%20the%20MOOC%20format%20as%20a%20pedagogical%20approach%20for%20mLearning. pdf.

[25] DeBoer, J., Stump, G. S., Seaton, D. (2012). Bringing Student Backgrounds Online: MOOC User Demographics Site Usage, and Online Learning. [2014-01-11]. http://www. educationaldatamining. org/EDM2013/papers/rn_paper_57. pdf.

[26] Driscoll, M. P. (2004). Psychology of Learning for Instruction. 3 rd Edition. Boston: Allyn & Bacon. 61-65.

[27] El Ahrache, S. I., Badir, H., Tabaa, Y. et al. (2013). Massive Open Online Courses: A New Dawn for Higher Education? International Journal on Computer Science and Engineering, 5(5):323-327.

[28] Emanuel, E. J. (2013). MOOCs Taken by Educated Few. Nature, 503(7476): 342.

[29] Fini, A. (2009). The Technological Dimension of a Massive Open Online Course: The Case of the CCK08 Course Tools. The International Review Of Research In Open and Distance Learning, 10(5):1-26.

[30] Gaebel, M. (2013). MOOCs: massive open online courses. EUA Occasional Papers. Re-trieved. http://www. eua. be/Libraries/Publication/EUA-Occasional-papers-MOOCs. sflb. ashx.

[31] George Siemens, Dragan Gašević, Shane Dawson(2015). Preparing for the digital university: a review of the history and current state of distance, blended, and online learning, (2), http://linkresearchlab. org/Preparing Digital University. pdf.

[32] Gibaldi, C. (2013) Will Moocs Eventually Go for the Money? Let's Hope Not. INTED2013 Proceddings. Span: IATED: 4084-4085.

[33] Grünewald, F., Meinel, C. Totschnig, M. et al. (2013). Designing MOOCs for the Support of Multiple Learning Styles. [2014-03-11]. http://link. springer. com/chapter/10. 1007%2F978-3-642-40814-4_29#page-1.

[34] Gupta, R., Sambyal, N. (2013) An understanding Approach towards MOOCs. International Journal of Emerging Technology and Advanced Engineering. 3(6), 312-315.

[35] Guthfie, D. (2012). Jump off the courser bandwagon. The Chronicle of Higher Education.

[36] Hardesty, L. (2012). Lessons learnedfrom MIT's prototype course. http://web. mit. edu/newsoffice/2012/mitx-edx-first-course-recap-0716. html.

[37] Hargittai, E. (2003). The Digital Divide and What to Do about It. In D. Jones

(Ed.), New Economy Handbook (821-837). San Diego, California: Academic Press. 2003.

[38] Hill Phil (2013). Emerging Student Patterns in MOOCs: A (Revised) Graphical View. http://mfeldstein. com/emerging-student-patterns-in-moocs-a-revised-graphical-view/,2013-03-10.

[39] Horton E. Howard (2013). COOCs Over MOOCs. http://www. nebhe. org/thejournal/coocs-over-moocs/,2013-05-17.

[40] Jeffrey,R. Y. (2013). Blackboard announces new MOOC platform. http://chronicle.com/blogs/wiredcampus/blackboard-announces-new? mooc-platform/44687.

[41] Jones (Ed.). (2003). New Economy Handbook. San Diego, California: Academic Press, 2003, 821-837.

[42] Jordan, K. (2013). MOOC Completion Rates: The Data. http://www.katyjordan. com/MOOCproject. html,2013-09-22.

[43] Keller, D. (2012). What we're learning from online education. TED Talk, online verfügbar unter http://www. YouTube. Com/watch.

[44] Ken, M. (2011). A Brief Guide to Understanding MOOCs. The Internet Journal of Medical Education, 1(2).

[45] Kim, J. (2012). Open online education and the canvas network. http://www.insidehighered. com/blogs/technology. and-learnins/open-online-education-and-canvas. network.

[46] Kizilcec, R. F., Piece, C., Schneider, E. (2013, April). Deconstructing disengagement: analyzing learner subpopulations in massive open online courses. In Proceedings of the third international conference on learning analytics and knowledge (pp. 170-179). ACM.

[47] Kolowich, S. (2013). Yale Joins the MOOC Club: Coursera Looks to Translate ExistingCourses. http://chronicle. Com/blogs/wiredcampus/yale-joins. the-mooc-club-coursera-looks-to-translate-existing-courses/43849.

[48] Kop, R., Fournier, H. Mak, J. S. F. (2011). A Pedagogy of Abundance or a Pedagogy to Support Human Beings? Participant Support on Massive Open Online Courses. The International Review of Research in Open and Distance Learning, (7), 74-93.

[49] Koutropoulos, A., Gallagher, M., Abajian, S., de Waard, I., Hogue, R., Keskin, N., Rodriguez, O. (2012). Emotive vocabulary in MOOCs: Context & participant retention. http://www. eurodl. org/? article=507,2012-05-10.

[50] Kukharenko, V. (2013). Designing Massive Open Online Courses. [2014-03-11]. http://ceur-ws. org/Vol-1000/ICTERI-2013-p-273-280. pdf.

[51] Lawton, W., Katsomitros, A. (2012). MOOCs and disruptive innovation:The chalenge to HE business models. The Observatoryon Borderless Higher Education. http://www. obhe. ac. uk/documents/view-details? id=929.

[52] Lawton, W., Katsomitros, A. (2012). MOOCs and disruptive innovation: The challenge to HE business models. The Observatory on Borderless Higher

Education, 2012, 8.

[53] Lewin, T. (2013). After Setbacks, Online Courses Are Rethought. The New York Times, 2013-12-10.

[54] Liyanagunawardena, T. R., Adams, A. A., Williams, S. A. (2013). MOOCs: A systematic study of the published literature 2008-2012. The International Review of Research in Open and Distributed Learning, 14(3), 202-227. Dellarocas, C. & Alstyne, M. V. (2013). Money Models for MOOCs. Communications of the ACM, 56(8), 25-28.

[55] Lushnikova, Nataliya. Chintakayala, Praveen Kumar and Rodante, Aaron (2012). Massive Open Online Courses from Ivy League Universities: Benefits and Challenges for Students and Educators. http://papers.ssrn.com/sol3/papers.cfm? abstract_id=2254132, 2012-11-15.

[56] M. Mitchell Waldrop (2013). Massive Open Online Courses, aka MOOCs, Transform Higher Education and Science. http://www.scientificamerican.com/article.cfm? id = massive-open-online-courses-transform-higher-education-and-science, 2013-03-13.

[57] Maia, A. F., Borges, M. M. Sampaio, D. (2014). Changes in e-learning: MOOCs in Portugal. INTED2014 Proceedings: 2494-2500.

[58] Malan, D. J. (2013). Implementing a massive open online course (MOOC). Journal of Computing Sciences in Colleges, 28(6), 136-137.

[59] Marcella Bombardieri (2013). Can you MOOC your way through college in one year?. http://www.bostonglobe.com/ideas/2013/04/13/can-you-mooc-your-way-through-college-one-year-can-you-mooc-your-way-through-college-one-year/lAPwwe2OYNLbP9EHitgc3L/story.html, 2013-04-13.

[60] Martin, F. G. (2012). Will massive open online courses change how we teach? Communications of the ACM, 2012, 55(8), 26-28.

[61] Masters Ken. (2012). A Brief Guide To Understanding MOOCs. http://archive.ispub.com/journal/theinternet-journal-of-medical-education/volume-1-number-2/a-brief-guide-to-understanding-moocs.html # sthash.UsFvQwoP.dpbs, 2012-09-24.

[62] Mc Auley, A., Stewart, G., Siemens, G., Cormier, D. (2010). The MOOC modelfor digital practice. http://www.elearnspace.org/Articles/MOOC-Final.pdf7.

[63] Mead, M. (1974). Grandparents as educators. The TeachersCollege Record, 76(2): 240-249.

[64] Moody'S Investors Service. (2012). Massive open online courses Carry mixed credit implications for Higher Ed. https://www.moodys.com/research/Moodys-Massive.open.online-courses.carry.mixed-credit-implications-for-PR-255083. Moody'S Investors Service. (2012b). Shifting ground: Technology begins to alter centuries.

[65] Moshe Y. Vardi (2012). Will MOOCs Destroy Academia? Communications of

the ACM, 55(11), 5.

[66] Nataliya, L., Kumar, C. P. Aaron, R. Massive Open Online Courses from Ivy League Universities: Benefits and Challenges for O'Prey, P. (2013). Massive open online courses: higher education's digital moment7. London: Universities UK.

[67] Oram, A. (2012). The MOOC movement is not an indicator of educational evolution. [2013-06-20]. http://radar.oreilly.com/2012/12/the-mooc-movement-is-not-an-indicator-of-educational-evolution.html.

[68] Panduranga, H. T., Naveen Kumar, S. K. (2010). International Journal on Computer Science and Engineering. International Journal on Computer Science and Engineering, 2(2), 297-300.

[69] Parry, M. (2012). edX offers proctored exams for open online course. Chronicle of Higher Education, 6.

[70] Parry, M. (2012). 5 Ways that edX could change education. The Chronicle of Higher Education, 59(6), B6-B7.

[71] Pew Research Center (2011). Is college woah it? College presidents, public assess, value, quality and mission of higher education. http://www.pewsociahrends.org/2011/05/15/is-college-worth?it/.

[72] Piech, C., Huang, J., Chen, Z., Do, C., Ng, A., Koller, D. (2013). Tuned models of peer assessment in MOOCs. arXiv preprint arXiv:1307.2579.

[73] Porter, J. (2013). MOOCs, Outsourcing, and Restrictive IP Licensing. Armstrong Institute for Interactive Media Studies.

[74] Raymond, S. R. (2013). MOOCs and UWA futures: A response. http://www.uwaasa.uwa.edu.au/fileadmin/uwaasa/pdfs/Contributions-and-.Submissions/UWA-Futures-.Rd SR-March_2013.pdf.

[75] Reiser, R. A. (2001). A history of instructional design and technology: Partl: A history of instructional media. Educational Technology Research and Development, 49(1), 53-64.

[76] René F. Kizilcec; Chris Piech, Emily Schneider (2013). Deconstructing Disengagement: Analyzing Learner Subpopulations in Massive Open Online Courses. http://www.stanford.edu/~cpiech/bio/papers/deconstructingDisengagement.pdf, 2013-04-22.

[77] Rodrıguez, C. O. (2012). MOOCs and the AI-Stanford Like Courses: Two Successful and Distinct Course Formats for Massive Open Online Courses. http://www.eurodl.org/?article=516.

[78] Round, C. (2013). The Best MOOC Provider: A Review of Coursera, Udacity and Edx. http://www.skilledup.com/blog/the-best-moocprovider-a-review-of-coursera-udacity-and-edx/2013-09-10.

[79] Ruchira, Kitsiri (2013). Who should Take A MOOC? 9 Types of Life long Learners Who Can Benefit. http://moocnewsandreviews.com/who-should-take-a-mooc-9-types-of-lifelong-learners-who-can-benefit/, 2013-07-04.

[80] Siemens, G. (2013). Massive open online courses: Innovation in education. Open educational resources: Innovation, research and practice, 5. Siemens, G. (2014). Connectivism: A learning theory for the digital age. 416-417.

[81] Skiba, D. J. (2012). Disruption in Higher Education: Massively Open Online Courses (MOOCs). Nursing Education Perspectives, 33(6):10.

[82] Skinner, B. F. (1958). Teaching machine. Science, 128(3330):969-977. Students and Educators. [2012-11-15]. http://papers.ssrn.com/sol3/papers.cfm?abstract_id=2254132.

[83] Tilsley, A. (2010). Not rushing into MOOCs. Inside Higher Ed, 29.

[84] Tovar, E., Dimovska, A., Piedra, N., Chicaiza, J. (2013, March). OCW-S: Enablers for building sustainable open education evolving OCW and MOOC. In Global Engineering Education Conference (EDUCON), 2013 IEEE (pp. 1262-1271). IEEE.

[85] Vardi, M. Y. (2012). Will MOOCs destroy academia? Commun. ACM, 55(11), 5.

[86] Viswanathan, R. (2012). Teaching and Learning through MOOC. Frontiers of Language and Teaching, 3, 32-40. Voss, B. (2013). MOOCs: Get in the game. Educause Review, 1(2), 58-59.

[87] Welsh, D. H., Dragusin, M. (2013). The new generation of massive open online course (MOOCS) and entrepreneurship education. Small Business Institute® Journal, 9(1), 51-65.

[88] Wright, F. (2013). What do librarians need to know about MOOCs?. D-Lib Magazine, 19(3), 6.

[89] Wang, Y., Han, X., Yang, J. (2015). Revisiting the Blended Learning Literature: Using a Complex Adaptive Systems Framework. Journal of Educational Technology & Society, 18(2), 380-393.

[90] Young, J. R. (2012). Inside the Coursera contract: How an upstart company might profit from free courses. The Chronicle of Higher Education, 19(07), 2012.

[91] Yuan, L., Powell, S. (2013). MOOCs and Open Education: Implications for Higher Education. [2013-03-21]. http://publications.cetis.ac.uk/wp-content/uploads/2013/03/MOOCs-and-Open-Education.pdf.

[92] 奥蒙德·辛普森著,肖俊洪译(2013). 主动提供动力支持克服"远程教育缺陷". 中国远程教育,(7):5-11.

[93] 陈丽(2011). 远程教育. 北京:高等教育出版社.

[94] 程建钢,韩锡斌,赵淑莉,等(2002). 清华教育在线网络教育支撑平台的研究与设计. 中国远程教育,(05):56-60.

[95] 程建钢(2014). MOOCs 辨析与在线教育发展. 汪瑞林编辑,中国教育报,1-4.

[96] 丁新(2008). 国际远程教育研究. 北京:高等教育出版社,162-166,150.

[97] 丁兴富(2001). 远程教育学. 北京:北京师范大学出版社,115,189,182-183.

[98] 丁兴富(2005). 国际远程教育理论研究与主要成果综述. 开放教育研究,

11(3), 28-33.

[99] 樊文强(2012).基于联通主义的大规模网络开放课程(MOOC)及其学习支持.远程教育杂志,(3):31-36.

[100] 葛道凯(2009).中央广播电视大学30年开放实践与新时期新使命.中国高教研究,(1),4-7.

[101] 郭文革,陈丽,陈庚(2013).互联网基因与新、旧网络教育——从MOOC谈起.北京大学教育评论,(4),173-184.

[102] 韩锡斌,程璐楠,程建钢(2014).MOOCs的教育学视角分析与设计.电化教育研究,(1):45-51.

[103] 韩锡斌,葛文双,周潜,程建钢(2014).MOOC平台与典型网络教学平台的比较研究.中国电化教育,(1),61-68.

[104] 韩锡斌,刘英群,周潜(2012).数字化学习环境的设计与开发.北京:北京中央广播电视大学出版社.

[105] 韩锡斌,翟文峰,程建钢(2013).cMOOC与xMOOC的辩证分析及高等教育生态链整合.现代远程教育研究,(6):3-9.

[106] 何克抗,郑永柏,谢幼如(2002).教学系统设计.北京:北京师范大学出版社.

[107] 黄甫全(2000).大课程论初探——兼论课程(论)与教学(论)的关系·课程·教材·教法,5.

[108] 姜蔺,韩锡斌,周潜,程建钢(2013).MOOCs学习者特征及学习效果分析研究.中国电化教育,(11):54-59.

[109] 李秉德,李定仁(2001).教学论.北京:人民教育出版社.

[110] 李青,王涛(2012).MOOC:一种基于联通主义的巨型开放课程模式.中国远程教育,(3),32-38.

[111] 李晓佳,徐白羽(2007).英国开放大学办学模式对我国远程教育发展的启示.现代远程教育研究,(3),13.

[112] 李欣茹,王晓霞(2011).对开放大学课程体系的分析——以英国开放大学工商管理专业群课程体系为例.北京广播电视大学学报,(5)50-58.

[113] 刘景福,钟志贤(2002).基于项目的学习(PBL)模式研究.外国教育研究,(11),18-22.

[114] 马婧,韩锡斌,周潜,等(2014).基于学习分析的高校师生在线教学群体行为的实证研究.电化教育研究,(2):13-18.

[115] 马武林,张晓鹏(2014).大规模开放课程(MOOCs)对我国大学英语课程设置的启示研究.电化教育研究,(1),52-57.

[116] 平培元,尹亚姝,严娟娣等(2010).电大开放教育和普通高校网络教育教学模式的比较与对策研究.远程教育杂志,(2),20.

[117] 申灵灵,韩锡斌,程建钢(2014)."后MOOC时代"终极回归开放在线教育——2008—2014年国际文献研究特点分析与趋势思考.现代远程教育研究(双月刊),(03),17-26.

[118] 王斌华(1995).英国开放大学的办学模式.外国教育资料,(5).

[119] 王海燕(2008).英国文化对远程教育的影响及启示.远程教育杂志,(6),006.

[120] 王颖,张金磊,张宝辉(2013).大规模网络开放课程(MOOC)典型项目特征分析

及启示.远程教育杂志,(4):011.

[121] 王佑镁,祝智庭(2006).从联结主义到联通主义:学习理论的新取向.中国电化教育,(3):5-9.

[122] 武法提(2003).网络教育应用.北京:高等教育出版社.

[123] 徐旭东(2006).中英远程高等教育质量保证的比较——以中国广播电视大学与英国开放大学为例.现代远距离教育,(4),69-69.

[124] 薛伟(2005).开放大学学习支持系统的比较研究.教育信息化,(9),33.

[125] 姚媛,韩锡斌,刘英群,程建钢(2013).MOOCs与远程教育的运行机制比较研究.远程教育杂志,(6),3-12.

[126] 应松宝,夏巍峰(2013).南交大网院:打造技术驱动力.中国远程教育,(7),2-6.

[127] 余善云(2012).中国开放大学的学科与师资队伍建设.开放教育研究,18(2),47-53.

[128] 余胜泉,何克抗(2001).网络教学平台的体系结构与功能.中国电化教育,(08),60-63.

[129] 张胜利(2011).英国开放大学兼职教师管理及对我国开放大学建设的启示.现代远距离教育,(4),40-43.

[130] 张桐(2012).远程开放教育网络课程设计现状评析——以中央广播电视大学为例.中国电化教育,(10),85-89.

[131] Amstrong L. (2012). Coursera and MITx: Sustaining or Disruptive?. [2012-09-22]. http://www.knowtex.com/nav/coursera-and-mitx-sustaining-or-disruptive_35842.

[132] Bates T. (2012). What's Right and What's Wrong about Coursera-Style MOOCs? [2012-09-20]. http://www.tonybates.ea/2012/08/05/whats-right-and-whats-wrong-about-coursera-style-moocs/.

[133] Brown, M. (2013). Moving into the Post-MOOC Era. [2014-04-17]. http//www.educause.edu/blogs/mbbrown/moving-post-mooc-era.

[134] Coughlan, S. (2013). Harvard plans to boldly go with Spocs. [2014-04-17]. http://www.bbc.com/news/business-24166247.

[135] Daniel, J. (2012). Making sense of MOOCs: Musings in a maze of myth, Paradox and possibility. Journal of Interactive Media in Education.

[136] Devlin, K. (2013). The MOOC will soon die, long live the MOOR. [2014-4-17]. http://mooctalk.org/2013/06/.

[137] George Siemens(2005). Connectivism: A Learning Theory for the Digital Age. Instructional technology & distance learning,200(1):3-10.

[138] George Siemens (2014). Knowing Knowledge. [2014-03-12]. http://www.elearnspace.org/Knowingknowledge_LowRes.pdf.

[139] Glance D. G., Forsey M., Riley M. (2013). The pedagogical foundations of massive open onlione courses. First Monday, 18(5).

[140] Jeffrey Batholet (2013). Students Say Online Courses Enrich On-Campus Learning. [2013-07-17]. http://www.scientificamerican.com/article/students-say-online-courses-enrich-on-campus-learning/.

[141] Koller, D. (2012). What we are learning from online education. http://www.

ted. com/talks/daphne_koller_What_we_are_learning_from_online_education. html,2012-01-23.

[142] Stephen Downes(2012). An Introduction to Connective knowledge. [2012-03-03]. http://www. downes. ca/post/33034.

[143] Stephen Downes(2012). Types of knowledge and Connective knowledge. [2012-03-03]. http://www. downes. ca/post/53451.

[144] Stephen Downes(2014). The Rise of MOOCs. http://www. downes. ca/post/57911,2014-02-04.

[145] William G. B. , Matthew M. G. , Kelly A. I. , Thomas I. N. (2012). Interactive Learning online at public universities:Evidence from randomized trials. Ithaka SR press.

[146] 范逸洲,王宇等(2014).MOOCs课程学习与评价调查.开放教育研究(双月刊),(6):27-35.

[147] 高地(2014).MOOC热的冷思考——国际上对MOOCs课程教学六大问题的审思.远程教育杂志(双月刊),(2):39-47.

[148] 宫玉玲(对上海交通大学副校长黄震教授的采访)(2014).上海交通大学:组建MOOC课程推进混合式教学.中国远程教育,1(2):2-4.

[149] 顾小清,胡艺龄,蔡慧英(2013).MOOCs的本土化需求及其应对.远程教育杂志(双月刊),(5):3-11.

[150] 韩锡斌,翟文峰,程建钢(2013).cMOOC与xMOOC的辩证分析及高等教育生态链整合.现代远程教育研究(双月刊),(6):3-10.

[151] 何克抗(2014)."大数据"面面观.电化教育研究,(10):8-16.

[152] 何克抗,林君芬,张文兰(2006).教学系统设计.北京:高等教育出版社.

[153] 黄小强,柯清超(2014).cMOOC的内涵及其主体观、知识观和学习观.远程教育杂志(双月刊),(2):48-57.

[154] 焦建利(2014).关于慕课的五大误解.中国远程教育,(2),89-90.

[155] 焦建利(2014).慕课给基础教育带来的影响与启示.中小学信息技术教育,(2):10-12.

[156] 李青,王涛(2012).MOOC一种基于联通主义的巨型开放课程模式.中国远程教育,(3):30-36.

[157] 李艳(2014).大数据教育应用且行且思.中小学信息技术教育,(4):30-32.

[158] 刘菊(2014).联通主义的网络学习观及cMOOC实践发展研究.中国电化教育,(6):42-48.

[159] 邱昭良(2014).MOOCs的未来猜想.中国远程教育,2(4):67-68.

[160] 邱昭良,边肖洲(2014).MOOCs的未来不是梦.中国远程教育,1(2):85-86.

[161] 沙满.今天,你MOOC了吗?顶尖大学的免费网络课程正在改写未来.[2013-01-15]. http://www. ceconline. com/strategy/ma/8800065957/01/.

[162] 申灵灵,韩锡斌,程建钢(2014)."后MOOC时代"终极回归开放在线教育——2008—2014年国际文献研究特点分析与趋势思考.现代远程教育研究(双月刊),(3):17-26.

[163] 孙立会(2014).开放教育基本特征的变迁——兼议MOOC之本源性问题.远程

教育杂志(双月刊),(2):30-38.

[164] 王海荣,王美静(2014).国外 MOOC 评估报告对我国高校教学改革的启示.中国远程教育,3(5):37-41.
[165] 王佑美,祝智庭(2006).从联结主义到联通主义:学习理论的新取向.中国电化教育,(3):5-9.
[166] 王震一(2013).走出旧教育阴影融入大数据浪潮.中小学信息技术教育,(10):30-31.
[167] 吴筱萌,雍文静,代良,等(2014).基于 Coursera 课程模式的在线课程学生体验研究.中国电化教育,(6):003.
[168] 伍民友,过敏意(2013).论 MOOC 及未来教育趋势.计算机教育,10(20):5-8.
[169] 徐英瑾(2013).网络大学会取代传统大学吗？新闻晚报,10-21.
[170] 荀渊(2014).MOOC 的实质与前景.电化教育研究,(6),16-20.
[171] 袁莉,[英]斯蒂芬·鲍威尔等(2014)."后 MOOC"时代:高校在线教育的可持续发展.开放教育研究(双月刊),(6):44-52.
[172] 约翰·巴格利,陈丽,年智英,等(2014).反思 MOOC 热潮.开放教育研究,(1):9-17.
[173] 张铭(2013).微课——唱响中国 MOOC 的前奏.计算机教育,10(20):11-13.
[174] 祝智庭,刘名卓(2014)."后 MOOC"时期的在线学习新样式.开放教育研究(双月刊),(6):36-43.
[175] 邹景平(2013).MOOC 的精神重于形式.中国远程教育,(16):72-73.
[176] 邹景平(2013).MOOC 的特色是深度且大量的互动(Doctoral dissertation). https://www.blog.sina.com.cn/s/blog-71ca713a010117v9.html#bsh-24-272127593,2013-07-23.

第九章 混合教育的研究与实践[①]

第一节 混合教育的概念及研究框架

一、混合学习

(一)混合学习的概念

混合学习是指在学习过程中,将面授学习(Face-to-Face Learning,F2F)的优势与在线学习(Online Learning)的优势相融合,以达到有效学习的一种学习模式。混合学习的基本理念是:在"适当的"时间,将"适当的"学习技术与"适当的"学习风格相契合,对"适当的"学习者传递"适当的"能力,从而取得最优化的学习效果与学习方式(Singh,Reed,2014)。

从学习者的角度来讲,"混合学习"是一种能力,指选择与自身知识和学习风格相匹配的设备、工具、技术、媒体和教材,有助于自己达到学习目标。混合学习需要从学习者的角度来考虑,所有混合要素都必须与学习者相适配,并形成一体化方案或模式。

从教学者的角度来讲,"混合教学"是指组织和分配可用资源(例如工具、技术、媒体和教材),通过选用合适的资源来达到教学目标。混合教学(Blended Instruction,B-instruction)概念和"混合学习"在目的上是一致的,都是为了"促进学生学习,提高学习绩效"。混合教学的开展并不意味着在一门课程中使用多种技术,而是提倡简单地使用少量工具,能够通过

[①] 本章内容得到国家社会科学基金课题"基于云计算的校际数字资源共建共享模式:教学组织形式和技术平台架构"(BCA120021)的支持。

有效的方式达到教学目标或课程管理的目标(何克抗,2004)。

从管理者的角度来讲,"混合学习"是指有效地组织和分配有价值的资源(如书籍、计算机、学习小组、教师、虚拟教室、传统教室、教学指南等),从而达到教学目标。主要是从成本效益的角度来考虑有效地组织和分配资源(Fitzgerald,Orey,Branch,2003)。

混合学习强调将"面授"的优势与"在线"的优势有效结合,是寻找教学内容在开展面授与在线教学时的最佳分配方法,并且增加学生学习的灵活性和便捷性。混合学习包括不同学习理论、学习者、教师、学习环境、教学方式等方面的多重混合。

所有的课程都会包含各种"混合"的元素,如教学理论的混合、教学方法的混合等,但混合教学还是强调在课程设计和课程教学中与"技术",尤其是"网络技术"进行混合或融合。在教学环境中,因为采用了策略化和系统化的方法,将基于"技术交互"与"面对面交互"相结合,从而能够对不同的教学模式和学习方式深入融合。在教学过程中始终关注学生的自主性、创造性,也就是说,既要发挥教师引导、启发、监控教学过程的主导作用,又要充分体现学生作为学习过程主体的主动性、积极性与创造性。

混合课程是与混合学习、混合教学、在线课程三者相对应而衍生出来的一个概念。斯隆报告(Allen et al,2003;朱永海等,2014)根据在线传授内容所占的比例,将课程分为传统课程(0)、网络辅助课程(1%~29%)、混合课程(30%~79%)、在线课程(80%以上)四种类型(表 9-1)。本文会在不同情境中分别使用混合学习、混合教学、混合课程三个术语。

表 9-1　课程类型及内涵

在线传授内容所占的比例	课程类型	典 型 描 述
0	传统课程	教学中没有使用基于网络的技术,课程内容是通过口头或书面传授
1%~29%	网络辅助课程	教学中使用了基于网络的技术,但只是作为传统教学的补充,实质上还是传统课程。例如,使用学习管理系统(网络教学平台)或网页发布教学大纲与作业

续表

在线传授内容所占的比例	课程类型	典型描述
30%～79%	混合课程	课程内容以网络和面授的方式混合传授,并且有相当大比例的内容是在线传授。通常使用在线讨论,在很大程度上缩减了面授的次数
80%以上	在线课程	绝大部分或全部的课程内容通过网络传授。通常没有面授部分

(二) 混合学习十年文献分析

本文研究团队对 2005.01.01 至 2015.10.27 关于混合学习的英文文献做了检索。数据库来源：SCI-Expand，SSCI，EI，CPCI-S。检索关键词："blended learning"；"blending learning"；"b-learning"；"blended instruction"；"blended course"；"blended program"；"blended environment"；"blended class"；"blended e-learning"。检索范围："主题"。结果获得了文献 1678 篇,其中 SSCI/SCI 论文 312 篇。分析结果表明：①混合学习研究整体呈增长趋势；②跨学科人员开展混合学习研究成为趋势；③与教育教学改革关联密切；④研究多在高校领域内展开。总体来说,过去十年的混合学习研究以课程层面的研究为主,这一结论与本团队另外一项研究结论是一致的(Wang, Y., Han, X., Yang, J., 2015)。尽管混合学习相对传统学习表现出明显的优势,但常在院校实施过程中受到巨大阻力。如何在学校层面整体推进混合教学改革,成为下一步研究的重点问题(Owston, 2013)。

(三) 国外高校混合学习实践案例分析

斯隆联盟(Sloan Consortium)于 2003 年做了一项在线学习调查,994 位美国院校的教学主管参与了调查,结果表明,93% 的教学主管认为将会在教学中采用某种形式的混合学习；70% 的教学主管认为到 2013 年,他们的学校将有 40% 以上的课程采用混合学习模式。

本文团队对实施混合学习的国内外高校进行了案例分析。美国宾州州立大学(Pennsylvania State University)于 2005—2010 年实施了混合学习试点项目,旨在为有高选课需求的热门课程、重点专业的基础课程与核心课程提供灵活的学习方式,同时探索将远程学习与面授教学融合、打破教学场所限制的学习模式。该项目包括一个工商管理本科专业和30余门本科课程,从混合学习的理论阐述、保障措施和建设方案三方面进行了探索。澳大利亚格里菲斯大学(Griffith University)从2007年开始在全校范围内系统地实施了混合学习的改革,是澳大利亚公认的混合学习开展最好的大学,他们拥有整套的混合学习战略和规划,从目标制定、方案设计,到教学实施、效果评价都有系统而完善的操作指南(Bath,Bourke,2010)。

二、混合教育的概念与研究框架

已有研究结果的分析表明,混合学习核心概念日益清晰,取得了具有价值的实践性成果,但尚未形成相对成熟的理论,需要采用系统工程的方法长期跟踪研究;研究论文较多,但从理论到实施等系统性有待加强;学术研究面向课程的教学设计较多,但从促进教育教学变革的战略性高度不够;理解片面化,没有引起教育管理者和办学机构高度重视。

由此本文提出混合教育的概念,即:面向数字化知识经济时代,基于学习科学、教学技术、课程论与教学论、信息科学等理论和方法,对传统面授教学和数字化教学进行重构和创新,推动基于课程、专业和办学机构的多层面系统改革,持续提升人才培养的质量和效率。

我们将混合教育视为一个复杂的系统,包含学习者、内容、教学者、技术、学习支持和机构六个要素(图9-1)(Wang,Y.,Han,X.,Yang,J.,2015)。同时构建了开展迈向混合教育的三维度和三层次的研究和实践框架(表9-2),即对于数字化时代的教育教学进行重构,从混合教育理论体系、技术体系和实施体系三个维度,在课程、专业和学校三个层面全面开展重构性的教学改革,并在不同类型的院校开展实验研究。我们的研究表明,信息时代教育教学改革开始迈向混合教育新阶段。高校教学的未来发展趋势就是Bricks(砖块)与Clicks(鼠标)有机融合,促进学校面向混合教育整体改革,全面提升所有课程的质量和学生的学习成效。

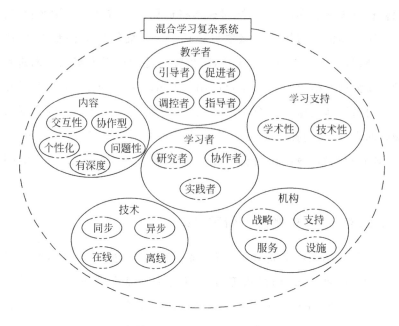

图 9-1　基于复杂适应系统理论的混合教育概念模型

表 9-2　混合教育的研究与实施框架

		混合学习	混合教育
目标		传统学习方式和电子学习方式的优势相结合	课程教学新模式 人才培养新方式 大学组织新形态
视角		技术的引入和整合	课程与教学的整体重构
内容	层面	课程层面	课程层面 专业层面 学校层面
	维度	课程教学模式和设计方法的探索	理论体系研究 技术系统设计 组织方案实施
	评价	学生、课程	学生、课程、专业、学校

第二节 混合课程的教学模式和教学设计

一、混合课程的教学模式

(一) 混合课程教学的要素分析

课程与教学论的学者提出了课程教学的七个要素(李秉德,李定仁,2001),混合教学将线上学习融入了面授教学,这些要素都获得了新的拓展(图 9-2)。

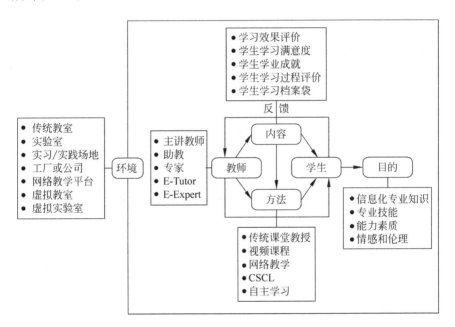

图 9-2 混合课程教学的七个要素及关系

(1) 学习目的——强调数字化时代所需的信息化知识、技能和综合素质的全面培养,以及虚拟空间中的态度和价值观的塑造。

(2) 学生——真正成为数字化时代的学习者,从被动的信息受体、接受者和被支配者变为主动支配自己的行为、方法、偏好,甚至参与学习内容的构建。

(3) 学习内容——从形式上体现为多种媒体的呈现方式,从知识结构上从固定的、以课程大纲为准绳的结构化知识变成包含静态结构化和动态非结构化的各类知识。

（4）学习方法——混合教学注重学生自主学习能力的培养，学习方法从"听讲＋练习"变为线上线下相结合的多种模式。

（5）教师——从主讲教师到专业化的教学团队，同时还可引入在线的E-Tutor 和 E-Expert，教师资源得到丰富和拓展。

（6）学习环境——从传统教室、实验室、实习/实践场地和工作场所，延伸到学习者完全可以自己掌控的网上学习环境、虚拟仿真实验室、虚拟实习/实训基地和基于物联网工作场景等技术支撑的线上环境。

（7）学习反馈——借助大数据的线上评价方法，除了学习成绩外，还可以实现学生学习满意度、学生学业成就、学生学习过程的评价，形成学生学习档案袋和学习分析，从而促进教与学的及时改进。

（二）混合教学模式概念

有关"教学模式"的概念研究得比较多，何克抗认为：教学模式是指在一定的教育思想、教学理论、学习理论指导下的、在某种环境中展开的教学活动进程的稳定结构形式(何克抗,2002)。余胜泉认为：教学模式是开展教学活动的一套计划或模型，是基于一定教学理论而建立起来的较稳定的教学活动的框架和程序，也就是各种教学活动有机地连接在一起从而组成的具有动态性的过程，它是教学理论与教学实践之间的桥梁(余胜泉等,2003)。综合这两个定义及国内相关研究可以看出，教学模式指教学系统中要素在时间上的动态展开形式，从而形成稳定的教学活动进程(朱永海等,2007)。

我们将混合教学模式界定为：是指在混合教育思想、学习理论和教学理论指导下，在混合教学环境中，教学系统要素在时间上的动态展开形成的较为稳定的教学活动安排。

二、混合教学模式分类研究现状

（一）Innosight 研究所的研究

美国创新视点(Innosight)研究所的迈克尔·霍恩(Michael Horn)归纳了六种主要的混合教学模式(Horn,Staker,2011)。

（1）面授为主(Face to Face Driver)。教师通过传统课堂教学传授更多的课程内容,同时他们也提供在线课程资源或者复习材料作为补充,以便学生可以在家、教室或者实验室自主学习。这种模式的另一种方法是在面对面的教学环境中学习在线的课程内容。采用此方法教学,教师要确保课堂有网络联结的计算机环境,同时准备好在线课程内容。教师让学生在课堂上根据自己的学习步调,利用网络资源进行学习。例如,引导每个学生查找学习资源并撰写学习摘要,通过网络与教师或同伴分享自己的学习成果。教师在教学过程中的作用就是提供个性化的指导。对于曾经缺课的学生来说,以面授为主的教学模式特别有用。

(2) 面授和在线交替进行(Face to Face and Online Rotation)。学生在一段时间的面授教学和一段时间的在线学习之间轮流进行,在线学习可以不在教室完成。翻转课堂是此模式的一种形式,学生在家提前学习在线课程内容,然后到课堂上接受教师面对面的教学。

(3) 在线学习内容,面授小组或个人辅导(Flex)。在这种模式中,大部分学生是在在线环境下完成学习的。学生仍然可以接受课堂上的面授教学,但这时的面授教学只是为小组或者个人辅导所用。在这种模式的教学过程中,学生通过网络阅读教学说明,观看教学视频,完成测试和作业,获取写作模板并开展项目探究。学生通过调控自己的学习步调来决定如何安排学习内容,建构自己的知识。虽然学生可以通过移动设备在家和学校或其他任何地方获取课程资源,但是教师的价值仍是通过在实体学校对学生个体和群体进行学习指导来履行教学职责。无论身处何方,通过网络获取信息的基本要求是本学习方法所必需的。

(4) 在线实验室(Online Lab)。在机房在线学习,并在网上完成互动。所有的课程材料和教学活动都是在计算机机房中完成的,学生通过观看多媒体教学材料进行自主学习,并通过视频会议系统,或者论坛、E-mail等与教师或同学进行同步或异步交互。该模式虽然为学生根据自己的学习步调设置了完整的在线课程,但学习过程是在实体学校的空间内实现的。大多数课程单元由学生自主学习来完成,而有些学习单元则需要由3~4位学生组成的学习小组协同完成。

(5) 学生按需在线学习,但也要参加面授学习(Self-Blend)。这是一种个性化的教学模式,学生可以在线选择学习内容并按需学习,大部分的学习是在线完成的,但是学生也会参加面对面的课堂教学。在这种模式的实施过程中,为了支持学生获取相关知识和学习工具,教师需要事先准备相应的在线课程作为学生完成学习任务的必备资源。

(6)在线学习为主(Online Driver)。学生主要是在远程开展在线学习,可以选择或必须到学校接受面授教学。这种模式通过动态管理的在线课程,提供所有学习内容,并使用远程同步交互系统(如视频会议系统等)或异步交互系统(如BBS讨论区等)与学生个体和群体进行答疑讨论。该学习模式可以在任何时候、任何地点给学生提供学习机会,为学生在校外拓展学习提供更多的选择。在面对自然灾害,如流行性感冒盛行时,这种学习模式已经被证明是极具价值的。

(二)美国宾夕法尼亚州立大学的实践

美国宾夕法尼亚州立大学设立了混合教学的教改项目,旨在对课程进行重新设计,以探索在州立大班课程中混合教学的潜在好处。研究人员创建了三种混合教学模式:补充模式、取代模式和商场模式。

(1)补充模式(Supplemental Model)。该模式保留了传统课程的基本架构,有些课程在教室内上课的时间基本维持不变,只是添加了以网络为主的教室外活动,以鼓励学生对学习内容更加投入。

(2)取代模式(Replacement Model)。假设有些个人或小组的学习活动更适合在线上或实验室中进行,因此,可适度减少教室上课的时间。该模式有两种形式:一种是虽然有些活动在线上进行,但教室内的教学方式与活动维持不变;另一种是因为增加了教室外的活动,教室内的教学内容与活动也随之进行大的改变。

(3)商场模式(Emporium Model)。这种模式的核心观念是,学习的最佳时机是当学生想学的时候,而非教师想教的时候。它允许学生自行决定学习时间、学习内容的形式和学习的速度。它需要非常复杂的教学软件,与一对一的线上协助才能完成。该模式完全没有教室内的上课时间,而是通过网上学习中心来提供线上学习资源以及随时可得的个人化协助。因此,该模式需要学校提供空间、设备和教学人员的支援。

三、混合教学模式分类的依据及影响因素

上述两种分类都是依据线上与线下教学活动的不同组合将混合教学

划分为不同的模式。然而试图总结出标准化的有效的混合教学模式是非常大的挑战(Garrison,Kanuka,2004)。从教学的七要素可以看出,混合教学不仅仅需要考虑线上与线下的关系,如在线主导、在线辅助、在线和面授交替等,还要考虑七个要素对混合模式的影响(图9-3)。可以看出教学目标、教学方法、教学组织形式、教学环境等都影响到混合课程的教学模式。

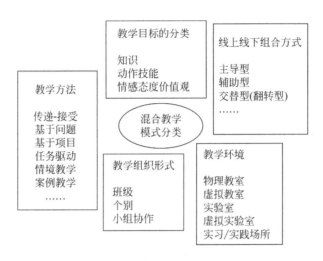

图 9-3 混合教学七要素对教学模式分类的影响

教学模式要依据教学内容或者教学目标来选择或者设计,教学目标的分类在一定程度上即为教学内容的分类,或者说是知识的分类。2001年安德森等对布鲁姆教学目标分类进行重新修订时,便将布鲁姆教学目标分类中的认知领域进一步划分为:事实性知识、概念性知识、程序性知识和元认知知识,如图 9-4 所示(Anderson,et al,2001;盛群力,2008)。

教学模式的确定还需要考虑原有的教学方法,如传递-接受(讲授)式,基于问题、项目、任务或案例教学、情景教学等,教学组织形式(如大班、小班等),以及教学环境(如教室、实验室等)等因素。

为了便于实施混合教学,通常将课程分为:理论讲授型、技能训练型、情感培养型和实践实习型等,再根据课程的教学方法、教学组织形式、教学环境等特点,采用适当的线上线下混合教学模式。

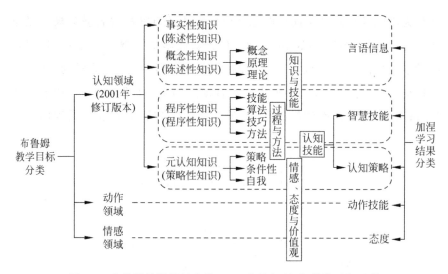

图 9-4 布鲁姆教学目标分类(2001年修订版)与其他目标比较

四、混合课程的教学实施模型

格里菲斯大学(Griffith University)在充分开展混合教学实践的基础上,提出了混合教学五阶段模型(Bath,Bourke,2010)。我们在该模型的基础上,针对我国国情和多数院校现有的课程教学模式,提出了"混合课程的教学实施模型",如图 9-5 所示,将混合课程的教学实施过程分为前期分析、规划、设计、实施、支持与保障、评估与优化六个环节。

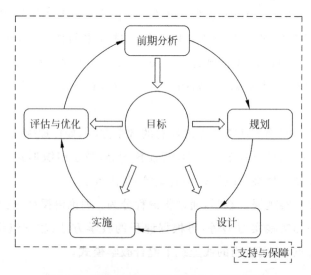

图 9-5 混合课程及其教学开发与实施模型

在对课程资源和活动等进行具体的设计之前,必须先对课程的基本情况进行分析即前期分析,以便确定该课程是否适合开展混合式教学,内容包括:设立混合课程及其教学的主要目标,线上线下环节的分配,课程现状分析,课程现存的主要问题分析,以及教学环境分析。

混合课程及其教学规划的主要内容包括:确立规划需要遵循的原则、分析规划的基本内容,以及选择混合教学模式等。

混合课程及其教学的设计包括:确立设计原则、明确设计流程、教学资源的分解与混合设计,以及混合教学活动的分解与混合设计等。

混合课程及其教学的实施需要考虑实施的原则、实施的准备、实施的步骤以及实施的策略等。

混合课程及其教学的支持与保障主要是针对学生学习过程和教师教学过程提供的服务与支撑,包括学习支持服务、教学准备保障、学校基础设施保障以及教学规章制度保障等。

混合课程及其教学的评估主要包括学生学习效果和课程实施目标是否达成两个方面。评估的依据就是"前期分析"环节中设立的主要目标。学生学习效果是评价的核心目标,主要通过学习过程和结果进行评价。混合课程实施的目标包括扩大教学范围、增加教学灵活性、提高教学效率和效益等。在评估结果的基础上对上述各个环节再进行优化迭代。混合课程的实施不是线性的,是各个环节交织在一起形成的复杂的、动态的过程。

第三节 混合教育改革的组织实施与推进策略[①]

根据我们提出的混合教育的研究与实施框架(表 9-2),需要从课程、专业和学校三个层面推进院校混合教育教学改革,组织实施的内容包括:混合教学模式课程设计、面向学习者能力培养的专业培养方案修订,以及

[①] 本节内容得到教育部-中国移动科研基金项目"教育信息化理论研究"(MCM20121011)的支持。

院校教学改革整体策略制定(图 9-6)。

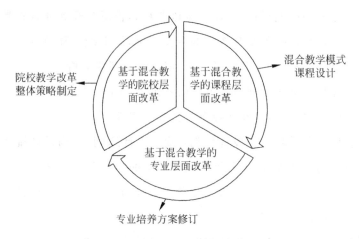

图 9-6　混合教育教学改革组织实施的三个层面

一、混合教学改革的阶段性特点

格雷厄姆等人(Graham,Woodfield,Harrison,2013)基于美国高校的调查,提出了混合教学在高等教育机构采纳和实施的框架模型,该模型将混合教学在高校的应用分为三个阶段:意识/探索阶段、采用/早期实施阶段和成熟实施/增长阶段,并从策略、组织和支持三方面分析了各个阶段的发展状态(表 9-3)。

表 9-3　混合学习在美国高等教育机构层面采纳和实施的框架

阶段	第一阶段 意识/探索	第二阶段 采用/早期实施	第三阶段 成熟实施/增长
目的	个别教师或管理者非正式地意识到具体的混合学习优势	管理者有明确意识激励院校采用混合学习	通过管理改进实现混合学习的持续激励和资助
拥护	个别教师和管理者非正式地提倡混合学习	院校管理者正式承认和提倡混合学习	院校管理者和院系都正式提倡混合学习
实施	个别教师实施混合学习	有选择地在高影响力领域和有意愿的教师中实施	院系有策略地促进教师广泛采用混合学习
定义	没有提出混合学习的统一定义	正式提出混合学习的初始定义	提出正式采纳的混合学习精确定义

续表

阶段	第一阶段 意识/探索	第二阶段 采用/早期实施	第三阶段 成熟实施/增长
政策	没有统一的混合学习政策	尝试采用初步政策并与利益相关方进行沟通,对政策进行必要的修订	基本不需要修改的稳定政策,高水平的社区意识
组织			
管理	没有正式批准或实施体系	形成主要用于规范和采用混合课程的体系	包含学术负责人确定战略的稳定体系
模型	没有建立结构模型	确定并研究混合学习模型	建立通用混合学习模型,鼓励但不强制使用
排课	课程注册或目录系统中没有混合课程的标识	努力在注册或目录系统中标识混合课程	注册或目录系统中有混合课程的标识或元数据
评价	没有正式评价说明混合学习的学习效果	有限的院校层面评价说明混合学习的学习效果	系统的综合评价数据可以说明混合学习的学习效果
支持			
技术	主要关注对传统课堂的技术支持	更加关注师生的混合学习或在线技术支持	完善的技术支持可以满足利益各方关于混合学习或在线的需求
教学	没有适合的课程开发过程	研究和建立正式的课程开发过程	建立并系统改善正式的课程开发过程
激励	没有确定可以实施的教师激励结构	探索应用于教师培训和课程开发的激励措施	完善的教师激励方案支持系统培训和实施

通过我们对国内院校的综合分析,在上述三个阶段之前增加了无意识阶段,大部分国内院校都处于这个阶段(图 9-7)。

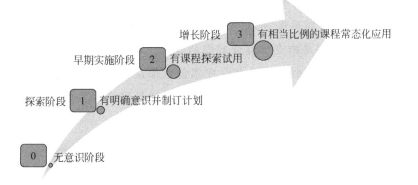

图 9-7　我国高等院校混合教学改革的不同阶段

国内高校在混合教学改革实施的不同阶段其着力点也有所不同（表9-4），分别从领导认识、教师教学能力和学生学习能力三个角度重点推进。

表 9-4　混合教学改革不同阶段的着力点

阶　　段	着　力　点
0～1 无意识～探索	提升学校各级领导的认识并付诸行动
1～2 探索～早期实施	提升教师的意识、态度、信息化的教学能力
2～3 早期实施～增长	学生的学习效果与信息化学习能力提升

二、混合教学改革流程

混合教学改革不是一蹴而就的事情，而是通过研究与实践不断递进的过程。混合教学改革开展的一般流程如图 9-8 所示，其中规划、实施、评估和反馈组成了一个循环迭代、螺旋上升的过程。

三、推进混合教学改革的核心要素和策略

影响学生学习的最直接因素就是课程和教师，本章第二节讨论了混合课程及其教学的影响因素与实施模型。从学校层面来看，需要从技术环境、教育技术、教师发展和管理体制四个方面推进混合教学改革（图 9-9）。

（一）技术环境

技术环境包括数字校园的技术设施和构建其上的应用服务。技术设施包括校园网络、数据中心、网络信息服务、网络管理与网络安全、多媒体教室建设、仿真实训系统环境、校园网络电视与数字广播和数字安防系统；应用服务主要是指支持混合教学的软件。本文研究团队对一些院校长期跟踪发现，有一小部分混合课程建设效果良好，示范作用明显，但始终无法发挥以点带面的效果，一个重要原因就是网络覆盖面窄导致学生课后学习难，师生开展网上教学"有心无力"。

构建混合教学支撑技术环境的首要策略就是统一规划、分步实施，在混合教学整体目标的引领下，随着改革的深入，通过应用拉动技术环境的建设与完善。比较可行、合理的方式应该是采用适度投入，构建基于规划的高水平系统。需要根据学校的建设目标和自身的实际情况制定合理的

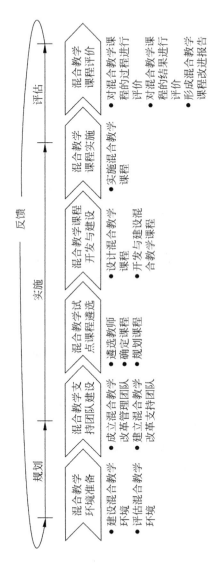

图 9-8 院校开展混合教学改革的流程

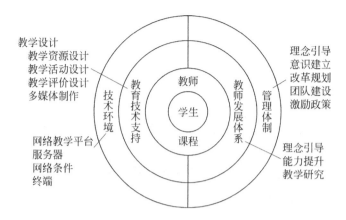

图 9-9　推进混合教学改革的核心要素

技术环境建设规划，明确系统构建的长期、中期和短期目标，统一规划系统构建的时间表，制定系统应用效果评价目标和方法，适度投入建设经费并逐步开展系统建设和应用，形成系统构建、系统应用、效果评价、再构建新系统的良性循环。统一规划还体现在不能单独构建混合教学平台，要考虑与数字校园其他相关系统进行整合，构建"一体化的教学支撑环境"，避免"信息孤岛"。

其次，要关注的是技术系统的稳定性、可扩展性和开放性。一体化数字化教学支撑环境所包含系统的使用者是学校所有的学生、教师和管理人员，不是试验性的小范围的试用，而是需要支持大规模的日常教学与管理过程，因此系统的稳定性是系统应用的基础。系统的可扩展性和开放性可以确保系统的可持续发展，最大限度地保障已有投资。

再次，软件的使用和其在教学中的深入应用是一个长期的过程。软件的购买与安装不仅仅是技术部门或业务职能部门从技术上和功能上进行考量，更重要的是系统构建的目标是否指向了一线教学与管理的需要，人员素养是否能够胜任，有无配套的实施、培训与服务策略等。

最后，在经费预算时，除了考虑系统构建的投入外，系统维护、培训和应用费用也需要通盘考虑，并加以落实。

（二）教师发展与教学设计支持

罗杰斯把创新的采用者分为革新者、早期采用者、早期追随者、晚期追随者和落后者（Rogers，1962）。在院校推进混合教学改革时涉及的人员包括学生、教师、管理人员和技术支持人员。根据案例分析的结果,学生大多都至少是早期采用者,没有影响到平台软件的应用。管理者主要是通过出台相关政策和措施影响应用。技术支持人员的主动服务态度、良好的责任心是应用平台的重要因素。管理措施和技术服务都会影响教师应用平台的态度和行为,但最根本的影响因素是教师对将技术应用于教学的意识,这是开展网络教学的前提。加拿大学者富兰在2001年指出,只有教师愿意,才有可能改革;教师要能改变自己的动机、信念、态度和价值,才能发展新的技能(迈克·富兰,2000)。本文研究团队在众多院校中推进"清华教育在线"网络教学综合平台应用的一个成功策略就是及时发现早期采用的教师,将他们作为示范案例,引领其他教师跟进使用。

针对教师的培训需要从以下三方面着手。

(1) 技术服务于教学的意识。教师要能改变自己的动机、信念、态度和价值,才能发展新的技能。要使教师认识到信息技术在教学中的应用能够促进学生的学业成就(知识、技能、能力的全方位发展)。

(2) 技术运用的技能,这是进行网上教学的技术基础。

(3) 信息技术环境下教学设计的能力与经验,这是取得混合教学效果的关键。

基于信息技术课程教学设计的两个主要问题是:数字化的教学资源的建设、组织与运用;网络环境支持下的课程教学活动的设计与实施。

建设与实施混合课程任课教师必然要付出巨大的努力,同时需要一支专业化教学设计支持队伍,包括教学设计人员、艺术设计人员、多媒体技术人员的通力配合。学校也需要建立校级数字化教学资源中心,为教师分门别类地组织、收集与管理资源提供相应的咨询和帮助。教学资源中心可以使得校内资源能够有效地聚集与广泛共享,整合校外优质资源,强化本校专业特色,提供"一站式"资源查询服务,确保查询速度,解决收费难题,保护知识产权,多渠道筹集教学资源,为校际间的教学资源互换与共享打下基础。

(三) 组织管理体制

组织管理体制的建设一般有以下三方面的内容:组织机构的协调运

转、有效的教学激励政策与机制、持续的培训政策与措施。

在信息化教学推进的过程中涉及的部门较多,如教学职能部门、网络技术支持部门、教育技术支持部门、各院系教研室等。明确各相关部门之间的职责并协调推进各部门的协调运转是产生信息化良好效果的关键。

(1) 教务处：负责混合教学的组织工作,包括制订计划、组织实施、工作检查、项目审批验收。

(2) 教育技术中心：负责混合教学管理和资源管理,并提供操作培训、咨询、服务。

(3) 网络中心：负责技术支持,包括服务器维护、网络维护、系统维护。

(4) 各院系教研室：负责混合课程的建设与教学实施。

建立有效的教学激励政策与机制是教学信息化可持续发展的机制保障。要根据学校的实际情况,制定推动网络教学活动的相关政策与措施。近年来,很多高校在实践中总结了成功的经验。例如,在专业建设、课程建设及其教学成果的评比中,设有教学信息化相关评价指标,建立激励机制,出台相关奖励政策,定期组织教学软件评选,新教师试讲中信息化教学效果评价等。

除了上述影响混合教学改革的三个主要因素外,还需要建立常态化的教学研究与评估体制,包括教师的教学研究和评价,以及管理部门的综合研究与评价(图 9-10)。

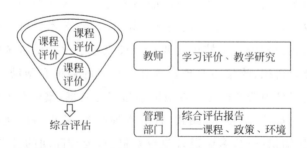

图 9-10 混合教学改革的研究与评价

另外,仅靠院校自身发展的逐步演进,不仅速度太慢,而且还容易走入误区,因此需借助校外力量,建立协同合作的混合教学改革共同体。

第四节 高校混合教育实践研究案例[①]

本节对国内五所高校混合教育实践的案例进行了跟踪研究,分析了2002—2015年期间混合教学模式在这五所高校采用和实施的发展过程。结果表明,发展过程经历了三个阶段:意识/探索阶段、采用/早期实施阶段、成熟实施/增长阶段。五所高校的案例都表明发展过程受到四个主要因素的驱动:基础设施建设、教师专业发展、政策制定和合作伙伴关系构建。这些因素对混合教学模式采用和实施的影响都通过学校层面的强力推进来起作用,表明机构领导力在实施混合教育改革中起到了决定性的作用。通过案例研究也发现,国内高校在实施混合教育改革中,还有一些薄弱环节需要加强,如欠缺清晰的混合教育愿景和整体规划,对教师特别是对学生没有提供足够的学习支持,针对混合教育改革的系统持续的研究和评价缺失等。

一、引言

关于混合学习(Blended Learning)的研究在过去10年期间不断增加,这些研究主要关注的是混合学习的概念、设计以及对于提高学习效果的有效性研究(Garrison,Kanuka, 2004; Shea, 2007; Singh, 2003; Owston, York, Murtha, 2013; Perez, Lopez, Ariza, 2013; Kiviniemi, 2014)。翻转课堂作为混合学习的一种类型,也在近几年备受关注(Chen,Y., Wang, Y., Kinshuk,Chen N.-S., 2014)。然而,很少有研究者从系统层面和院校层面研究混合学习的实施(Owston, 2013; Wang et al, 2015)。直到最近几年,特别是在2013年《The Internet and Higher Education》杂志出版关于教育机构实施混合学习的专刊之后,开始有研究者关注和研究院校在推进混合学习时的作用。由格雷厄姆、伍德菲尔德、哈里森(Graham, Woodfield, Harrison, 2013),泰勒和牛顿(Taylor, Newton, 2013)以及之后的波特、格雷厄姆、斯普林和韦尔奇(Porter, Graham, Spring,

---

[①] 本节内容是联合国教科文组织(UNESCO)"构建亚太地区大学混合学习能力"项目的一部分内容。

Welch，2014)开展的研究，讨论了发达国家(例如美国)如何从机构层面开展混合学习，但很少有关于发展中国家高校实施混合学习的研究。

本节将跟踪分析中国五所大学在2002—2015年间实施混合学习的过程，旨在填补这一研究空白。这项研究主要有两个目标：①研究推动院校层面采用和实施混合学习的主要因素；②探索高等教育机构如何在混合学习采用和实施的不同阶段中发挥作用。

二、文献综述

由格里厄姆等人(Graham，Woodfield，Harrison，2013)开展的研究通过对六所美国高校混合学习实施过程的调查，将其分为三个阶段，并提出了混合学习采纳和实施的框架(表9-5)。这一框架后来被波特等人(Porter，Graham，Spring & Welch，2014)用于跟踪研究十一所美国高校的混合学习实施过程，每个阶段的特点描述参见表9-6。

表9-5 美国高校混合学习实施阶段划分

阶段	描述
阶段1	意识/探索：学校层面意识到个别教师在课堂上探索使用混合学习技术，但给教师提供的支持非常有限
阶段2	采用/早期实施：学校采用混合学习策略，并尝试用新的政策和措施来支持混合学习的实施
阶段3	成熟实施/增长：已经建立起完善的混合学习策略、组织和支持体系，并成为学校运行的有机组成部分

同时针对每个阶段，在原实施框架的基础上提出了三类具体的实施措施(表9-6)。

表9-6 混合学习实施的措施

措施	描述
策略(目的，倡导，实施，定义，政策)	解决混合学习整体规划和顶层设计的问题，包括混合学习的定义、宣传形式、实施范围、实施目标以及相关规划政策
组织(管理，模式，排课，评价)	解决混合学习的组织实施问题，建立技术、教学、管理的框架体系，包括管理、模式、排课和评价
支持(技术，教学，激励)	解决混合学习的实施保障问题，包括技术支持、教学支持、教师激励机制等

我们对中国五所高校混合学习发展阶段的跟踪研究采用了上述三阶段划分及实施措施的框架模型，但在"支持"措施中增加了"教师专业发展"。我们认为，虽然原来的实施框架中在支持措施中有"教学支持"，但是专业发展比教学支持内涵更广泛。在本研究中，学校通过为教师提供专业发展的机会，让教师更充分地学习，提高他们的信息化教学能力。因此，本研究将教师专业发展视为混合学习成功的一个重要措施。

三、研究方法

本研究关注在中国高等教育背景下，学校在推进混合教育改革中的作用。研究总体上采用案例分析法，选取国内五所高校作为研究样本，但是在具体调查每一所高校时，综合运用了多种研究方法进行定量和定性相结合的数据收集和分析。

四、研究背景

混合学习在中国高等教育领域的应用始于21世纪初网络教学平台的采用。以清华教育在线（THEOL）为例，这是一套由清华大学教育技术研究所开发的网络教学平台，该平台从2001年至今已经有400多所中国高校采用（韩锡斌等，2014）。本研究的部分数据正是从这一平台上获得的。

为了达到本研究的目标，我们采用案例研究法（Baxter，Jack，2008）考察了五所高校在2002—2015年间混合学习的实施过程。案例的选择主要基于以下六条标准：①院校涵盖一定的排名范围（排名位于全国前20～300名）；②院校能够代表中国不同的地区；③院校包括部属高校、省属高校和省部共建高校；④院校使用的网络教学平台为THEOL，便于相互比较，而且易于从平台获取研究必需的数据；⑤院校使用THEOL至少8年以上，积累足够的混合学习经验；⑥院校至少达到格雷厄姆等人（Graham，Woodfield，Harrison，2013）提出的混合学习实施三阶段框架的阶段2。根据上述标准，我们选择了南开大学、南昌大学、扬州大学、石河子大学和重庆工商大学这五所大学。表9-7显示了这五所大学的基本信息。

表 9-7　五所大学的基本信息（根据武书连 2015 中国大学排名）

大学名称	排　　名	地区	使用 THEOL 的年限	2015 年本科生人数	2015 年教师人数
南开大学	排名前 20，教育部直属	北部	13	13 067	1986
南昌大学	排名前 100，教育部和江西省共建	中部	12	37 092	3530
扬州大学	排名前 100，教育部和江苏省共建	东部	8	34 159	2100
石河子大学	排名前 200，教育部和新疆生产建设兵团共建	西北	11	22 576	2550
重庆工商大学	排名前 300，重庆市属	西南	10	28 000	1600

（一）数据收集

本研究收集了定量和定性两类数据。定量数据来源于 2007—2015 年间 THEOL 平台的日志数据。THEOL 提供了丰富的功能和工具支持教与学，例如，内容工具支持教师发布课程的教学大纲、课程通知和学习材料；交互工具允许学生通过讨论区和博客等与其他学习者和教师进行交互；评价工具（例如作业系统）协助教师通过在线方式检查学生的学习效果，并允许学生通过在线测试进行自我评价。

本研究从 THEOL 平台收集了五所大学的两类日志数据。第一类日志数据与学生和教师的平台访问次数相关，体现为 2007—2015 年五所大学每年 THEOL 平台的总访问量，可以发现从某一时期开始平台访问量每年稳步增加。为了进一步了解 THEOL 平台的使用情况，我们还收集了 2015 年春季学期的日平均在线人数。

第二类日志数据为 2014 年秋季学期至 2015 年春季学期 THEOL 平台上五所大学开设混合课程的信息，由此了解最近一个学年混合学习在课程层面实施的情况。这些数据包括各大学在 THEOL 上开设的混合课程总数、课程访问量、每门课程的网上作业量以及每门课程的讨论帖数。

定性数据包括三类主要来源，收集时间从 2002—2015 年，共计 13 年。第一类数据主要来源是五所大学的文件档案。这些文件可以分为与教学改革及其计划相关的政策、混合学习项目方案、混合课程开发手册、教师培训、教学评价、通知公告和激励措施等。

第二类数据主要来源是由清华大学教育技术研究所作为THEOL提供方和院校合作伙伴提供给这些院校的《应用情况与发展建议报告》，这些报告在每个学期结束时提供给各个学校，可以追溯到院校开始采用THEOL平台之初。本研究一共收集了102份报告，这些报告一般由两部分组成：第一部分总结了THEOL的使用情况，包括平台的总访问次数、THEOL上的课程总数、每门课程的访问总数、学生在THEOL上使用的各种工具以及在THEOL上进行教与学过程中遇到的问题。第二部分通过推荐来自各个大学优秀课程的实践经验，为院校混合课程的教学及管理提供可操作的建议。这些报告的内容清晰地呈现了每个大学混合学习的发展轨迹。

与采用THEOL大学的教育技术中心和教务处的负责人及管理人员进行了多次交流沟通，汇总整理了记录的内容，形成了第三类数据来源。作为网络教学平台的提供方以及这些大学的合作伙伴，本研究小组通过各种形式与这些大学保持定期沟通，例如技术支持、教学设计咨询、教师专业发展研讨和管理政策讨论等。此外，在必要时也会通过正式或非正式访谈的形式了解这些大学的需求。

（二）**数据分析**

对于定量数据，包括学校THEOL平台的逐年访问量和开设的混合学习课程信息，对这些日志数据进行分析，追踪THEOL平台在每个大学推进应用的轨迹，以及当前应用的状态。

对于定性数据，采用案例研究的方法，探究各大学混合学习发展背后的原因。通过主题分析，把关于混合学习实施的政策文件、清华大学教育技术研究所整理的每学期《应用情况与发展建议报告》，以及五所高校教务处和教育技术中心人员的访谈记录内容进行初步归类，并使用波特等人（Porter，Graham，Spring，Welch，2014）提出的混合学习实施措施框架（表9-6）对每份资料进行编码。归类编码时与每个大学持有不同意见的相关人员进行过双重检查。为了提高归类的一致性，首先由两位研究人员对类别及次类别进行独立编码，然后通过比较两组数据确保数据的准确性和可靠性。

五、五所大学实施混合学习的概况及发展阶段

(一)混合学习在五所大学的发展概况

本部分通过分析 THEOL 平台的访问量数据,以及五所大学开设混合课程的情况描述各个大学混合学习发展的历程与现状。

五所大学在 2007—2015 年期间每年 THEOL 平台的访问量都呈稳步增长的态势(图 9-11~图 9-15)。然而,这五所大学的平台历年累计总访问量和年均访问量相差很大,其中南昌大学和扬州大学遥遥领先于其他三所大学;2015 年春季学期各大学平台日均在线人数数据也显示出南昌大学和扬州大学的领先态势(表 9-8)。

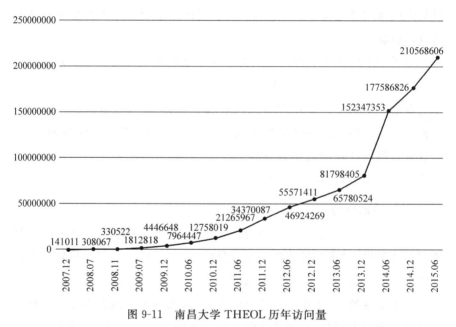

图 9-11 南昌大学 THEOL 历年访问量

本研究还收集了五所大学 2014 年秋季学期和 2015 年春季学期,在 THEOL 平台上开设的混合课程数据(表 9-9)。表的第 2 列数据显示每个大学注册在 THEOL 平台上的混合课程总数,但是这些数字并不一定表明混合学习实施的实际水平。以南开大学和石河子大学为例,有些课程虽然在网上注册,但基本没有任何教学活动。真正说明混合课程活动的是第 3 列显示的数据,即统计时间内达到 300 次以上访问量的课程数量。可以看出,南昌大学和扬州大学在提供活跃的混合课程数上也相对领先,

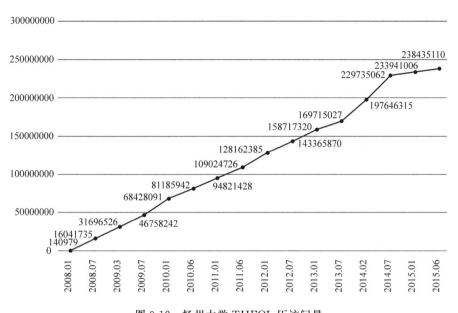

图 9-12　扬州大学 THEOL 历访问量

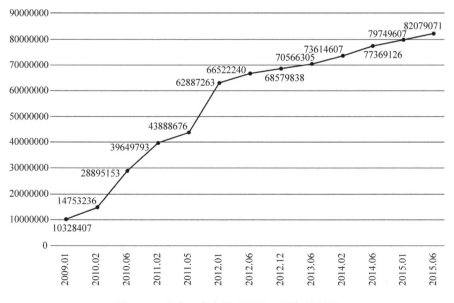

图 9-13　重庆工商大学 THEOL 历年访问量

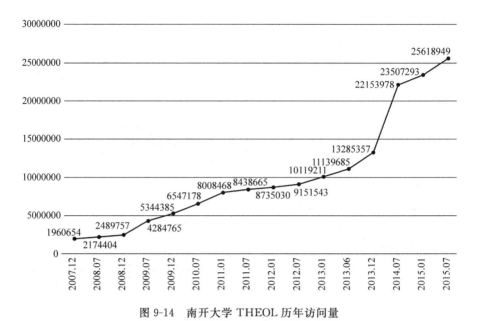

图 9-14　南开大学 THEOL 历年访问量

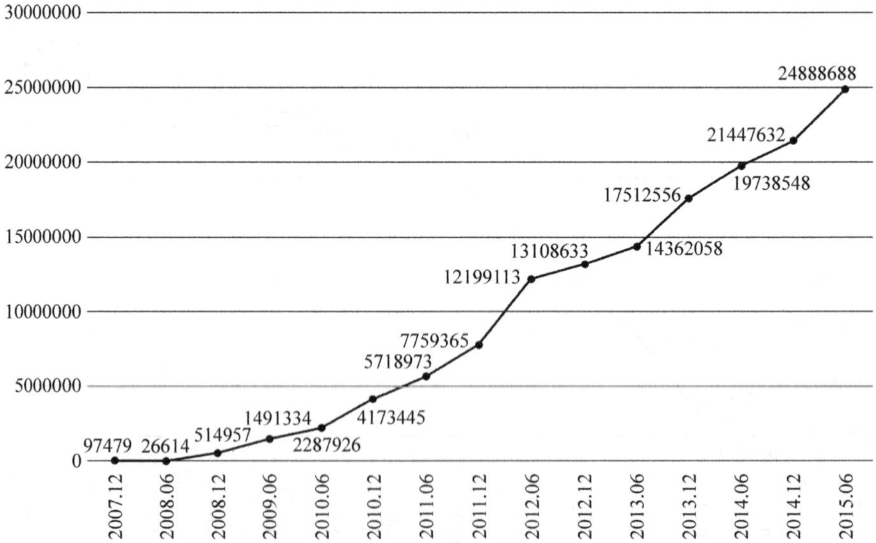

图 9-15　石河子大学 THEOL 历年访问量

表9-8　五所大学2007—2015年THEOL使用情况

大学名称	开始使用THEOL的年份	历年累计总访问量	年均访问量	2015年春季学期日均在线人数
南昌大学	2003.01	210 568 606	16 845 488	870
扬州大学	2007.02	238 435 110	28 051 189	783
重庆工商大学	2005.12	82 079 071	8 639 902	362
南开大学	2002.08	25 618 949	1 969 231	175
石河子大学	2004.01	24 888 688	2 164 233	293

说明：数据采集时间为2015年6月30日

表9-9　五所大学THEOL上的混合课程情况（2014年秋季学期至2015年春季学期）

大学名称	THEOL平台上的注册课程数（C1）*	访问量超300的课程数		超过一个在线作业量的课程数		论坛上超过10个帖子的课程数	
		访问量（C2）	百分比（C2/C1）	课程数（C3）	百分比（C3/C1）	课程数（C4）	百分比（C4/C1）
南昌大学	6131	2271	37%	1846	30%	684	11%
扬州大学	1382	294	21%	324	23%	116	8%
重庆工商大学	1282	218	17%	162	30%	30	2%
南开大学	2815	245	9%	264	13%	35	1%
石河子大学	2153	135	6%	167	8%	59	3%

说明：数据采集时间为2015年6月30日，*C代表列

达到300次访问量的课程占所有注册课程的比例分别为37%、21%。第4列和第5列提供了更多混合课程的活动细节,分别为超过一个在线作业量的混合课程数及论坛上超过10个帖子数的混合课程数,南昌大学和扬州大学再次超过其他三所大学。

综合上述分析可以看出,五所大学在2007—2015年间混合学习的实施都呈稳步增长的态势,同时各项统计数据也说明：南昌大学和扬州大学在混合学习的推进上领先于其他三所大学。

（二）五所大学混合学习的发展阶段

五所大学混合学习发展阶段的确定是依据格雷厄姆等人（Graham, Woodfield, Harrison, 2013）和波特等人（Porter, Graham, Spring, Welch, 2014）提出的三阶段框架（表9-5）。在每一个阶段,也根据他们的三类

实施措施框架(即策略、组织和支持)(表 9-6)分析了各个大学在混合学习实施过程所做的努力,由此确定推动混合学习采纳和实施的驱动力。

1. 第一阶段:意识/探索

2002 年和 2003 年南开大学与南昌大学相继开始了信息化教学的实践探索,之后 2004 年石河子大学、2005 年重庆工商大学、2007 年扬州大学也逐步开始实施(表 9-10)。五所学校的管理者开始意识到实施信息化教学的重要性,有三所大学发布了倡导信息化教学的通知和办法,但是那个时期还与全国其他高校一样,都没有形成明确的混合学习的概念,只是试图利用网络教学平台进行信息化辅助教学,也没有制订系统推进信息化辅助教学的规划文件。在发展的初期,五所大学都依靠清华大学教育技术研究所协助开展基于 THEOL 的教学和管理,但学校内部没有形成新的组织机制和工作模式以支持网络辅助课程的规划、立项、实施和评价。在支持方面,虽然构建了实施网络辅助教学的技术基础——THEOL 网络教学平台,但学校整个网络环境还不能满足师生开展信息化教学的需要;对教师的培训还停留在 THEOL 平台的操作使用上,参与群体也仅限于感兴趣的教师,只有重庆工商大学为使用 THEOL 的教师制定了激励措施。

表 9-10 五所大学在第一阶段实施中采取的措施

学校名称/时期	策　略	结　构	支　持
南昌大学 2003—2008	学校层面意识到实施信息化教学的重要性并购置 THEOL 网络教学平台。一些教师逐步开始应用 THEOL 网络教学平台。没有提出明确的混合学习定义。没有正式的促进混合学习应用的规划文件。	没有形成信息化课程审批和立项的管理办法。没有形成信息化课程开发与应用的模式。没有在课程管理系统中标明混合课程。没有信息化教学的评价措施。	2003 年安装 THEOL,但学校供学生上网的机房非常有限。面向教师开展一些网络教学平台的技术操作和应用培训,一般由 THEOL 提供支持。没有任何激励措施推动教师应用平台。

续表

学校名称/时期	策略	结构	支持
扬州大学 2007—2008	学校层面意识到实施信息化教学的重要性并购置THEOL网络教学平台。一些教师逐步开展应用。没有提出明确的混合学习定义。学校根据教育部对高校教育教学信息化提出的要求,启动了课程教学资源网络化建设计划,探索技术促进教学的途径	没有形成网络课程审批和立项的管理办法。没有形成网络课程的建设与应用模式。没有在课程管理系统中标明混合课程。没有网络课程的评价办法	2007年安装THEOL,并为少部分学生提供上网的机房。教育技术中心和THEOL提供技术和教学支持,面向试点的教师进行技术操作和应用培训。2008年学校将网络课程的开发列为关键绩效指标以及大学水平的监测指标
重庆工商大学 2005—2009	学校层面意识到实施信息化教学的重要性并购置THEOL网络教学平台。一些教师逐步开展应用。没有提出明确的混合学习定义。2006年出台《关于加强网络辅助教学平台应用的紧急通知》,说明网络辅助教学的实施范围和建设要求,倡导全校师生利用THEOL平台进行课堂外的辅导答疑和交流互动	没有形成网络课程审批和立项的管理办法。没有形成网络课程建设应用模式。没有在课程管理系统中标明混合课程。没有网络课程的评价办法	2005年安装THEOL,但学生上网环境还不能满足课程学习需要。现代教育技术中心与THEOL一起面向有兴趣的教师进行技术操作和应用培训。初步制订了支持网络辅助教学的激励措施

续表

学校名称/时期	策略	结构	支持
南开大学 2002—2007	学校层面意识到实施信息化教学的重要性并购置THEOL网络教学平台。一些教师逐步开展应用。没有提出明确的混合学习定义。2007年7月出台了THEOL课程规范化建设的要求	没有形成网络辅助课程审批和立项的管理办法。没有形成明确的网络辅助课程建设与应用模式。没有在课程管理系统中标明混合课程。2006年7月出台了《关于奖励教育在线优秀课程建设教师的通知》，针对优质网络辅助课程教师实施奖励，明确了建设要求，制定了评价指标，确立了奖励方法	2002年安装THEOL。学校投资软件和硬件来支持THEOL的运行。THEOL提供技术和教学支持，为对THEOL感兴趣的教师和管理人员提供培训。2006年开始每个学期对THEOL上课程访问量进行排名，奖励前20名的课程教师
石河子大学 2004—2011	学校层面意识到实施信息化教学的重要性并购置THEOL网络教学平台。一些教师逐步开展应用。没有提出明确的混合学习定义。2007年《石河子大学本科教学质量与教学改革工程实施方案》中鼓励教师应用技术促进教学质量的提高	没有形成网络辅助课程审批和立项的管理办法。没有形成网络辅助课程建设与应用模式。没有在课程管理系统中标明混合课程。没有网络辅助课程的评价办法	2004年安装THEOL，但学校网络环境无法满足学生上网学习的需要。与THEOL一起面向有兴趣的教师和教学管理员进行技术操作和应用培训。没有相关激励措施

2. 第二阶段：采用/早期实施

除了石河子大学，2009年左右其他高校都陆续进入了信息化教学实施的第二阶段（表9-11）。这个阶段各个大学信息化教学实施的积极性不断加强。最初的信息化教学政策不断被完善，并出台新政策鼓励和规范网络辅助课程的立项、开发和评估。与第一阶段相比，这一阶段的信息化教学管理方式越来越成熟，信息化教学激励政策制度化。院校也为信息化教学的实施提供了更多的支持，包括基础设施的不断建设和升级，建立信息化课程的开发与激励机制。教育技术中心支持力度增加，除了日常的技术支持和教学咨询外，提供了更多常态化的信息化教学研讨会。与清华大学教育技术研究所的合作关系已经超越了 THEOL 平台的技术培训,通过提供课程设计咨询和教师专业发展深度参与各高校的信息化课程开发。

表 9-11　五所大学在第二阶段实施中采取的措施

学校名称/时期	策略	结构	支持
南昌大学 2009—2011	现代教育技术中心通过部门网站、网络教学平台网站发布通知,包括平台最新动态、使用须知、政策文件等,不断宣传信息化教学。 学校出台了关于"优秀示范性网络课程"立项、检查和验收的政策措施,不断推动信息化教学的发展。但是上述政策只是针对立项的课程教师,没有面向全体教师	学校委托现代教育技术中心负责"优秀示范性网络课程"立项、检查和验收工作。 初步形成了网络课程的开发与应用流程。 在上述项目实施过程中外聘专家,如 THEOL 的专家进行咨询	随着平台访问量逐年增加,现代教育技术中心逐步建设机房,开放给立项课程的学生使用。 从网络课程立项开始,现代教育技术中心就开展培训工作,每学期都会安排九场左右的培训,方便立项教师自由选择时间参加培训。 THEOL 应邀给教师提供课程设计和教师信息化教学能力发展的培训支持。 通过立项激励参与教师实施信息化教学
扬州大学 2009—2013	制定了全面使用 THEOL 进行教学和学习创新的政策文件	教务处制定了网络课程审批、立项和评价的管理办法。 初步形成了网络课程开发、应用与评价的工作流程。 颁布遴选和奖励优秀网络课程的评价标准、办法和程序	学校不断升级它的服务器和其他配套的硬件和软件。 教育技术中心常年开展全方位多层次的培训活动,为全校师生提供信息技术培训服务、网络教学平台应用咨询服务、课程设计咨询服务,咨询服务途径包括:电话、邮件和微信等。 学校每年评选优秀的网络课程,并从 2012 年开始将每个学院网络课程评优的成绩纳入对其业绩的考核

续表

学校名称/时期	策略	结构	支持
重庆工商大学 2010—2015	2015年3月,学校宣布成立"网络辅助教学优秀奖"。 2015年4月,《关于申报重庆工商大学在线学习平台网络课程建设项目的通知》,以THEOL平台升级为契机,以专项建设的方式推动教学方法和教学模式的改革。 学校根据《关于启动2015年市级、校级教育教学改革研究项目立项工作的通知》的精神,组织教师积极申报信息化教学相关的项目。 部分院系的专业人才培养计划中,对教学手段提出明确要求,即"采用多媒体教学手段,充分利用网络辅助教学平台"	现代教育技术中心成立"教师支持中心",至2012年与教务联合成立了"教师教学发展中心",全面构建网络教学校内支持服务体系。 2015年启动了"在线学习平台网络课程建设专项"计划,拟资助建设18~20门网络课程,出台了课程建设、应用与评价办法	学校继续投入THEOL平台及其服务器的维护、升级,并开通了Wifi服务。 提供各种类型、各个层次的常态化培训,培训后还进行效果评价并公布结果。印刷基于知识点组织的THEOL平台培训教材,提供对教师的一对一服务。 连续举办教学主题午餐会45期,内容涉及在线学习、翻转课堂、混合教学改革及学生专场等。 2015年开始设立网络课程建设专项,每门课程可获得3000元的经费资助。 2015年3月发布《关于开展学校本科教育教学改革与管理先进集体和个人评选的通知》,其中的一个奖项为"网络辅助教学优秀奖"

续表

学校名称/时期	策略	结构	支持
南开大学 2008—2015	2013年7月印发《关于开展南开大学2013年度课程数字资源建设与评优工作的通知》，对THEOL平台中课程相关模块的建设提出了更加具体的要求	学校教务处积极寻求与THEOL的合作，建立课程咨询和THEOL支持的持续沟通和支持机制。2014年1月印发了《关于公布南开大学2013年度课程数字资源建设与评优工作结果的通知》，对优秀课程、教学单位和个人进行表彰鼓励	学校继续投资维护其IT基础设施，包括保证网络的稳定性，THEOL平台的数据和媒体服务器的平稳运行。学校为教师提供不同形式、层次的培训和经验交流。根据课程建设情况，组织多场面向教师和教学管理员的技术操作和应用培训；组织教师对平台应用进行座谈，了解教师实际教学中遇到的问题。对合格课程、优秀课程以及优秀院系给予经费奖励支持，并为优秀课程、优秀单位颁发荣誉证书
石河子大学 2012—2015	2013年发布《关于任课教师在网络教学平台上传基本教学文件的通知》，采用网络辅助课程立项方式，推动信息化教学应用。2015年颁布《石河子大学"大学英语"教学改革实施方案框架》，目标是精简课内课时数，强化课外学习，课外学习采用网络教学与学生自主学习相结合的教学模式，教师以团队的形式共同开发课程。2015年下发通知，开始实施混合教学改革，启动了5门混合课程的建设	教务处成立专门的现代教育技术中心，负责开展教师教学信息化培训，为教师提供课程建设的支持，举办校级信息化教学大赛，组织教师参加全国多媒体教学大奖赛。与THEOL人员一起制定了混合课程的管理办法	学校对软硬件进行持续的投入与维护，并开通Wifi服务。现代教育技术中心，设立专人开展定期教师教学信息化培训。近几年来邀请了来自全国各地的专家开展信息化教学研讨会，解决教师面临的一些困惑和问题，如如何开展MOOC、微课和翻转课堂等。2013年发布《关于对石河子大学2012年度精品课程评选、验收和检查结果的通报》，其中有信息化教学的评价结果

3. 第三阶段：成熟实施/增长

根据格雷厄姆等人（Graham，Woodfield，Harrison，2013）提出的框架对于第三阶段的发展状态进行判定，只有两所大学——南昌大学和扬州大学基本达到了第三阶段，即成熟实施，实现稳定增长。在全校范围内推动网络辅助教学，要求所有教师参与，是这一时期的特点（表9-12）。较为成熟的政策导向、稳定的组织结构和常态化的支持保障推动大部分课程实施信息化教学，明显的结果是更多的课程开始出现在 THEOL 平台上。

表 9-12　两所大学在第三阶段实施中采取的措施

学校名称/时期	策　略	结　构	支　持
南昌大学 2012—2015	现代教育技术中心增加了教师工作QQ群等新的渠道及时将信息化教学的各类信息传播出去。学校不再通过立项驱动，而是出台相关文件全面推进网络课程建设	教务处和现代教育技术中心联合负责网络课程的立项、检查和验收工作。在 THEOL 人员协助下优化了网络课程的开发、应用与评价标准和流程	现代教育技术中心联合网络中心开通了 Wifi，增加了学生上网的方便性。及时处理师生在平台使用过程中遇到的问题；发布问卷调查平台使用情况等，内部管理规范，为广大师生提供了很好的服务体验。根据各个学院的需求，安排人员到学院做针对性培训。各个学院也经常自行举办培训会、经验交流会等促进网络课程的建设与应用。教务处下发了《南昌大学本科教学授课质量评价工作实施方案》文件，每学期末将教师的网络课程建设情况是否入选评优纳入教师职称评选体系。各个学院也将网络课程建设情况纳入考核要求

续表

学校名称/时期	策　略	结　构	支　持
扬州大学 2014—2015	学校明确提出"混合学习"的概念，将其作为新的模式，用"混合课程"取代"网络课程"。学校要求全体教师进行信息化教学改革，逐渐从推进网络辅助教学转变为推进"混合教学模式"，探索更适合信息时代的教学方法和模式。社交媒体如微信被用来及时向教学人员传播混合学习信息	教务处制定了混合课程审批、立项和评价的管理办法。在THEOL人员协助下初步形成了混合课程开发、应用与评价的工作流程。近两年来开展基于THEOL平台的微课大赛，最终评选出优秀微课参加江苏省微课大赛	THEOL上的视频内容急剧增长，2014年在应用服务器和数据库服务器的基础上增加了流媒体服务器，用来支持视频的转换与播放。每学期大约有10个专题研讨。在同一个主题下举办多次，让教师们可以预定时间。每年奖励20名优秀混合课程的教师。自2014年以来，学校评估学院年度绩效时，更多的权重被分配到混合课程质量和教师参与专题研讨的积极程度上

（三）影响五所大学实施混合学习的关键要素

通过对国内五所大学混合学习的实施过程及其采取的措施进行跟踪调查发现：相比美国高校，中国高校最突出的特征是在发展的三个阶段中，机构的行政力量发挥了决定性的作用。学校通过基础设施建设与升级、政策与体制不断完善、教师教学能力发展体系构建、加强对外合作四个方面持续推进信息化教学的深入开展。

1. 学校对网络基础设施及相关软件的建设

学校信息技术部门负责网络基础设施及相关软件的建设和升级，主要包括服务器、网络环境以及网络教学平台，这是开展信息化教学的前提条件。在实施第一阶段，五所高校都购置了THEOL网络教学平台和支撑的服务器，搭建了满足一小部分师生用于网上教学的计算机环境。从第二阶段开始，随着五所高校网络教学平台访问量的快速增加，特别是南昌大学和扬州大学，需要不断升级服务器、网络环境和平台软件以确保信息化教学的顺利开展。五个案例校的实践表明，高校对网络教学平台及其所需网络配套设施的建设是开展信息化教学的第一推动力。

2. 学校对教师教学能力发展体系的构建

五所大学第一阶段的调查资料都表明,在初始阶段教师都没有自发、主动地开展信息化教学,而是由学校层面介入推进的。而格雷厄姆等人(Graham, Woodfield, Harrison, 2013)和波特等人(Porter, Graham, Spring, Welch, 2014)的研究发现在第一阶段,个别教师实施混合学习"依靠他们自己,采取一种专门针对自己课程情境的折中方式"(p.8)。显然,与美国高校相比,中国高校信息化教学呈现出了组织推动的特点。

五所学校都认识到需要从信息化教学的意识、技能和能力上对教师进行培训。每一所大学都建立了教育技术中心,负责提供技术支持、课程设计和相关咨询,组织教师进行教学经验分享等。在这个方面,重庆工商大学做得最好,他们在2014年之前虽然没有出台很强的激励政策,但是该校成立了"教师教学发展中心",全面构建了支持服务体系,提供各种类型、各个层次的常态化培训并进行效果评价,提供对教师的一对一服务,定期举办教师教学主题午餐会、学生学习午餐会等,大大推进了信息化教学。此外,所有五所大学都邀请来自校外的混合学习专家,例如清华大学教育技术研究所的专家为他们进行理念更新和信息化课程设计的咨询。

上述教师教学能力发展活动都是由院校相关部门发起组织的,而格雷厄姆等人的研究发现则是:"在混合学习的第一阶段,学校处于非正式的主导地位,教师还在成长。"(p.8)

3. 学校对政策和组织结构的建设

学校的组织作用在五所大学制定相关政策时表现得最为直接。对这些大学的混合学习实施三阶段进行分析发现:在第一阶段并没有制定明确、系统的信息化教学政策,但在第二阶段和第三阶段,开始出台一系列具体政策,可以分为三种:①信息化课程申请、审批和评价;②信息化课程及其教师的奖励;③信息化课程作为年度教师及其院系绩效考核的指标,或者根据其效果实施奖励。南昌大学经历了一个从教师申请立项到要求每门课程必须实施信息化教学的过程;明确课程教学中必须包括信息化的部分,以此作为教师年度业绩考核的指标。扬州大学将开设网络辅助课程作为院系年度绩效考核的指标之一。

4. 学校加强对外合作

所有这五所大学都与清华大学教育技术研究所形成了长期的合作伙伴关系。这不仅是因为后者是 THEOL 网络教学平台的提供方,更是这五所大学都意识到从这个研究所可以获得项目规划、组织管理、课程教学设计、教学信息化教学能力发展等多方面的支持。作为中国教育技术研究的标志性团队,该研究所大力倡导混合学习,并高度重视混合学习的研究与实践,成立数字化学习推进中心,从各大学安装 THEOL 开始,就与每一所大学紧密合作。受各大学的邀请,他们在混合学习实施过程中都协助学校进行课程设计和评价等工作。他们还密切与各个院系合作,推进混合学习的政策制定和混合课程开发手册的研发。如果没有这种强大和紧密的伙伴关系,各个大学将花费更长的时间来推进自己的混合学习进程。这种战略伙伴关系,也是中国高等教育背景下所特有的。

综上所述,五所大学的信息化教学实践案例表明:学校行政力量在实施的三个阶段均发挥了强有力的主导作用,体现在网络基础设施建设、教师教学能力发展、政策制定和对外合作等方面。如果没有这样一个自上而下的推动机制,中国高校的信息化教学不会有今天这样的水平。可以看出,在网络基础设施相对落后、教师信息化教学意识和能力不足、政策与机制不健全的情况下,中国高校需要运用行政力量来有效实施混合学习,特别是在发展的初期阶段。

值得注意的是,虽然五所高校的管理者都意识到信息化教学的重要性,而且相比中国其他高校,他们也都较早地构建了网络教学平台,但是仍没有一所具有清晰的、长期的混合学习发展愿景和战略。大学的各类政策文件中也没有写明混合学习已经成为其发展战略的一个组成部分,甚至看不到"混合学习""混合教学"或"混合课程"这样明确的概念,还沿用网络辅助教学、信息化教学、网络课程等提法。这或许可以解释为什么大多数中国高校虽然都构建了网络教学平台,但传授式的课堂教学依然占主导地位。另外,五所高校目前还没有建立面向学生的学习支持体系,还缺乏系统、持续的信息化教学研究和评价机制。

(四)结论与展望

本研究对中国大学采用和实施混合学习的阶段划分和驱动因素进行

了一定的探索。

通过跟踪分析在我国高等教育背景下混合学习实施的案例,进一步验证了由格雷厄姆等人和波特等人提出的混合学习三个阶段的划分及其实施措施框架的有效性。本研究在"支持"类措施中增加了"教师信息化教学能力发展",丰富了混合学习实施措施框架。

与美国高校相比,中国高校的行政力量在混合学习发展的每个阶段均发挥了更为强有力的关键作用。这种自上而下的推进方式在我国实施混合学习的早期阶段显得更加有效。中国高校促进混合学习发展的四个主要因素包括:网络基础设施建设、教师信息化教学能力发展体系构建、机构与政策制定和发展对外合作关系。

混合学习在中国高校仍处于不断发展的阶段,未来的研究和实践的关注点需要放在如何建立一个清晰的混合学习理念,制订长期的混合学习战略规划,构建学生的学习支持体系和混合学习研究与评价机制。

第五节 混合教育的数字化支撑环境研究与实践[①]

一、引言

在线学习需要网络化软件平台(网络教学平台)作为技术支撑。20世纪90年代中后期,由于互联网的快速发展,在线学习在美国、英国、澳大利亚、日本等信息化程度较高的国家发展势头迅猛。国内一些高校开始在校内外进行网络教育教学的尝试。在当时构建的网络教学平台中,绝大多数采用国外商业化的通用产品,国内平台的研发刚刚起步。本文研究团队自1999年起面向高等教育、职业教育和继续教育领域自主设计、自行研发网络教学平台——清华教育在线(THEOL)(图9-16)。

---

① 本节内容得到教育部-中国移动科研基金项目"教育信息化理论研究"(MCM20121011)的支持。

第九章 混合教育的研究与实践

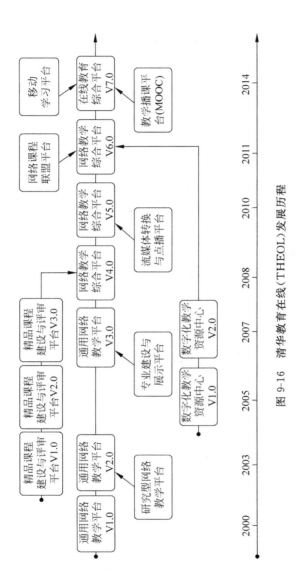

图 9-16 清华教育在线（THEOL）发展历程

随着教学理论、教学方法、技术创新以及教育教学实践需求的不断发展(程建钢,韩锡斌等,2002；韩锡斌,程建钢,2005；曲宏毅等,2006；韩锡斌,程璐楠等,2014；韩锡斌,葛文双等,2014),网络教学平台从支持教学的单一功能发展到了支持混合教育的数字化支撑环境。本文从教育学模型、技术架构、需求分析和功能特点四个方面讨论支持混合教育的数字化支撑环境的构建问题。

二、混合教育数字化环境的教育学框架

不同于国内外其他网络教学平台(或者称为学习管理系统),本文不仅从学与教的微观层面,而且还从学校推进信息化教育教学改革的宏观层面,梳理了需要支持的教学与管理活动,据此提出混合教育数字化环境的教育学框架,该框架描述该环境中需要构建哪些系统,以及这些系统的相互关系。

从学校推进信息化教学改革的宏观层面即学校层面,分析围绕学生从入校到毕业整个流程中涉及的主要教学和管理活动(图 9-17),并将支持这些活动的系统分为五类。

第一类系统针对教学事务管理,即学生从入学到最后毕业离校的事务管理,经历了注册、收费、学籍、教学计划、排课、选课、考试、成绩、评教、毕业等一系列流程,由此形成了一整套系统,这套系统一般称之为教务管理系统,其中包含了相对独立又相互关联的众多子系统(程建钢等,2004；李晓丽,2006)。

第二类系统围绕学科课程进行教学支持,这类系统主要面向微观层面与教学活动。在院校的教学实践中,有两类主要的教学模式：一是基于课程单元的教学模式；二是基于活动的研究型教学模式。基于课程单元的教学模式便于教师组织、监控整个教学活动的进程,有利于系统的科学知识传授,并能充分考虑情感因素在学习过程中的重要作用,因此成为目前院校教学的主要模式(黄甫全,2006)。支持这种教学模式而产生的教学系统也最为完善,被称为通用网络教学平台或学习管理系统。基于活动的研究型教学模式强调学生是学习过程的主体,是知识有意义的主动建构者,因而有利于学生的主动探索、主动发现,有利于创造型人才的培养(陈静,2005)。该模式是目前各院校教学改革的方向,也是教育部教学

第九章 混合教育的研究与实践

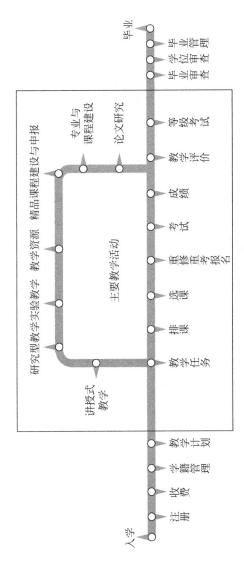

图 9-17 学校围绕学生的主要教学和管理活动

质量工程和卓越工程师计划倡导的方式。层面已有大量的研究探讨在构建上述教学系统时，需要参考已有的教学模式，如，在美国《教育传播与技术研究手册》(Handbook of Research on Educational Communications and Technology)第三版中总结了九种面向学校内外的学习通用模式(Spector et al,2006)：

（1）结果参照的基于条件的学习模式(Outcome-Referenced, Conditions-Based Theories and Models)；

（2）计算机支持的合作学习模式(Cooperation and the Use of Technology)；

（3）认知学徒制模式(The Cognitive Apprenticeship Model in Educational Practice)；

（4）整体任务模式(Whole-Task Models in Education)；

（5）模型促进的学习模式(Model-Facilitated Learning)；

（6）适应性教学系统(Adaptive Instructional Systems)；

（7）基于问题的学习模式(Problem-Based Learning)；

（8）面向绩效改善的教学模型(Behavioral, Cognitive, and Technological Approaches to Performance Improvement)；

（9）基于资源的学习模式(Resource-Based Learning)。

除上述教学模式外，近些年来从另外的实践视角，又涌现出新的模式，如cMOOC、xMOOC、移动学习模式、各种混合教学模式（如翻转课堂）等。

第三类系统围绕非学科课程形式的教学项目（或称教学环节）的教学进行支持，这些教学项目包括毕业论文（曹奉平，韩锡斌等，2007；李泪，2010）、学生科研训练项目、生产实习、实训等。这一类教学项目也被称为活动课程，它是与学科课程相对应的，以围绕学生的专业发展需要为中心，以活动为组织方式的课程形态。与学科课程相比较，活动课程具有学习的自主性、内容的广泛性、过程的实践性、个体的创造性、形式的多样性、组织的整合性以及结果的非唯一性等特性。对于支持非学科课程形式的教学项目（或称教学环节）的教学系统的支持也要考虑教学理论和教学组织形式两个方面的需要，如，毕业论文作为本科学生的重要培养环节，为了确保其高质量地完成，需要研究这种基于项目的个别化教学模式，还需要研究如何支撑教学管理部门从技术上形成质量监控保障措施。

第四类系统对教学成果和资源进行管理、评价与对外共享展示。随着国家教育改革发展起来精品资源共享课程建设与评审系统(宋萌,2006)、专业建设与评审系统、实验教学示范中心建设系统(杜江,韩锡斌,2008)、质量工程建设与评审系统、开放在线课程联盟平台等就是典型的系统。

第五类系统对数字化教学资源进行管理。随着信息技术和网络在教学中应用的日益普及,尤其是教学过程数字化、网络化程度的不断提高,来自上述教学系统和系统外的、分散的数字化教学资源的管理和共享成为教学组织的一个新问题,需要构建相应的系统进行支持(程建钢,何良春等,2004;李海霞,韩锡斌等,2005)。

围绕数字化教学环境的三个目标,上述五类系统相互关联构成一个复杂的系统。根据院校教学的组织方式和各系统之间信息共享的紧密程度,可以将上述教学系统分为三层,由此构成数字化教学环境的教育学框架,如图9-18所示。

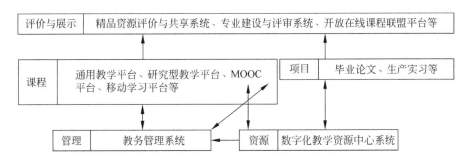

图9-18 混合教育数字化环境的教育学框架

最底层是教学事务管理层,这一层中包含教务管理的众多系统。之所以将其放置到最底层是因为教学事务管理不仅是院校对教学组织与管理的基本工作,而且管理过程中产生的基本数据要被其他系统共享。将数字化教学资源管理系统放到最底层的原因也是教学资源的汇聚和共享。

中间层是围绕学科课程和非学科课程形式的教学项目的系统。围绕学科课程的学习系统包括支持课程讲授的通用教学系统和面向协作活动的研究型学习系统。不同的课程可能会采用不同的教学模式,但大多数课程会在不同的教学阶段采用不同的教学模式,因而需要不同的教学系统支持。当一个课程中需要不同教学系统支持时,这些系统之间就需要围绕同一课程中的学生和教师共享相同的教学数据与资源,如选课学生、教师团队、教学计划与安排、教学资源、教学评价与管理数据等。支持非学科课程形式的教学项目系统包括毕业论文研究支持系统、学生生产实习系统等,还包括学生的一些自主学习系统,如基于学术和教学资源的自主学习系统、基于学习社区的博客系统等。这些系统不是以课程为单元组织的,因此它们之间都不会有紧密的信息互换。但是这些系统之间需要教学资源的共享。

最上层的系统不支持师生的日常教学活动,但其对外展示和共享的教学成果和教学资源均来自于下面两层系统。由于来自外部的需求不同,教学活动和教学资源对外展示的形式也不同。如精品课程项目[①]需要以课程为单元展示课程建设和教学的成果和资源。除了精品课程外,教育部在2007年启动的"本科教学质量与改革工程"[②]还包括特色专业建设、双语教学示范课程建设、精品教材建设、实验教学示范中心建设、教学名师遴选、教学团队建设等,不同的项目需要构建不同的系统来支持,如特色专业项目需要以专业为单元展示相关课程、教学团队、教学条件、教学资源等。

上述混合教育数字化支撑环境的教育学框架阐明了支持院校微观和宏观教学与管理活动所需系统的主要类型及其层次结构,据此构建的混合教育数字化支撑环境能够支持教师和学生的教与学,支持教学管理者对教学进行组织、管理和评价,支持教学成果与教学资源的对外展示和共享。各类教学系统的构建首先要参考相应的教学理论,从而使得教学系统符合人的认知规律和教学规律;其次要适应学校的信息化教学组织与管理模式。

三、混合教育数字化环境的技术架构与方案

本文研究的混合教育数字化环境的技术架构主要包括四个方面:软

---

① 教育部办公厅.关于印发国家精品课程建设工作实施办法的通知.2003-05-12.[2010-08-05]. http://www.chinabaike.com/law/zy/bw/gw/jtb/1340668_2.html.

② 教育部办公厅.教育部关于启动高等学校教学质量与教学改革工程精品课程建设工作的通知.[2010-08-05]. http://baike.baidu.com/view/3433188.htm.

件技术架构,课程共享联盟的分布式技术方案,数字化教育教学资源汇聚、管理和推送的技术方案,以及技术方案的最新进展。

(一)软件技术架构

构建混合教育数字化环境软件技术架构的目的:

(1)将教育学框架描述的教学功能实现为软件系统;

(2)将不同的教学系统有机地构成一个整体;

(3)满足不同机构和同一机构不同时期的可持续发展要求。

本文提出的混合教育数字化环境的软件技术架构如图 9-19 所示,采用基于构件的开发技术和分层结构将数字化环境中的教学应用子系统进行有机整合,并保证教学系统部署的灵活性和可扩展性。

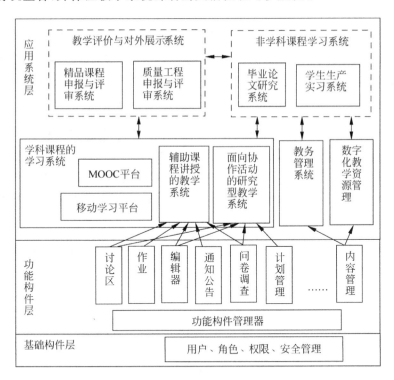

图 9-19 混合教育数字化环境的软件技术架构

系统技术架构的最底层为基础构件层,为其上的各层提供统一的用户、角色、权限、安全管理功能。

在基础构件层上面的是功能构件层,实现从各类教学系统中提取出来的通用功能,如:多媒体编辑器、讨论区、作业、通知与公告、问卷调查等,将这些功能模块封装成构件,通过功能构件管理器向应用系统层提供构件。

应用系统层中的教学系统按照需要调用下层的各种功能构件。当某个教学系统进行功能扩展时,若功能构件层已有此构件则直接调用,若无则新增,新增后可以再被其他系统调用。应用系统层中的各应用系统之间保持相对独立,通过简单的配置即可关闭掉特定的系统,同时不影响其他系统的正常运行。这样学校可以根据自身需求,选择安装部署网络教学综合平台中的部分教学系统,保证了系统的可组合性和可剪裁性。应用系统层包括了五类主要应用系统:学科课程学习系统、非学科课程学习系统、教务管理系统、教学评价与对外展示系统和数字化教学资源管理系统。

学科课程学习系统包含辅助课程讲授的通用网络教学平台和面向协作活动的研究型学习系统,分别支持基于课程单元的教学和基于活动的教学两种教学模式。因为这两类教学模式共用大量的课程基础数据(课程基本信息、任课教师信息、选课学生信息、师生分组信息等),所以在开发中采用紧耦合的方式将者两个系统整合在同一个系统中,通过共用相同的数据存储、相同的程序实体对象等实现两者的通信。

非学科课程学习系统包括了毕业论文研究支持系统、学生生产实习系统等。本类应用之间共用的数据相对较少,因此在开发中采用松耦合的方式进行集成,通过接口实现系统间的通信。

教务管理系统在教学事务管理的基础上积累了基础教学信息,这些信息可以通过接口被其他应用系统共享。

教学评价与对外展示系统包括了精品课程申报与评审系统、质量工程建设与评审系统等。这类系统通过前几类系统提供的接口获得各种教学资源与数据,实现教学成果的展示以及评审。

基于上述技术架构和开发技术,可以从以下五个方面实现网络教学综合平台中各类教学系统的整合与集成。

(1) 面向师生实现各种教学系统的用户界面整合

对于学生和教师来讲,要使用很多教学系统以便完成不同的教学活动。需要在统一用户界面环境中,选择适当栏目进行不同的教学活动,尤其是针对数据交换频繁、用户操作相关度高的教学活动更应如此。用户进入自身个性化教学环境中后,可以选择课程教学、论文指导、课程展示、精品课程、教学资源库等栏目进行相应的教学活动。

(2) 围绕同一课程的不同教学环节,实现不同教学模式的整合

无论是教学实践,还是教学理论都表明,教师的教学活动通常都采用多种教学模式,被称为混合式教学模式。例如,同一门课程中,讲授式教学和研究型教学交替使用,有时是按教学时间段区分,有时是按教学环节区分。因此,需要支持不同教学模式的系统在同一门课程中能够被教师随时调用,灵活设置教学方式,包括教学情境的灵活设定、教学对象的分组管理、教学资源的共享与独享、学习成果的呈现、教学效果的过程性评价等。

(3) 教学资源在不同系统中的共享与引用

在不同系统中形成的教学资源能够被其他系统调用或引用。"课程教学"中积累了许多教师的教学资源,在申报精品课程时,需要在精品课程平台中灵活调用课程组中每位教师的课程教学资源,从而提高资源的复用率、降低教师的工作量。

另一方面,在课程教学过程中,教师除了基于教学平台在线编辑与上传教学材料外,还可以将其他来源的资源直接引入,其中包括两个重要来源:一是精品课程资源;二是教学资源管理系统汇聚的全球开放课程。

(4) 教学基础数据在不同教学系统中共享与互换

在不同的教学系统中需要教学基础数据的共享,如学生信息、教师信息、课程信息、学生选课信息等。基于课程的教学系统需要从教务管理系统中获取该课程的选课学生名单。

(5) 针对教学基础数据和用户认证信息实现与数字校园中其他应用系统的有机集成

数字化教学环境作为数字校园的有机组成部分,需要与数字校园其他相关系统实现数据交换和集成。本文实现的数据交换方式有两种:一种是针对数据交换周期长,用户操作相关度低的系统,通过基于接口的松耦合方式实现数据交换。二是针对有些应用关联度高、数据交换量大、交换非常频繁的系统,采用基于构件的紧耦合方式进行对接,如与教务管理系统之间交换的数据交换,包括三大类数据:基本信息,如课程信息、教师

任课信息、学生选课信息等；教学管理信息，如专业信息、专业培养计划信息等；课程的教学信息，如课程介绍、教学大纲、课程成绩等。在与数字校园相关系统实现用户基础数据共享的基础上，通过与数字校园的身份认证系统的集成实现统一身份认证和单点登录。

通过该软件技术架构，数字化教学环境在将各类教学系统整合为一个有机整体的同时，还能够实现平台的可扩展性和可裁剪性。平台应用到不同学校时，可根据学校的情况对整个平台进行设置，实现有针对性的部署；在平台部署之后，在学校信息化建设的不同时期，还可根据需要方便地通过设置扩展所需的应用系统实现动态的扩展。

（二）课程共享联盟的分布式技术方案

校际之间网络课程共享一直是资源共享的难题。本文依据基于心理学的计划行为理论（Theory of Planned Behavior）和组织知识分享的动机激发理论，研究了开放教育资源共建共享的影响因素及其之间的作用关系，提出了开放教育资源共建共享可持续发展机制的概念模型。该模型的要点是开放教育资源共建共享的基本过程是资源从拥有者向使用者传递，使用者获得资源后将与该资源的相关信息反馈给拥有者，由此形成资源共建共享的循环过程。影响这个过程可持续发展的因素有三类：共享动机、组织环境和技术环境。共享动机是开放教育资源共建共享过程顺利进行的核心因素，不仅资源拥有者需要具有资源分享出去的动机，而且资源接受者也需要有资源获取的意愿。组织环境不仅影响个体的资源共享动机，而且还影响资源共享的过程。开放教育资源共建共享的技术环境对资源的传递和信息的反馈起到保障作用。组织环境和技术环境的建设之间相互联系、相互作用。

根据上述概念模型，本文提出了基于网络教学综合平台构建校际课程资源共享联盟的组织机制，据此设计并实现了软件技术方案。该方案的目标有两个：保障教育资源共建共享过程的顺畅进行，促进形成激励高校师生资源共建共享动机的组织环境。技术系统保障资源共建共享的作用体现在如下四个方面：

（1）给资源提供者创建易于进行资源建设、管理和开放的技术环境；

（2）给资源接受者创建易于进行资源检索、浏览和使用的技术环境；

（3）确保资源从提供者到接受者的顺利传递；

(4) 确保评价反馈信息从接受者到提供者的顺利传递。

技术系统促进院校师生资源共建共享激励动机组织环境形成的作用体现在两个方面：

(1) 激励资源提供者提高分享动机；

(2) 提升基于共同兴趣的资源共享联盟的向心力和归属感。

依据上述分析结果，本文提出校际课程共享联盟的技术架构（图 9-20）。该架构以部署在各个院校的"清华教育在线"网络教学综合平台为基础，校际课程共享联盟的"开放课程元数据同步模块"通过各院校的网络教学综合平台"开放课程元数据同步接口"将存放在每个教学平台中的课程元数据（如课程名称、任课教师、课程简介等）采集到"开放课程元数据库"中进行管理。"资源显示模块"抽取"开放课程元数据库"的信息，将所有院校的开放课程以不同方式（如分类浏览、查询检索、资源推荐等）显示在用户界面。校际课程共享联盟的"开放课程元数据引用接口"将各个院校的开放课程推送到校内教学平台供师生教学使用。不同院校的师生用户通过"用户身份认证模块"获取相应的权限进行自己资源的管理和对外开放、对他人资源的查找和使用。

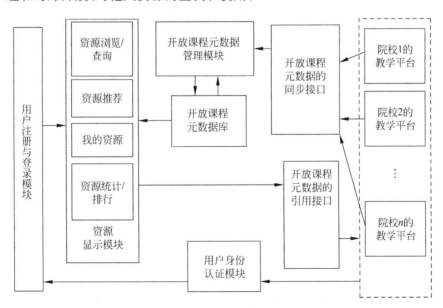

图 9-20　校际课程共享联盟的技术架构

在整个系统中每个子系统或模块所起的具体作用参见表 9-13。

表 9-13 校际课程共享联盟技术系统功能模块的作用

目标分类	具体建设目标	技术系统	作 用 说 明
保障教育资源共建共享的过程	资源提供者的技术环境	教学平台；资源显示模块	教学平台支持提供者对资源的建设、管理和开放活动；资源显示模块展示开放的结果
	资源接受者的技术环境	教学平台；资源显示模块	资源显示模块展示可用资源,并将资源推送到资源接受者的教学平台中；教学平台支持资源接受者的查询和使用活动
	资源从提供者到接受者的技术环境	元数据的同步接口；元数据管理模块；元数据的引用接口	这三个模块或接口分别支持资源从提供者到接受者过程的三个环节：资源信息采集、管理和推送
	反馈信息从接受者到提供者	资源显示模块	资源显示模块中的资源统计/排行/评论功能提供开放资源被接受者使用的情况
激励高校师生共享动机	激励资源提供者提高分享动机	资源显示模块；教学平台	资源统计/排行/评论功能展示的开放资源被使用状况,是资源提供者的专业声誉的一种体现。教学平台允许提供者自行决定资源的开放程度和时间,提高了提供者对资源共享行为的控制度
	提升资源共享联盟的向心力和归属感	资源显示模块	资源显示模块可以对资源依照地域和学科类型进行分类,有利于师生基于专业或课程特点发展兴趣群体

依据上述技术架构,开发了网络课程共享联盟支撑系统。该系统已实现与全国近 300 所院校网络教学综合平台的集成,汇聚的对外开放的网络课程超过 100 万门,其中达到教学材料建设数量及校内访问次数标准而筛选通过、推荐给联盟师生使用的优质课程超过 17 000 门,较好地解决了以往开放教育资源共建共享解决方案的主要问题：易接近性、资源可持续增加、版权控制和资源质量。

（三）数字化教育教学资源汇聚、管理和推送的技术方案

2001 年美国麻省理工学院发起了"开放课件"（MIT OCW）计划,将其所有课程的教学资料公布于网上,供全世界求知者免费使用。之后越来越多的组织、机构、大学实施了知识公开与共享的项目或计划。2003年中国教育部实施国家精品课程工程，将评审通过的课程上网共享，截至目前已有3800多门。这些项目的目的只是将这些开放资源免费共享在互联网上，没有考虑与校园内资源建设、共享和教学结合的问题，因此存在以下不足。

（1）资源元数据没有遵循相关标准，无法按照元数据规范中的主要属性进行查询检索。

（2）以整个课程为单元进行存储，没有将媒体素材、试题、试卷、课件、案例、文献资料、常见问题解答和资源目录索引等独立存储，因此无法对后者进行灵活的检索与查询。

（3）每个课程均以静态网页存储，只能以单独课程的网页浏览和下载为主要使用形式，不易与国内院校建设的资源库进行共享，也不能被其他教学系统直接引用，从而限制了资源与师生教学活动的紧密结合；不支持教师个人资源的制作与上传；没有资源使用的学习社区；没有资源使用信息的统计与评价功能。

本文提出了数字化教育教学资源汇聚和管理的技术方案（图9-21），基于该方案构建的资源中心，已经汇聚了国内外优质开放网络课程资源达1万门，包括国家级精品课程、省级精品课程、清华精品课程、全球开放课件、视频公开课程和MOOC课程等。通过本文分布式资源共享方案（参见第四节）支持的各个院校开放网络课程——清华教育在线（THEOL）联盟课程也汇聚于此。

在实施该技术方案时解决了以下几个关键问题。

（1）标准兼容的问题

若要实现资源的重用、共享，必须遵循一定的元数据规范。国际上公认的参照标准包括LOM元数据规范和Dublin Core。LOM元数据规范是IEEE下专门对教育软件、教育资源、教育信息系统开发管理和维护进行规范的标准化组织LTSC发布的标准。Dublin Core是图书馆采用的主流元数据标准。《教育资源建设技术规范》以LOM为核心，并针对中国的情况进行了本地化。本项目对上述三个标准共同的核心元素进行了抽取，并在资源管理系统中构建了相互转换功能，确保系统同时支持这三个标准，最大限度地兼容来自各方的资源。

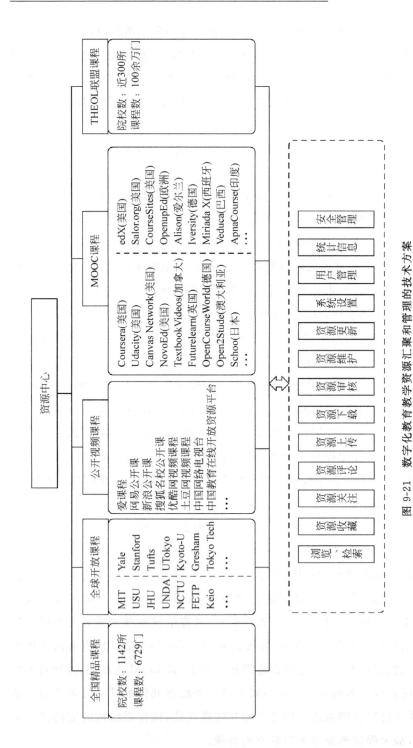

图 9-21 数字化教育教学资源汇聚和管理的技术方案

(2) 资源元数据的处理问题

资源管理的核心问题是元数据的处理,常见的方案是用 XML 文件记录元数据信息。XML 存储元数据信息的优点很明显:其可扩展性强,可以方便地增加属性描述项目,而且文件格式利于异构数据库系统的数据互换,但是其缺点是查询效率较低。集中存储的教育资源元数据量非常庞大,为普通用户提供快速的资源检索是资源系统得以广泛使用的关键。本项目采用关系型数据库进行资源元数据信息的存储,以便提高查询效率,在数据交换时转换为 XML 文件,以便兼容异构资源系统。

(3) 教学资源的入库处理问题

为了汇聚来自全球的教学资源,需要解决资源入库问题。首先是元数据入口问题,对于来自校外符合规范的元数据,通过自动转换直接将元数据批量入库;对于不符合规范的元素据,需要在转换的基础上增加手工修改和添加的环节。在转换过程中,构建了符合规范的互换接口,实现元数据信息的导入和导出。对于校内资源,通过个别或批量添加的方式,进行入库(图 9-22)。元数据入库时,每个资源的学科分类遵照教育部学科专业的划分规定,资源类型遵照《教育资源建设技术规范》将资源分为网络课程、课件、试题/试卷、案例、常见问题、文献资料、资源目录索引和媒体素材。

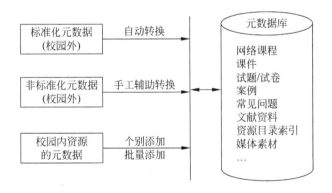

图 9-22 资源汇聚过程中元数据处理的方式

其次是资源实体入库,根据原来资源的版权规定,有些资源实体按照文件形式直接放入中心资源库,有些则依然存储在原来的资源节点,在中心资源库中放置的是资源链接地址。

(4) 教学资源的定制与教学应用模式

通过网络教学综合平台提供的"课程资源库",教师和学生可以直接获取资源中心中的资源。除此以外,教师还可根据自己的需要进行学科、资源类型等方面的定制,资源中心的接口定时自动将符合定制条件的资源"推送"到教师备课过程中。

(5) 资源的应用评价

只有系统中所有资源得到正常、合理、高效的利用才能真正体现资源的价值,资源库的建设才能体现出意义。因此,必须对资源做好跟踪、统计分析、优化和评价,这是保证资源质量,为用户提供优质服务的重要手段,是资源建设和使用过程中一个不可缺少的重要环节。在资源中心系统中设计对整个系统中资源利用情况进行自动记录的功能,在此基础上进行统计分析,可以得出不同时间范围内、不同资源属性范围内的下载排行榜、浏览排行榜,结合用户对每一项资源个人评价的统计结果,得到最受关注的资源、受到用户评价最高的资源,从而提出最受欢迎的资源,向用户进行推荐。同时也可以得出每个用户浏览/下载的统计信息以及兴趣点,从而为不同的用户提供不同的推荐内容,提供个性化服务。

(四) 技术方案的最新进展

(1) 移动教学平台研究

移动计算的快速发展为混合教育的数字化支撑环境的泛在学习提供了技术可能性。移动教学平台用于实现混合教育的数字化支撑环境的移动学习功能,其设计并不能简单照搬PC端的功能,还需要结合移动设备的特性、依据移动学习的理论具体分析不同设备在不同教学场景下相适应的教学模式,进而设计与之匹配的功能。

表9-14归纳了主要的教学设备的设备特性和主要教学场景下的适应性。与传统的PC端功能相比,手机、平板电脑和笔记本电脑端的功能设计应更加关注教室、实习场地和路途中的应用场景,同时充分考虑移动设备的操作方式和输入设备的特性,更多地利用语音、拍照/摄像、定位等方式实现用户与混合教育数字化支撑环境的交互,例如语音答疑讨论、纸质作业的拍照上传等。

表 9-14 主要教学设备的设备特性及其教学场景下的适应性

设备	设备特性				教学场景				
	屏幕尺寸(寸)	便携程度	操作方式	其他输入设备	教室	宿舍	实验室	实习场地	路途中
手机	<6	好	触屏	麦克风、摄像头、GPS	√	√	√	√	√√
平板电脑、笔记本电脑	6～15	好	触屏/键鼠	麦克风、摄像头、GPS	√√	√√	√	√	√√
台式机	17～25	不好	键鼠		√	√√	√√		
电视	>25	不好	遥控器		√√	√√	√		

(2) 数字化学习环境的部署模式研究

图 9-23 给出了数字化学习环境的两种典型的部署模式。混合教育数字化支撑环境通常采用一个平台支持一个院校共同建设在线课程的本地部署模式。与统一平台的部署方式相比,本地部署模式具有如下优势。

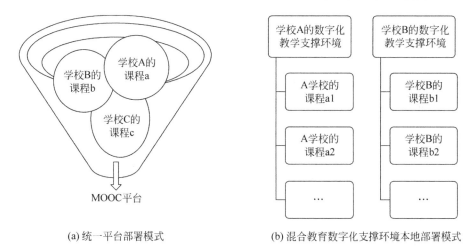

(a) 统一平台部署模式　　　(b) 混合教育数字化支撑环境本地部署模式

图 9-23 数字化学习支撑环境的不同部署模式

① 院校本地部署,校园网速度和费用有保障:部署在院校本地的服务可通过校园网实现校园内用户的访问,在网络速度和网络费用方面具有优势。

② 访问控制易实现:学校的管理部门和教师对教学过程中的相关资源和活动具有访问控制权,避免未授权的用户访问。

③ 与数字校园的集成更容易：可针对不同院校的不同数字校园建设特点实现特定的基础数据共享、统一身份认证与单点登录、信息集成展示等。

为了弥补本地部署模式不能跨校共享的不足，本文通过"课程共享联盟分布式技术方案"实现跨校选课与共享。该架构以部署在各个院校的"清华教育在线"网络教学综合平台为基础，校际课程共享联盟的"开放课程元数据同步模块"通过各院校的网络教学综合平台"开放课程元数据同步接口"将存放在每个教学平台中的课程元数据（如课程名称、任课教师、课程简介等）采集到"开放课程元数据库"中进行管理。"资源显示模块"抽取"开放课程元数据库"的信息，将所有院校的开放课程以不同方式（如分类浏览、查询检索、资源推荐等）显示在用户界面。校际课程共享联盟的"开放课程元数据引用接口"将各个院校的开放课程推送到校内教学平台供师生教学使用。不同院校的师生用户通过"用户身份认证模块"获取相应的权限进行自己资源的管理和对外开放、对他人资源的查找和使用。

基于该架构开发的系统已实现全国近 300 所院校网络教学综合平台的集成，汇聚的对外开放的网络课程超过 100 万门，其中达到教学材料建设数量及校内访问次数标准而筛选通过、推荐给联盟师生使用的优质课程超过 17 000 门，较好地解决了以往开放教育资源共建共享解决方案的主要问题：易接近性、资源可持续增加、版权控制和资源质量。

（3）与社会网络服务的交互研究

随着全社会信息化程度的不断提高，社会网络服务（SNS）由于能帮助个人管理人际网络而在人们日常的工作、生活中占据着越来越重要的地位。为了方便学习者将学习与工作、生活等活动中的数字化信息统一应用，混合教育的数字化支撑环境需要与社会网络服务之间实现对接。两者之间的对接主要有以下几种类型。

① 统一身份认证：将使用者的社会网络服务的账号与混合教育数字化支撑环境的账号绑定，方便使用者采用统一的账号登录两个系统。

② 直接调用社会网络服务中的相关功能：在混合教育的数字化支撑环境中直接调用社会网络服务的相关功能，如利用 QQ 和微信实现群组即时通信等。

③ 分享与回链：将混合教育的数字化支撑环境中的相关资源和消息分享到社会网络服务的个人空间中，并可以让其他访问者通过分享中的链接访问混合教育数字化支撑环境中的教学资源和消息。

④ 基于社会网络服务标签的相关信息检索：混合教育的数字化支撑环境中同一群组的用户可定义特定的标签，通过这些标签的检索功能将社会网络服务中相关的内容呈现在数字化支撑环境中。

四、结语

本文研究团队采用了一个不同于国内外其他网络教学平台的研发思路，即不局限于学与教的微观层面支持，而是站在学校推进信息化教育教学改革的宏观视角，梳理可能面临的所有问题，基于教育理论和信息技术，结合中国院校教学信息化的特点，系统化与工程化地开展数字化教学环境理论研究和软件技术架构探索，研发多种教学子系统有机构成的"松耦合、一体化"混合教育的数字化环境，支持院校教育教学与信息技术的深度融合，实现优质教学资源的动态积累和广泛共享，创新教学模式，提高教育教学的质量和效率。十五年来，不断破解发展中的问题，具体研究成果体现在以下几个方面。

（1）提出了有效支撑混合教育教学改革和人才培养模式创新的数字化支撑环境的教育学框架。该框架统筹考虑了教学活动、教学资源、教学管理、教学成果展示与评价等多种需求，构建形成网络空间，支持信息技术与教育、教学与学习的深度融合。

（2）混合教育的数字化环境能够支持多种教学模式，如，基于项目的教学、基于任务的教学、基于问题的教学、基于案例的教学、情境教学、小组协作学习、cMOOC、xMOOC、翻转课堂、移动学习等。

（3）设计并实现了按需配置、安全可靠的软件技术架构。该架构基于软件构件技术，其模块化、可复用的特性保证了平台能够将不同教学功能模块有机地构成一个整体，并支持系统的可重组、可剪裁和可扩展，满足了本科教育、职业教育、继续教育等各类院校灵活定制的需求，以及同一院校不同时期的可持续发展要求。

（4）设计并实现了支持数字化教育教学资源汇聚、管理和推送的技术方案，支持全球开放教育资源的汇聚和访问，实现了面向教师、学生和院校的教学资源的定制与推送，推动了数字化教学资源融入日常教学。

（5）设计并实现了支持校本资源网络共享联盟的分布式资源共享方案，有效地将各院校的在线课程整合到一个统一的网络教学环境中，支持不同院校实现基于网络的课程资源和教学活动共享，并支持在线课程的大规模开放。

（6）技术架构具有的良好可扩展性，持续满足了不同时期国家教育教学工程对信息化的要求，如 2003 年开始的国家级精品课程建设工程、2003 年开始的本科教学工作水平评估、2005 年启动的"本科教学质量与教学改革工程"、2006 年启动的"高职示范校建设计划"、2010 年启动的"本科教学工程"、2010 年启动的"中等职业教育改革发展示范学校建设计划"、2012 年启动的"视频公开课和优质资源共享课计划"等。

（7）组件式、可伸缩的软件技术架构将不同功能的教学系统有机地构成一个整体，同时实现与数字校园其他系统的统一规划、共享基础数据、统一身份认证，避免"信息孤岛"。

参 考 文 献

[1] Singh,H. , Reed,C. A. ,White Paper：Achieving Success with Blended Learning，http://www. leerbeleving. nl/wbts/wbt2014/blend-ce. pdf,2015. 9. 23.

[2] 何克抗(2004). 从 Blending Learning 看教育技术理论的新发展：上、下. 中国电化教育,(4)：1-6.

[3] Allen,I. E. , Seaman, J. , Sizing the Opportunity：The Quality and Extent of Online Education in the United States,2002 and 2003（from Sloan Consortium,2003）.

[4] Wang,Y. ,Han,X. , Yang,J. (2015). Revisiting the Blended Learning Literature：Using a Complex Adaptive Systems Framework. Educational Technology & Society,18 (2),380-393.

[5] Owston,R. (2013). Blended learning policy and implementation：Introduction to the special issue. Internet and Higher Education,18,1-3.

[6] Bath,D. Bourke,J. Getting Started with Blended Learning (Published by Griffith Institute for Higher Education,Griffith University,2010).

[7] Wang,Y. ,Han,X. , Yang,J. (2015). Revisiting the Blended Learning Literature：Using a Complex Adaptive Systems Framework. Educational Technology & Society,18 (2),380-393.

[8] 何克抗(2001). e-learning 与高校教学的深化改革. 广州教育技术论坛.
[9] 余胜泉,马宁(2003). 论教学结构——答邱崇光先生. 电化教育研究,(6):3-8.
[10] 朱永海,张新明(2007). 也论"教学结构"与"教学模式". 电化教育研究,(10): 36-40.
[11] Horn, M. B. Staker H. The Rise of K-12 Blended Learning (Innosight Institute, 2011),4-6.
[12] Garrison, D. R., Kanuka, H. (2004). Blended Learning: Uncovering Its Transformative Potential in Higher Education. The Internet and Higher Education,7,95-105.
[13] Bath, D. Bourke, J., Getting Started With Blended Learning (Published by Griffith Institute for Higher Education, Griffith University, 2010).
[14] Wang, Y., Han, X., Yang, J. (2015). Revisiting the Blended Learning Literature: Using a Complex Adaptive Systems Framework. Educational Technology & Society,18(2),380-393.
[15] Elaine Allen, Jeff Seaman (2013). Changing Course: Ten Years of Tracking Online Education in the United States. Babson Survey Research Group and Quahog Research Group, LLC.
[16] 李秉德,李定仁(2001). 教学论. 北京:人民教育出版社.
[17] 申灵灵,韩锡斌,程建钢(2014)."后 MOOC 时代"终极回归开放在线教育——2008—2014 年国际文献研究特点分析与趋势思考. 现代远程教育研究,(3):17-26.
[18] 韩锡斌,程璐楠,程建钢(2014). MOOCs 的教育学视角分析与设计. 电化教育研究,(1):45-51.
[19] Graham, C. R., Woodfield, W., Harrison, J. B. (2013). A framework for institutional adoption and implementation of blended learning in higher education. The Internet and Higher Education,18,4-14.
[20] Han, X., Wang, Y. & Cheng, J. (2015). The Determining Factors Impacting Each Stage of the Implementation of Blended Learning in Vocational Education: A Case Study of a Vocational School in China. Presented in Citers2015, at the University of Hong Kong.
[21] 迈克·富兰(2000). 变革的力量:透视教育改革. 中央教育科学研究所,加拿大多伦多国际学院,译. 北京:教育科学出版社.
[22] Baxter, P., Jack, S. (2008). Qualitative case study methodology: Study design andimplementation for novice researchers. The Qualitative Report,13(4),544-559. Retrieved from http://www.nova.edu/ssss/QR/QR13-4/baxter.pdf.
[23] Chen, Y., Wang, Y., Kinshuk, Chen, N.-S. (2014). Is FLIP enough? or should weuse the FLIPPED model instead? Computers & Education,79,16-27.
[24] Garrison, D. R., Kanuka, H. (2004). Blended learning: Uncovering its transformativepotential in higher education. The Internet and Higher Education, 7(2),95-105.
[25] Graham, C. R., Woodfield, W., Harrison, J. B. (2013). A framework for

institutional adoption and implementation of blended learning in higher education. The Internet and Higher Education,18,4-14.

[26] Han,X.,Ge W.,Zhou Q.,Cheng J.(2014). Comparison of MOOC Platforms and Typical Learning. Management Systems (in Chinese). China Educational Technology,324(1),61-68.

[27] Kiviniemi,M. T.(2014). Effects of a blended learning approach on student outcomes in a graduate-level public health course. BMC Medical Education,14,47.

[28] Owston,R.(2013). Blended learning policy and implementation: Introduction to the special issue. Internet and Higher Education,18,1-3.

[29] Owston,R.,York,D.,Murtha,S.(2013). Student perceptions and achievement in a university blended learning strategic initiative. Internet and Higher Education,18,38-46.

[30] Perez,M. V. L.,Lopez,M. C. P.,Ariza,L. R.(2013). Application of blended learning in accounting: A comparative analysis of different degrees in higher education. Revista De Education,360,461-482.

[31] Porter,W. W.,Graham,C. R.,Spring,K. A.,Welch,K. R.(2014). Blended learning in higher education: Institutional adoption and implementation. Computers & Education,75,185-195.

[32] Shea,P.(2007). Towards A Conceptual Framework for Learning in Blended Environments. In A. G. Picciano & C. D. Dziuban (Eds.), Blended Learning: Research Perspectives (pp. 19-35). US: Sloan-C.

[33] Singh,H.(2003). Building Effective Blended Learning Programs. Educational Technology,43(6),51-54.

[34] Taylor,J. A.,Newton,D.(2013). Beyond blended learning: A case study of institutional change at an Australian regional university. International Journal of Engineering Education,18(54-60).

[35] Wang,Y.,Han,X.,Yang,J.(2015). Revisiting the Blended Learning Literature: Using a Complex Adaptive Systems Framework. Educational Technology & Society,18(2),380-393.

[36] 韩锡斌,程璐楠,程建钢(2014).MOOC平台的多元化创新发展及其影响.远程教育杂志,(2):58-66.

[37] 韩锡斌,葛文双,周潜,程建钢(2014).MOOCs平台与国际典型网络教学平台的比较研究.中国电化教育,(1):61-68.

[38] 曲宏毅,韩锡斌,张明,武祥村(2006).网络教学平台的研究进展.中国远程教育,(5):55-59.

[39] Spector M.,M. Merill D. J.,Van Merrienbper,Driscoll M. The Third Edition of the Handbook of Research on Educational Communications and Technology. 2007.

[40] 程建钢,马勃民,韩锡斌(2004).构件式高校教务管理系统的研究与构建.现代教育技术,(3):46-68.

[41] 李晓丽(2006).研究生综合教务管理系统的研究与设计.北京:清华大学.

[42] 程建钢,韩锡斌等(2002).清华教育在线网络教育支撑平台的研究与设计.中国

远程教育,5(总184期):56.
- [43] 韩锡斌,程建钢(2005).构建大学网络教学环境的两个主要问题.中国远程教育,4上(总246期):26-28.
- [44] 陈静(2005).以学生为中心的多模式教学支持系统的研究与设计.北京:清华大学.
- [45] 黄甫全(2006).现代课程与教学论学程.北京:人民出版社.
- [46] 曹奉平,韩锡斌,何良春(2007).基于Internet的研究生学位论文研究与指导系统.中国教育信息化,(2):52-54.
- [47] 李汨(2010).基于流程管理的毕业论文平台研究.北京:清华大学.
- [48] 宋萌(2006).精品课程建设与申报平台的研究与设计.北京:清华大学.
- [49] 杜江,韩锡斌,刘英群,胡华(2008).基于虚拟网站集的高校实验教学支持环境的研究与设计.中国教育信息化,(5).
- [50] 程建钢,何良春,韩锡斌(2004).分布式网络教育资源库的设计与实现.电化教育研究,(11):61-65.
- [51] 李海霞,韩锡斌.程建钢(2005).数字校园中资源中心的研究与构建.中国电化教育,(1):72-75.

第十章　开放教育资源促进教学变革

联合国教科文组织(UNESCO)十几年来一直着力推进开放教育资源(Open Educational Resources,OER)运动,对全世界的教育尤其是高等教育的变革产生了重要影响。然而目前 OERs 的内涵尚未完全确定,对 OERs 的研究与实践也主要着眼于资源的提供方面,而对于使用方面的问题仍然没有得到应有的重视。本章分为多个节,第一节将回顾 OERs 运动的历史渊源和发展过程,并对开放教育资源的具体构成和内容进行了分析;第二节从自主学习的视角,对现有文献进行梳理,综述基于 OERs 的自主学习的研究进展;第三节基于清华教育在线(THEOL)资源中心过去十年的持续研究与实践,阐明汇聚全球优质开放教育资源、将其融入教师日常教学和学生自主学习的理论、方法与技术。

第一节　开放教育资源运动

一、开放教育资源的历史渊源

2002 年联合国教科文组织(UNESCO)提出了开放教育资源的概念(Open Educational Resources,OER)(韩锡斌,周潜,程建钢,2012)。OERs 的历史渊源可以上溯到 20 世纪 70 年代兴起的开放学习(Open Learning),是指增强正规教育系统内的学习活动,或者扩展正规教育系统外的学习机会(Brügelmann, 1975)。90 年代的学习对象(Learning Object)和开放内容(Open Content)的理论、技术及标准对开放教育资源的出现产生了重要影响。2000 年美国麻省理工学院(MIT)的开放课件计划(Open Course Ware,OCW)引发了开放教育资源运动,后来其他形态的 OERs,如 MOOCs 等逐渐兴起。

(一)学习对象和开放内容

学习对象(Learning Object)一词最早由 Wayne Hodgins 于 1994 年提出,并且很快就在教育者和教学设计人员群体中流行起来。学习对象的基本理念是力求设计和制作的数字化学习材料能在不同的教学环境中重用,开放教育资源(OERs)继承了这一理念。为了实现资源的重用,学习对象运动促成了一些资源标准的诞生,比如 IMS 和 SCORM 标准等,它们为数字教育内容的查找和重用所需要的元数据定义、数据交换提供了统一的标准和接口。据此为 OERs 的制作、重用和组织形式提供了统一的标准和技术手段。1998 年戴维·威利提出了开放内容(Open Content)的概念,主要是为教育社区服务。开放内容借鉴了开源免费软件的原则,是内容开放许可协议的最初形态,而这种理念也被开放教育资源继承下来(Wiley,2006)。

(二)开放课件

2000 年美国麻省理工学院(MIT)的教师委员会提出了开放课件(Open Course Ware,OCW)计划:免费开放他们在校园中创造的课程材料,包括课程教学大纲、讲义、作业和试卷等。这与当时美国高等教育盛行的风向并不一致,但 MIT 宣称他们有"传播知识"的使命。他们提议就像那些开源软件一样,将课程材料以开放许可的方式发布,以促进其广泛传播和使用。MIT OCW 最为重要的意义不在于它所带来的直接影响,而是在它的影响之下,引发了一场全球范围的 OCW 运动。到 2010 年,已经有超过 200 所来自世界各地的大学加入了 MIT 的 OCW 项目,创造了一个全球性的跨文化和跨学科的知识体,有上万门可供访问的课程在开放课程联盟的门户上发布,引发了全球范围内的 OERs 运动(d'Oliveira, Carson, James, Lazarus, 2010)。

(三)开放教育资源

2002 年,联合国教科文组织(UNESCO)在巴黎举办"开放课件(OCW)对发展中国家高等教育的影响论坛",与会代表们采纳了一个宣言,即共同开发一种可供全人类使用的通用教育资源,也就是开放教育资源（Open Educational Resources，OER）。OERs 是指"通过使用信息和通信技术，开放提供教育资源，供非营利性的用户社区咨询、使用和改编。"还有其他一些机构和组织也曾给出了 OERs 的定义，影响比较大的有经济合作与发展组织（OECD）和休利特（Hewlett）基金会。OECD 在 2007 年对 OERs 的定义是"开放教育资源是免费和开放提供给教师、学生和自学者教学、学习以及研究使用和重用的数字化材料"。休利特基金会将其定义为，"OERs 是放置在公共区域或者在某一知识产权许可协议下发布的教学、学习和研究资源，允许他人免费使用和重新利用，开放教育资源包括完整的课程、课程材料、模块、教材、流媒体视频、测试题、软件，以及任何其他支持知识访问的工具、材料，或者技术"（Antoni，2009）。综合这些定义来看，对于 OERs 已经有了越来越多的共识：资源必须放置在不受版权限制的区域，或者在知识产权许可下发布，允许他人免费使用或者重新使用。与此同时，它所包含的资源类型也越来越广泛、具体，最新的定义把完整的课程也涵盖进来，使其具有更大的包容性。

（四）大规模在线开放课程

开放课件（OCW）开放了大量课程材料，而大规模在线开放课程（Massive Open Online Courses，MOOCs）则往前更进一步，还开放了课程活动。MOOCs 的承诺是他们将免费向公众提供前沿课程的访问，这将降低大学层次教育的成本，并且具有促使高等教育变革的潜力。MOOCs 一词最早由 Dave Cormier 在 2008 年提出，用于描述 Siemes 和 Downes 的一门名为"联通主义和关联知识"的在线课程。2011 年，斯坦福大学的 Sebastian Thrun 和他的同事将他们在大学开设的"人工智能导论"等三门课程开放访问，最终吸引了来自 190 个国家的几十万学习者。从此 MOOCs 就成为众多机构、个人和商业组织倡导在线课程的一个热门标签。MOOCs 的最初目标是向尽可能多的学习者免费开放课程，提供大学层次课程的免费访问。和传统大学网络课程相比，MOOCs 具有两大特征：①开放访问，任何人都能免费参与在线课程学习；②可扩展性，课程的人数不受限制（Wikipedia，2012）。

综上所述，虽然出现了一系列的概念术语，但它们都没有超出 OERs 的范畴。Hewlett 基金会把完整的课程也纳入了 OERs 的范围，实际上也就是把 MOOCs 也归为了 OERs 的一种表现形式。此外，虽然对于 OERs

还存在一些不同的术语定义，它们可能分别关注了 OERs 在版权、分享动机、许可协议等方面的细微区别，但都有基本共识，即资源是在 Creative Commons 协议下发布，或者放置在公开的区域，允许学习者不受版权限制免费访问。

二、开放教育资源的构成

对于开放教育资源的具体构成内容包括哪些，众多学者均给出了不同的解释。Tuomi 指出，从学生的视角来看，他们可能会调用多种不同类型的资源来学习，有时也会在学习过程中对一些并不是专门为学习设计的资源加以创造性的应用。而从教师的角度来看，教育资源是指任何能够用于组织和支持教学的事物(Tuomi, 2006)。Stephen Downes 则提出 OERs 应该突破传统课程和教学环境的范围，应该把非正规学习环境中的资源纳入进来。因此，他认为应该从两方面来考虑 OERs 领域：资源类型和资源媒体。资源类型包括软件、论文和专著、课程、交流和指导、动画、示范、模拟和游戏。而资源媒体则主要包括信息和通信技术，比如网页和互联网服务、互联网、视频会议、CD-ROM、纸质材料、无线电、电视、卫星和其他资料(Downes, 2007)。即他认为 OERs 应该涵盖所有能用于教育的资源，可以包括完整的课程、教科书、流媒体视频、测试、软件和任何其他支持学习的材料和技术。

OECD 更进一步明确了 OERs 资源的范围和类型，认为 OERs 包括学习内容、工具和实施资源三种类型，如图 10-1 所示(Ischinger, 2007)。

(1) 学习内容。包括学习对象和开放课件等学习资源，以及其他的参考材料和文献资料。

(2) 工具。指支持学习内容开发、使用、重用和传递的软件，包括内容管理系统、内容开发工具、社会软件和学习管理系统等。

(3) 实施资源。包括促进资源开放发布的知识产权许可工具、最佳实践方案和实现互操作性的资源标准。

可见，开放教育资源的范围是非常广泛的，凡是能够用于教学和学习的，包括数字和非数字格式的材料都可以归入其中，大至完整的课程，小至一幅图片、一个练习和测试。而且，除了内容之外，各种软件系统，比如学习管理系统(网络教学平台)、内容管理系统、开发工具和各种社会网络软件,以及支持开放教育资源创作、发布和应用的各种版权许可协议、标准和原则等,都可以归为OERs的应用实例。

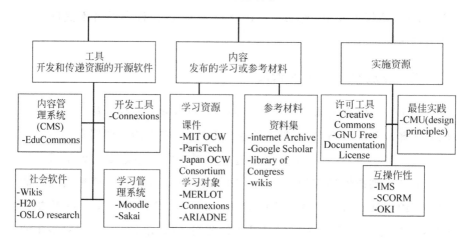

图10-1 开放教育资源的范围和类型

综上所述,开放教育资源的内涵和外延皆具有较大的弹性,可以从不同的视角和方面做出多种解读。对于资源的类型,作者比较认同休利特基金会和OECD的界定,但他们对于"开放"一词的阐述并不清晰。"开放"除了提供方给予的资源属性、基础设施和技术条件等客观方面的开放外,还受使用方的个人学习能力和技能,尤其是自主学习能力等主观因素的影响和制约。因此,为学习者提供基于OERs的自主学习环境,发展学习者的自主学习能力,是实现OERs真正"开放"的重要手段,这也是本章研究的主要问题。

第二节 自主学习视角下的开放教育资源研究现状

过去十多年众多机构发起了多种类型的OERs项目,汇聚的开放教育资源的种类和数量日益丰富。中国高等教育领域也积极回应,实施了精品课程、精品视频公开课等开放教育资源项目。但是,过去OERs将重心放在了资源的创造和发布上,而对资源的应用和重用没有给予足够的重视(Stacey, 2010)。OECD的报告也指出,OERs的提供和应用存在不均衡的情况(Ischinger,2007)。

OERs 并不代表着资源就能够得到有效应用,而且也不会自然而然地出现新的学习模式。如果以教师为中心的教学模式不发生改变的话,开放教育资源也很难给教育带来大的变化(Geser,2007)。当今社会知识更新速度极快,信息呈爆炸式增长,学生需要具有终身学习的能力,因此,大学需要在教学过程中培养他们的自主学习能力,使其能够独立自主地管控学习过程(Simons,Van der Linden & Duffy,2000)。

OERs 为自主学习的实现提供了非常丰富的学习材料、社会性交互工具、内容创作、生成和组织工具,使得真正开放的个人自主学习环境的构建成为可能。本节基于自我调节学习模型和个人自主学习环境的构成要素,系统梳理 OERs 的研究文献为自主学习的实现在哪些方面奠定了基础,还需要在哪些方面进行更进一步的研究。

一、基于自主学习视角的开放教育资源文献分析框架

目前关于自主学习的研究主要侧重于两个方面,一方面集中于个人自主学习发生的内部心理过程,即自我调节学习;另一方面集中于外部学习环境提供的学习者自主设置,即自定学习环境。不管是内部的自我调节,还是外部环境的自我设置,都需要围绕学习资源进行。但关于自主学习的研究并未将学习资源作为重要内容之一:所使用的学习资源非常有限,很多时候只是对传统的教学资源转换了一种使用方式,或者是在少量而且不系统的资源环境下进行的。开放教育资源(OERs)为自主学习的实现提供了大量优质教育资源的访问机会,而且关于 OERs 的研究涉及的一些关于教学法、教学内容和技术等方面的内容和自主学习的需求是吻合的。本节主要基于自主学习的研究框架,对现有的关于 OERs 的文献进行归纳,分析目前 OERs 的研究与实践对于知识经济时代自主学习实现在哪些方面提供了机遇,还面临哪些挑战。

个人自主学习环境的构建需要考虑使用什么工具和技术手段、定制什么内容和服务、如何组织和设计学习活动等方面的内容(Chatti,Agustiawan,Jarke,Specht,2012)。自我调节学习的实现更多的是基于心理学理论和学习理论所揭示的自主学习的内在机理和发生过程,主要涉及教学法以及学习资源和学习活动的组织、管理、监控和控制等过程(Zimmerman,1989)。综合 OERs 的研究内容,以及自主学习实现所需要

的具体条件,可以从资源内容、教学法、技术工具,以及组织与管理等方面对 OERs 文献进行分析,具体的分析框架如图 10-2 所示。

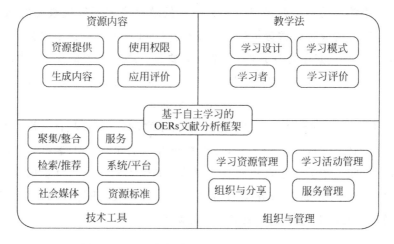

图 10-2 基于自主学习的 OERs 文献分析框架

二、文献检索和选取方案

(一) 文献检索方案

目前关于 OERs 的各类文献非常多,我们选择了 Web of Science TM 核心数据库和 Engineering Village 的 Compendex 数据库作为外文来源,中文文献的来源则限定为中文核心期刊和 CSSCI 来源期刊。

检索 WEB OF SCIENCE 的英文文献,选择 Web of Science TM 核心数据库,检索的关键词包括"open educational resource *"(最后一词存在 resource 和 resources 两种情况)、"open educational practice"和"opencourseware",以主题的方式检索,检索到相关的文献共 378 条(截至 2016 年 1 月 1 日)。然后通过访问 Engineering Village,选择 Compendex 数据库,检索的关键词包括"open educational resource *""open educational practice"和"opencourseware",以"Subject/Title/Abstract"的方式检索,检索到相关的文献共 86 条(截至 2016 年 1 月 1 日)。

中文文献从中国知网,检索中文核心期刊和 CSSCI 来源期刊,以"开放教育资源"为检索词,检索到相关文献 253 条(截至 2016 年 1 月 1 日)。

(二) 文献选取标准

在文献选取时主要围绕自主学习框架下的资源内容、教学法、技术工具,以及组织与管理四个方面进行。对于同一个主题涉及大量文献的情况,综合考虑文献的引用和共引情况,以及是否出自有影响的机构和作者等方面的情况进行筛选,最终选取的重点分析文献列表如表 10-1 所示。

表 10-1 基于自主学习的 OERs 研究文献列表

视角	内容	数量	文 献 列 表
资源内容	资源制作与提供	5	d'Oliveira,(2010). 王爱华,汪琼,姜海标,(2012). Becker,(2012). Thakrar, Zinn, Wolfenden,(2009). Baker, Thierstein, Fletcher, Kaur, Emmons,(2009).
	使用许可/知识产权	2	Wiley,(2010). Hagedorn, Mietchen, Morris, Agosti, Penev, Berendsohn, Hobern,(2011).
	生成内容	1	Kretschmer,(2010).
	应用评价	3	Stacey,(2010). Bethard, Wetzer, Butcher, Martin, Sumner,(2009). Kelty, Burrus, Baraniuk,(2008).
教学法	教学设计	2	Rennie, Mason,(2010). Gurell, Kuo, Walker,(2010).
	学习模式	2	Deimann, Farrow,(2013). Ponti,(2014).
	学习者	2	Drexler,(2010). Grosch, Berger, Gidion, Romeo,(2012).
	自主学习评价	2	Hatzipanagos,(2012a). Trillo, Dominguez,(2011).
技术工具	资源聚集/整合	3	Peco, Berenguer, Paton, Navarro, Such,(2008). Han, Zhou, Yang,(2011). Kroop,(2013).
	资源标准/组织结构	4	Dietze, Sanchez-Alonso, Ebner, Yu, Giordano, Marenzi, Nunes,(2013). Piedra, Tovar, Colomo-Palacios, Lopez-Vargas, Chicaiza,(2014). Piedra, Chicaiza, Lopez, Tovar, Martinez-Bonastre,(2012). Piedra, Chicaiza, Lopez, Tovar Caro,(2014).

续表

视角	内容	数量	文献列表
技术工具	资源检索/推荐	6	Vladoiu, Constantinescu, Moise, (2013). Abeywardena, Chan, Tham, (2013). Little, Ferguson, Ruger, (2012). Shelton, Duffin, Wang, Ball, (2010). Duffin, Muramatsu, (2008). Piedra, Chicaiza, Lopez, Tovar, Martinez, (2011).
	系统/平台	3	Millard, Borthwick, Howard, McSweeney, Hargood, (2013). Duval, Verbert, Klerkx, (2011). Zhuhadar, Nasraoui, (2010).
	社会媒体	4	Holotescu, Grosseck, Cretu, (2013). Lorenz, Kikkas, Laanpere, (2011). Minguillon, (2010). Toetenel, (2014).
	工具和服务	5	Kinshuk, Jesse, (2013). Kakoyianni-Doa, Antaris, Tziafa, (2013). Mu, Zhang, Zuo, (2012). Ha, Niemann, Schwertel, Holtkamp, Pirkkalainen, Boerner, Wolpers, (2011). Sun, Li, (2010).
组织管理	学习资源的组织与管理	4	Arthur, (2011). van Marle, (2011). Iriarte, Marco, Pernias, (2008). Manuel, Giovanni, Davide, Mario, (2009).
	学习活动管理	2	McMahon, Jennings, (2010). Whyte, Schmid, Thompson, Oberhofer, (2014).
	组织与分享方式	3	Wiley, Bliss, McEwen, (2014) 韩锡斌,周潜,程建钢,(2012) 赵国栋,姜中皎,(2009)

三、文献综合分析

（一）资源内容方面
1. 资源制作与提供

美国麻省理工学院(MIT)的 OCW 免费发布了大量本校课程的教学大纲、讲义、作业和试卷等资源（d'Oliveira, Carson, James, Lazarus,

2010)。这些资源可以分为课程规划、教学材料、活动材料和补充材料等四种类型(王爱华,汪琼,姜海标,2012)。到 2010 年,就有超过 2000 门课程的教学材料,涵盖了多数学科的本科和研究生课程资源,有 37% 的教师用户和超过 43% 的学生用户使用这些资源进行自主学习(d'Oliveira, Carson, James, Lazarus, 2010)。软件工程开放教育网络(NOH-I)主要免费提供软件工程方面的材料,还创建了一个符合国际标准和学习目标特征的元数据模型(Becker, 2012)。Jorum 支持教师和学生开发的资源在全球范围内分享。它提供的服务能节约教师和学生发现优质教学资源的时间,而且允许重用和改编。赖斯大学的 Connexions 项目,让教师能在 CC 协议下创建、修改、分享和传播开放教材。自主学习者能够免费使用、修改或者以 PDF 的方式下载部分或者整本教材(Baker et al, 2009)。

还有其他一些资源项目主要致力于促进教师专业发展。"撒哈拉以南非洲教师教育"(TESSA)项目,旨在通过协作开发 OERs 以达到促进教师教育的目的。它通过 18 个联盟高等教育机构协作设计和构建的方式,汇聚了一系列实践取向的学习单元,这些学习单元都包含了学习活动和学习策略,并提供了使用指南,这为自主学习者在没有教师的帮助下进行自主学习提供了良好的支架(Thakrar, Wolfenden, Zinn, 2009)。

2. 使用许可、知识产权

面对互联网上大量免费开放的教育资源,需要清楚地知道它们的使用条件和知识产权,才能够合理有效地应用这些资源。威利从成本费用和使用权限两方面进行分析,认为 OERs 赋予了用户重用(Reuse)、改编(Revise)、再混合(Remix)和再发布(Redistribute)四组使用权限(Wiley, 2010)。OERs 需要一个具有更加灵活选择的许可协议,知识共享(Creative Commons)许可协议较好地解决了这一需求。它是一套基于著作权的许可协议,定义了创作作品重用、应用、改编和发布的使用条件。它提供了包括开放内容在不同情境下的使用权限,包括署名(by)、署名-相同方式分享(by-sa)、署名-禁止演绎(by-nd)、署名-非商业使用(by-nc)、署名-非商业使用-相同方式分享(by-nc-sa)、署名-非商业使用-禁止演绎(by-nc-nd)等六种(Hagedorn et al, 2011)。目前大多数 OERs 项目都是在 CC 协议下发布的。

3. 生成内容

Web 2.0 应用和技术的兴起，用户生成内容（UGC）和 OERs 都开始普及、扩展，甚至呈爆炸式增长。用户生成的内容涉及多种媒体内容，由最终用户生成，允许公开访问。它和 OERs 有着共同的精神：用户制作，成果分享，以及不依赖传统权威。基于 UGC 的开放教育资源能被重写、重排，并且生产制作过程都在正式的质量保证机制之外（Kretschmer，2010）。用户生成的内容对于自主学习者之间观点的交流、知识的建构、资源的查找和发现等方面都起着非常重要的作用。

4. 应用评价

目前，多数 OERs 项目都将重心放在了 OERs 的制作和发布上，而对资源的应用和重用没有给予足够的重视（Stacey，2010）。大家对 OERs 能促进高等教育的变革和创新抱有很高的期望。但实际上高等教育机构在采用 OERs 方面的表现却差强人意。教师在教学实践过程中应用 OERs 是比较滞后的，应用情况也很不理想，而 OERs 的充分应用是实现其价值和意义的根本所在。

随着各种资源的种类和数量越来越多，如果没有一套良好的评价机制，学习者将会需要花大量的时间去遴选自己所需要的资源。贝台德（Bethard）和韦特（Wetzer）等人提出通过计算方法自动评价资源的质量，但这只适用于一些非常具体的可操作层面的质量建构（Bethard et al, 2009）。MERLOT 和 Open Scout 等资源站点采用五星投票的方式，让用户评定资源的整体质量，为后来使用或者查找到该条资源的用户提供参考信息。但资源的质量并不是由资源属性一维决定的，而是一个"资源-用户"的联合属性，它和资源本身的难度，以及用户的能力都是有关联的（Kelty, Burrus, Baraniuk, 2008）。对同一条资源而言，自主学习者实际上有着不同的目的和需求，五星投票体系无法清晰地确定一个资源特定方面的质量，也就无法考虑到这种个性化的需要。

（二）教学法方面

要实现 OERs 在教学实践中的有效应用，离不开教学法的理论与方法。从 OERs 的研究文献来看，和教学法相关的主要涉及教学设计、学习模式、学习者和学习评价等方面的内容。

1. 教学设计

学习者利用 OERs 进行自主学习,需要在相关教学设计模式的引导下进行个性化学习设计。Frank Rennie 和 Robin Mason 提出了利用 OERs 进行课程设计的理论框架,包括提供便利的课程内容访问,灵活的课程传递方式指南。教师对 OERs 进行打包和情境化处理,向学生提供学习材料资源库。课程设计师需要给学生提供一些必要的条件,帮助他们用一种结构化的方式利用这些材料。与此同时,他们还提出了利用 OERs 进行学习设计的五个步骤(Rennie,Mason,2010)。

(1) 确定课程内容的主题。

(2) 根据这些主题查询相关的可重用的资源。

(3) 编写概要信息,提供学习资源的情境化信息和支持。

(4) 添加自己的新资源到资源库中。

(5) 选择分享的格式。

这些课程设计步骤能帮助学习者根据个人的学习需要选择合适的学习资源,设计出符合自己的学习路径。

2. 学习模式

在利用 OERs 进行教学实验和研究的基础上,形成了一些新的学习模式。基于问题的学习(PBL)就是其中非常重要的一种,它需要聚集一系列的学习资源,具有以学生为中心、教师促进、小组学习和问题导向等特点,采用自我组织和管理的学习方式,以提高学生的问题解决能力、批判思维和推理能力,促进终身学习和知识构建。在线环境下的 PBL 被称为分布式基于问题的学习,它让世界范围内的学习者都能在一块学习和工作,增强他们的问题解决能力。同时,它也是一种能有效应用和整合 OERs 的学习方式(Gurell,Kuo,Walker,2010)。

数字媒体和 OERs 通过专家中心的弱化和学科话语权的民主化,重塑了教师和学生之间的关系,Marisa Ponti 发现在 OERs 应用过程中的不同阶段,教师和学生分别扮演着不同的角色:早期,学习者在利用 OERs 方面存在困难,需要促进者更多的帮助,以达到概念理解阶段;然后,概念理解阶段的参与者利用 OERs 发展与促进者之间的亲密关系,二者形成同伴学习者。因此,他认为,OERs 不仅仅是向学习者传递的资源,在促进和协调师生交互方面也扮演了重要的角色(Ponti,2014)。

3. 学习者

自主学习建议促进学习者自治和自我调节学习。增加学习者方面的责任和自主权并不代表学习动机也得到了同样的增长。学习的自我导向,不仅仅是他们对一系列基于网络的应用程序进行定制,而且还需要主动参与学习过程中的各种决策。Wendy Drexler 介绍了一种个人自主学习环境中的网络学生模型,旨在平衡教师控制和学生自主之间的关系。它赋予了学生在个人自主学习环境中更大的控制权,让他们能够综合利用同步交流、RSS、信息管理和人际关系进行学习(Drexler,2010)。M. Grosch 对学生如何使用谷歌搜索、图书馆目录、打印书刊、电子书刊、elearning 服务、虚拟课堂、维基、OERs、书目和其他的媒体使用情况进行了研究。通过对媒体使用行为、使用因素的聚类分析显示,文本及其相关的媒体对学习有正向促进效应(Grosch, Berger, Gidion, Romeo, 2014)。

4. 学习评价

OERs 提供了开放的学习机会,但基于 OERs 的学习,在学习评价标准、方法和实践方面都还不是很明确,需要进一步研究。Hatzipanagos 对数字化评价和形成性评价如何融入基于 OERs 的学习进行了探讨,对一系列基于 OERs 的学习评价实践和工具进行了试验,通过对学习过程中知识和技能的掌握情况进行监控,从而促进学习(Hatzipanagos,2012)。Trillo 认为 OERs 支持下的学习发展了一种新的学习创新形式,即通过众包的方式生成学习内容,并介绍了学习资源质量和学习产出的评价过程,具体包括资源的质量、学习过程的监控和学习评价等方面的内容(Trillo, Domínguez, 2011)。

(三) 技术工具方面

1. 资源聚集与整合

高聚合度的教育资源因为结构紧密、信息冗余,一般无法直接应用。常用的做法是从其组成部分中挑选一部分,或者对部分组成成分进行修改,但这对一般教师来说难度较大。Pedro Pernías Peco 等人提出了一个对高聚合度的开放课件进行解构的方案,能够对复杂度较高的教育资源以半自动化的方式对其组成成分进行改编,或者对其结构进行重组(Peco et al, 2008)。自主学习更需要聚合度较低的资源以满足不同学习者的需要，这为复杂度高的 OERs 提供了一种降解的方案。

自主学习的重要特征是学习内容来源于不同的渠道，需要从不同的机构获取教育资源。韩锡斌等提出了一个从不同来源收集 OERs 的资源管理系统的技术框架，方便教师和学生访问这些资源，并将它们整合到自己的教学和学习中去（Han, X., Zhou, Q., Yang, J., 2011）。Sylvana Kroop 提供了一种基于微件（Widget）和云计算的解决方案，利用大量现有的 OERs，通过资源和服务的聚集（Aggregation）、混搭（Mash-Up）和整合的方式让用户个人构建自主学习环境（Kroop，2013）。

2. 资源标准/组织结构

多样化、多来源的 OERs 分享和重用，形成了众多元数据标准竞争的局面，影响了不同教育系统和资源之间的互通性，而语义技术能够较好地解决这一问题，关联数据的方法成为增强教育资源之间互通性的现实标准（Dietze et al, 2013）。Nelson Piedra 等人也赞同关联数据的原则能够增强 OCW 的检索和发现，他们开发了一个访问和整合不同来源的 OCW 的方法，结果显示关联数据为 OERs 的语义筛选和选择提供了一种很好的解决方案，能将其自动关联到开放数据云（Piedra et al, 2014）。关联数据能够用于表示不同来源的数据内容之间的关系，因而使得来自于不同数据库和知识领域的原始数据的整合成为可能。Nelson Piedra 等人根据 OCW 关联数据集的 RDF 数据，提出了一个三层 Client-Serve 架构，在移动设备上实现了用普通接口对 RDF 数据的管理（Piedra et al, 2012）。同时，他还基于语义网技术构建了一个支持 MOOC 开放内容以 OERs 的方式访问和重用的架构，并支持对不同来源的 OERs 的访问、整合、互操作和混搭（Piedra, Chicaiza, Lopez, Tovar Caro, 2014）。

3. 资源检索和推荐机制

OERs 种类和数量的剧增，增加了用户查找和发现资源的难度。通用搜索引擎无法根据学习者的目标和先决条件定位合适的资源，一些学者针对这一问题提出了解决方案。Monica Vladoiu 等人综合利用增强型基于案例的推荐方案（质量模型原则），并在考虑用户反馈的基础上，提出了一个能根据学习者需要和具体学习情境的 OERs 推荐框架（Vladoiu, Constantinescu, Moise, 2013）。Ishan Sudeera Abeywardena 等人提出了 OERScout 的技术框架，它是一种基于文本挖掘的解决方法，能够根据资源的开放性、可访问和其他相关属性,利用相关参数测量一条OERs对具体学术目标的有用性,同时为其定位符合相关学术标准的OERs提供了一种机制(Abeywardena,Chan,Tham,2013)。基于内容的多媒体查询技术能帮助学习者在社会学习网络中识别教育资源之间的语义关系,从而帮助学习者查找和发现能够支持他们学习目标的材料和学习路径。随着OERs、语义标记和社会关联空间的日益丰富,让学习者能够对这些内容进行整合,从而构建自己的学习路径。Suzanne Little对如何将多媒体搜索整合到社会学习平台(Social Learning),以实现分享学习空间进行了探讨(Little,Ferguson,Rüger,2012)。Brett E. Shelton也指出,具体的OERs推荐和查询工具对于帮助教师和学生发现相关资源非常重要,并设计出一个整合了开放课件查询、开放教育资源推荐和社会网络功能的一个统一的系统(Shelton,Duffin,Wang,Y.,Ball,2010)。

Duffin和Muramatsu提出了"OER Recommender"资源推荐服务,将美国国家科学数字图书馆的学科路径和开放课件库中的课程关联起来,从而提供情境信息,学习者在访问NSDL路径或者开放课程时,会推荐相关联的学科信息或者课程链接(Duffin,Muramatsu,2008)。Nelson Piedra等人提出社会和语义网能够作为查询资源的一种补充方法,他们构建了一种社会语义查询框架帮助OERs的查询,通过利用丰富的元数据和逻辑推理,可以从通用搜索引擎中获取更精确的检索结果(Piedra et al,2011)。

4. 系统平台

关于OERs系统平台的研究文献非常多,但涉及自主学习环境方面的却很少。HumBox是英国的一个人文教育社区学习资源库,它不但是一个分享的资料库,同时让用户能够参与和共同设计社会框架,建立安全的社会和技术环境,让用户能在社区中对复杂问题进行争论,由此改变了专业和教学实践方式(Millard et al,2013)。Erik Duval等人为OERs提出了一个开放学习架构,通过消除人和资源之间的隔阂,利用"长尾"生成大量的学习资源,从而促进创新(Duval,Verbert,Klerkx,2011)。Leyla Zhuhadartffu等利用MIT的OCW等外部资源,提出了一个增强的基于本体的信息获取系统,使用Protégé构建超多媒体的本体结构,支持媒体文档的聚类,而且能将聚类结果附加为本体结构的子节点(Zhuhadar,

Nasraoui,2010)。

5. 社会媒体

Carmen Holotescu 等对典型 MOOC 项目的内容发布、促进活动、学习者之间的交互,以及与移动学习和 OERs 之间的关系等方面进行了研究,并通过一个名为 Cirip.eu 的罗马尼亚教育微博平台作为连接分布的学习者、促进者、专家和内容的控制中心(Holotescu,Crețu,Grosseck,2013)。e-learning 的开放程度越来越高,涉及 OERs、开放课程,以及基于个人自主学习环境的开放学习和社会网络(Lorenz,Kikkas,Laanpere,2011)。Web 2.0 服务如社会书签让用户可以管理和分享他们所发现的感兴趣的链接,添加自己的标签和描述,从而促进这些资源更容易被其他人找到和分享(Minguillón,2010)。Lisette Toetenel 依托社会网络构建了一个异步在线环境,用于支持语言学习,探讨了利用社会网络工具增强小组内聚力,促进学习者之间的交互,以及如何通过学习者协作增强非正式语言学习等(Toetenel,2014)。

6. 工具和服务

e-learning 技术让用户能够基于学习对象的标准进行学习内容的创造,但由于统一标准的缺失,不同平台、设备和终端上制作的内容很难跨平台使用。Kinshuk 提出利用移动设备感应数据创作 OERs 真实的学习实例,利用移动环境下创作的学习对象进行学习设计,允许这些学习内容和学习设计在不同的情境中分享(Jesse,2013)。PENCIL 是一个免费提供的语言学习工具,让学习者不用掌握很多编排技巧,即可上传和校对他们自己的文本,从而创作和定制基于网络的文集(Kakoyianni-Doa,Antaris,Tziafa,2013)。语义媒体 Wiki 综合了开放、自我组织和协作等特点,通过语义网的方式组织知识,符合 OERs 运动共同构建的理念(Mu,S.,Zhang,X.,Zuo,P.,2012)。Open Scout 将欧洲主要的开放教育资源库智能化地连接起来,并提供统一的查询和提取服务。它不仅提供了联合查询,还强调让最终用户和资源协同工作,利用资源重用和改编的工具,让用户能根据自己的需要对这些资源进行改编;同时还提供了社会网络功能,以及数据的社会行为标注,比如标签、投票和评论等(Ha,K. H. et al,2011)。孙雨和李国斌认为 OERs 的应用情况不理想在于"其多样化、分布式、异构性的特点,以及资源建设平台的差异性,形成一个个信息孤岛,使得开放教育资源不能很好地共享、使用"(Yu,S.,Guobin,2010)。

(四) 组织与管理方面

1. 学习资源的组织与管理

学习者能够利用社会网络、在线交流工具、OERs等,构建学习网络,并利用数字内容增强课堂外的学习(Arthur,2011)。但随着资源本体和生成数据内容的大量增殖,利用内容管理系统对这些数据资源进行有效管理变得越来越重要。Leonel Iriarte 等人提出了一个开放内容管理的信息模型,通过技术、教学法和法律条款的整合,加强教育资源的可重用性(Iriarte,Marco,Pernías,2008)。学习过程中,学习资源有其特有的生命周期,需要用动态的观点来看待教育资源元数据的动态生成性。同时,也需要开发合适的技术、工具和服务,来实现学习资源动态元数据的有效管理,这样不仅能促进学习资源的有效应用,还能让学习对象管理系统与资源的具体使用情境进行信息交换(Manuel,Giovanni,Davide,Mario,2009)。

21世纪对开放大学的国际化提出了要求,但它们不能像普通大学那样相互交换学生,把学生送出国外,于是采用了交换课程的方式。但是,不同国家的不同学校有着不同的教学法和教育传统,课程无法直接交换。英国开放大学的 Trevor Herber 提出了互补制作课程的概念,即参与机构各自制作自己的课程,并将课程材料以 OERs 的方式发布,每所学校都能将这些资源视为自己构建课程的积木单元,根据自己的特点和传统利用这些 OERs 构建自己的课程(van Marle,2011)。

2. 学习活动管理

传统的课程主要是以线性的方式组织的,采用求同思维。学生使用顺序编排的方式进行学习,有着结构化的程序。都柏林大学的一个 OERs项目使用了社会交互技术,使学习者能够自己组织他们的学习。他们对MediaWiki平台进行了改编,让教师能够自己构建个人的专业发展计划,让学生能够构建自己的 Wiki 学习空间(McMahon,Jennings,2010)。欧洲的一个终身学习项目——语言学习中的交互技术(iTILT),主要是通过OERs 的开发,促进利用交互式白板的语言教学,以及正式和非正式培训环境下语言教师的专业持续发展。在教师、学生和研究者协作与评论的基础上选取了课堂教学中的一些短视频,并应用这些视频构建了一个开放教育资源库。Shona Whyte 等人也对这种基于研究的多方参与式教师发展培训和 OERs 支持的开放教育实践等进行了研究(Whyte et al,2014)。

3. 组织与分享方式

David Wiley 等人总结出目前 OERs 的组织与分享的方式有三种：①以个人资源的方式分享；②以开放教材的方式共建共享；③以课程为单位组织和分享(Wiley,Bliss,McEwen,2014)。首先,OERs 以个人资源的方式分享,主要是通过各种社会性网络软件的应用,以人与人之间的社会关系为纽带实现资源的分享,OER Commons 和 MERLOT 采用的就是这种方式。其次,OERs 也可以应用类似于维基百科的方式创建和分享。用户能够自行创建内容模块,也能汇编由其他用户创造的模块,最终以开放教材的方式发布,典型项目有 Connexions、Flat World Knowledge 和 CK12 等。第三种方式是以课程为单位组织和分享资源,可以分为两种不同的类型,一种是只分享了课程的部分或全部教学材料,但不提供教学服务,也不开放教学活动,比如 MIT OCW 项目；另一种除了开放教学材料,还提供一定的教学服务,也开放一部分教学活动和教学评价,甚至有的在完成课程的学习后还提供课程证书,像 MOOCs 一般采用的就是这种分享方式。

有研究在知识分享理论的基础上,提出了 OERs 共建共享可持续发展的概念模型,指出不仅要实现资源从拥有者向使用者传递,同时拥有者还需要从使用者处获取应用情况的反馈信息,为资源的制作和呈现提供参考,并以更适合于使用者的方式呈现,从而实现生产者和消费者共建共享资源的模式(韩锡斌,周潜,程建钢,2012)。还有研究将 OERs 校际联盟的方式分为三种类型：①跨地区性联盟,比如开放课件联盟、西班牙开放课件联盟等；②地区性联盟,包括日本开放课件联盟、巴黎高科 OCW 项目等；③传播性联盟,包括中国开放教育资源协会和台湾的 OOPS 项目等(赵国栋,姜中皎,2009)。

四、小结

开放教育资源运动不但为自主学习的实现提供了丰富的资源访问机会,而且随着研究和实践的不断深入,在技术工具、资源内容、教学法和组织与管理等方面为自主学习的实现积累了丰富的经验,但同时也还面临一些需要进一步研究和解决的问题。

首先,从OERs运动兴起的十多年以来,很多机构和个人提供的大量丰富的教育资源,以及基于这些教育资源的辅助应用、学习、检索和查找的平台和工具,为自主学习的实现提供了重要的资源储备和支持服务。这些资源一般遵循开放许可协议,对于机构和个人提供的资源和内容在知识产权和使用许可条件方面都有着清晰的界定,为自主学习环境中自行制作、分享和使用不同的学习资源提供了清晰、灵活的使用许可选项。其次,出现了大量的资源库平台、工具和服务,这在一定程度上简化了学习者的资源检索、管理和应用的难度。用户在使用过程中生成的大量信息内容,对于学习者知识的建构、同伴间观点的交流,以及资源的查询和推荐等都起着非常重要的作用,个人自主学习环境可以利用好这些资源。最后,"资源-用户"相结合的资源评价方式,与自主学习过程中学习者个性化的需要更加契合。

虽然目前对基于OERs自主学习的系统研究还较少,但围绕OERs在教学实践过程中形成了一系列的学习设计模式、学习模式、评价模式和学习者模型。可以结合这些内容和已有的自主学习所涉及的教学法方面的研究,开发基于OERs自主学习的教学法。

个人自主学习环境需要将不同来源的工具、服务和资源有机聚集与整合起来。OERs研究所涉及的资源解构方案、微件、云计算,资源聚集(Aggregation)和混搭(Mash-Up)、关联数据,资源检索和推荐等技术手段,以及在资源创作、组织、管理、检索和应用等方面提供的工具和服务,为基于OERs的个人自主学习环境的构建提供了可能性。另外,一些OERs项目允许用户参与资源环境的设计和构建,人与资源之间的交互,以及用户在资源应用过程中生成内容等方面的特征都是个人自主学习环境所需要的。OERs和社会网络的有机整合,不但有利于自主学习过程中知识的生成、管理,也有利于知识的流动和联通,以及知识的发展和再生。然而,真正意义上实现了从不同的OERs站点获取资源,并通过和其他工具、服务和资源的有机聚集、整合和混搭,而构建起来的有效的个人自主学习环境的研究成果还不多见。而且,关于OERs的跨平台检索和推荐方面的研究还主要局限于单独的资源检索、推荐工具或平台,对于如何实现 OERs 的自适应推荐和基于内容-能力-情境-目标多维的检索方案与个人自主学习环境的无缝衔接仍然需要更进一步的研究。

OERs 领域对学习资源和学习活动的组织与管理,以及建设和分享方式进行了研究和实践,但更多的是从技术提供的组织管理工具和环境的角度进行的,而从组织管理、知识管理和学习管理等理论方面进行探讨的不多。另外,学习服务也是自主学习的重要组成部分,但 OERs 比较重视资源,而对学习服务的支持还远远不够,关于这方面的研究也比较缺乏。自主学习涉及大量的学习资源、学习活动、生成内容、社会关系、交互,以及个人知识和经验的组织管理,单靠技术提供的管理工具和环境是不够的,还需要利用组织管理理论和知识实现系统科学的管理。

第三节 清华教育在线开放教育资源中心的研究与实践

为了促进国内高校师生在教学实践过程中有效应用全球开放教育资源,从 2005 年开始,清华教育在线就提出了分布式开放教育资源共建共享的技术模型,并在此基础上使用基于设计的研究方法,经过多轮迭代,实现了清华教育在线资源中心软件系统的设计、开发和实践应用,并在全国四百多所合作院校中进行了安装和应用,有力地促进了国内大学教师和学生对开放教育资源的应用。

一、清华教育在线开放教育资源中心的总体结构与功能

(一)资源中心整体框架结构

清华教育在线开放教育资源中心的主要目的在于增强开放教育资源在国内大学中的可获取性和可访问性,它的整体功能结构如图 10-3 所示。系统中有三种类型的用户,第一种是资源用户,主要包括大学教师和学生,他们是资源中心的主要服务对象;第二种是资源管理者,他们的主要职责是收集、归类、创建和管理资源,最后一种是系统管理员,主要对系统功能模块进行组织与管理(杨娟,韩锡斌,何良春,2005)。

系统包括三个层次,分别是门户层、管理模块层和数据层。其中门户层

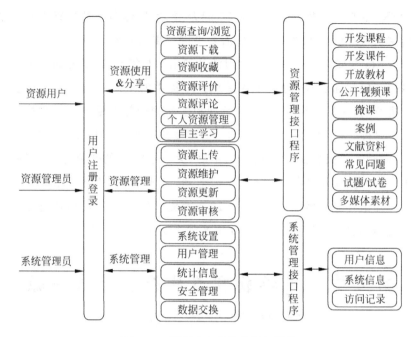

图 10-3　资源中心的整体框架结构

主要为用户提供注册、登录和管理入口。管理模块层包括资源使用和分享模块、资源管理模块和系统管理模块,它们分别对应了以上三种不同的用户角色。资源使用和分享模块让资源用户—资源学习者—能够从资源库中对资源进行查询、浏览、下载、收藏和评论等功能操作,同时还支持学习者对学习过程中的个人资源和生成内容进行个性化的组织与管理,以及基于开放教育资源所进行的自主学习;资源管理模块让资源管理员能够上传、审核、修改/删除资源、备份、移动和统计资源;系统管理模块主要为系统管理员提供用户和角色管理、安全控制、系统设置和数据交换等功能。数据库层包括资源库和数据库。在资源库中,不但入库了大量的开放教育资源,包括精品课程、MOOCs课程、开放课件(Open Course Ware,OCW)、开放教材和公开视频课等,还包括很多案例、文献、常见问题、试题试卷和文本、音频、图像、视频与动画等多种媒体素材。数据库存储了系统信息、用户信息,以及用户访问记录等信息(Han,X.,Zhou,Q.,Yang,J.,2011)。

(二)资源中心功能模块

清华教育在线资源中心最终实现的页面效果如图 10-4 所示,主要包括公共资源(含精品课程、全球开放课程、公开视频课程、MOOC大全和微课程等栏目)、专题库资源、资源分析、个人空间和系统设置等主要功能模块,它们的具体功能介绍如下。

图 10-4　资源中心首页实现

1. 公共资源

按精品课程、全球开放课程、公开视频课程、MOOC大全和微课程等公共资源类别,给教师和学生提供这些资源的检索、浏览、下载、收藏、评论、关注和标签等功能,支持学习者查找和定位学习资源,对感兴趣的学习资源进行组织、管理、评论和评价,以及在资源学习过程中开展话题和观点的交流。

2. 专题库——校本资源建设

专题库是供各院校建设、展示和管理本校校本资源的模块。各院校可以根据自己的学科专业设置,以及课程开设情况,建设学科专业资源网和课程资源学习网。它提供了灵活的资源分类方式,既可以使用系统中设置好的教育部标准学科分类,也可以根据学校的实际情况,自定义资源分类体系。同时,专题库支持多样化的资源建设,能够支持文本文档、图形图像、音频、视频、动画和多媒体课件等大多数教学资源类型的入库、管理和呈现。

3. 资源分析

资源分析模块为资源中心的用户、资源,以及资源应用情况的分析提供可视化表征,具体包括最新资源、资源浏览排行、资源下载排行、资源使用情况和用户信息排行等方面的内容,能够让不同的用户对资源的构成,用户情况,以及资源使用情况有一个形象直观的了解。

4. 个人空间

个人空间主要是支持学习者使用资源中心提供的各类资源进行自主学习,集成了资源收藏与管理、个人资源组织与管理、资源评论、资源订阅、资源评价和自我调节学习支架等功能,支持学习者设置学习目标,制订资源学习计划,以及对学习过程中的资源及生成内容进行管理,对学习进度进行监测和调节,以及对学习目标的达成情况进行自我评价。

5. 系统设置

系统设置模块承担着资源中心基础结构维护的任务,主要支持系统管理员对资源中心系统进行管理,如用户管理、资源动态管理、分类体系维护、等级设置、积分货币设置、日志管理、访问 IP 设置、院系专业管理、专题库管理等。

二、资源中心汇聚的全球开放教育资源

THEOL 资源中心汇聚了国内外大量的优质开放教育资源,其中包括全国精品课程资源、全球开放课程、公开视频课程、MOOC 课程和微课资源五种类型的开放教育资源,同时支持各院校以专题库的方式建设校本资源。

(一) 精品课程

2003 年中国教育部启动了国家精品课程计划,要求建立各门类、专业的校、省、国家三级精品课程体系。通过精品课程建设,提高整体教学水平,加强教学队伍建设,推动教学内容和课程体系改革,促进先进的教学方法和手段的应用,重视多种媒体有机结合的立体化教材建设,促进教学

与实践相结合,并建立切实有效的激励和评价机制。资源中心收录了国家精品课程3142门,省级精品课程3587门。

(二)全球开放课程

2001年,MIT决定在线开放他们的课程材料,免费供教师教学或学习者学习,所有的学习材料均遵循Creative Commons协议,被称为开放课件(Open Courseware)。开放课件运动也应运而生,到目前已经有超过250个教育机构在开放课件联盟上(Open Course Ware Consortium)提供自己的学习材料,在解锁知识、促进教育公平方面做出了巨大的贡献。清华教育在线资源中心共收录了麻省理工学院、香港公开大学和台湾国立交通大学等学校的开放课程共4076门。

(三)公开视频课程

受OCW的影响,国外一些知名大学,包括哈佛大学、牛津大学和耶鲁大学等精选出部分杰出教师的优质课程的教学录像免费开放。国内一些字幕组、翻译机构,以及网易、搜狐、新浪等知名门户网站把这些名校名师的课程教学录像以公开视频课的方式引进和公开发布。此外,2011年,教育部启动第二轮本科教学工程——国家精品开放课程建设,提出要在"十二五"期间,建设1000门精品视频公开课,目前已经基本建成。资源中心收录了土豆网视频课程、新浪公开课、中国网络电视台、中国教育在线开放资源平台、优酷网视频课程、网易公开课、搜狐名校公开课和爱课程等发布的国内外公开视频课程。

(四)MOOC大全

MOOCs(Massive Open Online Courses)的本意为"大规模在线开放课程",始于2008年。2012年MOOCs突然爆发,在教育领域掀起了一股热潮,产生了重要影响。短短几年时间之内,世界各地涌现出大量MOOCs运营机构,众多名校、名师纷纷加入MOOCs,提供制作精良的课程。资源中心汇聚了包括学堂在线、中国大学MOOC、edX、Coursera、Udacity、Open Learning等30个国内外知名MOOCs机构提供的MOOC课程。

(五)微视频课程

微课程是以视频为主要载体,围绕某个知识点或教学环节而展开的一种教学活动。微课程具有短小精悍的特点,每一个微课的时间不长,少则 5 分钟，多则 10 来分钟，只讲授一到两个知识点，是一种"碎片化"的微型教学资源。虽然微课内容少、容量小，但有着精心的教学设计，和真实的典型案例化教学情境紧密结合。由于粒度小，使得它比较灵活，能用于不同的教学情境中。资源中心收录了国家开放大学、上海开放大学的微课程共 489 条，内容广泛，涉及文学艺术、经济管理、哲学社科、科学技术、历史文化、教育体育、政治法律和生活休闲等各类资源。

三、基于 OERs 的自主学习环境的设计与实现

开放教育资源库或者资源联盟汇聚了众多优质的高等教育资源，资源的种类非常丰富，包括几乎所有学科的课程教学资源和学术资源，而且基于开放许可协议免费发布，这为终身学习者和自主学习者提供了优质教育资源的访问机会，有助于发展学习者的终身学习和自主学习能力，而这也是 21 世纪所需要人才的必备技能。

OERs 运动在基础设施构建和资源建设方面取得了飞速的发展（Andrade，2011），为自主学习者提供了资源访问的机会，但要实现基于 OERs 的终身学习和自主学习并取得良好的学习效果仍然需要进一步的探索。因此，如何促进 OERs 在终身学习和自主学习中的应用具有重要的研究价值和实践意义。基于这一问题，我们对基于资源的学习环境的概念框架进行了一定的发展：在自主学习情境下，依托"清华教育在线（THEOL）"资源中心汇聚的全球优质的 OERs 和提供的资源学习管理与组织工具，引入自我调节学习支架，为自主学习者构建基于 OERs 的自主学习环境，以促进 OERs 的应用和自主学习效果。

（一）基于资源的学习环境

希尔等人提出了基于资源的学习环境概念框架，它包括四个基本构成要素，分别是：①情境，指引导学习者到某一具体的学习需要或问题的学习环境，包括强加的、协作的和生成的三种不同的情境；②资源，是构成基于资源的学习环境的基础，包括用于支持学习过程的所有媒体、人、场所和观点；③工具，用于辅助学生使用资源进行学习，包括查询工具、生成工具、处理工具、评价工具、组织工具和交流工具等；④支架，是辅助学习者参与学习任务过程中所有类型的支持，有过程支架、概念支架、策略支架和元认知支架等（Hill，Hannafin，2001）。

"清华教育在线(THEOL)"资源中心汇聚了大量国内外各类OERs，并且集成了有效的资源查询、组织和管理工具，为我们构建基于OERs的自主学习环境在资源和工具方面奠定了基础。如何实现这些聚集的OERs在自主学习情境下的有效应用，我们需要为学习者的自主学习过程提供支架。关于自主学习过程支持方面的研究，国外主要有自我调节学习(Self-regulated Learning)和自我导向学习(Self-directed Learning)两种：自我导向学习主要用于成人教育领域(Loyens，Magda，Rikers，2008)，自我调节学习更多用于学校教育。后者更适合"清华教育在线(THEOL)"资源中心的学生用户群体，因而将其作为自主学习的过程支架。

（二）自我调节学习及自我调节学习系统

21世纪以来，伴随着技术的飞速发展，涌现出一系列新的技术增强的学习环境，比如自主学习环境(Kramarski，Michalsky，2009)。与此同时，OERs运动让学习者能够免费访问全球知名教育机构提供的各种开放教育资源，这为学习者的自主学习和终身学习提供了良好的条件。但是，即使提供了在线学习环境和OERs，也难以保证学习的有效性。其原因是在基于资源的学习环境下，缺少足够的引导，对学习者的自主学习能力，如学习过程自我管理和监控的能力、自己承担学习责任的能力等提出了更高的要求，因此需要提供合适的自主学习过程支架，为他们构建基于OERs的自主学习环境，帮助他们对基于OERs的学习过程进行管理，从而增强学习的效果。本研究引入自我调节学习过程支架以支持学习者基于OERs的自主学习，并在此基础上进行基于OERs的自主学习环境的设计、实现和应用。

1. 自我调节学习过程模型

近二三十年以来，对自我调节学习进行了大量的研究，提出了一系列自我调节学习模型。温内(Winne P. H.)和哈德汶(Hadwin A. F.)提出了一个四阶段的自我调节学习模型：①定义任务；②目标设置和计划；③制定学习策略；④元认知适应未来的学习(Winne，Hadwin，1998)。齐默曼从大学生对学习进行自我调节以提高学习成效方面入手，也提出了一个四阶段的循环模型：①自我评价和监测；②目标设置和策略计划；③策略执行和监测；④策略成果监测(Zimmerman，1973)。温内和哈德汶的模型更倾向于自我调节学习的前期准备阶段,而齐默曼模型则更强调过程的完整性。

后来,齐默曼等人又提出了自我调节学习的社会认知模型,将学习过程划分为三个阶段的学习活动循环,包括事先计划阶段、执行阶段和自我反思阶段,详见图 10-5(Zimmerman,2008)。它丰富了每一阶段过程中所涉及的行为、动机和认知等方面的内容,可以将其看成为由一系列事件形成的一个三阶段循环。

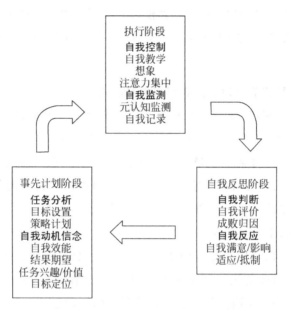

图 10-5　齐默曼的自主学习过程模型

(1) 事先计划阶段:包括任务分析和自我动机信念。任务分析主要包括目标设置和策略计划两个自我调节过程,在这一阶段,学习者需要设置学习目标,并制订达成学习目标的策略计划;而自我动机信念则包括一系列的自我动机调节,比如自我效能信念、结果期望、任务兴趣,以及目标取向等。

(2) 执行阶段:这一阶段包括自我控制过程和自我监测。自我控制过程包括自我教学、想象、集中注意力,以及其他相关的策略,比如重读、强调、笔记、排练和自我测试等;自我监测过程包括自我记录和元认知监测,在这一过程,执行学习任务,以达到第一阶段制定的学习目标。学习者在自主学习执行过程中,会对元认知进行监测和策略调节,以实现学习目标(Zimmerman，2002)。

（3）自我反思阶段：这一阶段包括学生形成自我判断，以及对他们的表现进行反应。首先，自我判断主要是指学习者对自己的学习表现进行自我评判，以及对学习结果进行归因分析。而自我反应过程包括对学习结果是否满意，是采取主动调整还是抵制的行为。

该模型认为自我调节学习是一个包括三个阶段的动态过程，具有事件性特征。学习者个人对自我调节学习过程的组织、管理和安排的质量，能够预见其最终的学习成效，即学习者如果在自我调节学习过程中有更充分的计划，在执行和自我反思过程中投入了更多的时间和精力，那么也将反映到自主学习成效上，包括他们在自我评价和相互评价中的表现(Zimmerman，2008)。随着研究的推进，齐默曼模型的科学性得到了越来越多实证数据的支持，已经成为最受大家认可的模型之一。它对自我调节学习每一过程的学习者行为和动机信念的解释非常明确具体，操作性很强，因此很多研究选择它作为自我调节学习系统开发的依据。

2. 自我调节学习系统

很多学者研究如何利用自我调节学习系统或环境增强学习者的自我调节学习过程，包括对完整过程或部分过程的支持，以达到增强自主学习的成效。早期的研究比较重视对自我调节学习的不同层次和不同层级进行干预，比如对元认知、认知，以及动机等，以及这些干预的效果。他们通过促进自我调节学习不同层次的活动，比如目标设置、学习计划、自我监测、笔记和自我效能等方面，来验证这些干预的效果。一般情况下，干预所涉及的层次越多，效果越佳(Boekaerts，1999)。这些干预早期主要是通过学习策略培训或者各种激励策略或措施来进行的。

随着技术的发展，大家开始重视利用技术增强的学习环境-自我调节学习系统支持学习者的自我调节学习策略和过程，以促进学习效果，如萧贤胜等人的网络探究式自我调节学习系统(Hsiao, H. S.，Tsai, C. C.，Lin, C. Y.，Lin, C. C.，2012)、基姆(Kim, R. H.)等人的自我导向学习管理系统(Kim, R. H.，2010)、石贵平等人的支架式自我调节学习系统(Shih, K. P. et al, 2010)，以及陈志铭的基于注意力的自我调节网络阅读标注系统(Chen, C. M.，Huang, S. H.，2014)。

从这些研究来看，利用自我调节学习系统来支持学习者的自我调节学习策略和过程,从而提高自主学习成效是可行的。但上述自我调节学习系统没有形成自身的学习资源库,也就是说它们是在原有的课程教学资源的基础上,利用技术来实现对某一部分教学内容自我调节学习过程及策略的支持,而不是一个独立的自主学习环境。而且,这些研究一般只是展示了这些系统对学习成效的整体影响,缺乏自我调节学习过程对学习成效的影响,以及它们之间的相互作用机制的实证分析。目前的研究更多是从教师和研究者的视角来施加干预,而对学生的自主学习行为则少有关注。

(三) 基于开放教育资源的自主学习环境设计

本研究依托"清华教育在线(THEOL)"教学资源中心,汇聚国内外各种优质的开放教育资源,在齐默曼自我调节学习模型的基础上,设计和实现基于资源的自主学习环境,支持学习者对自我调节学习的过程管理和策略应用,包括目标设置、学习计划、自我监测、过程调节、自我判断和自我反应六个方面,具体的实现过程如下。

1. 执行阶段

(1) 自我监测

学习者可以根据制订的学习目标和资源学习计划进行自主学习和自我监测,而且在学习过程中,他们还能够继续查找和访问资源、组织和标注资源、查看资源、笔记、评论、复述和记忆、寻求帮助、复习笔记和评论。

(2) 自我调节

学习者能够根据自我定义的学习目标的完成情况,继续添加、修改和删除学习目标;随着学习过程的推进,对学习目标和学习内容的理解逐步深入,可以重新组织学习目标结构,向原有的资源学习计划中添加、修改和删除资源,或者重新根据新的学习目标组织学习资源目录结构、重新访问学习资源。总的来说,是随着学习过程的推进,对目标-资源结构进行调整和完善。

2. 自我反思阶段

(1) 自我判断

给学习者提供自我评价的通道,让他们能够根据自己的学习目标的达成情况,进行自我评价,如图10-6所示。

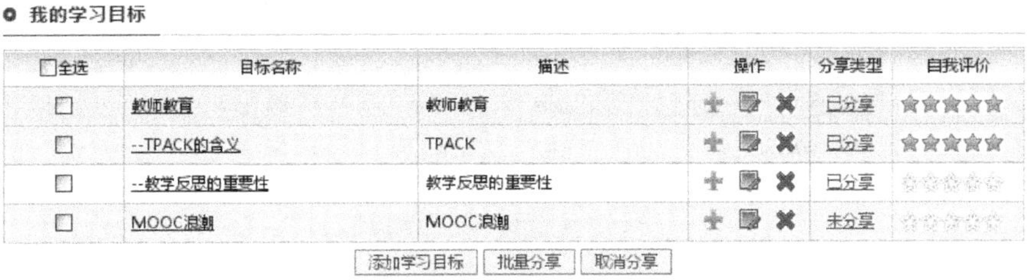

图 10-6　自我评价

（2）自我反思

学习者在学习过程中，能够在自我判断的基础上，查看"学习目标-资源"结构，反思自己自主学习过程中制定的学习目标计划、资源组织管理，以及学习策略的合理性，在反思的基础上，继续学习目标下的资源，复习资源笔记和评论，对"学习目标-资源"结构进行调整和修改。同时，学习者还可以把自主学习过程中的阶段性成果作为学习成果添加到该目标下，或者在学习过程中将一些心得体会、日记或者笔记作为学习反思进行添加和管理，如图10-7所示。

图 10-7　添加学习成果与反思

3．事先计划阶段

（1）目标设置

学习者能够自主选择学习主题，确定个人的学习目标，并对自己的学习目标进行描述、分解，根据目标结构创建和组织个人的学习目标和资源，如图10-8所示。

（2）学习计划

学习者可以根据自己设置的学习目标，通过资源搜索、资源标签和资

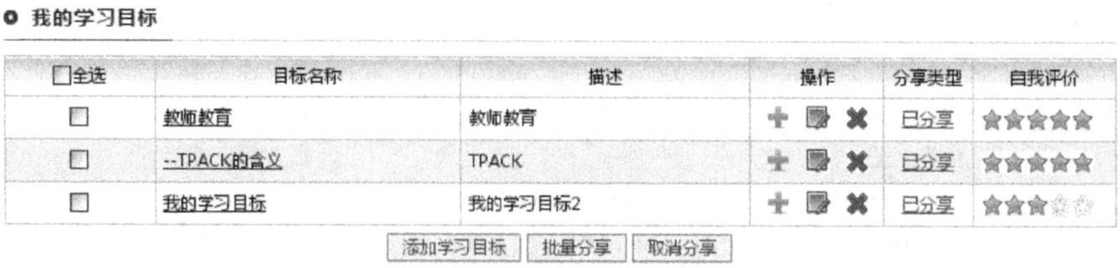

图 10-8　自主学习目标管理

图 10-9　学习目标下的资源学习计划

源推荐等方式,把相关的学习资源添加到学习目标下,从而制订以自主学习目标为导向的资源学习计划,如图 10-9 所示。

四、应用案例分析

"清华教育在线(THEOL)"资源中心和资源共享联盟软件系统在上述功能结构框架的基础上,已经顺利设计和开发出来,目前已经在 400 多所院校得到了安装和应用。在多年的实践应用过程中,不断地丰富了资源的种类,也汇聚了越来越多的学习资源。这些资源为支持我国高校师生在教学过程中充分应用各类开放教育资源提供了便利,有效地促进了跨校间教育资源的共建共享,同时也为终身学习和自主学习提供了充分的资源储备。

(一) 本科院校数字化学习中心

数字化学习中心是大学数字化校园的重要组成部分,旨在充分利用

第十章 开放教育资源促进教学变革

信息网络技术和现代教育手段,加强学校优质数字化教育资源的开发和共享,同时不断整合校内外、国内外的各类优质教育资源,为师生提供一个简洁、实用、高效、共享的网上教学园地,构建一个在线的基于资源的教学环境,多方位提高人才的培养质量,图 10-10 显示的是一所大学数字化学习中心的首页,建设的内容如下。

图 10-10　本科院校数字化学习中心应用案例

(1) 整合学校现有各类课程教学资源，包含精品课程（国家级、省级、校级）、精品资源共享课、视频公开课、双语课等。

(2) 整合学校现有外语类教学资源，包含交互英语、体验英语、新东方口语空间、新东方多媒体学习库（图书馆购买）、爱迪科森环球英语多媒体资源库（图书馆购买）等。

(3) 整合校外各类优质教学资源，包含名师讲坛（图书馆购买）、国外视频公开课、爱课网优质课程（精品资源共享课、视频公开课）、东西部高校课程共享联盟优质课程等。

(4) 建设导读课，包括专业导读和课程导读两种形式，其中专业导读按照6课时左右进行建设，课程导读按照1～2个课时进行建设。目的在于帮助学生通过学习此类导读课程能够对该专业或课程具有初步的了解和认识，既能为本专业学生了解专业全貌、提高专业兴趣、合理选修课程服务，也能为非本专业学生在副修或修读该专业双学位时提供更加理性的选择依据。此类课程的建设可作为专业开设、课程开设的基本条件进行要求，以随堂录制的方式建设后上网。

(5) 建设各类量大面广的公共基础课，包含高等数学、大学英语、大学语文、普通物理、大学化学等。

(6) 建设各类通识课，将已经纳入资助体系的各类通识课进行数字化建设。

(7) 整合和建设各类专题类教育资源，包含萃英大讲坛、名家讲坛、各类讲座、学院自有的各类专题资源等。

(8) 有针对性的逐步开展各类专业课建设，初期可先按照大学科门类建设示范性课程。

该校数字化学习中心于2014年10月安装和发布，已经应用了大约1年半左右的时间，目前已经收集了409门课程。

（二）职业院校网络学习与资源共享联盟

职业院校网络学习与资源共享联盟依据教育部相关文件规划和设计，主要目的在于"推动职业教育数字资源管理和学习平台的建设"。具体的建设目标如下：构建区域性网络学习与教学资源共享联盟，一体化分享与展示网络学习与教学资源建设成果；构建职业院校网络学习空间建设平台，实现教学内容与教学活动的校校通、班班通、人人通；构建职业院校统一的数字化资源中心,实现优质教学资源的广泛共享、有效聚合与充分应用;提供多种混合教学模式,支持职业院校深化教育教学改革,提升学生学业成就。图 10-11 显示的是一个联盟的首页。其中的学习资源中心综合采用了专业-行业二维资源分类标准,将资源与职业院校人才培养和行业企业人才需求之间的关系对应起来,为学生进行自主学习提供专业指导和行业导向。这样不但有利于职业院校的人才培养和企业人才需求之间的接轨,而且有利于满足学生、教师、企业用户,以及社会用户的不同需求。

图 10-11　职业院校网络学习与资源共享联盟应用案例

(1) 教师用户:业务学习、专业知识学习和教学能力培养等需求。

(2) 学生用户:专业知识、工作技能发展和自主学习能力发展等需求。

(3) 企业用户:岗位培训、技能鉴定和业务学习等需求。

(4) 社会用户:岗位培训、技能鉴定和业务学习等需求。

参考文献

[1] Abeywardena, I. S., Chan, C. S., & Tham, C. Y. (2013). OERScout Technology Framework: A Novel Approach to Open Educational Resources Search. The International Review of Research in Open and Distributed Learning, 14(4).

[2] Andrade, A., Ehlers, U. D., Caine, A., Carneiro, R., Conole, G., Kairamo, A. K., Nozes, J. (2011). Beyond OER: Shifting focus to open educational practices.

[3] Antoni, S. (2009). Open Educational Resources: Reviewing Initiatives and Issues. Open Learning: The Journal of Open, Distance and e-learning, 24: 1, 3-10.

[4] Arthur, P. (2011). An Examination of How Students Create Learning Networks And Leverage Digital Content To Enhance Learning. Edulearn11: 3rd International Conference on Education and New Learning Technologies, 5086-5092.

[5] Baker, J., Thierstein, J., Fletcher, K., Kaur, M., Emmons, J. (2009). Open Textbook Proof-of-concept via Connexions. The International Review of Research in Open and Distributed Learning, 10(5).

[6] Becker, P. (2012). A Dutch Repository for Open Educational Resources in Software Engineering: Does Downes' Description Fit?. In E-Science and Information Management (pp. 71-78). Springer Berlin Heidelberg.

[7] Bethard, S., Wetzer, P., Butcher, K., Martin, J. H., Sumner, T. (2009, June). Automatically Characterizing Resource Quality for Educational Digital Libraries. In Proceedings of the 9th ACM/IEEE-CS Joint Conference on Digital Libraries (pp. 221-230). ACM.

[8] Boekaerts, M. (1999). Self-regulated Learning: Where We are Today. International Journal of Educational Research, 31(6), 445-457.

[9] Brügelmann, H. (1975). Open Curricula—A Paradox? Some Notes on Recent Trends in Curriculum Thinking in the Federal Republic of Germany. Cambridge Journal of Education, 5(1), 12-20.

[10] Chatti, M. A., Agustiawan, M. R., Jarke, M., Specht, M. (2012). Toward a Personal Learning Environment Framework. Design, Implementation, and Evaluation of Virtual Learning Environments. IGI Global, 20-40.

[11] Chen, C. M., Huang, S. H. (2014). Web-based Reading Annotation System with an Attention-based Self-regulated Learning Mechanism for Promoting

Reading Performance. British Journal of Educational Technology, 45(5), 959-980.

[12] Dietze, S., Sanchez-Alonso, S., Ebner, H., Qing Yu, H., Giordano, D., Marenzi, I., & Pereira Nunes, B. (2013). Interlinking Educational Resources and the Web of Data: A Survey of Challenges and Approaches. Program, 47(1), 60-91.

[13] d'Oliveira, C., Carson, S., James, K., Lazarus, J. (2010). MIT Open Course Ware: Unlocking Knowledge, Empowering Minds. Science, 329(5991), 525-526.

[14] Downes, S. (2007). Models for sustainable open educational resources. Interdisciplinary Journal of Knowledge & Learning Objects, 111(4), 67-76.

[15] Drexler, W. (2010). The Networked Student Model for Construction of Personal Learning Environments: Balancing Teacher Control and Student Autonomy. Australasian Journal of Educational Technology, 26(3).

[16] Duffin, J., Muramatsu, B. (2008, June). OER Recommender: Linking NSDL Pathways and Open course ware Repositories. In Proceedings of the 8th ACM/IEEE-CS Joint Conference on Digital Libraries (pp. 449-449). ACM.

[17] Duval, E., Verbert, K., Klerkx, J. (2011). Towards an Open Learning Infrastructure for Open Educational Resources: Abundance as a Platform for Innovation (pp. 144-156). Springer Berlin Heidelberg.

[18] Geser, G. (2007). Open Educational Practices and Resources. OLCOS Roadmap, 2012.

[19] Grosch, M., Berger, R., Gidion, G., Romeo, M. (2014). Which Media Services do Students Use in Fact? Results of an International Empirical Survey. Procedia-Social and Behavioral Sciences, 141, 795-806.

[20] Gurell, S., Kuo, Y. C., Walker, A. (2010). The Pedagogical Enhancement of Open Education: An Examination of Problem-based Learning. The International Review of Research in Open and Distributed Learning, 11(3), 95-105.

[21] Ha, K. H., Niemann, K., Schwertel, U., Holtkamp, P., Pirkkalainen, H., Boerner, D., Bick, M. (2011). A Novel Approach Towards Skill-based Search and Services of Open Educational Resources. In Metadata and Semantic Research (pp. 312-323). Springer Berlin Heidelberg.

[22] Hagedorn, G., Mietchen, D., Morris, R. A., Agosti, D., Penev, L., Berendsohn, W. G., Hobern, D. (2011). Creative Commons Licenses and the Non-commercial Condition: Implications for the Re-use of Biodiversity Information. Zoo Keys, (150), 127.

[23] Han, X., Zhou, Q., Yang, J. (2011). A Technical Mode for Sharing and Utilizing Open Educational Resources in Chinese Universities. Knowledge Management & e-learning: An International Journal (KM&EL), 3(3), 356-374.

[24] Hatzipanagos, S. (2012). Exploring E-Assessment Practices to Overcome

Transmissive Learning and Teaching in Open Educational Resources. Iceri2012 Proceedings, 1277.

[25] Hill, J. R., Hannafin, M. J. (2001). Teaching and learning in digital environments: The resurgence of resource-based learning. Educational Technology Research and Development, 49(3), 37-52.

[26] Holotescu, C., Crețu, V., Grosseck, G. (2013). MOOC's Anatomy: Microblogging as the MOOC's Control Center. In Conference Proceedings of "Elearning and Software for Education"(eLSE) (No. 02, pp. 312-319).

[27] Hsiao, H. S., Tsai, C. C., Lin, C. Y., Lin, C. C. (2012). Implementing a Self-regulated Web Quest Learning System for Chinese Elementary Schools. Australasian Journal of Educational Technology, 28(2), 315-340.

[28] Hylén, J. (2006). Open Educational Resources: Opportunities and Challenges. Proceedings of Open Education, 49-63.

[29] Iriarte, L., Marco, M., Pernías, P. (2008). An Informatic Model for Open Contents Management. In Advances in Web Based Learning-ICWL 2007 (pp. 138-147). Springer Berlin Heidelberg.

[30] Ischinger, B. (2007). Giving knowledge for free: The emergence of open educational resources. Paris: OECD. Retrieved May, 26, 2014.

[31] Jesse, R. (2013). Mobile Authoring of Open Educational Resources as Reusable Learning Objects. The International Review of Research in Open and Distributed Learning, 14(2), 28-52.

[32] Kakoyianni-Doa, F., Antaris, S., Tziafa, E. (2013). A Free Online Parallel Corpus Construction Tool for Language Teachers and Learners. Procedia-Social and Behavioral Sciences, 95, 535-541.

[33] Kelty, C. M., Burrus, C. S., Baraniuk, R. G. (2008). Peer review anew: Three principles and a case study in post publication quality assurance. Proceedings of the IEEE, 96(6), 1000-1011.

[34] Kim, R. H. (2010). Self-Directed Learning Management System: Enabling Competency and Self-Efficacy in Online Learning Environments. ProQuest LLC. 789 East Eisenhower Parkway, PO Box 1346, Ann Arbor, MI 48106.

[35] Kok, W. (2004). Facing the Challenge: the Lisbon Strategy for Growth and Employment. Report From the High Level Group Chaired by Wim Kok. Luxembourg: Office for Official Publications of the European Communities.

[36] Kramarski, B., Michalsky, T. (2009). Investigating Preservice Teachers' Professional Growth in Self-regulated Learning Environments. Journal of Educational Psychology, 101(1), 161.

[37] Kretschmer, T. (2010). Open And User-Generated Content: Strategies To Address Quality And Copyright Issues In Higher Education. Valenica: Iated-Int Assoc Technology Education & Development.

[38] Kroop, S. (2013). Evaluation on Students' and Teachers' Acceptance of Widget- and Cloud-based Personal Learning Environments. J. UCS, 19(14), 2150-2171.

[39] Little, S., Ferguson, R., Rüger, S. (2012). Finding and Reusing Learning Materials With Multimedia Similarity Search and Social Networks. Technology, Pedagogy and Education, 21(2), 255-271.

[40] Lorenz, B., Kikkas, K., Laanpere, M. (2011). Social Networks, Elearning and Internet Safety: Analysing the Stories of Students. In Proceedings of the 10th European Conference on e-learning: Brighton Business School, University of Brighton, UK. 10-11 November, 2011 (p. 416). Academic Conferences Limited.

[41] Loyens, S. M., Magda, J., Rikers, R. M. (2008). Self-directed learning in problem-based learning and its relationships with self-regulated learning. Educational Psychology Review, 20(4), 411-427.

[42] Manuel, G., Giovanni, F., Davide, T., Mario, A. (2009). The Evolution of Learning Object Repository: Towards the Learning Object Management System and Dynamic Use of Metadata. Iasi: ACM.

[43] McMahon, T., Jennings, D. (2010). Using Wikis to Promote Self-Managed Professional Development for Academics in Higher Education. ICERI2010 Proceedings, 6721-6722.

[44] Millard, D. E., Borthwick, K., Howard, Y., McSweeney, P., Hargood, C. (2013). The HumBox: Changing Educational Practice Around a Learning Resource Repository. Computers & Education, 69, 287-302.

[45] Minguillón, J. (2010). Analyzing Hidden Semantics in Social Bookmarking of Open Educational Resources. In Metadata and Semantic Research (pp. 8-17). Springer Berlin Heidelberg.

[46] Mu, S., Zhang, X., Zuo, P. (2012). Research on the Construction of Open Education Resources Based on Semantic Wiki. In Hybrid Learning(pp. 283-293). Springer Berlin Heidelberg.

[47] Mulder, F. (2006). The Advancement of Lifelong Learning Through Open Educational Resources in an Open and Flexible (self) Learning Context. Presentations Dies Natalis 21 September 2006.

[48] Peco, P. P., Berenguer, N. G., Patón, F. C., Navarro, L. I., & Such, M. M. (2008, July). A Proposal for Disassembling Learning Objects with High Level of Aggregation. An Implementation for Open Course Ware Educational Resources. In Advanced Learning Technologies, 2008. ICALT'08. Eighth IEEE International Conference on (pp. 111-113). IEEE.

[49] Piedra, N., Chicaiza, J., Lopez, J., Tovar Caro, E. (2014, April). Supporting Openness of MOOCs Contents Through of an OER and OCW Framework Based on Linked Data Technologies. In Global Engineering Education Conference (EDUCON), 2014 IEEE (pp. 1112-1117). IEEE.

[50] Piedra, N., Chicaiza, J., López, J., Tovar, E., Martinez, O. (2011, April). Finding OERs with Social-semantic Search. In Global Engineering Education Conference (EDUCON), 2011 IEEE (pp. 1195-1200). IEEE.

[51] Piedra, N., Chicaiza, J., López, J., Tovar, E., Martinez-Bonastre, O. (2012, April). Combining Linked Data and Mobiles Devices to Improve Access to OCW. In Global Engineering Education Conference (EDUCON), 2012 IEEE (pp. 1-7). IEEE.

[52] Piedra, N., Tovar, E., Colomo-Palacios, R., Lopez-Vargas, J., & Alexandra Chicaiza, J. (2014). Consuming and Producing Linked Open Data: the Case of Open course ware. Program: Electronic Library and Information Systems, 48(1), 16-40.

[53] Ponti, M. (2014). Self-directed Learning and Guidance in Non-formal Open Courses. Learning, Media and Technology, 39(2), 154-168.

[54] Rennie, F., Mason, R. (2010). Designing Higher Education Courses Using Open Educational Resources. New Science of Learning (pp. 273-282). Springer New York.

[55] Shelton, B. E., Duffin, J., Wang, Y., Ball, J. (2010). Linking Open Course Wares and Open Education Resources: Creating an Effective Search and Recommendation System. Procedia Computer Science, 1(2), 2865-2870.

[56] Shih, K. P., Chen, H. C., Chang, C. Y., Kao, T. C. (2010). The Development and Implementation of Scaffolding-based Self-regulated Learning System for E/M-learning. Journal of Educational Technology & Society, 13(1), 80-93.

[57] Simons, R. J., Van der Linden, J., Duffy, T. (2000). New learning: Three ways to learn in a new balance. In New learning (pp. 1-20). Springer Netherlands.

[58] Stacey, P. (2010). Foundation Funded OER vs. Tax Payer Funded OER-A Tale of two Mandates. 2010 Proceedings. Barcelona: UOC, OU, BYU. [Accessed: 17/01/2015]. <http://hdl.handle.net/10609/5241>.

[59] Thakrar, J., Wolfenden, F., Zinn, D. (2009). Harnessing Open Educational Resources to The Challenges of Teacher Education in Sub-Saharan Africa. The International Review of Research in Open and Distributed Learning, 10(4).

[60] Toetenel, L. (2014). Social Networking: a Collaborative Open Educational Resource. Computer Assisted Language Learning, 27(2), 149-162.

[61] Trillo, P., Domínguez, D. (2011). Crowdsourcing Pedagogical Models in the Context of Quality Assurance in Online Courses Open. Edulearn11 Proceedings, 3192-3195.

[62] Tuomi, I. (2006). Open Educational Resources: What They are and Why do they Matter. Report Prepared for the OECD. [2016-03-08]. http://www.meaningprocessing.com/personalPages/tuomi/articles/OpenEducationalResources_OECDreport.pdf.

[63] van Marle, J. (2011). Open Educational Resources as Building Blocks for

[64] Vladoiu, M., Constantinescu, Z., Moise, G. (2013). QORECT-A Case-Based Framework for Quality-Based Recommending Open Courseware and Open Educational Resources. In Computational Collective Intelligence. Technologies and Applications (pp. 681-690). Springer Berlin Heidelberg.

[65] Whyte, S., Schmid, E. C., van Hazebrouck Thompson, S., Oberhofer, M. (2014). Open Educational Resources for CALL Teacher Education: the iTILT Interactive Whiteboard Project. Computer Assisted Language Learning, 27(2), 122-148.

[66] Wikipedia (2012). Massive Open Online Course OECD. [2016-03-08]. https://en.Wikipedia.org/Wiki/Massive_open_online_course.

[67] Wiley, D. (2006). The current state of open educational resources. [2016-03-08]. http://opencontent.org/blog/archives/247.

[68] Wiley, D. (2010). Openness as Catalyst for an Educational Reformation. [2016-03-08]. http://scholarsarchive.byu.edu/facpub/95.

[69] Wiley, D., Bliss, T. J., McEwen, M. (2014). Open Educational Resources: a Review of the literature. In Handbook of Research on Educational Communications and Technology (pp. 781-789). Springer New York.

[70] Winne, P. H., Hadwin, A. F. (1998). Studying as Self-regulated Learning. Metacognition in Educational Theory and Practice, 93, 27-30.

[71] Yu, S., Guobin, L. (2010, August). Explore Web Services for Open Educational Resource Sharing Platform. In Internet Technology and Applications, 2010 International Conference on (pp. 1-5). IEEE.

[72] Zhuhadar, L., Nasraoui, O. (2010, April). Augmented Ontology-based Information Retrieval System with External Open Source Resources. InInformation Technology: New Generations (ITNG), 2010 Seventh International Conference on (pp. 144-149). IEEE.

[73] Zimmerman, B. J. (1973). Academic Studying and the Development of Personal Skill: a Self-regulatory Perspective. Educational Psychologist, 33, 86.

[74] Zimmerman, B. J. (1989). Models of Self-regulated Learning and Academic Achievement. In Self-regulated Learning and Academic Achievement (pp. 1-25). Springer New York.

[75] Zimmerman, B. J. (2002). Becoming a Self-regulated Learner: An Overview. Theory into Practice, 41(2), 64-70.

[76] Zimmerman, B. J. (2008). Investigating Self-regulation and Motivation: Historical Background, Methodological Developments, and Future Prospects. American Educational Research Journal, 45(1), 166-183.

[77] 韩锡斌,周潜,程建钢(2012). 基于知识分享理论的开放教育资源共建共享可持续发展机制的研究. 清华大学教育研究, 33(3): 28-37.

[78] 王爱华,汪琼,姜海标(2012).麻省理工学院怎样做开放课程.开放教育研究,18(3):9-19.
[79] 杨娟,韩锡斌,何良春(2005).构建大学网络教学资源中心.中国远程教育,12:52-55.
[80] 赵国栋,姜中皎(2009).高校"开放教育资源"建设模式与发展趋势.北京大学教育评论,(3):123-134.

第十一章 泛在学习与 uMOOCS 研究

第一节 泛在学习概念的重新认识与研究问题

随着普适计算、云计算、智能移动技术和物联网的迅猛发展,泛在学习(ubiquitous learning)成为近年来的研究热点(Chen, Huang, 2012; Hwang et al, 2012, 2014; Hiroaki et al, 2014; Trifonova, 2014; Wong, Looi, 2011)。本文试图从新的视角分析泛在学习的概念与历史演进逻辑,探讨泛在学习的研究问题与任务。

一、人类学习视角下的泛在学习的演进

(一) 新的研究视角的确立:人类学习视角

1. 泛在学习起源与界定,是确立泛在学习研究视角的基础

泛在学习起源于美国马克·威士(Mark Weiser)1991 年提出了普适计算(ubiquitous computing),其最高目标是使计算机广泛存在,而且不可见(张洁,2010)。泛在学习技术缘于学习型社会的普适计算环境下人类对于学习自由的追求,是未来学习技术发展的目标(陈维维,2010)。学习者所关注的是学习任务本身,技术会成为一种自然存在,不再增加学习者的认知负担。

而早在两千多年前,我国孔子就提出了"三人行必有我师""有教无类"等具有泛在学习内涵的观点;南宋朱熹则提出了泛在学习的朴素表述:"无一事而不学,无一时而不学,无一处而不学,成功之路也。"泛在学

习的发生无处不在,学习的发生并不是一定要在一个被设计的"教育环境"中;学习是一种积极的过程而非仅仅是"被教育"的过程(李卢一,2009),这也符合孔子和苏格拉底采用"对话式"的教育方式。即便技术社会时代,口袋里塞几张英语单词的卡片,搭车时、吃饭时记上一两个,也是随时、随地的一种"泛在学习",何必"使用高新的 PDA"(王宁,2013)。泛在学习应该使人类学习成为一种几乎是无拘束的自然的学习,使得每个人的终身学习成为可能(夏云,2012)。

2. 人类学习的研究视角,是对泛在学习本质的回归

人类学习方式要由学习能力发展的水平决定,而且受到学习活动之物质载体和物质手段制约(桑新民,2005)。尤其是进入信息时代后,信息技术不仅改变着人们的生产方式和生活方式,而且改变着人们的思维方式和学习方式。应该说,技术是不可缺的,但是眼睛只盯着技术也是不明智的(李芒,2006)。从"技术视角"来审视,技术促进学习方式变革,人们看到了学习方式的变化与变迁,人们看到了学习技术化特征的变化与变迁,出现了"e-learning""m-learning""u-learning"等技术化名词术语,但是,看不清学习本质究竟是什么?人类学习本来是同工作、生活融为一体的,人类的学习活动同物质生产活动一样,都属于人类最基本的社会实践活动——学习是人类自身再生产的社会实践活动,而泛在学习就直接将学习融入生产实践活动之中。如何从人类学习及其方式的变迁(而非技术层面)来探讨泛在学习,然后再落在现代媒体与技术之上,是本文审视泛在学习的基本视角和思路。

(二)人类学习视角下的泛在学习演进历程

从人类学习及其方式变迁来审视泛在学习的演进,站在人类生产实践活动的历史进程之中审视人类学习及其方式的变迁与演进规律,可以准确把握泛在学习真正内涵、研究问题与实践任务(图 11-1)。人类学习方式的变迁决非限于外在形态,而是深刻地反映了不同社会发展阶段生产与生活特征,由社会环境、技术环境以及知识环境决定。

1. 原始社会:生产劳动与学习融为一体,成为最朴素的泛在学习

原始社会教育还处在萌芽状态,没有教师与文字,学习与生产实践(狩猎、采摘)完全融为一体,生产劳动的过程也就是教育与学习的过程。这个阶段学习特征是:人人、事事、时时、处处,也成为最朴素的泛在学习

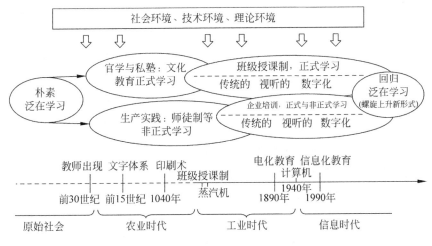

图 11-1 人类学习视角下的泛在学习演进

方式与实践,没有正式和非正式学习之分。从教育学角度看,只要人们积极投入一种有意识的活动,学习在人们的头脑中就已经发生了,而且即使是无意识的活动,人们的智力,以及一些隐性素质(比如态度、兴趣等)也会投入其中(Stahl,2002)。广义的教育也是指一切有目的地影响人的身心发展的社会实践活动。毫无疑问,狩猎劳动过程是伴随着生产技能、结绳记事等教与学发生的。

原始社会人的活动对自然的影响较小,人的生活物质大部分来源于自然,因其科技水平极其低下,决定了他们面对的是一个混沌的整体世界,人与自然和谐相处,并处于主客不分与模糊不清的状态(徐志辉,2005),这是一种朴素的生态思维。原始社会人类学习及其方式基本特征可做如下概括。

(1) 教育形态与学习方式:朴素的泛在学习,没有正式学习和非正式学习之分。

(2) 组织形式:学习与生产劳动密切结合,学习自发性,随时随处在生产、生活中学习。

(3) 基本特征:生产实践中的集体导师指导下的"个别化学习"。

(4) 教学任务:维持生存。

(5) 媒体技术:肢体语言(规模不可能太大,个别化教学)。

(6) 整合与分化:生产实践、生活、学习融为一体。

2. 农业社会：专职教师及文字体系出现，教育领域开始分化与异化

原始社会末期专职教师开始出现，及公元前 14 世纪"文字体系"出现，一少部分人能够接受古代官学和私塾教育进行"正式学习"文化知识；而大部分贫苦家庭的儿童，只能继续在生产生活等情境下"师徒制"进行实践性的"非正式学习"（这是后人相对于"学校教育"而给这种学习方式贴的一个标签），于是出现了各种"匠"才：如工匠、泥瓦匠、木匠、铁匠、鞋匠。"匠"才的教与学方式延续了原始社会的强交互性和情境性，直接推动了生产力发展和社会进步，这也是泛在学习的典型表现和重要范畴。长期以来，这种学习方式却容易被教育史忽略。人们通常仅从文化知识的获取来狭义地理解学习结果，把学习仅仅归属于人类的认识活动，而忽视了人类学习的本质应该是将发展人类自身的学习能力和改造外部世界的生产能力充分结合起来（桑新民，2005）。由于文字的出现，使学习从社会生活与生产实践中分化出来，并逐渐发展成为相对独立的活动领域和活动方式（邬焜，2007）。教育领域开始分化，学习方式也被逐渐分化为"文化学习"和"实践学习"、"正式学习"和"非正式学习"。由于封建社会培养统治阶级及愚昧大众的双重需要，只让少部分人能接受正规教育，加上专有教师、文字体系、纸张成本、抄录不便等"门槛"等因素综合作用，不仅造成了学习方式的分化，更是形成了"人与人"地位与受教育机会不平等（异化）。这一时期人类学习及其方式基本特征如下。

（1）教育形态：以私塾教育为主。

（2）学习方式：个别化学习，实践情境学习。

（3）学习组织：官学与私塾，家庭教育，生产实践教育。

（4）基本特征：个性化。

（5）教学任务：培养少数精英，满足于生产劳动需要。

（6）媒体技术：口耳相传，文字体系。

（7）整合与分化：正式学习与非正式学习分化，文化知识学习与实践学习分化，人与人的教育机会不平等（教育的异化）。

3. 工业社会：印刷术发明与电化教育出现及工业化大生产的需要，教育领域分化与整合同步进行

工业社会的教育变革可从两个方面来看。一是科技革命视角，在工业革命之前的 11 世纪，活字印刷术的发明使得书本开始廉价普及。一百多年后，朱熹提出了"事事、时时、处处"学习；再到19世纪末电化教育的出现，尤其是广播电视等成为更为有效知识传播载体，电化教育出现；正式学习和非正式学习之间的界限开始被淡化，同时，泛在学习与终身学习逐渐受到了重视。借助于印刷材料函授和广播电视等技术支撑，人们在日常的工作生活之余开展自学、业余学习或进入职工大学。二是教学组织视角，从12世纪最早的巴黎大学，到16世纪夸美纽斯推动的"班级授课制"，都强化了作为正规教育和文化教育的方式。

工业化大生产的需要，一方面强化了大规模培养劳动技能型人才的需要，工业时代以标准化、规范化和规模化生产为主要标志，产生了与此相适应的基于大学、专业和课程的人才培养体系。在这种体系下，知识以结构化形式表示，以课堂讲授方式进行传授，以人才培养方案、课程大纲等标准化的形态进行规模化的教学实施（韩锡斌，2013）。另一方面工业时代的科技革命和社会生产需求都要求工人掌握越来越精细的学科知识，作为面向人类社会实践整体的知识也开始被分化，表现为两种形式：一是以往以培养统治阶级精英人才的四书五经、宗教神学等，转变成培养工业化大生产的生产劳动者；二是作为整体的知识越来越细化为物理、数学、化学、语言学、艺术学等诸多学科。纵观课程教学发展史，正是因为"分化"日益严重，"整合"便是与"分化"同时被关注的。"斯宾塞-维尔纳原理"强调"未分化、分化和整合"（黄宏伟，1995）。从19世纪末，齐勒提出"学科整合论"（钟启泉，1989），20世纪杜威的儿童"经验"中心整合论，到美国"2061计划"方案（国家教育发展研究中心，1992），都是按照不同的标准进行课程再度分化与整合（朱永海，2010）。

这一阶段媒体技术扮演着"人体延伸"的角色，正是媒体技术的这种延伸能力，却又在一定程度引起了教与学的新分离、物理世界与虚拟世界的割裂；学习更倾向于向"书本"学习，造成了文化知识脱离于生产生活实践的"异化"，形成"纸上得来终觉浅"尴尬情形；电大教育中的"学生和教师处于准永久性分离状态；学生和学习集体也在整个学习期间处于准永久性分离状态"被认为是远程教育典型特征（德斯蒙德·基更，1996）；广播电视媒体"建构起真实"的"虚拟世界"与学生所处的"真实世界"的分离；借助于媒体技术的延伸能力，支撑和强化了教育中的"分离"与"分化"的存在。现代学校制度……确立了以教师为中心的教育模式，却又强调了教师的权威性(周洪宇,2014),教师和学生关系的不对等性进一步强化。

从思维范式来看,培根开创的机械唯物主义与笛卡儿的现代主义世界观,逐渐形成了机械论的二元分离的思维模式,与此相对应的近代自然科学常采用的还原性分析方法,把整体事物划分成局部,并试图从局部认识去寻求事物规律。尤其是在工业社会,还原论思维日益盛行,教育领域的"分化"也达到前所未有的程度,人类学习及其方式基本特征如下。

(1) 教育形态:传统(学校)教育。

(2) 学习方式:集体学习,小组学习,个别化学习,函授学习,视听学习,探究学习,情境学习,社会化学习。

(3) 学习组织:学校教育,家庭教育,企业培训。

(4) 基本特征:规模化,标准化。

(5) 教学任务:大众化教育,满足社会化大生产需要。

(6) 媒体技术:书本等印刷材料,实物模型,视听电子媒体设备。

(7) 整合与分化:分化包括正式学习与非正式学习分化;文化学习与实践学习分化;课堂授课与社会学习分化;教育仍然有不平等;学科知识分化;教师与学生准永久分离;物理世界与虚拟世界的分化。整合包括人和媒体开始融合;教学媒体与教学内容融合;正式学习与非正式学习开始融合;人与人教育机会开始均等化。

4. 信息社会:网络技术、普适计算、云计算、智能移动终端的出现及知识经济时代的需要,教育领域开始无缝整合,泛在学习螺旋上升为新的表现形式

第一,泛在学习阶段的思维范式:信息生态系统论。

学习方式的转变深刻地反映了从工业时代走向信息时代各种标志性特征的"范式转变"(盛群力等,2003),包括从"还原论"转向到"系统论"和"生态论"的思维范式转变。随着新兴的交叉与横断学科及理论的发展,特别是20世纪中叶以来系统科学的提出,主客二分的思维模式受到了严重挑战。系统科学强调要素与要素、要素与整体之间的相互联系和整体功能,关联性与整体性是系统论的最要特征(朱永海,2009)。而生态环境问题和生态学科的发展,生态思想渗透到方方面面,从生态视角重新审视现代教育,就会找回教育长久缺失的东西——关注"人"的生命(吴林富,

2006)。"系统论"的思维范式必须要吸收和借鉴"生态论"范式的优势,更加强调人及其生命、环境建设、人和环境间的生态互动关系(朱永海,2008)。泛在学习中人的生命特征和泛在学习环境如何互动,是这一阶段思考的问题。

第二,混合学习是泛在学习的前奏,和泛在学习具有"质"上的统一性。

信息技术迫使教育体系进入变革时代,人类学习进入泛在方式的一个前奏阶段:混合学习。在信息社会早期阶段,随着多媒体技术、网络技术、移动技术和大数据在教育领域的纷纷应用,一方面现代信息技术不断地强化"分化"局面,很多学科课程都在继续分化与细化。而且技术和人的进化不能同步,人的驾驭能力已经赶不上技术革新。大部分人需要很长时间的专门学习才能掌握部分信息技术;人与媒体技术甚至走向对立,"技术决定论"的论调曾经喧闹一时。部分年长者或农民工对于利用媒体开展学习无所适从;而相当一部分掌握了信息技术的青少年,又被媒体尤其是视觉媒体所包围,浸淫在无尽的感官愉悦之中,媒体景观建构起的拟态环境让青少年分不清虚拟与现实,沉溺于其中无法自拔,以至于丧失主体性,形成了诸如网瘾、游戏沉迷等典型症状(朱永海,2013),甚至无法脱离于网络世界而适应现实生活,虚拟世界和现实世界被尖锐对立起来。另一方面技术支撑下的教育开始迈向更加积极的"整合"之路,网络把课堂内外、文化教育和实践学习、线上学习与线下学习等有效联结起来;同时,各种移动学习、娱教学习、碎片化学习等成为学校课堂教学的有效补充形式。学校教育仍然是主体,但多样化的在线教学形式成为学校教育的延伸,也成为联结在校课程与职业技能培训的有效方式。企业即时培训和学习型组织建设也得到了长足地发展。20世纪80年代以来,"整合"在社会学、心理学以及教育学等学科中广泛地使用,甚至被上升为哲学范畴(黄宏伟,1995)。建构主义学习理论、信息技术与课程整合、CSCL、e-learning与传统教学、线上与线下、多种教与学方式融合起来,不仅仅让学习方式凸显出"混合学习"的特征,教育体系从理论、技术、方式、组织等各方面都渗透着"整合"与"混合"的思维,由此进入一个以从课程、专业和学校多维度、多层次的"混合教育"时代。

泛在学习和混合学习都强调"恰当"和"混合/融合"。泛在学习就是混合学习的高级阶段，比如，混合学习强调多种学习方式在恰当的情境下的恰当使用，而泛在学习同样秉持的是这样一种基本理念。混合学习就是泛在学习在当前设备、技术和环境条件并没有达到非常成熟的环境下的一种预演。泛在学习相对于混合学习来说，一是技术上的成熟，技术从台前走到了幕后；二是范围上的扩大，从学校拓展到了整个社会；三是时间上的拓展，从学校学习阶段拓展到人的一生；四是程度上的强化，混合学习只是线上线下的混合，而泛在学习则强调虚拟世界和物理世界的"融合"。

随着移动通信技术、物联网、云计算等技术的快速发展和移动教育的日渐成熟，促使人类学习历史进程中占据重要地位的非正式学习逐渐引起国际教育界的关注。非正式学习真正体现了学习的本源精神（学习是一种能动性的适应，是一种生活情境中的濡染和熏陶），促使人类的学习最终又回归生活（余胜泉等，2009），未来人类学习的发展方向是泛在学习（余胜泉等，2011）。

第三，泛在学习阶段的社会环境，是技术构建起的物理世界与虚拟世界无缝融合的"技术化社会"，为泛在学习等提供无缝环境。

生产工具信息化的特点越来越突出，正像由于技术进步带来的生产工具的变革促成了生产方式的转变一样，学习工具的变革也将从根本上改变现有的学习方式（盛群力等，2003）。地球表面覆盖一层"电子皮肤"（田波，2000），物理世界与虚拟世界开始相互融合。整个社会被泛在技术所构建，形成了技术化的社会，技术已经成为社会的一个本质属性，学习者从校园学习可以随心所欲地无缝迁移到校园之外的地铁、公园、家庭或者其他任何地方学习，并与这些情景活动相融合，泛在学习表现出高度的"社会性"特征。正式学习和非正学习融为一体，学习与工作、生活融为一体，这就是技术无缝构建的社会的结果，也是当前信息社会时代特征和农业社会、工业社会不同之处。夸张地说，当前的泛在学习和原始社会的泛在学习呈现一种螺旋式上升的态势，唯一的区别就在于泛在学习所处的社会背景是"技术化了"的社会，而原始社会是纯自然的社会。

第四，泛在学习是对多种学习方式并存的一种学习状态的形而上的表述，是在多种情境下的多种学习方式的无缝切换与无缝体验。

人类社会发展、时代的变迁、学习理论的深入探讨等都要求泛在学习是和生产实践任务联结起来,学习不应该从生产实践活动中剥离出来,更不应该被狭隘化和特殊化理解为"文化知识"学习观;不仅是学习和生产生活在形式上融为一体,而且学习的内容和生产生活实践相一致,学习是为了直接解决生产实践中的问题。而当前的 e-learning、m-learning、狭义泛在学习等多种学习方式,都是广义的泛在学习的一种"形而下"的表现形式,而"泛在学习"是一种"形而上"的表述,但不会替代诸如碎片化学习、移动学习、即时培训等多种方式,它们仍然存在。而且在无缝的技术环境下,家庭、社区和企业等各种情境下多种学习方式可以综合利用并无缝切换,形成无缝学习体验。所以泛在学习是个人应用的多种"学习方式"并存一种"学习状态"——无所不在的学习状态。

第五,泛在学习是技术环境的支持、社会环境的变迁和知识环境的引导等多因素共同促成的。

除了上述"技术环境的支持"对学习方式影响外,"社会环境的变迁"也提出了泛在学习需求。如随着民主、自由、平等、公平、人权等普适价值的渗透,教育领域也要追求教育民主、教育自由、教育公平等,以及教育国际化、全球化和生态化等,而泛在学习可以很好地满足这些普适价值,让草根大众获得最为广泛的教育权利和自由。泛在学习充分体现了关注个体发展、个体的主体性和自由的实现(陈卫东,2008)。另外"知识环境的引导"也成为泛在学习不可缺少的动力。人类知识的不断积累使学习的认识进一步深化,如分布式认知、情境认知、社会建构主义、联通主义等,这些并非是纯粹的学习理论。未来学习理论也不仅仅适用于学习领域,或者说没有单纯的学习理论,而是社会领域的理论,譬如生态学理论、学习型组织、知识管理等,都不是在教与学领域中才用到的,但都对教与学领域的发展与演变会起到重要的推动作用。

第六,泛在学习是追求在无缝环境下的"无边界"的"无缝学习"、自由学习、尊重人的生命、权利和平等,实现人的自由发展。

在泛在技术建构起的社会环境下,学习开始与生产、生活无缝融合,学习无处不在,正式和非正式学习再次融为一体,构建了终身学习。学习服务体系不断完善,建构起了技术化社会环境下的全新的泛在学习。泛在学习成为一种"学习形态",而并非是一种简单的"学习方式"和"状态"。在泛在技术搭建了一个无缝的社会环境下,教育系统也不再是从社会大系统中被剥离出的一个相对独立的系统。换个角度说,泛在学习超出了现有的教育系统边界,成为一个"无边界"的学习,并让教育无边界,这是泛在学习的一个典型特征。俞敏洪(2014)也认为:教育应该是无边界的体系。泛在学习技术是以自然交互方式进行学习的技术,缘于学习型社会、普适计算环境下人类对于学习自由的追求,是未来学习技术发展的目标(陈维维,2010)。

原始社会人们初步尝试使用石器技术;工业社会媒体技术是人体延伸;到了现代信息社会,包括早期计算机技术,并没有解放人,人也没有完全驾驭技术;相反,人被技术所束缚;普适计算、云技术、移动技术、可穿戴技术等迅速发展以及更多技术创新,将让技术消隐于人们的背后,不再成为决定因素,无论是年龄大小或文化水平高低的劳动者,都可以对技术运用自如;即便是涉世未深的数字土著居民的青少年,随处可见的信息素养、媒体素养和视觉素养等综合素养训练与陶冶,也能够在虚拟世界和现实世界中自由穿梭。充分体现了技术环境的构建对人的生命的关注,对人的充分自由和教育权利关注。普适计算、云计算、物联网和人工智能技术等,将引发人类的第二次进化,把人类从"技术设备"的束缚中解放出来,从新成为"自由的人",让学习者脱离学校环境,在技术支撑下把工作、生活和学习重新融合起来。

人类学习应该是人类一项基本实践活动,泛在学习推动了狭义的文化知识的学习转化为基于实践的学习,具有"人人、事事、时时、处处"的基本属性。泛在性、社会性、情境性、生命性、自组织、无边界、自由性等是泛在学习的基本特征。通过对人类学习及其方式变迁的视角这样一个历史逻辑的梳理,泛在学习作为一种螺旋上升后的新的形式,应具有以下特性。

(1)教育形态:(技术化社会环境下的)泛在学习(正式学习与非正式学习融合)。

(2)学习方式:广义的泛在学习/无缝学习,包括:狭义的情境感知泛在学习、移动学习、碎片化学习、情境感知学习、沉浸式学习、自适应学习等。

(3)学习组织:"学校、家庭、社区、企业"融为一体的公共服务机构。

(4)基本特征:个性化、情境化、自组织、无边界、生命化、自由性。

(5)教育任务：终身学习、教育国际化、教育平等、教育民主、教育自由、创造性。

(6)媒体技术：移动网络、物联网、云计算、泛在计算、增强现实、虚拟现实、人工智能、可穿戴技术等。

(7)整合：物理世界与虚拟世界融合，各种正式学习和非正式学习的融合；学习和生产、生活在形式上融为一体；学习内容、文化知识和生产生活实践相一致；教与学界限消失（教即学）；教师和学生角色差异消失（教师即学生）；各种媒体技术的无缝融合；技术对人来说是完全透明的（无须长期训练）；教育平等、教育民主，教育国际化；教育个性化与生命教育。

二、人类学习方式变迁视角审视泛在学习的问题与任务

（一）泛在学习研究与实践中的问题：教育分化（分离与异化）

从以上历史演进过程中可以看到，泛在学习从原始社会朴素的泛在学习演进到信息社会过程中，出现的重要问题就是：分化与异化。当前正停留在信息社会的早期阶段——混合学习阶段，离真正意义上的泛在学习的核心理念，还有很大距离。其中最大的问题就是，实践中如何解决分化与异化。

教育史上的多次"分化"并不意味着就是不好。相反，在当时特定的历史情境下，各种分化的出现，都在一定程度上都推进了教育乃至整个社会文明的进步，如班级授课制，解决了工业化大生产对各种劳动者培养的需要。然而有些"分化"进一步地被"异化"了，如教育倡导科学哲学，把人视为机器，用工业化的方式造就人，追求科学化和工艺化的教育精神，它以教育目标的明晰化，教育过程的程序化、科学化，教育评价的定量化为特征（甘剑梅，2003）。这种"异化"对教育和学习者可能都会造成一定的阻碍与倒退，但在某种程度上来说，又是"分化"不可避免的某种"副产品"。

随着社会和教育的发展，分化和异化问题已经引起了研究者与实践者的高度重视。当前存在的比较紧迫的问题表现在：多种学习理论层出不穷，无法为实践提供合理的一致性解释；多种学习方式之间分化而不能无缝衔接；多种学习情境不能直接切换而无缝对接，学习者无法获得无缝学习体验；学习者不能在信息海洋中高效获取最有用的信息，学习资源无

法无缝调用与个性化推荐等。

（二）泛在学习研究与实践中的任务：消除分化，无缝融合

从人类学习方式变迁的历史过程可以看出，泛在学习的实践任务就是：融合学习方式变迁过程中发生的各种分化与分离，甚至异化问题，让教育与学习回归原来的面貌，即原始社会中的教育与学习应该和生产实践相结合的状态。当然，这种回归不是对原始社会教育的一种低层次的重现，而是一种螺旋式的回归与升华，毕竟当下和未来的社会是被技术建构起来的无缝的社会环境，社会的普适价值和人类社会的知识积累都不可同日而语。同时，泛在学习存在的挑战，也是来自于消除这些分化与分离，矫正各种异化过程中遇到的各种技术的、社会的知识问题，来自于如何为人类提供无缝环境、无缝切换、无缝融合、无缝体验的无缝学习等。这既是泛在学习实践任务与挑战，也是泛在学习研究重点与方向。从泛在学习价值来看，泛在学习技术有利于教育信息生态的建立，人和技术异化的克服（陈维维，2010）。

第二节 泛在学习研究与实践框架

泛在学习研究与实践中的问题主要表现为：多种学习理论层出不穷，无法为实践提供清晰一致的解释；多种学习方式之间分化而不能无缝衔接；多种学习情境不能顺畅切换而无缝对接，学习者无法获得无缝学习体验；学习者不能在信息海洋中高效获取最有用的信息，学习资源无法无缝调用与个性化推荐。由此本文提出泛在学习的研究与实践框架，从学习理论、学习方式、技术环境和学习资源四个方面探讨无缝融合的途径。

一、多种学习理论无缝融合，提供清晰一致的解释

泛在学习相关研究认为：泛在学习的理论基础包括建构主义、情境认知、分布式认知、联通主义、知识管理、自组织理论、活动理论、非正式学习理论、行为主义、认知主义、后现代主义、人本主义、协作知识建构等（余胜泉等，2007，2009；张洁等，2009；付道明等，2009；杨刚等，2010；潘基鑫等，2010；雷绍南等，2011；杨孝堂等，2011；席利霞等，2012）。泛在学习理论研究的主要任务是在各种学习与认知理论的基础之上,按照泛在学习需要回答的问题来有效融合多种理论,从而为泛在学习实践提供连贯清晰的解释与指导。任何关于学习的研究和解释都需要回答"学习是如何发生的""如何促进学习"和"有无独特理论体系或观点"这三个问题。

(一) 泛在学习是如何发生的

泛在学习发生于"人人、事事、时时、处处",认为:①学习是在主体、多种人工制品、多情境之中发生的;②学习是在混沌的自组织中发生的;③最为关键是,泛在学习是在大脑中创建知识结构和网络体系的过程中发生的。而这三个基本要点都或多或少地体现出分布式认知、情境认知、建构主义和联通主义等基本观点。如:分布式认知认为认知分布于个体内、个体间、媒体、环境、文化、社会和时间等之中(周国梅,2002),智能存在于学习环境、学习者使用的工具、学习者之间的交互以及所有学习者之中,只有当学习被镶嵌在运用该知识的情境中时,有意义学习才有可能发生(盛晓明等,2007)。

(二) 如何促进泛在学习

在真实任务情境中、在智能主体与环境的交流互动中可以有效促进泛在学习。如分布式认知需要考虑到参与认知活动全部因素的分析单元,强调参与者全体、人工制品和他们在其所处特定环境中的相互关系,是一种注重环境、个体、表征媒体以及人工制品间的交互,认为分布式的要素必须相互依赖才能完成任务(周国梅等,2002)。在分布式的各要素之间互动能够有效促进学习;建构主义也强调借助于媒体技术在更大的范围内进行更大程度的思想观点交流与对碰,更大范围的分散控制与相互启迪,意义建构得也就更为深刻和充分(朱永海等,2004)。情境认知强调:"智能体-环境"的相互作用和整体性,以及外部学习环境对学习的重要意义,学习与真实任务情境及其应用的结合是最佳的(盛晓明,2007)。泛在学习过程是在真实的任务情境中遇到实践问题时,能随时利用移动设备或相关方法访问泛在学习系统,让学习者的学习与现实生活结合起来,提高他们知识迁移和解决实际问题的能力。泛在学习的情境化、社会性、自组织、无边界等特征,都强调泛在学习是在一个开放的、活生生的、实际的情境中进行,其中智能体对开放复杂性的认知适应和生存是自组织地完成的,而不是在一个人为设置好的局域中进行的,其中智能体的行为是他组织地设计的(盛晓明,2007)。所以,泛在学习解决了知识要在"怎么用"和"为什么用"之间要建立联系。泛在学习为情境认知、建构主义等学习理论提供了技术上的支持,而情境认知等则为泛在学习提供了理论依据(方海光,2011)。

(三) 泛在学习有没有的独特理论体系或观点

泛在学习强调无缝融合,即各种正式学习和非正式学习的融合;学习和生产、生活在形式上融为一体;学习内容、文化知识和生产生活实践相一致;教与学界限消失(教即学);教师和学生角色差异消失(教师即学生);各种媒体技术的无缝融合;技术对人来说是完全透明的(无须长期训练);教育平等、民主、个性化与生命教育等。泛在学习具有泛在性、社会性、情景化、个性化、生命性、自由性、自组织、无边界的特点。由此对泛在学习理论的要求可以分为五个方面:一是知识分布在多主体、多制品、多情境之中;二是学习与真实任务情境及其应用结合起来最佳;三是学习可以是多主体交流、协作等自组织进行;四是学习不只是知识内化建构,更是知识创新积累与应用的过程,而且更应该强调在解决现实生产实践中的知识创新累积问题;五是学习是在大脑中创建知识结构和网络体系的过程。需要将多种学习理论,如建构主义、情境认知、分布式认知、联通主义等无缝融合,从上述五个方面提供清晰一致的解释(图11-2)。

至今泛在学习还没有形成独特的理论体系,但有比较独特的实践方式,而这种实践方式背后可以归纳出泛在学习的三个基本观点。

1. 学习是人类自身再生产的社会实践活动

人类的学习活动是同生产、生活融为一体的,人类的学习活动同物质生产活动一样,都属于人类最基本的社会实践活动——学习是人类自身再生产的社会实践活动,人类学习本质是一种生产实践活动。这种学习是一种广义的学习,直接指向人类社会知识的增长,而非个体知识获取,即是一种人类自身再生产的社会实践活动形式(桑新民,2005)。而以往的学习理论通常都是仅从"文化知识"的获取来狭义地理解学习,把学习仅仅归属于人类的"认识活动",忽视了人类学习的本质应该是将发展人类自身的学习能力和改造外部世界的生产能力(生产力)充分结合起来,共同构成人类生存发展的基础动力和源泉(桑新民,2005)。

第十一章 泛在学习与 uMOOCS 研究

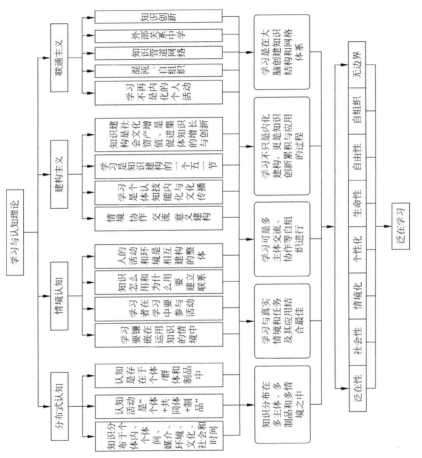

图 11-2 泛在学习理论基础与解释

泛在学习作为一种脱离狭义的学校教育情境的学习方式,在与生产实践相结合的问题解决过程,就是知识创新与积累过程,也是人类再生产的过程,体现出学习就是一种特殊的社会生产实践活动。所以,泛在学习中的学习者即是生产实践过程中的工作者,是他们根据自己的知识结构,在生产实践的过程中,可以随时利用随身的泛在智能终端设备或者其他可利用的手段,调用所需要的"适当的"资源进行随时随地的使用,学习与应用同时进行,学习即为应用。

2. 泛在学习强调"学习"与"知识建构"同步进行

建构主义强调情境、协作、交流和意义建构,知识建构是建构主义的一个核心术语(王觅,2008)。知识建构需要关注共同体即集体的知识、而不仅仅是个人知识,是对社区有价值的观点与思想的产生和不断改进的过程。面对知识社会的挑战,我们需要将当前学校改造成为知识建构共同体(Scardamalia,2005)。"知识建构"与"学习"之间的关系,也是广义和狭义的"学习"之间的关系。广义的知识建构包括学习和社会知识增值两个部分,Scardamalia认为,二者是不同的,学习是指知识与技能等内化的过程,也是文化资产传播,而知识建构是创造和改进公共知识的社会过程,是增加社会文化资产(Scardamalia M. & Beretier C.,1996)。泛在学习不止于"学习"而是"知识建构",其目的也并不在于"学习",而在于将学习融入日常生活与工作过程之中,在促进个体内化知识的同时应用知识,在应用知识过程中并不断解决问题,创新知识,形成知识建构(朱永海等,2012)。

3. 泛在学习强调学习是在大脑中创建知识结构和网络体系

联通主义认为知识创造和产生呈现出了数字化知识经济时代特有的"网络化形态",可以适应当前社会结构变化的学习模式(韩锡斌,2013)。人类的学习要求人们学会使用人与外界知识网络体系的联结管道(George Siemens,2005),人机结合的思维模式是现代人认知世界的基本方式,表达了一种"关系中学"和"分布式认知"的观念(王佑镁,2006)。联通主义强调学习不再是内化的个人活动、混沌和自组织是联通主义学习的基本特征,学习是要建立知识管道网络,在外部关系中进行学习,目的在于知识创新。这种学习方式恰好适合泛在学习的联通无边界、自组织、生命化、个性化和泛在性等基本特征,也体现出泛在学习知识建构的"不求所有,只求所用"及"在大脑中创建知识结构和网络体系"的核心思想。

2014 年的诺贝尔生理学或医学奖奖励的"位置细胞"和"网格细胞"成果，就相当于大脑中的 GPS ——大脑定位和导航系统（Kiehn，Forssberg，2014）。由此推论，大脑中存储的网络节点与节点之间的关系；大脑只需要建立节点与节点之间的关系，而非信息本身；大脑中的节点间关系可以延伸到大脑以外，当需时就可以借助于泛在网络直接调用外在资源，如信息资源、学习伙伴、专家学者等。

建构主义、分布式认知、情境学习和联通主义等学习理论中，都渗透并体现着泛在学习的一些独特理论要点，但就其指导的实践来看，却没有脱离原有"学校"的、作为狭义的"认知活动"范畴，没有把"认知与学习"活动扩大到"泛在学习"的范畴。另外，这里也只分析了研究文献中探讨最多的四种学习理论，而泛在学习理论基础远不止这四种。若要构建一个独特的泛在学习理论体系，还必须要考虑诸如民主、自由、平等、公平、人权等普适价值理论，以及一些诸如生态学理论、学习型组织、知识管理等社会领域理论。

二、多种学习方式无缝切换，支持无缝学习体验

技术进步带来的生产工具的变革促成了生产方式的转变，学习工具的变革也将从根本上改变现有的学习方式（盛群力，2003）。随着移动通信技术、物联网、云计算、可穿戴装备等技术的快速发展和移动教育的日渐成熟，促使人类生命进程中占据主导角色的非正式学习，逐渐引起国际教育技术界的关注。非正式学习真正体现了学习的本源精神（学习是一种能动性的适应，是一种生活情境中的濡染和熏陶），促使人类的学习最终又回归生活（余胜泉等，2009）。哈佛商学院副院长 Das Narayandas 教授（2014）指出，当前在线学习的模式是：我现在遇到了什么问题；今天我能学到这个问题的哪些知识；我能怎样立刻运用这些知识。所以它的要求是，立即能学到并应用和自己实际需求相关的知识，这也将改变传统的教学方式（程明霞，2014）。

（一）泛在学习是多种学习方式并存的一种状态

审视进入 21 世纪以来，信息技术的每次重要变革及其在教育领域的应用，都会催生出新的学习方式，也是泛在学习在不同情境下的应用与表现形式。学习者在特定的学习环境下选择恰当的学习方式，可以有效提高学习效率（熊凤，2013）。泛在学习是对多种学习方式并存的一种学

状态的形而上的表述——"无所不在的学习"状态,不会替代其他多种方式,它们仍然存在。

(二) 泛在学习需要跳出学校教育藩篱,在多情景下无缝切换,构建无缝体验

泛在学习的嵌入程度更高,支持的学习类型更多,并不局限于对"移动"式学习的支持,而且可以支持学校学习、社区学习、工作场所的学习等(李卢一,2009)。企业逐渐吸收 u-learning 理念并探索实践应用,从传统面授培训、网络培训转向无处不在的泛在培训(杨现民,2013),也可以实现在线与离线情境自由切换的可持续学习(陈凯泉,2011)。

多情境下的多种学习方式的无缝切换与无缝学习体验,可以从两个方面来看:一是,在时间纵向上来看,可以理解为学习者在中小学、高校、企业岗前培训、企业即时培训、企业组织学习等等人生的多个阶段实现整体无缝对接;二是,在空间横向上来看,可以理解为在不同的情境下,如学校、办公场所、交通工具、社区医院、家,或者荒郊野外等(如图 11-3 所示)。利用多种学习方式进行自由切换,无缝衔接,构建无缝学习体验。无论是时间上还是空间上来看,都是涉及在多种情境下的"多种学习方式的切换,而对学习者的学习没有任何中断影响"这个"学习体验的连续性"的关键问题,尤其是在在线学习与离线学习、线上学习与线下学习、正式学习与非正式学习等学习方式之间切换。在无缝学习空间中,学生只要对情境具有好奇心就可以学习,而且通过个人化移动设备作为媒介,学生将可轻松并快速地从一个情境切换到另一个情境,而无须考虑"技术""设备"等切换所带来的学习体验的变化或学习中断(余胜泉等,2007)。

然而,如何使得适应于某个应用情境的学习,可以无缝迁移到另外一个学习情境,这就需要核心功能——学习平台系统或者说是个人学习环境来支撑。

三、多种技术环境无缝整合,构建无缝学习空间

有效泛在学习的发生依赖于泛在学习环境的创设,移动只是一小步,"无缝学习空间"才是未来(余胜泉等,2009),多种学习方式之间无缝切换,多终端无缝接入与访问,多终端学习资源自适应推荐与呈现,以及情境模型构建等,都对体现了泛在学习自身特征的技术体系构建,也提出了相应的挑战(图 11-3)。

第十一章 泛在学习与 uMOOCS 研究

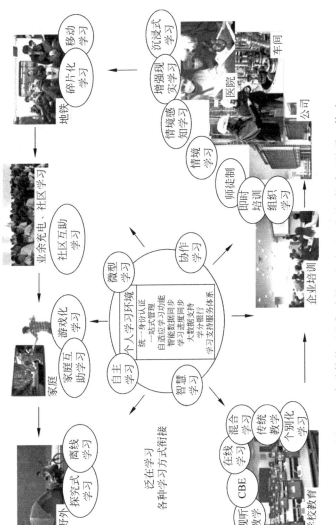

图 11-3 多种情境下的各种学习方式无缝衔接，构建无缝学习体验

(一)在泛在学习技术基础之上,构建无缝学习空间

泛在学习空间具有情景融合深、移动性高等特点。一些研究认为,构筑这种学习空间的基本要素主要包括泛在通信网络、学习终端技术、学习资源、学习服务等几个部分(付道明等,2009;付海东,2010;亢春艳,2011;杨文美,2013)。这些研究中所涉及的技术包括云平台与泛在网络架构技术、大数据存储与安全技术、智能应用服务技术、学习终端关键技术。泛在学习技术探讨如火如荼,但技术研究不能局限于传统 e-learning 和 m-learning 的思维,而是应该把"技术"放在"泛在学习"这个目的下进行讨论。

技术进入一个普适计算的时代,桌面设备、无线手持设备、嵌入式设备、传感设备、可穿戴设备等学习终端,通过有线或无线的互联网连接在一起,构成一种无缝的设备生态系统,人们进入了泛网时代(陈凯泉,2011)。惠普实验室"地球中枢神经系统(CeNSE)"项目预计,在未来五年里全球将安装十亿个甚至更多的传感器,地球表面覆盖一层"电子皮肤"(图 11-4)(田波,2000),形成了地球或者说是互联网的感觉、视觉、听觉等系统(刘锋,2014),IBM 提出的智慧地球将会得以最终实现。电子设备情境感知能力不断获得突破,捕获用户、设备、场所、学习过程等真实世界的信息,"物理世界"的信息日渐转入"虚拟世界",物理世界与虚拟世界开始相互融合,为学习者提供了无时无刻、无处不在的学习空间(雷绍南,2011),信息技术变得"透明"和无处不在(陈凯泉,2011),构成了一个可以

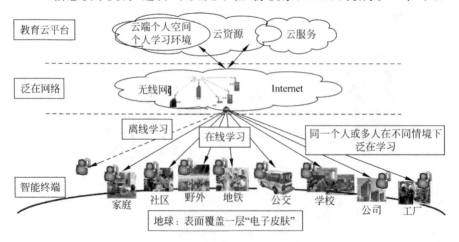

图 11-4 基于地球"电子皮肤"的无缝泛在学习空间

在任何地方随时使用手边可以取得的科技工具,来进行学习活动的 3A (Anywhere Anytime Anydevice)学习。学习者从校园学习可以随心所欲地无缝迁移到校园之外的地铁、公园、家庭或者其他任何地方学习,并自动识别情境,与情境活动相融合。泛在学习的"社会性""自组织性"得以实现,正式学习和非正学习融为一体。

(二)在无缝学习空间里,创设个人学习环境

在泛在学习空间中,支持学习者"无缝学习"则要依靠"个人学习环境"。一些研究分析了基于情境感知的泛在学习系统的关键技术(王宁,2013;廖宏建等,2014;Hiroaki Ogata,2008;Hwang Gwo-Jen 等,2012;Wong,L. H. ,2010)。这些技术将支持创设"个人学习环境"。本文认为,"个人学习环境"应该至少具备以下基本特征。

1. 统一身份认证

统一身份认证旨在给终身学习者(用户)所有业务应用,提供全局统一的用户管理和用户认证等功能,以便对终身学习进行管理,提高个人学习环境的便利性和安全性。统一身份认证服务的要求是:支持用户的集中化和统一的管理,对全部学习者及个人学习环境下的各种应用提供统一的电子身份和用户认证方式;并在统一身份认证服务的支持下,通过统一的访问入口实现各种业务应用的无缝接入和集成,提供支持信息访问、传递以及协作的集成化环境,并能够根据用户的身份和权限,以及自身需求,为其提供个性化的信息资源和应用服务(程建钢,2015)。如用同一个QQ 号码和密码,可以同时和多个学习平台、系统或网站绑定,并在 PC 和移动终端进行无缝切换。用户一次登录后,在有效期间内直接访问任何已授权的应用系统而无须再次登录。

2. 综合信息门户服务

综合信息门户服务是将各种业务应用、数据资源和互联网资源集成到一个信息管理平台之上,将分散、异构的应用和信息资源进行聚合,并提供具有高扩展性的服务架构和访问接口,集成不同架构下的各类业务应用,让各种通告、好友动态、任务提醒、互动提醒、碎片化资源聚集和其他应用等,可以方便地集成到"个人学习环境"门户中。

3. 一站式学习管理

各终端、各平台、各网站、各应用系统等都拥有自己的信息与管理功能，多数系统只能在其内部进行应用与管理。用户需要打开多个平台，或在不同的系统中频繁切换操作。一站式学习管理功能主要是指对多终端、多平台、多网站、多应用软件的各种功能进行统一无缝管理和应用。尤其是在移动互联时代，更需要对多种应用系统、移动社交网站、Web 网站和应用等，进行一站式管理的应用与功能管理。"个人学习环境"一站式管理的设计，主要功能模块：综合信息门户服务；信息动态（通知、公告、任务、好友动态、与我相关信息）、学习（课程）管理、互动管理（聊天、讨论、问答）、任务管理、支持服务管理和基于位置的服务管理等。尤其是社交信息，还需要虚拟应用系统中的人际的关系与现实中人际关系（如手机中的联系人）进行整合。

4. 智能数据同步

借助于智能数据同步可以通过在客户端缓存数据，改善学习平台等应用系统在离线状态下的可用性，不仅保证应用系统的离线操作，而且，应用系统在由离线状态切换至在线状态时，客户端与服务器之间要能够实现数据一致性；同时，还可以借助于智能判断是否在线、是否 Wifi 环境等决定以何种方式进行诸如资源下载的操作功能；最后，智能数据同步，要能够保存并智能加载学习进度、实时跨平台自动同步，保证学习历史等数据在各种终端、平台和系统之中应该保持一致，自由切换形成无缝学习系统，为学习者在移动学习客户端和台式机的学习之间无缝切换。

5. 自适应学习建模

构建"个人学习环境"要考虑基本泛在学习基本特征，诸如情境性、社会性、个性化等，而这些都依赖于在个人学习空间中自适应学习机制下的建模功能，包括最基本的是对用户进行"用户模型"构建；对时间、位置和设备等基本的学习情境进行"情境建模"；对学习工作任务情境进行"任务建模"，以及在这些模型基础之上的"领域模型"和"呈现模型"构建等。学习空间只有具备了模型构建功能，才能进行开展基于任务情境的自适应学习，也才能真正凸显出泛在学习的自身特性。

6. 大数据支撑学习分析

泛在学习诸多功能都需要借助基于大数据的学习分析，进行情境建模和符合学习者个人特征的生命化学习。Siemens(2014)认为：教育数据挖掘和学习分析应用领域包括学习者知识建模、学习者行为建模、学习者经历建模、学习者档案建模、领域知识建模、学习组件分析和教学策略分析、趋势分析，以及自适应学习系统和个性化学习。大数据技术除了支撑自适应学习之外，还应该优化学习策略，为学习者自组织学习奠定基础。顾小清(2012)认为：学习分析是围绕与学习者学习信息相关的数据，运用不同的分析方法和数据模型，来解释这些数据；根据解释的结果来探究学习者的学习过程和情景，发现学习规律，或者根据数据阐释学习者的学习表现，为其提供相应的反馈，从而促进更加有效的学习。大数据支撑的学习分析是促进有效泛在学习发生的必要基础功能(顾小清等，2012)。

这些"个人学习环境"功能设计有助于充分体现泛在学习的独特性和诸如社会性、情境性、个性化、自组织和无边界等基本特征。

四、多种学习资源无缝调用，推荐合适学习内容

加拿大 Kinshuk(2011)等认为：无缝学习空间关键是提升移动学习系统的自适应能力。前面我们已经探讨了各种情境下的自适应转换，这里我们重点探讨学习资源自适应推送。从现实世界和虚拟世界中学习者可以获取大量的学习资源，容易引发认知负载(Hung P. H.，2013)。针对特定的学习情境和学习任务，从海量学习资源中为学习者推荐适合于特定情境的"恰当的"和"个性化"的学习资源问题，是研究的一个主要问题。国内外相关研究提出了一些模型，如 AHAM(Adaptive Hypermedia Application Model)等，从各个方面对自适应学习系统做了较为深入的研究(姜强等，2011；雷绍南等，2011；仲秋雁等，2013；张屹等，2010；陈敏等，2011；曹双双等，2012；Qing Tan，2011)。在此基础之上，本文进一步提出"泛在学习资源自适应推荐模型"(图 11-5)。

（一）用户模型（User Model）

如果要真正能够实现个性化、自适应的泛在学习，必须要准确描述用户信息，建立用户模型。国际上最为重要的两个用户建模标准是 IMS LIP 和 IEEE PAPI，国内用户建模标准主要有学习者模型 CELTS-11，这些标准从通用角度对学生用户特征进行了全面的描述，还要针对具体的应用和不同的系统需求进行修改和细化(姜强，2011)。用户模型可从五

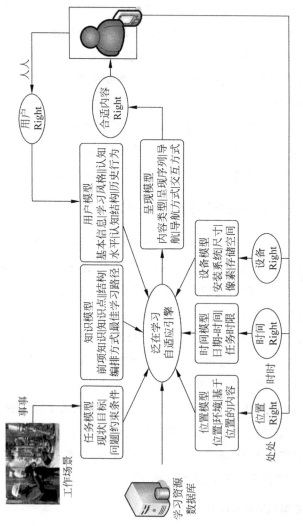

图 11-5 泛在学习资源自适应推荐模型

个维度建模：基本信息、学习历史、学习风格、认知结构和认知水平（曹双双，2012；姜强，2011），前两项主要用于不断调整与优化学习者用户模型。在学习者进入泛在学习系统学习之前，不需了解学习者的学习风格和知识基础，这种方式只是用户建模最简单的"初始化"。从当前大数据分析和普适计算的趋势来看，用户模型构建必将会依据智能终端记录下的有关学习者的大数据，进行数据挖掘，分析出学习者的个性与共性特征。用户模型构建在本质上是一种依据智能终端的普适设备和大数据记录功能而形成的"量化自我（quantified self）"的应用。2014年《地平线报告：高等教育版》将"量化自我/生活"作为长期（4～5年）的学习应用。量化自我是可穿戴的普适设备普及后一个自然而然的状态（地平线报告，2014）。在学习方面记录学习过程历史，诸如：如学习目标或工作任务、工作中遇到什么困难、解决工作中的哪些问题、解决这些问题的方式、解决问题过程中查询了哪些信息、联系了哪些社交伙伴、解决问题的时间和情境等，这些信息不断记录汇聚；再加上用户在智能终端、社交网站或学习系统上留下更多的属于用户的观点（博客、微博、微信里记载的信息），以及碎片化学习的方式，如练习次数、学习时间跨度、请求帮助次数及参与的讨论等（曹双双，2012），甚至包括个人的生活习性等，所有的数据汇聚到一起，自我被量化了，不断优化出非常"精准"的用户模型，并可以为用户推荐精准的学习需求和学习资源。

（二）领域模型（Domain Model）

领域模型描述领域知识的结构，包括概念和概念间的联系，每个概念可以有不同的属性，具有相同属性的概念可以是不同的数据类型（姜强，2011）。通过对领域模型的设计，明确知识点之间的关系以实现知识点的结构化，从语义层面对学习内容的相关知识点属性及其关系进行说明，即知识点描述有原理、概念、规则、过程和实例等。域模型为各知识点间自动建立语义关联奠定了基础，使学习者能够快速方便地获得各种相关学习内容（曹双双，2012）。可以从前项知识点、知识点、知识结构、编排方式和最佳学习路径等方面构建领域知识模型。

（三）情境与任务模型（Context and Task Model）

情境模型包括位置模型、时间模型、设备模型和任务模型。位置模型可以包括:地理位置、环境信息,基于位置的内容;时间模型包括当前具体的日期与时间,以及任务完成的时限等信息;设备模型包括:设备系统、屏幕尺寸、像素、存储空间等信息;任务模型是有关生产实践的任务,从具体的工作实践中抽取一些基本要素,以建构任务模型,这些要素包括:任务现状、任务目标、任务问题,以及任务的约束条件等。这些模型通常都需要普适计算的情境感知功能支撑,情境感知是泛在学习的独特优势,提供基于位置与环境的服务(LBS)。通过具有感知、计算和通信能力的功能性物体,例如,传感器,就能感知学习者的行为倾向和周围环境信息变化,将获取的境脉感知数据传送到相应智能部件进行语义转换,根据应用不同融合不同感知元素,最终形成具有一定语义的境脉信息(曹双双,2012)。

(四)资源呈现模型(Presentation Model)

泛在学习依据的智能终端的各种参数有较大的差异,如类别、品牌、型号、操作系统、计算能力和屏幕大小等,无缝学习需要多屏幕无缝切换,以及对不同的学习资源要有不同的呈现,这就需要进行呈现模型建模。资源呈现模型是泛在学习系统依据用户模型、领域模型、知识模型和情境模型等,通过自适应引擎实现内容、导航、交互和序列等方面的适应性显示。资源呈现模型建模,包括内容类型、呈现(学习)序列、导航方式、交互方式等。

(五)自适应引擎(Adaptive Engine)

自适应引擎定义了根据用户模型和任务情境模型中的信息访问领域模型,并借助于呈现模型等,为学习者呈现适当的学习内容,以及在执行适应性规则过程中,还可以根据用户学习行为、历史记录等,如何修改与维护用户模型的一套规则,这些规则体现出对学习内容教学设计的思想(姜强,2011)。

现代科技革命以来,包括早期计算机技术,并没有解放人,人也没有完全驾驭技术,相反,人被技术所束缚。而普适计算及其泛在学习系统,首先是一个集成跨界(无边界)的集成系统,其次应该是一个自适应学习系统,从而推进了泛在学习多种学习理论无缝融合,多种学习方式无缝切换,多种技术环境无缝整合,多种学习情境无缝跨越,多种学习资源无缝调用。人在移动技术和泛在技术建构起的社会环境下,将从"技术设备"的束缚中解放出来,从新成为"自由的人",并随时随地地开展学习、工作和生活。

第三节 支持多种协作学习模式的数字化环境研究[①]

一、研究背景

互联网为"人人、事事、时时、处处"的泛在学习奠定了技术环境基础,由此产生了"不求所有、但求所用"的联通主义知识观。高等教育中高素质、高层次创新性人才的培养除了深厚的基础知识以外,更需要通过协作学习活动来培养批判性思维、创造性思维和合作能力。数字化学习环境是互联网+时代泛在学习的技术支撑,在创设支持学习活动的学习生态中发挥着积极的促进作用。在数字化学习环境中不仅要给学生提供教学材料,同时还需要兼顾甚至更多地考虑教学活动的组织和设计,通过设计符合学生特点和学科特点的学习活动,并通过交流、沟通,鼓励学生积极参与各种学习活动,使他们能够在动态的交流中建构知识,培养分析问题、解决问题的思辨能力和实践能力。

目前数字化学习环境在支持各种协作学习活动方面还显得比较薄弱,如:网络教学平台(或称为学习管理系统)围绕教学单元提供了课前课后教学资料的传递,作业布置和提交,师生交互等日常教学的功能;MOOC平台则以微视频、即时测试和反馈为主要特征,是典型的基于行为主义的程序化教学模式(Anderson,2013),虽然形成了稳定并可复制的教学模式,推动了 MOOCs 的快速发展,但是这种模式以结构化的知识传授为主,继承了传统课程教学的优点和不足,其理论基础过于单一的问题使得其课程模式很难适应多样化教学的需要,并不完全适合分布式认知和高阶思维能力培养(韩锡斌等 2014)。

本节意图通过构建支持多种教学模式的在线学习环境,支持教师创设多样化的教学活动,培养学生问题分析能力、知识探究能力及沟通协作能力。

[①] 本节得到北京市教育科学十二五规划课题"基于计算机协同的活动学习模式及其支持系统研究"(DJB12137)的支持。

二、协作学习/合作学习理论研究

建构主义理论和维果茨基的社会文化理论都将协作和对话过程视为教育过程的核心,认为学习是一个社会人际的和意义建构的过程,这一过程主要发生在一定情景中的社会群体的互动之中。因此学习不能仅仅作为一个个体过程来研究,创建开放的知识建构共同体,已经成为一种全新的教学理念与设计指南。美国国家教育技术计划(2010)倡导充分发挥技术的作用,让师生参与到各种学习和实践共同体中,使得知识建构以协作的方式得以连贯和持续进行。

协作学习(Collaborative Learning)是通过团队的形式组织学生进行学习的一种策略,是学习者以小组或团队的形式,在共同的目标和一定的激励机制下,为获得个人、小组最大的学习成果而进行合作互助的一切相关行为。小组协作活动中的个体将其在学习过程中探索、发现的信息和学习材料与小组中的其他成员共享。个体间以对话、商讨、争论等形式对问题进行充分论证,以期获得达到学习目标的最佳途径。学生学习中的协作活动有利于发展学生批判性思维与创新性思维,增强学生个体之间的沟通能力以及对学生个体之间差异的包容能力。

Pea(1994)、Roschelle(1992)认为协作学习是达成小组成员之间的意义共享,作为学习基础的知识是由社会建构的。协作学习的重要代表人物美国霍普金斯大学的斯莱文教授(Slavin,1990)认为:协作学习是指学生在小组中进行一系列学习活动,并依据它们整个小组的成绩获取奖励或认可的课堂教学技术。在进行评价时既要考虑个人成绩也要考虑所在小组完成学习目标的情况。作为一种学习策略或学习组织形式,合作学习已被众多研究证明要比个别学习更能提高学习者的学业成绩(赵建华,李克东,2000)。合作学习(Cooperative Learning)和协作学习(Collaborative Learning)两个术语非常类似,虽然也有一些不同点,但对构建数字化学习环境影响不大,因此本研究对这两个术语不做区分。

随着学习理论的发展,关于学习的理解在不断地深入:Sfard(1998)归纳出两个相互对立的学习隐喻:第一个是知识获取的隐喻,指学习就是学习者互相交换存在脑中的知识的过程,第二个是参与的隐喻,指出个人是通过不断深入参与社群的实践而学习。Lipponen, Hakkarainen &

Paavola(2004)在 Bereiter(2002)和芬兰学者恩格斯托姆(Engeström)(1987)的研究基础上提出了第三个隐喻:知识创造,认为新的知识或共识是通过合作创造的。在这些学习隐喻的指导下,协作学习得到了国内外研究者的广泛关注并在教学实践中得到了应用实施。本文将以上述协作学习(合作学习)理论为基础构建支持多模式的协作学习环境。

三、构建支持多模式的协作学习环境

虽然互联网的发展为协作学习提供了大量的工具,如 e-Mail、讨论区、会议系统、白板、聊天室及视频系统等,但是简单地利用这些网上交互工具和系统并不表明产生了真正的教学交互,更不代表协作学习的真实发生。如果协作交互没有被有机地整合到网上学习环境之中,缺乏真正的交互和协作的网上课程学习只是学生个体的自学。因此本研究分析支持不同协作学习模式的网络环境在设计上的共性和个性,抽象出构建网络学习环境的功能组件,研究从功能组件到教学模式的生成机制,然后通过模板库和案例库的形式帮助并指导教师构建以基于网络的以学生为中心的课程教学和课外实践过程中多样化的协作学习活动,以期推动在线协作学习模式的推广应用。

(一)多模式协作学习环境的构建思路

协作学习的模式有多种,常见的有案例式、基于问题、基于项目等。这些以学生为中心的多种教学模式往往以建构主义学习理论为指导,具有相同的理论基础和假设,其共同的特征就是协作。

协作学习环境是完成协作学习的核心要素之一,有研究将面授教学环境对协作的支持分为四个方面,即将课堂上的协作学习环境包括四个子空间:物理子空间(physical sub-space)、社会子空间(social sub-space)、信息子空间(information sub-space)、认知子空间(cognitive sub-space)(图 11-6)(刘新福,2003)。本文参照这四个空间对在线协作学习环境进行了分析(表 11-1),包括讨论区、邮箱、社区等协作工具的平台环境构成了在线物理子空间,通过协作感知创造在线环境下的社会氛围构成了社会子空间,不同的技术手段实现信息的传播构成信息子空间,多媒体学习内容、在线协作的学习过程构成了认知子空间。

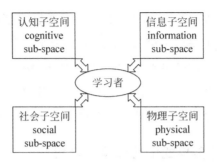

图 11-6　课堂协作学习中的空间模型

表 11-1　课堂教学与在线课程协作学习环境子空间分析

协作学习环境子空间	课 堂 教 学	在 线 课 程
物理子空间	硬件环境,主要包括物理场所(教室、实验室等)、教学工具(黑板、话筒、投影机等)、辅助设施等	平台环境:包括讨论区,邮箱,社区等在线环境
社会子空间	包括成员、协作组、角色、个人职责等	需要通过协作感知(awareness)创造在线环境下的社会氛围
信息子空间	处理信息源和信息接收者之间的关系	通过不同的技术手段实现信息的传播
认知子空间	包括学习内容、学习方法、学习目标、学习的动态过程	多媒体学习内容,信息化的学习目标、在线协作化的学习过程

通过分析多种协作学习模式,还可归纳总结出协作学习过程中学生学习及教师教学的主要环节。本文在线协作学习环境的构建既考虑了对协作学习四个子空间的支持,也考虑了对师生协作学习过程的主要环节的支持(图 11-7)。

(二) 多模式协作学习支持系统的框架

以协作为主要特征的在线学习主要包含了案例式教学、基于问题的学习、基于项目的学习等多种模式,它们的学习流程、活动环节及其软件支持工具的功能如下。

(1) 案例式教学

案例教学是根据一定的教育目的,以案例为基本教学材料,将学习者引入教育实践的情境中,通过师生之间、生生之间的多向互动、平等对话和积极研讨等形式,从而提高学习者面对复杂教育情境的决策能力和行动能力的一系列教学方式的总和(孙业军,2004)。其主要特征是以教学案例为载体,以学生的积极参与为前提;目的是为了促进学生决策能力、问题求解能力、口头与书面表达能力水平的提高;其应用领域涉及诸多学科,让学生处于真实的问题的情景之中,强化学生主动参与,帮助学生将所学的内容与真实的生活相连接。其流程及功能如图 11-8 所示。

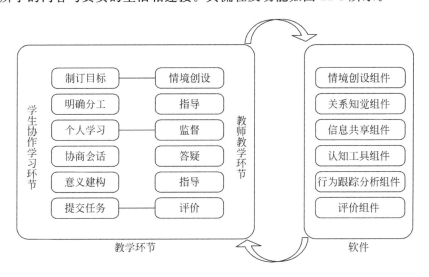

图 11-7 在线课程协作学习环境的概念模型

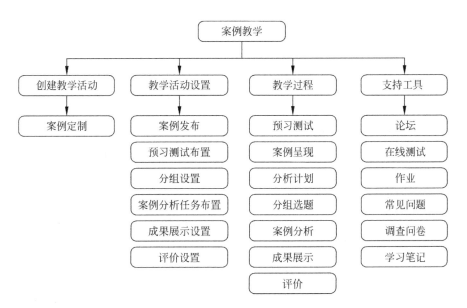

图 11-8 案例式教学流程及软件功能模块

(2) 基于问题的教学

基于问题的教学就是把学习置于复杂的、有意义的问题情境中,通过让学生以小组合作的形式共同解决复杂的、实际的或真实的问题,来学习隐含于问题背后的科学知识,形成解决问题的技能,并发展自主学习和终身学习能力(文艳平,秦国杰,2007)。流程包括:问题情境、分析问题、形成解决问题的假设、确定所需信息、对所收集的信息进行整理/整合/综合、形成最终解决方案等。其流程及功能如图11-9所示。

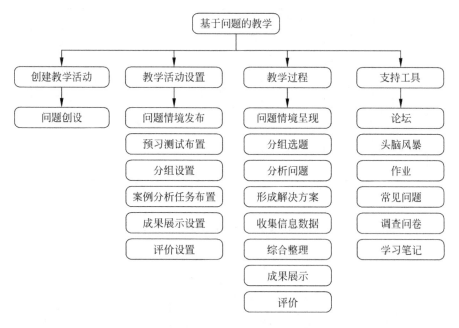

图11-9 基于问题的教学流程及功能模块

(3) 基于项目的教学

基于项目的教学是以学科的概念和原理为中心,以制作作品并将作品推销给客户为目的,在真实世界中借助多种资源开展探究活动,并在一定时间内解决一系列相互关联的问题的一种学习模式(刘景福,钟志贤,2002)。流程如图11-10所示包含了:项目确定、制订计划、活动探究、制作作品、成果展示、评价。

(三) 多模式协作学习环境的软件设计

本文在多模式协作学习流程、活动环节和所需软件工具分析的基础上,再考虑到对协作学习物理、社会、信息和认知四个方面的支持,提出了

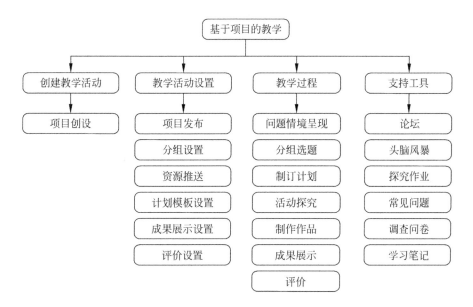

图 11-10 基于项目的教学流程及功能模块

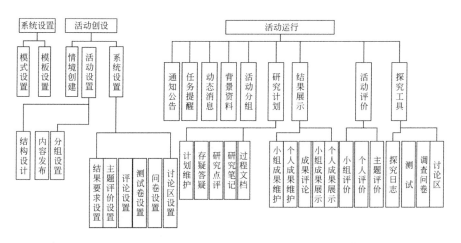

图 11-11 多模式协作学习环境软件的总体框架

多模式协作学习环境软件的总体框架(见图 11-11)。

本文将上述协作学习环境软件系统分为两个子系统:学习模式模板库子系统和教学活动支持子系统。首先通过学习模式模板库子系统给教师提供多种协作学习的教学设计支持,辅助教师快速实现不同学习模式流程的创建,然后再通过教学活动支持子系统辅助教师针对不同的活动环节选取不同的组件工具,从而实现对多种模式协作学习的支持。这种构建方式最大的优势是可以扩充各种模板库和组件工具,增强教师创设不同模式协作学习环境的能力。

(1) 教学模式模板库子系统的设计

教学模式模板库子系统主要包括课程结构模板库、合作任务模板库、评价指标模板库、成果展示模板库等模块(见图11-12)。模板库帮助教师快速创建适用于不同教学模式的课程或者教学活动,而教师自行创建的课程和教学活动也可以进入模板库从而丰富模板库,即利于教师更快捷地创建教学环境,也利于教师之间进行互动交流学习,互相启发,提高教学设计水平。

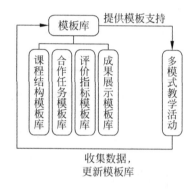

图 11-12　教学模式模板库子系统的框架结构图

(2) 教学活动支持子系统

上文概括并提炼了不同协作学习模式的流程、对应的活动和所需软件功能(见图 11-8～图 11-10 所示)。采用软件工程和计算机支持协同学习(CSCL)的方法,抽象出功能组件,如流程管理组件、文件管理组件、目录管理组件、通知组件、讨论区组件、问卷组件、测试组件、评价组件等,再通过这些组件支持协作学习流程中的主要活动环节,如活动创设、成员分组、研究计划、探究实施、活动评价、结果显示等。教师在这种数字化学习环境中可以灵活根据教学目标、教学对象和教学内容选择适当的协作学习模式模板,在选定模板的基础上,再选取功能组件,生成相应的适用于不同模式的协作学习流程。

四、结论

本文首先分析创建协作学习环境的物理子空间、社会子空间、信息子空间和认知子空间所需要的不同要素,然后通过分析基于协作的多种学习模式的教与学的流程,归纳提炼出了在线协作学习的一般流程,并抽象出这些流程所需要的软件组件,通过支持多种协作学习模式的模板系统和具有多种功能组件的学习支持子系统帮助教师快速创建不同模式的协作学习环境,以此促进在线协作学习模式的推广空间。

第四节 uMOOCS 云平台——uSCHOOL 系统[①]

一、uSCHOOL 的提出

随着信息技术的发展和普及,以多媒体和互联网为依托的教育技术及学习系统也得到迅猛的发展。乔治·西门子(George Siemens)等人将学习系统划分为四个时代,第一代以基本技术应用为目标,表现形式是计算机辅助练习及其网站;第二代是教育机构构建的系统,表现形式是学习管理系统(网络教学平台)和内容管理系统,是目前开发最成熟、应用最广泛的技术系统;第三代以碎片化和多元化为特征,尚未形成统一的系统,社交媒体、电子档案以及 MOOC 提供、集成或出版系统等都是这类系统一些表现形态,引起了广泛的关注,系统的开发和应用最为活跃。第四代应用数字化分布式技术,以适应性学习、分布式基础设施和基于能力的模型为特征,目前刚刚初现端倪,大多还处于理念和实验阶段(参见本书上篇第六章未来学习系统架构)。

成立于 2014 年的非营利性协会 Unizin[②],利用云服务创建了一个公共的可扩展数字化基础设施,借助会员中的国家顶级研究机构资源,提供内容、平台和分析服务。其中,Canvas 是 Unizin 向会员提供的基础服务之一,是一个开源的学习管理系统。LPSS 是一个 2013 年启动的项目,促使学习者可以实现从单一的环境关联到多供应商提供的资源和服务中去

---

① 本节得到国家社会科学基金课题"基于云计算的校际数字教育资源共建共享模式:教学组织形式和技术架构(BCA120021)"的支持。
② UNIZIN. http://onizin.org/.

管理学习活动。LPSS 支持基于能力的学习，并从不同类源的学习和服务中产生资源建议。Domain of One's Own(DoOO)兴起于 2013 年夏天的玛丽华盛顿大学，为学生和教师提供分布式的基础设施以构建个性化环境和数字化形态，它并不专注于提供"一体化解决方案"，而是通过工具集成和网站回收服务为一个完整的社区提供创新工具箱（参见本书上篇第六章未来学习系统架构）。从这些项目可以看出，第四代学习系统已经从单一的平台构建向集成和联盟的方向发展，通过资源整合和战略合作创建更开放的平台，推动教育技术的创新。在 2015 年的地平线报告中 (Johnson et al,2015)，也阐述了联盟平台在未来的发展趋势，提出"联盟平台盛行的趋势表明，教育机构在未来将成为更大生态系统的一部分，其中高等教育机构的长期生存及其作用依赖于彼此互惠互利的伙伴关系。"而这种联盟平台，必须要借助于分布式计算技术，以连接联盟中的不同利益方，实现资源的整合和共享。

本文研究团队认为，大学教学改革将日益聚焦于混合教育新趋势，人类学习方式将迈向泛在学习新生态，强调"时时、事事、人人、处处"的泛在学习已经嵌入人们的学习、工作和日常生活环境中，呈现出情境性、真实性、自然性、社会性、整合性等特征，其泛在性突破了正式学习和非正式学习、在校学习和终身学习的界限。在此基础上，发展了"泛在式大规模开放在线教育体系"（即 uMOOCS）的概念框架（参见图 7-8 uMOOCS 的概念模型）。uSCHOOL（泛在学院）是实现 uMOOCS 的技术系统，是清华大学教育技术研究所于 2015 年发起的一个前沿性探索项目，充分吸取了研究所在第二代和第三代学习系统持续十多年的研究积累。其目标是在可行的技术框架下，构建一个开放的平台，为不同的应用系统提供多种接入的方式，从而在这些系统之间构建一座桥梁。这座桥梁把分散在不同类型平台上的课程、学习资源、学生和教师整合起来，实现优势互补，以云计算技术为基础，以大数据分析为支撑，构建一个更广泛意义上的在线教育平台。

二、uSCHOOL 的设计理念

（一）uSCHOOL 是 uMOOCS 的技术基础

uMOOCS 的含义是无处不在的大规模、开放、在线教育体系

(Ubiquitous Massive Open Online Course System)(程建钢,2014;韩锡斌等,2014)。作为其技术平台的 uSCHOOL 要支持多种学习方式,突破正式学习和非正式学习界限,构建一个开放的、广域的、多终端的,且具备情境性、真实性、自然性、社会性、整合性等特征的"人人、事事、时时、处处"的学习环境。具体表现:①适应泛在学习方式;②支持多种学习理论(包括行为主义、认知主义、建构主义、联通主义的学习理论以及它们之间的有机结合);③支持多种教学模式(包括讲授式、发现式、情境式、支架式、抛锚式、合作式、探究式、任务式、案例式等多种不同的教学模式);④面向多种教育阶段(包括基础教育、职业与成人教育、高等教育等不同阶段);⑤汇聚丰富的开放教育资源并与其接轨(可兼容与共享);⑥支持和适应多种不同系统、不同终端的学习环境;⑦提供可重组、可扩展的开放式在线教育功能。

(二) uSCHOOL 是一个桥梁

uSCHOOL 在数字校园中的教学系统与各类开放的 MOOC 平台(如爱课网、学堂在线等)之间构建了一个桥梁,能够支持开放 MOOC 平台面向更广泛的学生用户群体开展更有效更有针对性的教学,支持各院校教学系统中的用户无须注册就能方便获取开放 MOOC 平台的优质课程。同时集成来自不同院校教学系统中的数百万门开放课程,以及数字校园中教学系统(如网络教学平台)的学生和教师用户,并实现这些系统的统一身份认证。

(三) uSCHOOL 是一个在线学习共同体

uSCHOOL 集成了来自不同院校教学系统的教师和学生以及终身学习者,可以构建面向学习者和面向教师的"学习共同体社区",以支持个体发展和群体协同创新。支持用户开展专业学习、兴趣发展和探索求知的全方位交流平台,支持形成:学科专业圈子、课程圈子、活动圈子、爱问圈子和教师专业发展圈子等。学习社区的圈子将整合各类社会化软件,借助其交互功能丰富、用户接入方便、用户黏性强、系统安全可靠、开发成本低等优势,构建一种生态化自组织交流社区,使其成为学生自主学习和协作探索的认知工具,以提升学生在学习过程中的情感体验和学习兴趣。

（四）uSCHOOL 是一个分布式的资源汇聚和共享平台

在各种教学系统中相对独立的分散的教学资源中心的基础上，构建以学科、以行业等不同分类为基础的校际精品教学资源的分布式共享平台，方便教师、学生和终身学习者访问优质的教学资源，为他们进行基于资源的自主学习提供支持。uSCHOOL 中的资源中心试图成为一个生态化的资源汇聚平台，通过对资源在分享、引用、评价、推荐、收藏等使用行为的大数据分析实现资源创建和回收的生态机制，从而促进资源中心的良性发展。

三、uSCHOOL 的概念框架

uSCHOOL 采用基于服务和数据共享的分布式架构，构建以课程总部、资源总部和学习社区为主体的联盟平台，实现不同院校及其他机构各类课程、资源、社区的全面贯通，为各类学习者提供终身学习的泛在环境，如图 11-13 所示。

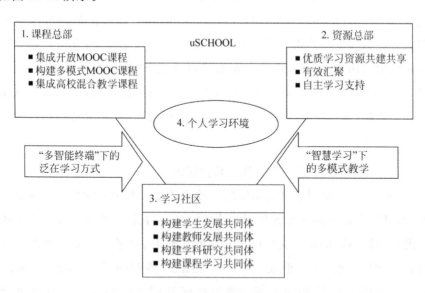

图 11-13　uSCHOOL 的概念框架

uSCHOOL 平台包含三大实体：课程总部、资源总部和学习社区。在这三大部分基础上，为用户构建了个人学习环境，以支持"多智能终端"下的泛在学习方式和"智慧学习"下的多模式教学。其中课程总部集成了开放 MOOC 平台的开放课程以及高校应用其教学系统实施混合教学改革后生成的优质课程,此外 uSCHOOL 平台本身作为一个教学系统,也支持构建多模式的 MOOC 课程。

资源总部整合了学科资源、开放课件、各高校教学系统及资源中心中的优质资源以及基于学科、行业的共建共享的资源。构建适当的资源评价机制,形成资源应用过程中的"优胜劣汰"。以此为基础,构建基于资源的学习环境,实现自主学习支持机制。

学习社区基于联通主义学习理论,以 Web 2.0 技术为依托,构建面向学生的学生发展共同体、面向教师的教师发展共同体、面向学科的教学及学习研究共同体以及面向课程的课程学习共同体。

uSCHOOL 中集成了来自不同院校教学系统和数字校园的学生和教师用户,以及来自不同开放平台的课程和教学资源,通过构建个人学习环境将这些用户和资源真正整合在一起,为用户提供面向课程和学习资源的在线学习环境,以实现自我设置、自我管理和自我组织。为此,在个人学习环境中,支持基于课程学习、基于资源学习、基于社区学习、自适应学习、泛在学习等多种学习方式。

四、基于云计算的 uSCHOOL 技术架构

uSCHOOL 的核心是数据、资源、用户的汇聚和整合,基于多种学习理论、面向多种类型学习对象,支持多系统和多终端的学习环境,以构建可重组、可扩展的、开放式的在线教育系统。云计算是一种商业计算模型,它将计算任务分布在大量计算机组成的资源池上,用户能按需获取计算能力、存储空间和信息服务。采用云计算的计算机架构,称为云架构。云架构具有资源共享、策略且智能的响应需求、高可靠性、自治性、服务可计量、高伸缩性、虚拟化以及建设与运维廉价等突出特点(张怀南,2013)。目前云计算技术上已经趋于成熟,在教育领域,尤其是数字校园建设方面已经有了一些应用(张亮,2013)。uSCHOOL 也采用基于云计算技术的技术架构,将利益相关者提供的数据、服务和计算能力进行集成,如图 11-14 所示。

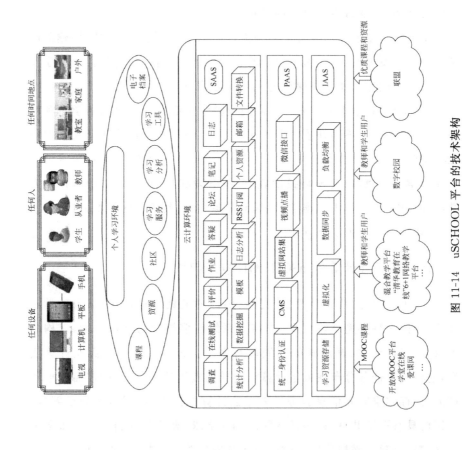

图 11-14 uSCHOOL 平台的技术架构

美国国家标准和技术研究院(National Institute of Standards and Technology,NIST)根据服务能力、用户管理与控制权限等,将云计算划分为三种服务模式,即 PaaS(Plat form as a Service)和 SaaS(Software as a Service)、IaaS(Infrastructure as a Service)(NIST,2011)。uSCHOOL 平台的三个层次如下。

(1) IaaS:构建数据中心,通过远程 Web 服务集成来自不同教学平台的数据;提供存储服务,为个人学习者提供学习资源存储服务;提供虚拟化技术,为 PaaS 层的平台级服务提供硬件资源支持。

(2) PaaS:采用 Hadoop 架构提供应用程序部署与管理服务,实现 uSCHOOL 与各高校教学平台和各种 MOOC 平台的统一身份认证;通过虚拟网站集支持企业、机构构建企业在线教育平台和在线培训平台;通过 CMS(内容管理系统)构建各类门户网站,实现教学资讯的发布;为不同的在线教育平台构建视频点播平台以及为微信公众账号提供微信接口服务。

(3) SaaS:提供丰富的教学相关应用程序,结合网站集和 CMS,可灵活地挂接到各类教育平台和门户网站上,满足各种教学和学习需求。

uSCHOOL 在上述云计算架构基础上,构建个人学习环境,支持学习者使用任何智能设备在任何时间和地点的接入和访问。在个人学习环境中,为学生和教师及终身学习者提供了课程、资源、社区、学习服务、学习分析、学习工具和电子档案等。

五、uSCHOOL 平台的技术实现要点

(一) 网站集架构

uSCHOOL 采用网站集架构,其特点是具有良好的个性化和可扩展性,可以支持多种类型、可定制的教学需求,如图 11-15 所示。在该架构下,支持构建不同类别的子网站,每个子网站类别可以建设多个子网站。根据业务性质不同,每类子网站可以挂接不同的组件。在网站集架构下,网站形成了总网站-子网站的二级管理结构。在总网站中,通过子网站管理、角色用户管理、网站运行管理和系统选项设置实现系统的总体管理。在子网站中拥有独立的用户、角色和权限的管理,可以完全自主的进行网

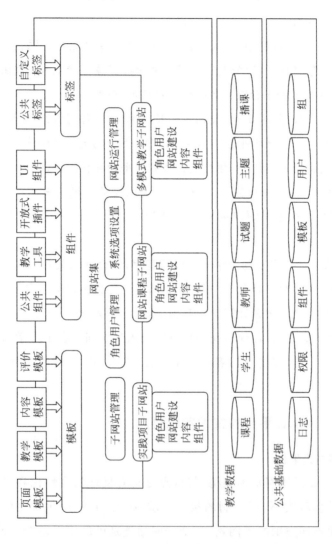

图 11-15 网站集技术架构

站建设。通过构建子网站,系统的总体功能可以不断扩展,由于子网站之间的相对独立性,新扩展的子网站不影响原有子网站的建设和运行。

在 uSCHOOL 中具有三类子网站：网络课程子网站、实践项目子网站和多模式教学子网站。网络课程子网站用于构建网络课程,实践项目子网站用于支持基于项目的实践教学,多模式教学子网站支持多种模式的主题教学,如基于问题的学习、基于案例的学习、基于设计的学习等。在网络课程子网站中,有三类基本角色：课程负责人、学生和助教。课程负责人可以为不同的角色赋予不同的权限,在课程建设过程中,可以实现独立建设、共同建设等不同模式,保证课程建设的可持续性。

在数据层,包括公共基础数据和教学数据,各个子网站共享基础数据,并实现对教学数据的独立管理。

该技术架构具有以下特点。

(1) 可扩展性。主要体现在三个方面：一是网站类型的可扩展性,从而支持不同的学习方式和课程类别；二是子网站数量的可扩展性,新的课程可以不断增加,课程建设可以不断持续性进行；三是组件的可扩展性,公共组件和教学工具可以不断增加,不断丰富教学功能,从而更好地支持多种类型的教和学。

(2) 自主性。课程负责人可以完全自主的管理自己的课程和教学,可以为课程内的其他角色分配不同的权限。通过细粒度的权限控制实现不同的课程建设模式和教学进程。

(3) 个性化。页面模板和用户界面组件为页面的个性化定制提供了可能,教师和学生可以定制个性化的教学空间和学习空间,教师也可以根据课程的特色对课程网站进行定制,体现课程的个性化特征。

(4) 开放性。通过支持开放性组件的动态挂接,第三方开发的组件可以挂接到平台中,从而支持系统功能的可持续性发展。

(5) 可定制性。提供多个系统级和组件级的参数设置,针对不同的业务需求可以设置不同的参数,具有较好的可定制性。

(6) 安全性。总网站和子网站有独立的用户、角色和权限设置,不同网站有不同的角色类型及可分配的权限,网站管理员可以定义新的角色,设置特定的权限,如课程中可以增加组长、督导等角色,在保持灵活性的同时,保障了系统的安全性。

(二) 基于 CMS 的可扩展的课程建设

网络课程建设过程也是教学设计过程,课程结构、课程内容和课程活动体现着教学方式,会随着课程类型、所属学科、授课对象的不同有比较大的差异。美国斯隆联盟(Sloan Consortium)于 2003 年开始对美国高校在线教育的现状进行持续的调研,根据在线传授内容所占比例,将课程分为传统课程、网络辅助课程、混合课程和在线课程四种类型(Allen & Seaman,2003)。不同类型课程的在线部分也对其教学过程产生不同的影响,使得千篇一律的课程设计必然无法适用所有课程的需求。为此,平台中的课程建设必须有足够的灵活性和可扩展性来支持不同类型网络课程的设计,以适应不同的教学内容和活动,体现不同的教学模式,具体体现在以下几个方面。

(1) 满足教学资源类型多样性的需求,支持包括各种类型的文本、图形图像、音频、视频、动画等文件格式。

(2) 满足教学过程可定制可变化的需求,支持教师根据教学内容和教学模式灵活定义课程结构和教学活动,并随着教学进程的进行不断调整结构。支持学生参与课程的建设,使其既是课程内容的分享者,也是课程内容的贡献者。

(3) 满足教学内容和学习活动可记录、可分析的需求。在学生学习过程中,需要详细记录学生的学习活动,通过学习分析实现"智慧教学"的目标。

(4) 满足课程建设过程中的易用性需求。通过平台构建个性化的网络课程,需要简单易用,易于理解和掌握。

(5) 满足教学资源的泛在访问需求,能够针对不同类型的设备实现资源格式和内容的自适应。

(6) 满足教学内容访问的安全性需求。支持对网络课程中的课件、视频等的版权保护,支持针对不同的访问权限和访问范围进行选择性开放。

为了满足上述需求,构建了基于 CMS(内容管理系统)的课程建设系统,采用基于组件的可扩展架构,以动态栏目作为课程的基本框架单元,在栏目下挂接不同的内容和组件,并针对不同类型的设备实现了对内容的自适应。图 11-16 是 CMS 的功能结构图。

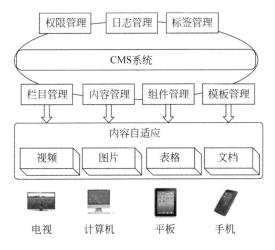

图 11-16 uSHOOL 中 CMS 的功能结构图

（三）云计算下的泛在学习环境

泛在学习（ubiquitous learning）是一种新型的学习方式，更是一种普适计算（ubiquitous computing）技术支持下的新型学习理念（杨献民，2013）。云计算与普适计算都包含有革命性的技术理念并涉及广泛的产业链（欧亮，2010），云计算体现了因互联网发展而来的计算模式的革新，而普适计算虽然与云计算的概念有交叉，但是更强调环境因素对计算网络的影响，强调人、计算能力和环境的融合。在泛在学习环境下，将环境因素纳入学习情境中，成为其中的一个重要因素，使得信息空间与物理空间相融合。因此，泛在学习环境具备了开放性、情境性、个性化、即时性、适应性、连续性的特点。随着环境因素的加入，泛在学习环境需要面对更海量的服务对象，这些对象将产生大量的信息，如位置信息、状态信息等，这些信息的传输、存储、实时处理等需要消耗大量计算资源，因此，基于云计算技术构建泛在学习环境是一种必然的选择。

在 uSCHOOL 中，泛在学习环境是 uSCHOOL 面向终端用户提供的个人学习环境，是基于云架构中不同层次的服务所构建的支持个人学习服务的集合，是 uSCHOOL 的核心设计目标。具有以下设计理念和功能特点。

（1）移动学习、传统课堂与网络教学等多种应用的深度融合。移动学习平台与传统课堂面授学习、基于 PC 的网络教学平台之间相互补充，从移动端补充和完善传统教学和网络教学,支持碎片化时间利用与系统性学习需求,为学习者提供无缝学习支持(见图11-17)。

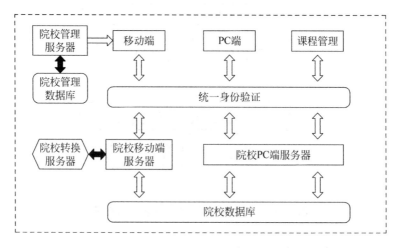

图11-17 移动学习平台与基于PC的网络教学平台结合

(2)支持多种教学模式、学习方式间的补充应用。可以支持个性化学习与情景学习、在线学习与离线学习、线上学习与线下学习结合的混合学习、微型化学习与碎片化学习、正式学习与非正式学习等多种学习方式综合应用,最终推动终身学习和泛在学习的实践。

(3)支持多种现代学习理论与教学理论深层次融合应用。推进基于社交网络的学习理论——联通主义学习理论、分布式认知、情景认知、活动理论等,支持"人-资源-人"之间互联与生成性资源管理,滚动积累和共享,稳步提高教学质量,推进创新型人才培养。

(4)支持教学内容和教学活动的深层次整合。有效的学习必须借助于优质的学习资源和良好的教学活动组织,借助于移动学习客户端,可以在学习单元的内容呈现过程中,伴随着交互式活动深入推进,实现深层次整合。

(5)适合物理空间和虚拟空间的统一。学生可以通过移动设备,将教师板书、同学笔记、自己笔记等直接拍照,进行数字化存储与随时随地学习,或者与同学交流分享。同时,可以借助于移动学习客户端,教师可以把课程教学材料、视频、操作规程、实验步骤等放在网上,学生借助于客户端在真实实践环境、实训室、实验室等,边实践边学习,实践支撑实践与情景教学。

六、结束语

uSCHOOL 是秉承"时时、事事、人人、处处"泛在学习理念的 uMOOCS 的技术基础,试图汇聚互联网中各种教学系统中的课程、资源、社区和用户,利用云计算技术实现对已有的基础设施、服务和资源的集成,通过普适计算技术和自适应技术构建更广泛意义上的泛在式个性化学习环境。uSCHOOL 符合 Siemens 提出的第四代学习系统的发展趋势,也是本研究团队在第二代、第三代学习系统的研究、开发、设计和应用基础上的新的最新探索。

参考文献

[1] Arrigo. M, Gentile. M, Taibi. D. (2007). Experiencing mobile learning: the MoULe project. 7th WSEAS International Conference on Applied Informatics and Communications: 40-45.

[2] Caytiles, R. D, Seung, H. J., Tai, H. K. (2011). U-learning community: An interactive social learning model based on wireless sensor networks. 2011 International Conference on Computational Intelligence and Communication Networks, 745-749.

[3] Chen, C. C., Huang, T. C. (2012). Learning in a u-Museum: Developing a context-aware ubiquitous learning environment. Computers & Education, 59(3): 873-883.

[4] Dieterle E., Dede C. (2006). Building university faculty and student capacity to use wireless hand held devices for learning. Mahwah NJ: Lawrence Erlbaum Associates: 303-328.

[5] Gwo-Jen Hwang, Pi-Hsia Hung, Nian-Shing Chen, Gi-Zen Liu(2014). Mindtool-Assisted In-Field Learning (MAIL): An Advanced Ubiquitous LearningProject in Taiwan. Educational Technology & Society,17(2): 4-16.

[6] Hwang Gwo-Jen, Shi Yen-Ru, Chu Hui-Chun(2011). A concept map approach to developing collaborative Mindtools for context-aware ubiquitouslearning. British Journal of Educational Technology,(5): 778-789.

[7] Hwang, G. J., Tsai, C. C., Chu, H. C., Kinshuk, Chen, C. Y. (2012). A context-aware ubiquitous learning approach to conducting scientific inquiry activities in a science park. Australasian Journal of Educational Technology,28(5): 931-947.

[8] IAmLearn(2014). http://www.iamlearn.org/resources/projects. [2014-10-25]. http://www.iamlearn.org/resources/projects.

[9] Ogata Hiroaki, Hou Bin, Li Mengmeng, Uosakic Noriko, et. al. (2014). Ubiquitous Learning Project Using Life-logging Technology in Japan. Educational Technology & Society, 17(2): 85-100.

[10] Ogata, H., Wada, M., Ueda, T., Oishii, Y., Yano, Y. (2008). LOCH: mobile Japanese-language learning system for overseas students. IEICE Transactions on Information and Systems, J91-D(2): 220-227.

[11] Schrier, K. (2006). Student Postmortem: Reliving the Revolution. [2014-11-03]. http://www.gamecareerguide.com/features/263/student_postmortem_reliving_the_.php.

[12] Stahl, G. (2002). Contributions to a theoretical framework for CSCL. Proceedings of Computer support for collaborative learning: Foundations for a CSCL community: 62-71.

[13] Trifonova, A., Knapp, J., Ronchetti, M., Gamper, J. (2014). Mobile ELDIT Challenges in the Transition from an e-learning to an m-Learning System. [2014-12-04]. http://wenku.baidu.com/link?url=Tx2_3_pCoBwJ-WykTagHfZHkSE9aGBEH3EyI5PiSTHXPTunR0kHLnJA_z4i9WbHM3QKid-MB0bn5WYqvYc_7RLRImDQX_SnTe3gK0W8olPxwu.

[14] Wong, L. H., Looi, C. K. (2011). What seams do we remove in mobile-assisted seamless learning? A critical review of the literature. COMPUTERS & EDUCATION, 57(4): 2364-2381.

[15] 陈凯泉,张凯(2011).融合学习科学与普适计算:构建大学生泛在学习环境的路径选择.远程教育杂志,(5):50-57.

[16] 陈维维(2010).应然的泛在学习技术.中国电化教育,(11):12-16.

[17] 陈卫东(2008).泛在学习的哲学思考.现代教育技术,(12):58-61.

[18] 德斯蒙德·基更,丁新(1996).远距离教育九十年代初的定义.开放教育研究,(2):12-15,11.

[19] 甘剑梅(2003).论新时代的教育异化.宁波大学学报(教育科学版),(1):32-35.

[20] 国家教育发展研究中心(1992).发达国家教育改革的动向和趋势(第四集).北京:人民教育出版社:211.

[21] 韩锡斌,翟文峰,程建钢(2013).cMOOC与xMOOC辩证分析及高等教育生态链整合.现代远程教育研究,2013(6):3-10.

[22] 黄宏伟(1995).整合概念及其哲学意蕴.学术月刊,(9):12-17.

[23] 李卢一,郑燕林(2009).泛在学习的内涵与特征解构.现代远距离教育,(4):17-21.

[24] 李芒(2006).信息化学习方式的历史审视.电化教育研究,(5):3-9.

[25] 廖宏建,曲哲(2014).基于LBS的情境感知微学习系统设计与应用.现代教育技术,(8):92-99.

[26] 刘军,邱勤,余胜泉,希建华(2011).无缝学习空间的技术、资源与学习创新——2011年第十届mLearn世界会议述评.开放教育研究,(6):8-19.

[27] 潘基鑫,雷要曾,程璐璐,石华(2010).泛在学习理论研究综述.远程教育杂志,(2):93-98.
[28] 桑新民(2005).学习究竟是什么.开放教育研究,(1):1-8.
[29] 盛群力,胡平洲(2003).技术进步与学习方式的转变.远程教育杂志,(5):19,16.
[30] 田波(2000).地球将拥有电子皮肤.国外科技动态,(2):19-21.
[31] 王宁(2013).基于CMS构建泛在学习系统关键技术研究.南京:南京师范大学.
[32] 王民(2010).面向终身教育的泛在学习(U-learning)模式及其应用研究.上海:上海电视大学.
[33] 邬焜(2007).信息活动方式与人类时间观念和学习方式的变革.西安日报,2007-5-16(8).
[34] 吴林富(2006).教育生态管理.天津:天津教育出版社.
[35] 吴明超(2011).泛在学习中文学术论文的内容分析研究.中国远程教育,(7):31-37.
[36] 夏云,李盛聪(2012).近年我国泛在学习研究文献的综述.中国远程教育,(5):36-40.
[37] 徐志辉,孟桂英(2005).环境伦理与整体思维.商丘师范学院学报,(4):13-18.
[38] 叶成林,徐福荫,许骏(2004).移动学习研究综述.电化教育研究,(3):12-19.
[39] 余胜泉,陈敏(2011).泛在学习资源建设的特征与趋势——以学习元资源模型为例.现代远程教育研究,(6):14-22.
[40] 余胜泉,杨现民,程罡(2009).泛在学习环境中的学习资源设计与共享——"学习元"的理念与结构.开放教育研究,(1):47-53.
[41] 俞敏洪(2014).谁能把教育做得边界无限,谁就占据了教育的制高点.新东方官方BLOG.[2014-10-29].http://blog.sina.com.cn/s/blog_4711b54e-0102v42k.html.
[42] 张洁(2010).基于境脉感知的泛在学习环境模型构建.中国电化教育,(2):16-20.
[43] 钟启泉(1989).现代课程论.上海:上海教育出版社.
[44] 仲秋雁,刘晓东,季少波(2013).无缝学习中基于情境的内容适应性架构研究.信息技术,(4):66-68.
[45] 周东波,赵琼,钟正(2013).构建基于泛在学习理论的地理户外探究学习系统.(2):80-85.
[46] 周洪宇,鲍成中(2014).扑面而来的第三次教育革命.中国教育报,2014-5-2(7).
[47] 朱永海(2009).从教育信息生态系统演进透视教育信息化建设策略.中国远程教育,(2):16-21.
[48] 朱永海(2010).信息技术与课程有效整合的三对关系.长春:第六届全国教育技术学博士生学术论坛.
[49] 朱永海(2013).基于知识分类的视觉表征研究.南京:南京师范大学.
[50] 朱永海,张舒予(2011).教育领域信息化的解释学探讨.情报理论与实践,(12):45-49,54.
[51] 朱永海,张新明(2008).论"教育信息生态学"学科构建.电化教育研究,(7):

84-89.

[52] 余胜泉,杨现民,程罡(2009).泛在学习环境中的学习资源设计与共享——"学习元"的理念与结构.开放教育研究,(1):47-53.

[53] 张洁,王以宁,张晶(2009).普适计算支持下的泛在学习环境设计.现代远距离教育,(5):5-11.

[54] 付道明,徐福荫(2009).Ubiquitous CSCL 的概念模型与关键技术要素.远程教育杂志,(1):8-12.

[55] 杨刚,徐晓东(2010).学习交互的现状与未来发展——从课堂学习到 e-learning, m-Learning 再到 u-Learning.中国电化教育,(7):52-58.

[56] 潘基鑫,雷要曾,程璐璐,等.(2010).泛在学习理论研究综述.远程教育杂志,(2):93-98.

[57] 雷绍南(2011).泛在学习环境下的非结构化网络学习资源共享机制.郑州:河南大学.

[58] 杨孝堂(2011).泛在学习:理论、模式与资源.中国远程教育,(6):69-73.

[59] 席利霞(2012).泛在学习环境中网络资源知识管理研究.石家庄:河北师范大学.

[60] 周国梅,傅小兰(2002).分布式认知——一种新的认知观点.心理科学进展,(2):147-153.

[61] 盛晓明,李恒威(2007).情境认知.科学学研究,(5):806-811.

[62] 朱永海,程庆(2004).略论建构主义理论指导下的教学设计.教育探索,(11):30-33.

[63] 方海光,王红云,黄荣怀(2011).移动学习的系统环境路线图——国内外移动学习研究与应用案例研究专栏综述篇.现代教育技术,(1):14-20.

[64] 桑新民(2005).学习究竟是什么.开放教育研究,(1):8-1.

[65] 王觅,钟志贤(2008).论促进知识建构的学习环境设计.开放教育研究,(4):22-27.

[66] Marlene Scardamalia,张建伟,孙燕青(2005).知识建构共同体及其支撑环境.现代教育技术,(3):5-13.

[67] Scardamalia. M. , Beretier C. (1996). Computer support for knowledge-building communities In T. Koschmann(Ed). CSCL Theory and Practice of an Emerging Paradigm. H illadale,N,J Law rence Erlhaum A ssociates,1996.

[68] 朱永海,张舒予(2012).从共享到共生:基于专题学习网站的知识建构演进与实践策略.中国电化教育,(12):81-87.

[69] 韩锡斌,翟文峰,程建钢(2013).cMOOC 与 xMOOC 的辨证分析及高等教育生态链整合.现代远程教育研究,(6):3-10.

[70] 王佑美,祝智庭(2006).从联结主义到联通主义:学习理论的新取向.中国电化教育,(3):5-9.

[71] George Siemens(2005). Connectivism:A Learning Theory for the Digital Age. Instructional technology &distance learning,2(1):3-10.

[72] 盛群力,胡平洲(2003).技术进步与学习方式的转变.远程教育杂志,(5):19,16.

[73] 程明霞(2014)."在线教育"不是战略,只是未来教育形式之一.[2014-12-28]. http://www.o2o-edu.com/portal.php?mod=view&aid=104.

[74] 熊凤(2013).论新媒体视野下学习方式的转变.软件导刊,(1):36-38.

[75] 李卢一,郑燕林(2009).泛在学习的内涵与特征解构.现代远距离教育,(4):17-21.

[76] 陈凯泉,张凯(2011).融合学习科学与普适计算:构建大学生泛在学习环境的路径选择.远程教育杂志,(5):50-57.

[77] 刘军,邱勤,余胜泉,希建华(2011).无缝学习空间的技术、资源与学习创新——2011年第十届mLearn世界会议述评.开放教育研究,(6):8-19.

[78] 余胜泉,刘军(2007).手持式网络学习系统在学科教学中的应用模式.中国远程教育,(5):64-69.

[79] 付海东(2010).泛在学习网络环境中的技术支持.长春大学学报,(2):11-13.

[80] 亢春艳(2011).U-learning环境的关键技术分析.软件导刊.教育技术,(11):88-89.

[81] 杨文美(2013).普适计算技术支持下的泛在学习环境设计.(11):138-140.

[82] 田波(2000).地球将拥有电子皮肤.国外科技动态,(2):19-21.

[83] 刘锋(2014).互联网,脑科学,与人类未来.[2014-12-01].http://tech.163.com/14/1028/20/A9LV43GS000948V8.html.

[84] 廖宏建,曲哲(2014).基于LBS的情境感知微学习系统设计与应用.现代教育技术,(8):92-99.

[85] 王宁(2013).基于CMS构建泛在学习系统关键技术研究.南京:南京师范大学.

[86] Ogata. H, Wada. M, Ueda. T, Oishii. Y, Yano. Y. (2008). LOCH: mobile Japanese-language learning system for overseas students. IEICE Transactions on Information and Systems, J91-D(2):220-227.

[87] Hwang Gwo-Jen, Tsai Chin-Chung, Chu Hui-Chun, Kinshuk, Chen Chieh-Yuan (2012). A context-aware ubiquitous learning approach to conducting scientific inquiry activities in a science park. Australasian Journal of Educational Technology, 28(5):931-947.

[88] Wong, L. H. (2010). From facilitated seamless learning to self-directed seamless learning. Proceedings of Global Chinese Conference on Computers in Education, 2010:33-40.

[89] 教育部.关于发布《职业院校数字校园建设规范》的通知.http://www.moe.edu.cn/srcsite/A07/moe_967/s3054/201501/t20150119_189492.html,[2015-1-15].

[90] Enhancing Teaching and Learning through Educational Data Mining and Learning Analytics.[2012-10-12].http://www.ed.gov/edblogs/technology/files/2012/03/edm-la-brief.pdf.

[91] 顾小清,张进良,蔡慧英(2012).学习分析正在浮现中的数据技术.远程教育杂志,(1):18-25.

[92] Hung, PH., Hwang, GJ., Lin, YF., Wu, TH., Su, IH. Seamless Connection between Learningand Assessment-ApplyingProgressiveLearning Tasks in Mobile Ecology Inquiry, Educational Technology & Society, 16,(1):194-205.

[93] Kinshuk(2011). The 5Radaptation framework for locationbasedmobile learning systems. [2011-11-3]http://mlearn.bnu.edu.cn/KeynotesSpeech.html.

[94] 仲秋雁,刘晓东,季少波(2013).无缝学习中基于情境的内容适应性架构研究.信息技术,(4):66-68.

[95] 张屹,张帆,程明凤,杜超(2010).泛在学习环境下基于情境感知的学习资源检索模型构建.中国电化教育,(6):104-107.

[96] 陈敏,余胜泉,杨现民,黄昆仑(2011).泛在学习的内容个性化推荐模型设计——以学习元平台为例.现代教育技术,(6):13-18.

[97] 曹双双,王移芝(2012).泛在学习中自适应学习系统模型研究.现代教育技术,(7):101-104.

[98] Qing Tan, Xiaokun Zhang, Kinshuk, Rory McGreal(2011). The 5R Adaptation Framework for Location-Based Mobile Learning Systems. Proceedings of mLearn,2011.

[99] 姜强,赵蔚,王续迪(2011).自适应学习系统中用户模型和知识模型本体参考规范的设计.现代远距离教育,(1):61-65.

[100] The NMC Horizon Report(2014): 2014 Higher Education Edition. [2014-12-18]. http://redarchive.nmc.org/publications/2014-horizon-report-higher-ed.

[101] 姜强,赵蔚(2011).自适应学习系统述评及其优化机制研究.现代远距离教育,(6):58-63.

[102] Anderson, T(2013). Promise and/or Peril: MOOCs and Open and Distance Education. [2013-4-1]. https://landing.athabascau.ca/file/view/274885.

[103] 韩锡斌,程璐楠,程建钢(2014).MOOCs的教育学视角分析与设计.电化教育研究,01:45-51.

[104] Pea, R. D. (1994). Seeing what we build together: Distributed Multimedia Learning Environments for Transformative Communications. The Journal of the Learning Science,1994,3,285-299.

[105] Roschelle, J. (1992). Learning by Collaborating: Convergent Conceptual Change. The Journal of the Learning Sciences,1992,2,235-276.

[106] 赵建华,李克东(2000).协作学习及其协作学习模式.中国电化教育,(10):5-6.

[107] Sfard, A. (1998). On two metaphors for learning and the dangers of choosing just one. Educational Researcher,27 (2),4-13.

[108] Lipponen,L., Hakkarainen,K., Paavola,S. (2004). Practices and orientations of CSCL. In J.-W. Strijbos, P. Kirschner & R. Martens (Eds.), What we know about CSCL: And implementing it in higher education (pp. 31-50). Dordrecht, Netherlands: Kluwer Academic Publishers.

[109] Bereiter,C. (2002). Education and mind in the knowledge age. Hillsdale, NJ: Lawrence Erlbaum Associates.

[110] Engeström, Y. (1987). Learning by expanding: An activity-theoretical approach to developmental research. Helsinki, Finland: Orienta-Kosultit Oy.

[111] 刘新福(2003).PSIC子空间协作模型与协作学习支持环境的实现技术研究.华东师范大学.

[112] Siemens, G., Gašević, D. & Dawson, S. (2015). Preparing for the digital university: a review of the history and current state of distance, blended, and online learning. MOOC Research Initiative (Bill & Melinda Gates Foundation). licensed under a Creative Commons Attribution-ShareAlike 4.0 International License.

[113] UNIZIN,http://unizin.org/.

[114] 张怀南,杨成(2013).我国云计算教育应用的研究综述.中国远程教育,01:20-26,95.

[115] 杨现民,余胜泉(2013).生态学视角下的泛在学习环境的设计.教育研究,(3):98-105.

[116] 欧亮,朱永庆,何晓明,邹洁(2010).云计算技术在泛在网络中的应用前景分析.电信科学,06:61-66.

[117] The NIST Definition of Cloud Computing. http://csrc.nist.gov/publications/nistpubs/800-145/SP800-145.pdf?source=service_guide.

[118] Joh Son L., Adam S Becker S., Estrada V., et al. (2015). NMC Horizon Report: 2015 Higher Education Edition. Austin, Texas: The New Media Consortivm.